释会闲　景天星　著

普陀山佛教史

中华书局

图书在版编目(CIP)数据

普陀山佛教史/释会闲,景天星著. —北京:中华书局,2024.
7. —ISBN 978-7-101-16397-1

Ⅰ. B949.2

中国国家版本馆 CIP 数据核字第 2024FY8040 号

书　　名	普陀山佛教史
著　　者	释会闲　景天星
责任编辑	白爱虎
封面设计	刘　丽
责任印制	陈丽娜
出版发行	中华书局
	(北京市丰台区太平桥西里 38 号　100073)
	http://www.zhbc.com.cn
	E-mail:zhbc@zhbc.com.cn
印　　刷	三河市中晟雅豪印务有限公司
版　　次	2024 年 7 月第 1 版
	2024 年 7 月第 1 次印刷
规　　格	开本/920×1250 毫米　1/32
	印张 15⅜　插页 2　字数 380 千字
印　　数	1-4000 册
国际书号	ISBN 978-7-101-16397-1
定　　价	128.00 元

目 录

序　一

李利安

会闲法师和景天星博士合著的《普陀山佛教史》即将出版。感谢两位作者的抬举和信任，我得以有机会在这里表达随喜赞叹之情，并就相关话题谈一些自己的想法。

人类有四大宗教文化区，即印度教文化区、基督教文化区、伊斯兰教文化区和中华宗教文化区。从民众神灵信仰的对象来看，如果说，前三个宗教文化区最流行的神灵分别是梵天（或三大主神）、上帝、真主的话，那么中华宗教文化区最流行的神灵应该是观音菩萨。尽管四大宗教文化区的板块结构在全球化时代开始松动，不同宗教之间多元并存的空间格局正在试图突破原有的宗教文化区界限，但从中华宗教文化区乃至整个东亚宗教文化区来看，观音信仰的普及程度，特别是其文化底蕴及其对文学、艺术、民俗和中国人精神世界的影响，在东亚神灵信仰的领域内可能依然无出其右者。这一宗教文化现象的形成，经历了多个令人惊叹的历史变迁，仅举四例如下。

两晋南北朝时期，观音作为威力无边、普济一切的救度之神，迅速从圣人崇拜、神仙崇拜、祖先崇拜、上天崇拜以及杂乱无章的自然神和鬼神崇拜现象中脱颖而出，以平等、威猛、慈悲、智慧、亲和的鲜明形象,一扫中国本土崇拜存在的功能狭窄、理论单薄、方式模糊等弊端,成为中华大地上最流行的一种保佑神。从此,威力无边、救苦救难的菩萨形象深入人心,对中国宗教神灵信仰体系形成巨大的冲击和补充,中国神灵信仰史由此步入一个全新的时代。

隋唐之际,观音信仰从单一的神力保佑信仰迅速拓展到智慧觉悟、净土接引、咒语加持、福德积累、指点迷津等多种信仰形态,而且都保持了旺盛的生命力,并开始与当时处于鼎盛状态的佛教理论相呼应,与其他风行一时的佛教信仰相激荡,为各宗各派所接受,在理论支撑、体系建构、功能拓展、信众普及等方面超越所有神灵信仰,成为一种学理丰富、体系博大、功能多样、根基牢靠的信仰体系,将它推向一个全新的高度,奠定了后世观音信仰进一步演变与拓展的经典依据、理论支撑和信众基础。

宋元之际,观音形象突然从原来的男性菩萨形象转变为世俗气息极浓的女子形象,在妙善公主和马郎妇故事的激发下,得力于民间的强劲推动和艺术家的灵活创造,女子观音的形象迅速普及,观音由此成为中国最流行的女神。这一形象转变既体现了中国人的勇气和魄力,也表达了中国人对观音慈悲精神的理解和需求,并由此上接西王母传说,下启无生老母信仰,各种各样的娘娘与老母乃至妈祖与神化的村姑纷纷涌现,推动形成蔚为壮观的女性神信仰潮流。从此,观音菩萨以亲切祥和、温馨柔美的形象及无尽的悲悯与无限的力量,深入民间社会及亿万民众的心灵深处,尽显其大众化、生活化与通俗化的气质,彻底改组了中国宗教神灵体系的基本格局和精神情趣。

明清之际,以观音为主尊的佛教道场大规模增加,以观音、圆通、大悲等内涵指向为限定,以寺、山、庵、台、洞、坪、庙为空间标

识的观音道场,在各种灵验故事的渲染下成为中国佛教领域数量
最大也最有影响的一种神圣空间。由此进一步发展,得益于浙东
陆海地理位置、周边经济文化的发展以及早期已有的观音信仰传
承,加之与经典所记观音道场的颇多一致,普陀山在成千上万的
观音道场中异军突起,逐渐成为所有观音道场的第一代表,独占
观音菩萨显灵说法之地的神圣角色,形成一山独大、万山呼应的
神圣空间格局,以及"信观音,朝普陀"的全新观音信仰形态,并与
五台山、峨眉山及随后跟进的九华山一起,组成四大菩萨、四大名
山的信仰体系,支撑起明清以来汉传佛教最流行的一种神圣空间
架构,成为菩萨信仰中国化的一种全新形态。

以上四种变迁,在时间上先后推进,在内涵上依次拓展,在形
态上相继演化,成为中国宗教史上极其重大的历史事件。其中任
何一种历史变迁都携带着丰富的文化内涵,交织着中印、三教、圣
凡、雅俗、政教以及人文与自然、理论与实践、现实与理想等多重
关系,不但与中国佛教其他文化元素深度融合,成为中国佛教历
史变迁的缩影,而且与中国宗教史乃至整个中国文化史和社会生
活史密切呼应,成为理解中国文化的一把钥匙。

可惜的是,学术界对信仰型佛教研究一直比较忽视。在以上
四种观音信仰变迁的研究方面,普陀山作为观音道场,其产生、发
展、演变的历史以及由此所交织的各种复杂关系,学术界的研究
就更为薄弱了。特别是迄今未见通史之著述,也鲜见有系统的断
代史之研究,正是在这一学术视野下,我认为《普陀山佛教史》堪
称填补空白的学术创新之作。本书在已有研究成果的基础上,进
一步广泛搜集普陀山佛教史的相关资料,将普陀山佛教发展放在
中国佛教历史发展的大背景中进行考察,梳理出不同朝代普陀山
佛教发展史的基本脉络和基本特点。这不但是神圣空间视野下

的观音道场通史，也是宋以后，特别是明清时期观音道场的断代
史。作为神圣空间的观音道场通史，《普陀山佛教史》以普陀山这
一具体地理单元为观察对象，以观音信仰第一圣地的形成为思考
焦点，以渊源和流变为核心线索，以佛教文化、地理空间以及政治
经济等多重复杂因素为问题解读的历史素材，全面分析了文化地
理意义下的中国观音信仰第一中心的形成。作为宋元明清时期
的观音信仰断代史，《普陀山佛教史》力图再现那个特别时期中观
音信仰的重大变化，借助神圣空间这一视角关联其他所有的历史
元素，为我们呈现了那个特别时期的观音信仰状态。这一研究既
有助于我们理解观音信仰的纵向发展轨迹，更有利于我们解读中
国化观音信仰神圣空间的演变与定型及其在佛教信仰中的重要
地位，真是可喜可贺！

　　整体来看，本书有以下四大创新：第一，研究角度的创新。已
有成果虽有分门别类之细腻，但无溯源逐流之系统，作为学术界
第一部普陀山佛教史，本书系统梳理普陀山佛教的演变历史，具
体内容包括佛教传入普陀山的考证、宋代普陀山佛教史、元代普
陀山佛教史、明代普陀山佛教史、清代普陀山佛教史和民国普陀
山佛教史等，完整勾勒出了普陀山佛教的历史图景。第二，研究
体系的创新。已有的普陀山佛教史研究成果缺乏体系性，因而很
难从中看到普陀山佛教发展的整体轮廓。本书的研究涵盖了各
个历史时期的普陀山佛教之发展，侧重其在不同历史时期与政
治、经济、文化、社会阶层以及交通等方面的关系，涉及宗派发展、
高僧贡献、宗风阐扬、山志编撰、神圣空间建构、朝山信仰的发展
等多方面的内容，形成新颖而完整的普陀山历史诠释系统，蕴含
着很多深刻的理论与思想。第三，研究方法的创新。已有的研究
方法虽然运用了宗教学、文献学等研究方法，但是在历史学方法

的运用方面仍欠深入。本书以历史学研究方法为基础,结合历代山志和古籍文献进行佛教史研究,同时借鉴宗教学、地理学、民俗学等方法,不同问题,不同进路,共同服务于总体进程的探索和把握。第四,学术观点的创新。在以上创新的基础上,本书在很多具体问题的研究方面都得出了不同于前人的结论,实现了学术研究的不断超越,同时因为很多问题是本书第一次涉及,所以,也常能发前人之未发,努力拓展普陀山研究的广度和深度。

当然,本书的价值还可以从不同的视角进行观察。本书是对闻名世界的佛教圣地的历史研究,梳理了中国汉地信众最多的佛教圣地的形成演变史,破解了世界佛教史上的一个重要问题,为世界宗教圣地研究提供了来自佛教历史的参照;同时,本书也是对浙东某一具体地域佛教的历史研究,为地方佛教研究提供了新的样本。本书是对印度佛教在华传播与拓展的历史研究,让我们看到印度佛教持续影响中国佛教的历史余晖;本书也是对佛教在唐以后持续中国化的探讨,证明佛教中国化是不同时代各有亮点的历史过程。本书既是对一种佛教神圣空间的历史研究,让我们在经典、名号、造像、咒语等神圣象征之外看到了道场的神圣象征意义;本书也是对一种菩萨信仰形态的历史研究,为我们勾勒出中国观音圣地信仰的形成和基本格局。本书挖掘的问题形形色色,不同问题之间彼此关联,形成绵绵密密的问题链条,在问题的不断破解当中揭示出丰富的历史内涵,相信有心的读者在阅读过程中自会产生很多触动。我虽然没有仔细读完全部的书稿,但随着本书的脉络,品味很多观点,也引发我对一些问题的思考。由于时间和篇幅的限制,我在这里仅就普陀山如何成为《华严经》所说观音道场这一问题再谈一些自己的感想。

其实,对于一个宗教学者来说,只要愿意静下心来思考普陀山这一文化现象,尤其是对照人类宗教史上有关神圣空间的历史个案与学界的相关理论,并结合中国山水文化的背后思想与情趣,特别是五岳崇拜和洞天福地信仰,你便会发出由衷的感叹,普陀山不仅仅是一个闻名天下的旅游胜地,也不仅仅是一座简单的佛教名山,而是文化意义极强的神圣空间,在其形成、延续和发展变化的历程中,充盈着丰富的历史内涵,暗藏着诸多重大的文化密码,既点缀着有关地理、宗教、哲学、文学、艺术、民俗等领域的无数元素,也交织着理论与实践、人文与自然、宗教与政治、精英与民众、高雅与通俗、信仰与生活等多重复杂的关系,透露出中国佛教神圣空间的内在轨迹和特性,值得我们深刻反思。

将神圣意义的菩萨信仰与自然意义的地理空间,特别是"山"这种地理单元结合在一起,并借助菩萨的神圣性而在空间上进行象征性表达,不断建构地理空间的神圣意义,使自然的山变成文化意义的名山,再从文化意义的名山上升为宗教意义的圣山,形成中国化的佛教圣山信仰,这是佛教史上极为重要的文化现象。在印度,婆罗门教特别是后来转型而成的印度教有神山信仰。佛教在释迦牟尼涅槃后逐渐兴起圣地信仰,尽管释迦佛与灵鹫山有一定关联,迦叶、龙树等圣者与鸡足山、吉祥山等也有关系,佛教教义中也有须弥山的蓝图,佛教故事中也有雪山等山的影子。但在各处说法场景的经典建构之外,在信仰实践中将实际存在的山作为崇拜对象,将朝山作为修行方式的宗教文化现象并未出现。即使后来在中国极负盛名的灵山,也是因为禅宗建构传法谱系的原因而得到中国人的格外关注。此后民间出现的远朝灵山的向往,更多是受中国佛教圣山信仰影响而出现的一种情感,但同时受到禅宗的批评,这已远非印度灵山原本的精神了。总之,古代印度应该没有佛教的圣山信仰,至少在密教出现以前。至于密教时期的圣山，可能更多的价值在于通过山来烘托菩萨的神圣，而不像中国是通过菩萨的神圣来建构山的神圣，使菩萨崇拜拓展甚至转化为山的崇拜。当然，中国佛教的这种转化是在中国山岳信仰传统的深刻影响下发生的。中国的山神祭祀源远流长，封禅思想经过一段酝酿之后，终于在秦始皇时代与泰山建立起直接的联系，而汉代以后兴起的五岳信仰更成为一种完整的山岳信仰体系，加之中国人自古以来就有假托自然以表达某种人文情怀的传统，所谓仁者乐山智者乐水，天地山川与花鸟虫鱼都被赋予某种人文含义。受此影响，道家也出现了洞天福地的神圣空间，道教名山不断增多，儒道名山体系支撑下的中国宗教文化便具有了浓厚的圣山崇拜特色。即使在这样的背景下，唐以前的中国佛教顽强坚守源于印度的传统，并未出现佛教的圣山信仰。

但是，佛教的地理空间概念早在释迦牟尼时代就已经是佛教的一个重要文化元素。三界六道、大千世界、须弥山以及后来相继出现的净土信仰，都是佛教特有的地理单元，与佛陀直接相关的诸多地点，更成为佛教最早的神圣空间，在阿育王时期掀起了巡礼朝拜的热潮。在唐以前的中国，前往印度朝拜圣地已经是中国佛教的重要信仰，并出现了《佛国记》《释迦谱》以及唐初的《大唐西域记》《释迦方志》等佛教方志类作品，体现了中国人对西天佛教圣地的重视。而对中国本土来说，随着鸠摩罗什、慧远等大师级人物的出现，他们所在的寺院也在信众心目中具有了崇高的意义。但真正实现突破的，还是《华严经》汉译本出现之后。最先依据《华严经》建立的中国佛教神圣空间是五台山，从东晋翻译六十卷《华严经》到唐代华严宗的创立，经历了近三百年的时间，终于完成将经中所说"清凉山"指向五台山的中国化诠释与中国化实践确认，五台山遂成为文殊菩萨的道场获得中国人的信仰。同时因为《华严经》中文殊与普贤两大菩萨不可分解的呼应关系，在澄观等人的努力下，普贤菩萨的道场被安立在峨眉山，并在随后的时间里逐渐获得世人的认同，两大菩萨与两大名山的格局在中唐基本形成。在此后不久，发生了日本僧人慧锷从五台山请走观音像并最终供奉在今天普陀山的事件，或许还有某印度僧人在此见到观音显相的事情发生，可是在那时此地并未被认作《华严经》中所说的观音道场。也就是说，今天的普陀山其实存在着两个不同性质的历史转型：其一是从道教的洞天之中脱颖而出，成为万千观音道场之一；其二是从一般观音道场上升为《华严经》所说的观音驻地。前者叫梅岑山，后者叫补怛洛迦山，也就是今天简称的普陀山。

我和会闲法师联合指导的研究生慧观法师的硕士毕业论文研究的便是普陀山开山问题。她选择的是狭义的普陀山开山，即最初如何形成观音道场的问题。当初我曾经给她建议，所谓初期的开山，应该包括五个"形成"：第一，信仰对象的形成：观音主尊供奉的形成与最终确立，包括观音像的出现及被安置与供奉的情况、观音显灵事迹的出现和显灵信仰的传播、各种观音灵验与感应故事的出现等；第二，信仰群体的形成：僧众因为观音信仰的集体性驻锡及僧团组织体系与制度的形成，还有在家信众的出现及其作为一个信仰群体的形成；第三，信仰场所的形成：以观音信仰为核心的道场建设及道场架构的形成，包括最早供奉观音的场所，以供奉观音和修行观音法门为目的的场所建设的不断推进，以殿堂为主并包括各个神圣地点与神圣物或象征物的逐渐形成及其所展现的神圣空间体系的形成；第四，信仰仪轨的形成：以观音信仰为主的宗教仪轨与实践体系的开展，包括寺院各种观音修法，如唱赞、称名、礼拜、供养、庄严、诵经、节日、庙会、吃斋等各种与观音信仰直接相关的礼仪习俗等的形成；第五，信仰认同的形成：一定地域范围内的社会认同，包括官方、士人、民众等不同领域对此地作为观音道场的认可。当然，就初期开山问题的研究来说，这些问题也不见得都能梳理清楚。而究其性质来说，这一研究还只是梅岑山时代的观音道场形成史，而非对接《华严经》及其他经典后的观音圣地形成史，更非作为四大名山之一的菩萨道场体系成型史。

从梅岑山到普陀山，本质上是对接《华严经》及其他几部记载观音宫殿所在地的大乘经典的过程。学术界一般认为《华严经》形成于西域，其核心地点在今天的和田。这部在印度本土之外形成的经典对中国人热衷的文殊和观音两大菩萨的道场有了空间位置的指定，并经过中国人的诠释，指向了中国本土之内。这种现象是值得我们反思的。在印度佛教史尤其是密教之前的印度佛教史上，并未出现佛教的圣山崇拜，可以说《华严经》开创了佛教圣山崇拜的端倪，为中国佛教的圣山崇拜提供了经典依据，并最终发展成远超《华严经》本意的菩萨圣地崇拜现象。相比较来说，文殊道场五台山仅仅是从经典中所说的"东北方"的清凉山转换为地点确凿的五台山，而观音道场则要完成从印度东南海滨到中国东南海滨的空间转移，所涉及的问题，远比其他佛教名山更加复杂。

《华严经》所说的观音道场就是善财拜见观音的那个"南方有山"。晋译《华严》讲到善财于南方拜见观音的那座山叫光明山，这座山在南方何处，则不得而知。玄奘西天取经时，到了南印度的秣罗矩咤国，据他说："国南滨海有秣刺耶山。……秣刺耶山东有布呾洛迦山。山径危险，岩谷敧倾。山顶有池，其水澄镜，流出大河，周流绕山二十匝入南海。池侧有石天宫，观自在菩萨往来游舍。其有愿见菩萨者,不顾身命,厉水登山,忘其艰险,能达之者盖亦寡矣。而山下居人祈心请见,或作自在天形,或为涂灰外道,慰喻其人,果遂其愿。从此山东北海畔,有城,是往南海僧伽罗国路。闻诸土俗曰:从此入海东南可三千余里,至僧伽罗国(唐言执师子,非印度之境)。"这座山是否《华严经》所说的光明山?玄奘并未明说,我们猜测,如果玄奘从当地人那里听说此山就是善财童子参见观音菩萨的地方的话,玄奘肯定应该有所说明。玄奘未做说明,可见在玄奘看来,他不知道也不认为此山就是《华严经》所说的观音道场。从玄奘的记载来看,与此前传入中国的《华严经》上所说观音道场有所不同,除了名称有别外,晋译《华严》的观音道场并未明说是在海上,也没有确指印度本土的南方,可是玄奘所记载的此山的地理位置非常具体,尤其是位于海滨,要上山还需要涉水。同时玄奘还记载了与晋译《华严》不同的信仰风俗,就是信众不顾身命,忘其艰险,厉水登山,愿见菩萨显化,或者在山下"祈心请见",观音就会化现为"自在天"或"外道"来满足信众的心愿,这已经有了明显的圣山元素和朝山信仰迹象。

　　玄奘于显庆四年(659)在大慈恩寺弘法院翻译的《不空罥索神咒心经》中对此观音道场的景象有详细描述:"一时薄伽梵在布怛洛迦山观自在宫殿,其中多有宝娑罗树、耽摩罗树、瞻博迦树、阿输迦树、极解脱树,复有无量诸杂宝树,周匝庄严,香花软草,处处皆有。复有无量宝泉池沼,八功德水弥满其中,众花映饰,甚可爱乐。复有无边异类禽兽,形容殊妙,皆具慈心,出种种声,恒如作乐。与大苾刍众八千人俱,九十九俱胝那庾多百千菩萨摩诃萨,无量百千净居天众,自在天众,大自在天众,大梵天王及余天众无量百千,前后围绕听佛说法。"这种景象倒是与晋译《华严》有很多相似之处:"处处皆有流泉浴池,林木郁茂,地草柔软。结跏趺坐金刚宝座，无量菩萨恭敬围绕，而为演说大慈悲经，普摄众生。"这种相似，很容易让人们将二者联系在一起。此后几乎所有译经家，如义净、菩提流志、般若、不空等，凡是涉及观音道场者，均为补怛洛迦山，虽然在个别用字方面时有差异。与此同时，自玄奘之后，观音道场为补怛洛迦山便成为中国佛教界的共识。

三十多年后，武则天证圣元年（695），实叉难陀开始在洛阳大遍空寺译《八十华严》，圣历二年（699）于佛授记寺译完。实叉难陀将晋译《华严》所说的善财童子参拜观音的光明山与玄奘记载的这个观音道场完全对等起来："善男子！于此南方有山，名补怛洛迦。彼有菩萨名观自在，汝诣彼问菩萨云何学菩萨行，修菩萨道？即说颂言：海上有山多圣贤，众宝所成极清净。华果树林皆遍满，泉流池沼悉具足。勇猛丈夫观自在，为利众生住此山。汝应往问诸功德，彼当示汝大方便。"不但名称从"光明山"改为玄奘记载的补怛洛迦山，而且位置也明确为玄奘描述的"海上"。此后的《四十华严》也是如此。

虽然《八十华严》将经中所说的观音道场与玄奘所记及其他诸经所说的观音道场画上了等号，但这个名叫补怛洛迦山的观音道场却依然远在印度的南海边。到了五百多年后的南宋末年，定都临安的宋政权对附近名山有高度关注，加之文化中心的辐射作用，梅岑山开始被指为补怛洛迦山，如志磐的《佛祖统纪》中说："补陀山在大海中，去鄞城东南水道六百里。《大悲经》所谓补陀落迦山观世音宫殿，山有潮音洞，洞前石桥，瞻礼者或见大士善财净瓶频伽。"宋赵彦卫在《云麓漫钞》中也详细记载"补陀落迦山，自明州定海县招宝山，泛海东南"。当然，在唐宋之际，此山上的"宝陀""补陀""普陀"等名称与佛经中的"补怛""布呾"也有彼此混同的足够机会。即使如此，元代盛熙明依然对此心生疑虑："然世无知者,始自唐朝梵僧来睹神变,而补陀洛迦山之名遂传焉。盘礴于东越之境,窅芒乎巨浸之中。石洞嵌岩,林峦清邃,有道者居之,而阿兰若兆兴焉。自非好奇探幽,乘桴泛槎者,罕能至也。"他还曾描述观音道场的神奇景象,并因此认为"以是考之,则决非凡境,岂造次所能至哉,似匪此地比拟也"。可见,盛熙明曾经以"世无知者"来评论将补怛洛迦山"迁移"浙东海上的说法。可是,后来改变了自己的观点:"后至四明,屡有邀余同游补陀山者,心窃疑之,不果往也。一夕,忽梦有人谓曰:'经不云乎:菩萨善应诸方所,盖众生信心之所向,即菩萨应身之所在,犹掘井见泉,然泉无不在,况此洞神变自在,灵迹凤著,非可以凡情度量也。'既觉而叹曰:'嗟夫! 诸佛住处,名常寂光,遍周沙界,本绝思议,何往而非菩萨之境界哉? 断无疑矣!'"盛熙明的这种思想转换,可能代表了宋元之际中国人认识和接受普陀山的普遍心理。若深究其背景因素的话,可能主要有以下几个方面:

第一,中印佛教关系的突变。从两汉之际到两宋之际,在长达一千多年的历史中,印度佛教源源不断地向中国输入。西行求法与东来弘法彼此激荡,在译经、解经、讲经的同时,学派形成,宗派创立,制度完善,信仰普及,思想渗透,实践展开,印度佛教的活水源头在支撑和激发中国佛教发展的同时,也对中国佛教发展方向起着引领和框范的作用。12世纪开始,印度佛教急速衰落,到13世纪初,终于彻底衰亡。这个时候正是中国的两宋时代。经此打击,持续千年的印度佛教入华史终于画上了句号。印度佛教向中国输入的终结以及中印佛教交往的停滞和由此开始的中国佛教的独立发展趋势,不但使印度佛教的所有圣地与华夏大地实现了阻隔,从而失去了在中国佛教信仰者心目中的圣地意义,而且导致印度佛教对中国佛教的影响急遽减弱,为中国佛教的自由创造和自成体系提供了不受约束的广阔空间,极大地加速了中国化佛教信仰形态和实践体系的形成,特别是中国化佛教神圣空间体系的形成。

第二,中国佛教发展轨迹的转型。与中印佛教关系突变这一背景相关,中国佛教在唐宋之际发生重大转型,从原来的以经典义理为中心转变为以信仰修行为中心,在理论情趣不断减弱的背景下,宗派会通沉淀为禅净呼应的核心框架,而佛教的实践却迈开了更加自由的步伐,在终极超越的诉求依然保持的背景下,应对现实生活问题的信仰显示出持久不衰的生命力,佛教不断向简易化、通俗化、生活化、民众化方向发展,以菩萨信仰为标志的佛教信仰大兴并渗透到底层社会,对民众生活的各个领域产生了深远的影响,正是在这种背景下,中国化的菩萨信仰体系开始了全新的构建过程,在布袋弥勒和女性观音相继出现的同时,神圣空间的建构也迈开了勇敢的步伐,最终以四大名山的格局呈现出来。

第三,观音道场的激增。随着中国佛教发展的转型,隋唐时期已经出现的观音随处显化信仰,在宋元以后的中国大地上形成"千处祈求千处应"的增长态势,大量观音道场涌现出来,它们一般都具有以下特征:一是将观音菩萨作为信仰的主尊,表现为观音殿、大悲殿或圆通殿等;二是据文献记载或传说,曾发生过观音菩萨显灵等感应事迹;三是驻锡此地的僧众和常在此活动的信众主修观音法门;四是形成以观音菩萨为中心的修行仪轨甚至节日或庙会等;五是作为观音道场在一定范围内获得信众的认可。在以信仰对象为主尊的佛教寺院中,除了具有教主身份和普遍象征意义的释迦牟尼佛之外,主供观音的道场成为数量最大的一类。这种历史现象为普陀山上升为观音第一道场提供了信仰的基础。

第四,山林佛教传统的增强。佛教自古以来的出世精神与静修传统使山成为佛教格外喜爱的修行之地,从而形成浓厚的山林气息。印度早期佛教的阿兰若就多有位于山林之中者,部派佛教时期很多教派的高僧就生活于山间,大乘佛教中观学派创始人龙树曾长期驻锡吉祥山、黑峰山等地,瑜伽行派创始人无著早期也曾经在山中修行十多年。到了7世纪以后的密教时期,山的神圣性日益明显。佛教最初传入中国时,并未见有圣山崇拜的痕迹,但魏晋时期佛教受崇尚自然的玄学的影响以及战乱时代安稳静修的需要,出现一股隐居山林的清风,庐山、终南山、会稽山、蒋山等都与佛教结下很深的缘分,从几部僧传也可以看出,僧人居山成为普遍现象。山野林间与城乡红尘之间在地理特性上的鲜明差异进一步烘托了佛教的批判精神和解脱追求,中国佛教的山林静修情怀与都市弘法精神并行不悖,由此发展便出现了"自古名山僧占多"的繁荣景象。当然,魏晋隋唐时代的山林佛教基本保持着对社会的观察、批判和超越,而宋元以后的山林佛教在理论情趣淡化、信仰精神日浓的背景下,逐渐陷入一种逃避社会的自我封闭系统中,批判和引领社会的能力日益减弱。在专制统治日益强化、儒家文化笼罩一切的背景下,被不断挤压的佛教更加崇尚山林,并继续承担创伤抚慰、苦难应对及终极超越等方面的宗教功能。总体上看,山林佛教的文化内涵是多元的,特别是其中的神韵与神秘的力量和神圣的境界更容易产生某种想象中的关联,从而就更容易赋予这种特别地理空间以神圣的意义,并向圣山信仰方向发展。

第五,中国山岳文化的影响。中国传统的山岳崇拜,特别是儒道两家的圣山文化,对佛教名山现象的出现产生了重要影响,为普陀山观音道场的形成提供了丰厚的文化土壤。源于原始社会的自然崇拜,赋予山川林泽、风雨雷电、鸟兽木石、日月星辰等自然物以神圣的意义，并通过祭祀等神秘方式与这些崇拜对象建立起直接的联系，以解释和应对现实生活中的各种问题，神山、圣山、灵山、仙山等山岳信仰便在这种宗教传统中逐渐成长起来，发展到春秋战国时代的昆仑山与蓬莱仙山及西汉时代体系化的五岳信仰，中国的山岳信仰扮演了中国宗教历史舞台上的一个重要角色。特别是从秦始皇开始的封禅以及汉魏兴盛起来的洞天福地，将儒家的国家治理和道家的身体修炼与山岳崇拜密切结合在一起，将中国的山岳崇拜推向宗教范畴之外，也为山岳崇拜开拓了更加广阔的社会生存空间。走过隋唐五代，到了宋元时期，儒道和民间的山岳崇拜已经蔚为壮观，佛教再也无法抵挡中国传统山岳信仰的魅力，作为道场所在地的山开始了整体性神圣空间的建构，特别是通过菩萨显灵说法等神迹的塑造，山被赋予神圣性内涵，开始转为崇拜的对象。普陀山正是在这一背景下打开了通向圣山的门径。

　　第六，唐宋历史的变迁，特别是南宋时期政治、经济、文化中心的转移。学术界有所谓唐宋变革论，认为唐宋之际在政治体制、经济制度、社会结构、生活方式、民族关系、文化特性、民众精神等方面均发生了巨大的变化，这些变化中出现的平民崛起、地方发展、俗文化兴盛、商业发达、经济中心南移等历史现象，对普陀山的兴起有重要影响。特别值得一提的是，五代十国时期的吴越国，安境保民，稳定一方，经济发展，文化昌盛。尤为重要者，是吴越国历代统治者重视佛教文化，故浙江一带迎来了佛教发展的又一高峰期。到了南宋时期，杭州作为政治和文化的中心，对周边产生强劲的辐射作用，佛教文化在周边地区获得迅猛发展。普陀山的真正崛起，可能就是从这个时期开始的。关于这些变迁对普陀山圣地形成的影响方面的研究尚不到位，本书中有所涉及，难能可贵。

第七，宁波及其周边地区在太平洋西岸海上交通中拥有极为重要的地位，不但带来繁荣的商业，而且促进了佛教文化交往的发展，正是在这一背景下，地处宁波外围舟山群岛的普陀山脱颖而出。与唐宋历史变迁密切相关，在发达的海上贸易激发下，作为海上交通要道的舟山一带不但是南北航线的必经之地，而且成为东北亚海上贸易路线和东南亚海上贸易路线的交汇处，来自北方渤海沿岸，南方福建、广东，以及海外日本、朝鲜及东南亚各地的船舶在此往来交流。《佛祖统纪》记载普陀山潮音洞观音显化后接着对其海上交通位置有所说明："去洞六七里，有大兰若，是为海东诸国朝觐，商贾往来，致敬投诚，莫不获济。"《（宝庆）四明志》记载慧锷带观音像上船时是同商人一起的："以之登舟，而像重不可举，率同行贾客尽力舁之，乃克胜。"《大明一统志》的"补陀落迦山"条中说，"往时高丽、日本、新罗诸国皆由此取道，以候风信"。从这些宋代的资料来看，普陀山一带的确是商道所经之地。这一方面形成繁荣的商业贸易，另一方面也成为不同民族、不同国家文化往来的交汇之地，促进了海上佛教文化交流的发展，对普陀山圣地角色的形成起到一定的激发作用。

第八，与印度补怛洛迦山地理的高度一致。首先，普陀山和印度的补怛洛迦山同位于大陆东南沿海。其次，海陆形势相似，上补怛洛迦山和上普陀山都需要渡海涉水。再次，两座山的地形地貌也比较接近，树木葱郁，泉流潺潺，池塘盈水，花果丰盛，绿草柔美，山石嶙峋，鸟鸣和悦。以上这些相同之处，为梅岑山转变为补怛洛迦山提供了方便。最后，也是最重要的相同之处则在于，它们皆为古代海上丝绸之路的交通要道。前文已经说过中国普陀山的海上交通位置，我们再看印度观音道场的海上交通枢纽地位。印度东南沿海的补怛洛迦山，往南航行即是斯里兰卡，往东航行，穿越印度洋，并经马六甲海峡，可抵印尼、马来西亚、柬埔寨、越南、泰国等东南亚国家，再经南海北上，可通往我国和日本、新罗等东亚国家。根据玄奘旅印期间所作的考察，"从此山东北海畔，有城，是往南海僧伽罗国路。闻诸土俗曰：从此入海，东南可三千余里，至僧伽罗国"。其中的僧伽罗国，即是今天的斯里兰卡，这是一条什么样的海上通道呢？《贤愚经》说："又闻海中，多诸剧难，黑风罗刹，水浪回波，摩竭大鱼，水色之山。如斯众难，安全者少，百伴共往，时有一还。"《大乘本生心地观经》说："乘大舶船，入于大海，向东南隅，诣其宝所。时遇北风，漂堕南海，猛风迅疾，昼夜不停。"《佛本行集经》说："于大海内，有诸恐怖。所谓海潮，或时黑风，水流漩洄，低弥罗鱼蛟龙等怖，诸罗刹女，如是等师。"我们再看看观音菩萨的救难功能，就明白观音道场为什么会在海上贸易的交通要道之地了。《普门品》中说："若为大水所漂，称其名号，即得浅处。若有百千万亿众生，为求金银琉璃车磲马瑙珊瑚虎珀真珠等宝，入于大海，假使黑风吹其船舫，飘堕罗刹鬼国，其中若有乃至一人，称观世音菩萨名者，是诸人等，皆得解脱罗刹之难，以是因缘，名观世音。……若三千大千国土，满中怨贼，有一商主，将诸商人，赍持重宝，经过险路，其中一人作是唱言：'诸善男子，勿得恐怖，汝等应当一心称观世音菩萨名号，是菩萨能以无畏施于众生，汝等若称名者，于此怨贼，当得解脱。'众商人闻，俱发声言：'南无观世音菩萨！'称其名故，即得解脱。"这里所说的观音救难类型都与商贸尤其是海上商贸有关。可见，观音道场在海上贸易交通要道处出现是有原因的。在印度东南沿海的补怛洛迦山如此，在中国东南沿海的普陀山也是如此。

除了上述八个方面的背景因素外，普陀山成为佛经上所说的观音圣地的历史转换可能还与当地民众的响应、士大夫的宣传、僧人们的支持、统治者的认可等因素密切相关。在普陀山圣山化的发展过程中,交织着太多的文化关系和历史元素,形成多方互动发展轨迹。总体上看,观音道场从印度东南沿海到中国东南沿海的空间转移,渊源于晚唐,开始于宋代,明确于元代,并在明代获得全社会的公认。印度观音信仰向中国的传播,在完成经典翻译、教义诠释、实践开展等环节之后,终于完成观音第一圣地的空间转移,连同宋元时期的观音女性化,代表着印度观音信仰中国化的最终完成。

会闲法师器宇清肃,心境澄明,自幼在普陀山出家,对观音圣地怀有深切的感情。经历多年的普陀山修行后,他又远赴斯里兰卡凯兰尼亚大学求学,终获博士学位。2018年5月,我们荣幸地邀请会闲法师担任西北大学玄奘研究院兼职教授,参与相关研究和研究生指导工作。法师慈悲应允,给了我们很大的鼓励和支持。前些年,他还在华东师范大学哲学博士后流动站从事博士后研究,顺利出站后,继续作为常务副院长,主持中国佛学院普陀山学院的全盘工作。在会闲法师的努力下,普陀山学院业已形成完备的教育体系,特别是在专业创设方面大胆探索,不断实践,尤其值得赞叹的是在全国首先提出并设立了观音学专业。所谓观音学就是研究以观音信仰为核心的佛教文化现象的学问。从纵向来看,观音学主要梳理和研究观音信仰在古代印度的产生、发展、演变、流传以及印度观音信仰向外输出,特别是向中国输出的过程及其在中国的传播与演变的历史进程及其所涉及的中印、政教、僧俗、夷夏等诸多关系的演变;从横向来看,观音学主要研究和把握观音信仰所蕴含的各种理论,尤其是哲学理论、宗教理论以及其他各种思想学说,探索佛教的"神学"体系与特征,研究以观音为题材或以观音信仰为核心的各种文学与艺术作品及其特征与诸多文化关系,梳理观音信仰中所包含的伦理、民俗、养生等文化现象及其在民众生活中的表现与深刻影响。

无论纵向,还是横向,都交织着很多重要的问题,其中观音道场与神圣空间便是中国佛教史上极为重要的问题之一。我与会闲法师分别在普陀山学院和西北大学鼓励研究生从事这方面的研究,并有这方面选题的学位论文相继完成。2018年5月16日,会闲法师率领"普陀山佛教协会朝圣参学团"25位法师参加西北大学玄奘研究院举办的"观音信仰与神圣空间的建构——从终南山到普陀山"的学术座谈会,并在发言中从终南山与普陀山各自的历史演变、文化内涵与文化地位的角度,论述了两座文化名山之间的遥相呼应与内在联系,同时就观音信仰在这种文化关系当中的支撑与导领作用以及两座圣山在今天文化建设当中的现实价值进行了说明,并对两座文化名山的研究者与守护者提出了殷切的希望,言语当中饱含着对两座文化名山的深切感情。我在发言中讲述了终南山独特的地理位置与文化地位,尤其是终南山观音文化的内涵及其在整个中国观音信仰发展史当中的重要作用,并从观音文化的角度论述了终南山与普陀山之间的内在联系,同时也涉及佛教菩萨信仰与中国山岳文化之间的关系。普陀山和终南山,在观音信仰的神圣空间建构过程中极具代表性,如果说终南山在历史上导引了观音信仰神圣空间建构的发端,对观音信仰的发展走向产生重要影响,那么普陀山则成就了观音信仰神圣空间的最终建构,在唐以后观音信仰体系中有着极其重要的地位和影响力。终南山与普陀山交相辉映,见证了中国观音道场信仰的历史进程与基本特征。

特别令我感怀的是,本人非常荣幸地得到会闲法师的信任和嘱托，自2012年开始担任普陀山学院观音学专业研究生导师，协助会闲法师培养观音学方面的人才，截至目前共招收研究生5届，业已毕业3届共9位，在读的还有两届共5位。在培养研究生的过程中，我深切体会到知识、学术、思想、智慧四者之间的微妙关系。从知识的学习到学术的研究，再到思想的提升，最后的考验则是智慧的体悟与运用。对于人生来说，年轻时一直在学习，更多是知识的积累。到了研究生阶段，从知识的学习逐渐转变为学术的研究。但学术毕竟为"术"，有思想才应该是学者的更高追求。思想建立在认识社会和体认生命的基础上，思想的灵魂在于一个人的价值观、人生观和世界观。对于从事佛教研究的人来说，智慧代表的却是一种更加高远澄澈的境界，修学智慧便成为生命品质的终极支撑。在我看来，会闲法师就是一位懂学术、有思想，同时也洋溢着佛教智慧的人。还在我刚刚认识他的时候，他便提起撰写普陀山佛教史的想法，并多次与我交流。在我看来，他的构思是细密的，他的策划是有眼光的，这不仅体现了对普陀山的深厚情感，更证明了他在学术思想方面的稳健成熟。

本书的另一位作者是景天星博士。他来自山西，大学毕业后专职从事五台山文化研究，后又进一步深造，在北京大学哲学系获得硕士学位。前些年，他又举家来到西安，入西北大学跟我攻读博士学位。鉴于他曾经从事五台山文殊道场的研究，我那时刚好承担国家社科基金重点项目"宋元明清时期中国汉地观音信仰研究"，我便建议他的博士学位论文选题确定为观音道场信仰研究，以普陀山为核心。景天星愉快地接受了这一建议，勇敢地踏入了这一具有创新意义的学术领域，并经过三年的努力，终于完成了一部让各位评委大为赞赏的博士学位论文。天星品性善良敦厚，待人热情大方，处事严谨认真，在学术方面也颇有慧根，并有坚毅的志向，更有长期的积累。尤其是近年来，他紧跟学术前沿，思想活跃，视野宽广，笔耕不辍，高水平的成果频频出手。他一直想在博士论文的基础上进一步聚焦和深化，特别是对普陀山历史进行系统梳理和研究。这种想法和会闲法师的计划不谋而合，可谓英雄所见略同。于是，他们经过协商，决定合二为一，实现强强联合。于是，一僧一俗，一南一北，一位驻锡中国最大的观音信仰基地——普陀山，一位坚守中国观音信仰的策源之地——古都长安，经过近三年的努力，三十多万字的书稿终于完成。在写作过程中，我曾经多次询问进展，天星都给我耐心地回答，并就一些问题进行交流讨论。我从天星这里既得知研究的进度，也深切体会到其中的艰辛。

学术思考与学术写作是一件神圣的工作，需要心怀信仰般的虔诚，需要情感深处的热爱，需要养成严谨认真的精神，更需要具备坚韧的意志和奉献的情怀。如今成果在手，我能感受到这部著作的分量，也能体会到两位作者的快乐。这种分量在于填补了学术的空白，这种快乐在于普陀山终于有了一部属于自己的史学专著。尽管书中还存在个别有待进一步完善和拓展的地方，但作为普陀山佛教史的首创之作，必将载入21世纪中国佛教学术的光辉史册。

2021年7月9日于西北大学长安校区公寓

序 二

温金玉

普陀名山，观音道场，灯传千载，名播五洲，古来就有"五朝恩赐无双地，四海尊崇第一山"的美誉。回望名山历史，菩萨显应，高僧懿行，帝王崇建，名公外护，百姓巡礼，信众感通，成就了普陀山千年不熄的香火，书写了中国名山圣地的信仰史。

在大乘佛教信仰圈中，观音是最为著名的菩萨。"家家阿弥陀，户户观世音"可以说是真实的写照。或许中国有人不知道释迦佛，但没有人不知道观世音。观音菩萨信仰妇孺皆知，深入人心。即使在今天，观音在俗文化圈中的知名度依然是无可替代。可以说，观音影响在民间，观音文化在大众。观音以其大慈大悲、救苦救难、广大灵感、有求必应、随机应化的形象，在大乘佛教诸菩萨中始终占据旗手般的地位。"千处祈求千处应，苦海常作渡人舟。"观音菩萨已成为东方的慈悲女神。

佛教是一个大众信仰体系，从它产生的那天起，弘扬传播就是它生存发展的基础，无论是佛陀当年恒河两岸的弘法脚步，还是阿育王时代的推广流布，成就着十方法音宣流。天竺遥遥，难挡大唐僧侣宁向西一步死、不向东一步生的求法决心；中土浩浩，无法消减西域高僧衣衫褴褛、梯山航海的传道热情，铸造了中国佛教的庄严辉煌。那么，何以在中国佛教信仰结构中观音被赋予如此多元的文化诠释力，拥有那么强劲的信仰传播力？在绵延两千年的佛教文化演进过程中，普陀山何以会成为观音菩萨的应化之地，成为佛教中国化最具典型性的成功标志？

近日由会闲法师与景天星博士合著的《普陀山佛教史》一书即将印行流通，因缘殊胜，得以先睹华章，无尽欢喜赞叹，谨将阅后心得分享。著作以浙江佛缘与普陀山开山的历史演进作为研究线索，主要在"名山信仰"的框架下，基于历史发展的维度，引入文化政治学、佛教地理学的分析视角，重点研究和分析了作为一种外来文化，观音信仰是如何实现本土化、大众化、生活化、民俗化的转型，菩萨信仰是如何在社会教化体系结构中实现精准定位，实施其化世导俗的宗教功能。特别是如何来适应所在国的政治生态、社会需求与民俗环境，其一系列的调整、改造措施是基于一种怎样的本土化诉求。由此佛法的在地化原则与王权、僧团、信众相互的协调与努力共同构筑普陀山名山道场的历史就成为本书的叙述主线。

通读全书，感觉其学术价值及特色主要体现于如下几个方面。一是主题鲜明。全书紧紧围绕普陀山"圣山化"的实现过程展开，突破了以往研究中多从观音文化入手的瓶颈，引入"神圣空间"与"名山建设"的理念重新解析普陀山的文化构成，从确立中国佛教信仰主体性的角度来看待"一山特起万山朝"的"普陀山现象"。中国佛教不仅需要"圣言量"的经典支撑，也要有印度、中土、日本高僧的践履印痕，还要有佛教名山的相互串联，更需要传说故事的演绎、朝山进香的吸引。其间有义学沙门的经典诠释与信仰推广，有知识阶层的文化渲染与舆论导向，还有来自民间的宗教诉求与心灵祈愿。"神圣空间"的成就最终是要落地开花，普陀山就成为观音菩萨化现中土的承接方,"不肯去"成为普陀山观音信仰的一种文化标识。二是叙述方式独特。研究普陀山应有多种路径,此书的特点在于将文化的推广与信仰的可能置于中土特有的政教背景之下来叙述。可以说这样的研究范式,是开启中国佛教大门的"金钥匙"。如果说儒学的政治化是中国文化中的一大特色,那么在佛教研究中,佛法与王法的关系则是佛教东传过程中最为核心的问题之一。本书几乎每一章节都会涉及当时的宗教政策与官府的支持,毫不夸张地说,普陀山名山的最终确立是与官方的主导分不开的,"南海观音"品牌效应的扩张、"海岛佛国"文化形象的确立时时处处皆可感知到朝廷"那只看不到的手",无论是派员扩建,还是颁赐匾额,都体现了中土政教关系的协调互动与微妙关系。三是研究方法的多元性。全书既有传统史学的线性描述,更有佛教义理的思辨解读,更以文化地理学的概念来重新诠释普陀山"圣山化"的因缘,令人信服。此外,书中大量引用正史典籍与僧史资料使得全部分析建立在丰厚的数据基础上,体现出理论的解释力。当然此书仍留有研究的空间给未来,如对横向的空间分布研究,就不及纵向的时间演变叙述仔细;还有从1949年以来七十余年普陀山当代佛教史的延续与开拓相信也应在未来的研究计划之中。会闲法师多年主持佛学院工作,并主导国际观音文化研究中心的研究规划,有着宽广的海外留学背景与扎实的博士、博士后学术训练,另一作者景天星博士长期致力于中国佛教名山的研究,是学术成果丰硕的后起之秀,祝愿他们可持续的未来研究成果。

相信此书的出版必将推动普陀山名山建设工程,拓展观音信仰与普陀山文化的深度研究,铸造灵验观音、生态观音、文化观音品牌,全力提升名山文化品位,推进普陀山佛教实现由"香火兴寺"向"文化兴教"的历史性跨越。在社会精神家园建设层面，通过文化传播的形式扩展观音精神的影响力、凝聚力和感召力，实现"人心和善、家庭和乐、人际和顺、社会和睦、文明和谐、世界和平"的六和愿景。清代《南海普陀山志》的编纂者裘琏曾感慨说："池州地介江表，蜀晋稍远，亦在内地，计程可到，独洛迦孤悬海外，可谓远且险矣。然历朝来，上自帝后妃主、王侯宰官，下隶善信男女，缁流羽衣，远近累累，无不函经捧香，顿颡茧足，梯山航海，云合电奔，来朝大士。"如今观音三大节日所形成的三大香会朝山进香模式，已成为普陀山独特的文化品牌。普陀山作为全国乃至全世界观音信仰的朝圣中心，是凝聚大众人心、增进全球华人文化认同的精神家园。目前须紧紧围绕"海天佛国"名山建设，进一步深化普陀山观音文化内涵，营造观音信仰氛围，锻造观音修持法门，构建普陀山朝圣观光体系，向世界人民讲好观音的故事，讲好普陀山的故事。

遥忆1987年10月19日，赵朴初会长视察普陀山时在不肯去观音院曾题《谒金门》词一首："不肯去，甘禁万劫风雨。此土缘深非妄许，悲心周广宇。　　从此名山钟毓，无尽妙华慧矩。宝筏不辞千手与，度普天儿女。"感恩观音菩萨与普陀山的缘分深深，不舍众生，不离中土。

辛丑立秋于京杭大运河之北梅馨屋

绪 论

第一节　普陀山概况

　　普陀山位于我国浙江省舟山市普陀区,是舟山群岛东部海域中的一座岛屿,北濒杭州湾,西南距沈家门约7.7千米。其地理位置为北纬29°58′3″—30°02′3″,东经122°21′6″—122°24′9″。普陀全岛呈长条形,南北长约8.6千米,东西宽约3.5千米,环山一周30千米,面积12.52平方千米。其最高处为佛顶山,海拔291.2米。全山由佛顶山往四面延伸,西至茶山,北抵伏龙山,东达青鼓垒山,东南至锦屏山、莲台山、白华山,西南至梅岑山,其主峰海拔均位于100—200米之间。

　　普陀山历史悠久,早在新石器时代,河姆渡人、良渚人已在普陀山所属的舟山群岛开始活动,其白泉遗址的相对年代"和余姚河姆渡第二文化层年代大致相当",距今约6000—5500年;孙家山遗址的相对年代与"余姚河姆渡第一文化层"相同,距今约5500—5000年,"有的已经晚至良渚文化阶段"①,距今约5300—

---

① 王和平、陈金生:《舟山群岛发现新石器时代遗址》,《考古》1983年第1期。

4300年。故河姆渡文化也被认为是"舟山海洋文化的渊源"。①
考古研究表明,从石器时代至南北朝,舟山群岛与浙东大陆保持
密切联系,并形成具有海洋特色的生产生活方式。②春秋时期,
普陀山属越国之东境,名为"甬东"或"甬句东"。战国时楚灭越,
普陀山遂属楚。秦统一后,属鄞县东境,隶会稽郡。西汉至两晋
南朝,皆因之(梁、陈时会稽郡属东扬州)。隋开皇九年(589)废
会稽郡,置吴州,并鄞、鄮入句章县,普陀山隶吴州。大业初,改吴
州为越州,后复会稽郡。普陀属句章县东境。唐武德四年(621),
会稽郡改越州,废句章县置鄞州,遂属鄞州东境。八年废鄞州,复
置鄞县,隶越州,普陀仍属鄞县地。开元二十六年(738),析鄞县
为鄮、慈溪、奉化、翁山四县,隶属明州,普陀属翁山县东南境。大
历六年(771),废翁山县,并入鄮县,普陀属鄮县地,隶明州。五代
时,钱镠建吴越国,定都杭州。后梁开平三年(909)升明州为望海
军,改鄮县为鄞县,普陀属鄞县东境。③北宋时期,在翁山故地置
"昌国县"。元初,始置州,名"昌国州"。清康熙年间,又在昌国
旧地置"定海县"。道光时又升"定海直隶厅"。民国初复为定海
县。1953年,于定海设立"舟山专区",辖定海及分定海新置的"岱

---

①王文洪:《探讨舟山海洋文化的发展轨迹》,《海洋开发与管理》2008年第8期。
②王和平、陈金生:《舟山群岛发现新石器时代遗址》,《考古》1983年第1期;
　王和平:《浙江定海县蓬莱新村出土战国稻谷》,《农业考古》1984年第2期;
　国家文物局主编:《中国文物地图集(浙江分册)》下册,北京:文物出版社,
　2009年,第585—608页。
③《普陀县志》编纂委员会编:《普陀县志》,杭州:浙江人民出版社,1991年,第1—
　2页。

山""普陀"和自江苏松江专区划入的"嵊泗"等四县。①

传说普陀山最初为道教修仙之地。据传,秦代的安期生、汉代的梅子真、晋代的葛洪皆曾涉山炼丹、修道,如今山上仍留有"炼丹洞""仙人井"等道教遗存。因梅福隐居于此,故山名初为"梅岑山"。今"普陀山"名,源于《华严经》中的梵语Potalaka或Potala,Potaraka,其音译为补陀洛、布呾洛迦、宝陀洛迦、宝陀罗、逋多罗、补陀洛迦、补陀洛伽、补怛洛伽、补陀罗伽、补陀山等,意译为小花树、小白花、小树蔓庄严、海岛、光明等。受此影响,宋代以后,其名称有"宝陀山""补陀山""补陀洛迦山""白华山"等。明万历三十三年(1605),皇帝钦赐宝陀观音寺为"护国永寿普陀禅寺",此后,"普陀山"之山名愈加流行。又普陀岛东南海中有洛迦山,山中有寺,二者合称"普陀洛迦"。因历代帝王多建都北方,其南之东海称作南海,故亦称"南海普陀",或简称"南海"。

翻检史料,尽管有西晋太康年间(280—289)"扶老携幼"朝拜普陀山的记载,也有东晋时期"礼宝陀"的资料,还有南朝萧梁时期佛教活动于普陀山的记载。但学界认为,佛教全面传入普陀山,大约是在中晚唐时期。随着东亚航线的转变,先是有域外僧人活动于普陀山,然后普陀开始建寺。后梁贞明二年(916),普陀山建造了第一座寺院——不肯去观音院。宋代,民俗佛教蓬勃发展,观音信仰进一步民间化。宝陀寺被列入"五山十刹",其发展以禅宗为主,有真歇清了、大川普济等弘扬禅法。在初步建构普陀山神圣空间的同时,朝山信仰开始兴起,但此时普陀山观音道

---

① 吕以春:《舟山群岛古今地名研究》,《杭州大学学报》(哲学社会科学版)1983年第2期。另参吕以春:《普陀山历史沿革考》,《杭州大学学报》(哲学社会科学版)1986年第3期。

场的地位并不十分稳定。元朝时期，普陀山出现了历史上第一部志书《补陀洛迦山传》，也涌现了一山一宁、孚中等高僧，出现了融合汉藏佛教文化与艺术的多宝塔。随着神圣空间的进一步建构，文人士大夫争相朝山，推动了朝山信仰的进一步发展。明代普陀山佛教虽受海盗影响有所衰落，但也获得更大发展，尤其是在万历年间，出现了重大转折，不仅有两部志书，而且高僧涌现，神圣空间的建构更加完善，朝山信仰更为兴盛，观音道场地位也更加稳固。清初的海盗、寇乱虽对普陀山佛教产生了毁灭性的打击，但不久，清代普陀山佛教发展又进入鼎盛时期，不仅先后编撰了四部志书，而且自然景观进一步神圣化，寺庵等神圣人文景观布局趋于完整，构建了天人合一的神圣空间，并稳固地形成了观音信仰的中心，朝山信仰也获得重大发展，形成"一山特起万山朝"的局面。民国时期，普陀山佛教接续清朝的发展，不仅出现大量佛教文献，而且编撰有两部志书，全山寺院形成了"三大寺、八十八庵院、一百二十八茅棚"的神圣空间格局，朝山信仰更是蓬勃发展。

第二节　研究述评

严格学术意义上的普陀山文化研究，大约开始于20世纪80年代。其中普陀山佛教文化专题之研究是重中之重，涉及的研究内容有普陀山佛教文献整理与研究、普陀山佛教史研究、普陀山观音信仰研究、普陀山高僧研究、普陀山佛寺与建筑研究、普陀山佛教造像、图像及石刻研究等。因为普陀山被认为是观音菩萨的应化道场，在此基础上又进一步被纳入中国佛教四大名山信仰体系，因此普陀山观音信仰是研究之核心，关于其佛教文献整理研究与内容、普陀山佛教建筑与艺术、普陀山高僧等也多有研究。①

在普陀山佛教史研究方面,现有成果比较少,迄今未见通史之研究,也鲜见有明确的断代史之研究,实为一大遗憾。

国内学术界的相关著作中,张坚的《普陀山史话》②,虽名为"史",但笔法是"文史",并非严格意义上的学术著作。关于普陀山佛教史的研究,部分论著在文中有所述及,如郭万平、张捷主编的《舟山普陀与东亚海域文化交流》③中收有明代万历年间普陀山的复兴以及日本遣明使与普陀山的相关论文等;石静编著的《佛教名山:佛教名山的文化流芳》④中有一些普陀山对外文化交流史与名山形成史之内容;李利安在《观音信仰的渊源与传播》中对普陀山观音道场的中国化进行了系统分析,认为:"12世纪以后,因为印度佛法的消亡和随后而来的南印度观音道场的消失,特别是中印佛教交流的中断,中国人最终以浙江梅岑山取代了南印度的布怛落迦山,这一大胆的改造持续了几个世纪才得以完成,它使观音的道场从南印度海边转移到中国东海的舟山群岛上,从而对中国佛教产生巨大影响。"⑤此外,在《普陀县志》《普陀山志》《普陀洛迦山志》中亦有相关记载。

关于普陀山佛教史的专题论文,大陆比较有代表性的包括20世纪80年代吕以春的《普陀山历史沿革考》,系统梳理了普陀山的历史沿革,认为普陀山春秋属越;秦置郡县,属会稽郡句章县;

①详参景天星:《普陀山观音道场信仰研究综述(1982—2018)》,《普陀学刊》
　2019年第2期。
②张坚、张捷:《普陀山史话》,兰州:甘肃民族出版社,2000年。
③郭万平:《舟山普陀与东亚海域文化交流》,杭州:浙江大学出版社,2009年。
④石静编著:《佛教名山:佛教名山的文化流芳》,北京:现代出版社,2014年。
⑤李利安:《观音信仰的渊源与传播》,北京:宗教文化出版社,2008年,第404页。

唐朝时属明州翁山县；宋时属昌国县；元代时，昌国升县为州；明代复州为县；清代为定海县；新中国成立后，置普陀县①，其中多次涉及佛教发展史，并附录有普济、法雨、慧济三大寺的沿革。20世纪90年代，王德明《普陀山六十年变迁目睹记》通过自己的亲身经历回顾了20世纪30年代至90年代普陀山波澜壮阔的发展历史。②21世纪初，李桂红在《四川大学学报》③和《天津市社会主义学院学报》④所发表的一系列《普陀山佛教文化》论文认为普陀山的得名源于佛典。自唐代佛教传入普陀山后，历宋、元、明、清，至今千余年间，虽经几度沧桑劫难，但屡废屡兴，逐渐形成了独具特色、丰富多彩的普陀山佛教文化。这是对普陀山佛教历史的梳理。王连胜在《普陀山佛教名山形成原因新探》⑤、《普陀山的新罗礁、高丽道头在"东亚海上丝绸之路"中的重要地位》⑥、

---

① 吕以春：《普陀山历史沿革考》，《杭州大学学报》（哲学社会科学版）1986年第3期。

② 王德明：《普陀山六十年变迁目睹记》，《文化交流》1997年第1期。

③ 李桂红：《普陀山佛教文化》，《四川大学学报》（哲学社会科学版）2002年第4期。

④ 李桂红：《普陀山佛教文化（一）》，《天津市社会主义学院学报》2005年第2期；李桂红：《普陀山佛教文化（二）》，《天津市社会主义学院学报》2005年第3期；李桂红：《普陀山佛教文化（三）》，《天津市社会主义学院学报》2005年第4期。

⑤ 王连胜：《普陀山佛教名山形成原因新探》，《浙江国际海运职业技术学院学报》2005年第3期。

⑥ 王连胜：《普陀山的新罗礁、高丽道头在"东亚海上丝绸之路"中的重要地位》，宁波与"海上丝绸之路"国际学术研讨会论文，宁波，2005年12月，第195—202页。

《普陀山观音道场之形成与观音文化东传》①等文中探讨了慧锷之前山上已有观音信仰且兴盛已久的传说、普陀山观音道场的发展历史等。汪敏倩的《普陀开山考辨》②认为早在晋太康年间或之前普陀山就存在一定的观音信仰。此外，2009年，《佛教文化》杂志刊登了普陀山专题，论述了其名山渊源③、洛迦山④、风景名胜⑤、历史人物⑥、观音信仰⑦、寺院通览⑧、高僧大德⑨、宗教传说⑩等，可谓是关于普陀山的全方位的历史扫描。王连胜⑪、张明华⑫、汪敏倩⑬、华定谟⑭、李云华⑮、方牧⑯等人还对普陀山的开山史、名山形成史、佛教兴衰史与发展史、佛教文化史等进行了

① 王连胜：《普陀山观音道场之形成与观音文化东传》，《浙江海洋学院学报》（人文科学版）2004年第3期。
② 汪敏倩：《普陀开山考辨》，《黑龙江史志》2015年第9期。
③ 王连胜：《普陀名山溯源》，《佛教文化》2009年第3期。
④ 参迦：《洛迦山——南海幽绝观自在》，《佛教文化》2009年第3期。
⑤ 圣莲、王连胜：《普陀山风景名胜》，《佛教文化》2009年第3期。
⑥ 文梦、王连胜：《普陀山历史人物》，《佛教文化》2009年第3期。
⑦ 张总：《普陀山与观音信仰》，《佛教文化》2009年第3期。
⑧ 王连胜：《普陀山寺院通览》，《佛教文化》2009年第3期。
⑨ 妙心：《普陀山高僧大德》，《佛教文化》2009年第3期。
⑩ 周和星、王连胜：《普陀山宗教传说》，《佛教文化》2009年第3期。
⑪ 王连胜：《普陀山佛教名山形成原因新探》，《浙江国际海运职业技术学院学报》2005年第3期。
⑫ 张明华：《普陀山佛教兴衰与社会稳定》，《浙江消防》2000年第3期。
⑬ 汪敏倩：《普陀开山考辨》，《黑龙江史志》2015年第9期。
⑭ 华定谟：《普陀山的宗教生活》，《人权》2004年第6期。
⑮ 李云华：《为有源头活水来——普陀山佛教佛日增辉探源》，《中国宗教》2012年第7期。
⑯ 方牧：《文化普陀山与普陀山文化》，《浙江海洋学院学报》（人文科学版）2004年第2期。

研究。

在我国台湾学术界，徐一智是一位代表性学者，他的《明代观音信仰之研究》①对"明代普陀山观音信仰发展之各部分"进行了研究，该书在"地域名山与观音：明代普陀山观音信仰之研究"中有详细的论述。徐一智的《明代政局变化与佛教圣地普陀山的发展》也探讨了明代普陀山佛教的发展。②《慈航大师全集》中的《怎样知道有观音菩萨》对此也有所涉及。③ 此外，在论文方面，有赵洪英、徐亮的《普陀山观音信仰的历史、传说及其影响》④、张仙武的《朝廷意向与民间社会——以盛清普陀山佛教发展为讨论中心》⑤、廖肇亨的《圣境与生死流转——日本五山汉诗中普陀山文化意象的嬗变》⑥ 等。廖肇亨还在台湾举行的"大好山：东亚圣山信仰与神圣空间"学术研习营提交《普陀山在东亚》等论文。

在国外学术界，比较有代表性的是美籍华人于君方的《观音——菩萨中国化的演变》，其中专辟一章"普陀山：朝圣与中国

① 徐一智：《明代观音信仰之研究》，台北：法鼓文化事业有限公司，2016年。
② 徐一智：《明代政局变化与佛教圣地普陀山的发展》，《玄奘佛学研究》（台湾）2010年第14期。
③ 慈航法师：《菩提心影·释疑篇》，《慈航大师全集》，台北：慈航法师永久纪念会，1955年，下册，第83—134页。
④ 赵洪英、徐亮：《普陀山观音信仰的历史、传说及其影响》，《民俗曲艺》（台湾）第138期（2002年12月）。
⑤ 张仙武：《朝廷意向与民间社会——以盛清普陀山佛教发展为讨论中心》，近代中国社会与民间文化——首届中国近代社会史国际学术研讨会论文，青岛，2005年8月，第381—398页。
⑥ 参见廖肇亨：《圣境与生死流转——普陀山在日本五山汉诗中文化意象的嬗变》，石守谦、廖肇亨主编：《东亚文化意象之形塑——第十一至十八世纪间中日韩三地的艺文互动》，台北：允晨文化实业股份有限公司，2011年，第191—226页。

普陀洛迦山的创造",研究了普陀山观音道场,讨论普陀山的建构与解构、开创与衰微以及兴建与重建历史。①

国外的相关研究成果,集中体现在日本和韩国。

日本关于普陀山佛教的研究比较早。早在1926年,常盘大定、关野贞就出版有《支那佛教史迹》②,此后还出版有其他著作③,对普陀山法雨寺背屏式造像进行了研究。妹尾匡海的《补陀落思想と"普门品"の问题点》④也有专题研究。松本文三郎的《观音的语义及古印度与中国对他的信仰》⑤也对普陀山观音信仰进行了论述。石野一晴的《明代万历间における普陀山の复兴——中国巡礼史研究序说》⑥也研究了万历年间普陀山佛教的发展。此外,于2009年11月14—16日在普陀山召开的普陀山文化论坛暨"东亚的观音信仰"国际学术研讨会上,吉原浩人提交论文《杨柳观音和月盖长者——日中受纳〈请观音经〉的诸种形态》,

①于君方著,陈怀宇、姚崇新、林佩莹译:《观音——菩萨中国化的演变》,台北:法鼓文化事业有限公司,2009年,第385—438页。

②[日]常盘大定、关野贞:《支那佛教史迹》(5),东京:佛教史迹研究会,1926年,图版120。

③[日]常盘大定:《支那佛教史迹踏查记》,东京:龙吟社,1938年,第416、464—465页;[日]常盘大定、关野贞:《支那佛教史迹》(4),东京:法藏馆,1939年,图版117;[日]常盘大定、关野贞:《支那佛教史迹评解》(5),东京:佛教史迹研究会,1927年,第191页;[日]常盘大定、关野贞:《支那佛教史迹解说》(4),东京:法藏馆,1939年,第162页。

④[日]妹尾匡海:《补陀落思想と"普门品"の问题点》,《印度学佛教学研究》第35卷第2号(1987年3月)。

⑤[日]松本文三郎著,许洋主译:《佛教杂考》,蓝吉富主编:《世界佛学名著译丛》,台北:华宇出版社,1984年,第251—269页。

⑥[日]石野一晴:《明代万历间における普陀山の复兴——中国巡礼史研究序说》,《东洋史研究》第64卷1号(2005年6月)。

以我国绘就于14世纪的《补陀落山圣境图》为切入点,对中日两国都非常罕见的"普陀山观音三尊"即观音菩萨、善财童子、月盖长者这一组合作了分析考察。①

　　韩国与观音道场亦渊源深厚,何劲松在其《韩国佛教史》中专门论述了"义湘与洛山观音道场的建立",义湘亦曾于洛山寺撰有《白花道场》发愿文。②韩国学者的研究,虽然不多,但有新意,如朴现圭的《中国佛教圣地普陀山与新罗礁》③指出,过去多数学者认为"不肯去观音"与日本和尚慧锷有关,但其实亦应该与新罗商人有关。曹永禄以徐兢《高丽图经》"梅岑"条的记录为中心,论述了普陀山潮音洞不肯去观音殿的开基说。④曹永禄还在《东亚海洋佛教故事与法华信仰》中论述了普陀山观音道场。⑤崔显植的《新罗梵日禅师重建洛山寺及其意义——关于梵日禅师在浙东地区求法》以《三国遗事》的记录为中心概述了洛山寺的创建和再建。⑥

---

①陈小法:《观音信仰与东亚文化交流——记普陀山文化论坛暨"东亚的观音信仰"国际学术研讨会》,《国际学术动态》2010年第2期。

②何劲松:《韩国佛教史》,北京:社会科学文献出版社,2008年,第155—157页。

③[韩]朴现圭:《中国佛教圣地普陀山与新罗礁》,《浙江大学学报》(人文社会科学版)2003年第1期。

④[韩]曹永禄:《再论普陀山潮音洞不肯去观音殿的开基说——以徐兢〈高丽图经〉梅岑条的记录为中心》,金健人主编:《韩国研究》第8辑,沈阳:辽宁民族出版社,2007年,第14—28页。

⑤[韩]曹永禄:《东亚海洋佛教故事与法华信仰》,登州与海上丝绸之路国际学术研讨会,登州,2008年10月,第250—252页。

⑥[韩]崔显植:《新罗梵日禅师重建洛山寺及其意义——关于梵日禅师在浙东地区求法》,金健人主编:《韩国研究》第8辑,沈阳:辽宁民族出版社,2007年,第36—40页。

此外,文明认为普陀山潮音洞和韩国的洛山寺比较相似。①

综上,不论是大陆学术界、台湾地区学术界,还是国外学术界,均在普陀山佛教史研究方面取得一定成果。但仍有不足。首先,从研究角度来说,现有成果更多地关注了观音道场的内容与功能,而忽视了对普陀山佛教史的整体研究,亦即,并未从完整的普陀山佛教史的角度进行研究,因而,至今尚未出现一部关于"普陀山佛教史"的专著。其次,从研究方法来看,已有的研究方法虽综合运用了宗教学、历史学、文献学等研究方法,但是在历史学方法的运用方面仍需深入,且需要在已有文献基础上系统梳理普陀山佛教发展史。再次,就研究体系来看,已有的普陀山佛教史研究成果体系性和系统性不足,缺少宏观体系和理论建构,因而很难从中看到普陀山佛教发展的整体轮廓。

第三节　研究思路、方法与内容

研究思路方面,在已有研究成果的基础上,本书进一步广泛搜集普陀佛教史相关资料,并对已有成果与资料进行详细研读。以辩证唯物主义和历史唯物主义为原则,将普陀山佛教发展放在中国佛教历史发展的大背景中进行考察,以梳理出相关历史朝代的普陀山佛教发展史及其特点。

本书以历史学研究方法为基础,综合运用文献学、哲学、宗教学、社会学的研究方法,同时,也运用实地调研的方法对普陀山佛

①文明:《洛山寺观音窟》,《佛教周刊》1994年9月6日。转引自〔韩〕曹永禄:《再论普陀山潮音洞不肯去观音殿的开基说——以徐兢〈高丽图经〉梅岑条的记录为中心〉,金健人主编:《韩国研究》第8辑,沈阳:辽宁民族出版社,2007年,第15页。

教发展史进行深入研究。

本书系统梳理普陀山佛教的演变历史。其研究内容涉及以下方面：

第一，佛教传入普陀山。佛教何时传入普陀山，迄今并无定论，本书在前人研究的基础上，综合探讨有关佛教传入普陀山时间的多种观点。

第二，宋代普陀山佛教史。研究宋代普陀山佛教之演变历史，包括宋代的佛教政策与转型，宋代普陀山的政治、交通与佛教的关系，宋代普陀山佛教宗派、宗风与高僧，宋代普陀山神圣空间的初步建构和朝山信仰的初兴等。

第三，元代普陀山佛教史。研究元朝政权与普陀山佛教之演变历史，元代普陀山佛教宗派、高僧与对外文化交流，元代普陀山第一部山志，元代普陀山汉藏佛教文化融合以及士大夫的朝山信仰和神圣空间建构等。

第四，明代普陀山佛教史。研究明代普陀山佛教之变迁历史，包括明代佛教政策与信仰转向，明代政权与普陀山佛教兴衰，明代普陀山佛教宗派和高僧，明代普陀山两部山志，明代神圣空间的继续建构和朝山信仰的继续发展等。

第五，清代普陀山佛教史。研究清代普陀山佛教之变迁历史，包括清代佛教制度和世俗化进程，清代普陀山佛教兴衰，清代普陀山佛教宗派、宗风与高僧，清代普陀山四部山志，清代普陀山神圣空间的全面建构和朝山信仰的鼎盛等。

第六，民国普陀山佛教史。研究民国时期普陀山佛教之演变历史，包括民国佛教政策和普陀山佛教，民国普陀山高僧及其宗风，民国普陀山文献和志书，民国普陀山日渐完备的神圣空间与蓬勃发展的朝山信仰等。

第四节 创新与意义

本书的创新点主要有：

第一，研究角度的创新。从研究角度来说，已有成果更多地关注普陀山作为观音道场的相关内容与功能，而忽视了对普陀山佛教史的整体研究，并未从完整的普陀山佛教史的角度进行研究，故，至今尚未出现一部关于"普陀山佛教史"的专著。因此，从佛教史的角度来研究是一大创新。

第二，研究方法的创新。已有的研究虽综合运用了宗教学、历史学、文献学等研究方法，但是在历史学方法的运用方面仍需深入，且需要在已有文献基础上系统梳理普陀山佛教发展史。本书以系统的历史学研究方法为基础，是一大创新。

第三，研究体系的创新。就研究体系来看，已有的普陀山佛教史研究成果缺乏体系性和系统性，缺少宏观体系和理论建构，因而很难从中看到普陀山佛教发展的整体轮廓。本书的研究涵盖了佛教传入以后直至民国各个历史时期的普陀山佛教之发展，因而也是一大创新。

总之，本书在已有研究成果的基础上，综合运用文献资料，通过实地调研，对普陀山佛教史进行整体系统的研究，旨在客观理性地呈现普陀山佛教演变史，以期对当代普陀山佛教的发展提供历史资料和借鉴，并最终促进普陀山佛教健康、有序的发展。

其研究意义主要有：第一，系统梳理普陀山佛教发展的历史，在此基础上撰写《普陀山佛教史》。这部通史著作将弥补当前学术界关于普陀山佛教研究的不足。第二，在佛教中国化进程中，普陀山佛教发展的历史是极为重要的案例。对普陀山佛教史的梳理可以充实佛教中国化的具体内容,并使普陀山成为佛教中国化研究的全新样本。第三,本书充实了区域佛教和名山佛教研究的内容,在今后的区域与名山佛教信仰研究中,具有历史意义。

第一章　佛教的传入与普陀山开山

第一节　佛教初传浙江

一、佛教初传中国

尽管佛教何时传入中国有不同观点，但两汉之际经陆上丝绸之路传入内地是基本认可的观点。其中比较有影响的说法，一是"伊存授经"，二是"永平求法"。

"伊存授经"，是说汉哀帝元寿元年，即公元前2年，大月氏王使伊存向中国的博士弟子景卢口授《浮屠经》。据《三国志·魏书·乌丸鲜卑东夷传》所引鱼豢《魏略·西戎传》载：

> 临儿国，《浮屠经》云：其国王生浮屠。浮屠，太子也。父曰屑头邪，母云莫邪。浮屠身服色黄，发青如青丝，乳青毛，蛉赤如铜。始莫邪梦白象而孕，及生，从母左胁出，生而有结，堕地能行七步。此国在天竺城中。天竺又有神人，名沙律。昔汉哀帝元寿元年，博士弟子景卢受大月氏王使伊存口受《浮屠经》，曰复立者其人也。《浮屠》所载临蒲塞、桑门、伯闻、疏问、白疏闲、比丘、晨门，皆弟子号也。《浮屠》所载与中国《老子经》相出入，盖以为老子西出关，过西域之天

竺，教胡。浮屠属弟子别号，合有二十九，不能详载，故略之
如此。①

大月氏人曾经居住于我国的河西走廊，因受匈奴压迫而西
迁。后来，大夏国并入大月氏，大约是在公元前130年左右，大夏
国在这时是信仰佛教的。因此大月氏也深受大夏佛教之影响，遂
将佛教传入内地。上文中的"临儿国"，应是指释迦牟尼的故乡迦
毗罗卫。"浮屠"指释迦牟尼。"屑头邪"和"莫邪"即释迦牟尼佛的
父亲净饭王和母亲摩耶夫人。"沙律"指释迦牟尼佛的大弟子舍利
弗。"临蒲塞、桑门、伯闻、疏问、白疏闲、比丘、晨门"等都是他的
弟子，"临蒲塞"指优婆塞，即男居士，"桑门、伯闻、疏问、白疏闲、
比丘、晨门"指和尚。

关于本段材料，汤用彤指出："依上所言，可注意者盖有三事。
一、汉武帝开辟西域，大月氏西侵大夏，均为佛教来华史上重要事
件；二、大月氏信佛在西汉时，佛法入华或由彼土；三、译经并非
始于《四十二章》，传法之始当上推至西汉末叶。"②汤先生所言的
"西汉末叶"，应是指汉哀帝元寿元年。汤先生也从资料渊源的角
度论述了《浮屠经》之流传。他说："《广川画跋》引此文，谓出《晋
中经》。《广弘明集》载阮孝绪《七录序》，谓《晋中经簿》有佛书经
簿十六卷，则晋室秘府原藏佛经。又，《晋中经簿》源出《魏中经》
（如《隋志序》），是魏世朝廷，当已颇收集佛经。疑其作簿录时，
伊存之经或尚在，并已著录。……鱼豢所记或用《魏中经》文（如
《魏略》成书在《中经簿》之后，则系《中经》采鱼书之文），与《画跋》

---

① ［晋］陈寿著，［南朝宋］裴松之注：《三国志》，北京：中华书局，1982年，第
859—860页。

② 汤用彤：《汉魏两晋南北朝佛教史》，北京：北京大学出版社，2011年，第30页。

《晋中经》语同出一源，故文若是之相同也。是则鱼氏即未睹伊存之经，而《魏中经》作者必经过目。且其所见《浮屠经》当不只此一部。"①据此，他肯定这是"确然有据之事"。故公元前1世纪末大月氏佛教信仰者向中国人传授佛经，是完全可能的。因此，1998年，经中国佛教协会赵朴初会长和当年的中国佛教协会会长扩大会议确认，将"伊存授经"作为佛教初传中国的历史标志，并在1998年举办"纪念中国佛教二千年"的活动。②

"永平求法"，指东汉永平年间，因汉明帝梦感而遣使求法之传说。此说法在佛教传入中国诸说中影响也较大。此事件见载于诸多史料，首载于《〈四十二章经〉序》，其后，《牟子理惑论》又有更为详细的记载。《〈四十二章经〉序》曰：

> 昔汉孝明皇帝，夜梦见神人，身体有金色，项有日光，飞在殿前，意中欣然，甚悦之。明日问群臣："此为何神也？"有通人傅毅曰："臣闻天竺有得道者，号曰佛，轻举能飞，殆将其神也。"于是上悟，即遣使者张骞、羽林中郎将秦景、博士弟子王遵等十二人，至大月支国，写取佛经四十二章，在十四石函中，登起立塔寺。于是道法流布，处处修立佛寺，远人伏化，愿为臣妾者，不可称数，国内清宁，含识之类，蒙恩受赖，于今不绝也。③

《牟子理惑论》继之详载曰：

> 问曰："汉地始闻佛道，其所从出耶？"牟子曰："昔孝明皇帝，梦见神人，身有日光飞在殿前，欣然悦之。明日博问群

①汤用彤：《汉魏两晋南北朝佛教史》，北京：北京大学出版社，2011年，第30页。
②《中国宗教》编辑部：《关于"伊存授经"》，《中国宗教》1998年第4期。
③［南朝梁］僧祐：《出三藏记集》卷六，《大正藏》第55册，第42页下。

臣，此为何神？有通人傅毅曰：臣闻天竺有得道者号曰佛。飞行虚空，身有日光，殆将其神也。于是上寤。遣中郎蔡愔、羽林郎中秦景、博士弟子王遵等十八人，于大月支，写佛经四十二章，藏在兰台石室第十四间，时于洛阳城西雍门外起佛寺，于其壁画千乘万骑绕塔三匝，又于南宫清凉台，及开阳城门上作佛像。明帝时豫修造寿陵，曰显节，亦于其上作佛图像。时国丰民宁，远夷慕义，学者由此而滋。"①

据史料记载，梵僧摄摩腾和竺法兰随蔡愔、秦景、王遵等人一起来到中原，中国也因之诞生了第一座寺院——洛阳白马寺。汤用彤先生在《汉魏两晋南北朝佛教史》中单列"永平求法传说之考证"，对此进行详细考证，考究东汉初期汉明帝于永平八年遣蔡愔往天竺求法之史实。他最后说："依上所论，汉明求法，吾人现虽不能明当时事实之真相，但其传说应有相当根据，非向壁虚造。"②

不论是"伊存授经"，还是"永平求法"，都说明在两汉之际佛教已传入中土。汉代已有域外僧人开始翻译佛经，最著名的是安世高和支谶。安世高翻译的主要是早期佛教经典，且曾活动于浙江地区。支谶译经主要为大乘经典。支谶，全称支娄迦谶，大月氏人。《高僧传》载其"操行纯深，性度开敏，禀持法戒，以精勤著称。讽诵群经，志存宣法"。③他在汉桓帝时到达中土，在汉灵帝时于洛阳翻译经典。《出三藏记集》载他译出佛经"十四部，凡二十七卷"④，有《道行般若经》《般舟三昧经》《首楞严三昧经》《兜沙经》《阿阇世王经》《阿閦佛国经》《光明三昧经》等。其中最重要的

---

①〔南朝梁〕僧祐：《弘明集》卷一，《大正藏》第52册，第4页下—5页上。
②汤用彤：《汉魏两晋南北朝佛教史》，北京：北京大学出版社，2011年，第18页。
③〔南朝梁〕慧皎：《高僧传》卷一，《大正藏》第50册，第324页中。
④〔南朝梁〕僧祐：《出三藏记集》卷二，《大正藏》第55册，第6页中。

是前三部经,既含摄空性之理论,也包括三昧之实践。支谶的译经内容,与安世高所译截然相反,多为大乘经典,如《道行般若经》是《大般若经》的主要部分,《阿閦佛国经》《无量清净平等觉经》《遗日摩尼宝积经》《般舟三昧经》是《大宝积经》的基础部分。因此,他不仅最早在中国传译大乘经典,而且最早传译般若经典。支谶的学说,最初传承给了支亮,后由支谦发扬光大,为以后大乘佛教在中国内地的传播做了很好的准备工作。

二、浙江地理与佛教初传

浙江省位于中国东南沿海,东濒东海,南接福建,北邻上海、江苏,西与江西、安徽接壤。其境内最大的河流是钱塘江,因江流曲折,被称为之江,又称浙江。浙江地形复杂,山地和丘陵占70.4%,平原和盆地占23.2%,河流和湖泊占6.4%,故有"七山一水两分田"之称。

浙江虽以"江"命名,但其境内的"山"却非常多。山岳对浙江的地理、历史与文化也产生了重要影响。其西南部曾是喜马拉雅山系运动波及的边缘,有明显的地质抬升过程,因而形成西南高、东北低的地理形态。沿西南、东北走向,浙江境内三座平行山脉,被称为浙江的"三根脊梁"。最西侧是怀玉山—天目山系,怀玉山脉起源于浙江衢州与江西上饶交界处,其主峰位于江西,余脉也达及皖南,并发育了浙西山脉;沿怀玉山脉往东北,便是天目山,天目山有"大树华盖闻九州"之誉,因受生物多样性影响,文化也呈多样性。中部山系是仙霞岭山系,其骨干仙霞岭位于浙闽边界,是浙江通往南方的重要关口,直到晚唐才被黄巢义军打通;沿仙霞岭往东北,便是其支脉会稽山、四明山、天台山等。东部山系为雁荡山—括苍山系,此山系是浙江海洋与山地的分界线,也是浙东南的台州和温州与其他地方文化的分界线，这使得台州和温州保持了一定的文化独立性。三条山系的中间地带是河谷平原或盆地。此外，沿海地区还有很多岛屿，如位于浙江东北部的舟山群岛是我国第一大群岛，占我国海岛总数的20%，其中著名的有普陀山、岱山岛、朱家尖岛、沈家门、嵊泗列岛、桃花岛等。总之，浙江地形多样，有浙北平原、浙东丘陵、浙西丘陵、中部金衢盆地和丽水盆地、浙南山地、东南沿海平原及滨海岛屿等多种地形。

　　得天独厚的地理条件，奠定了佛教传入和演变的自然基础。佛教于两汉之际传入中原后，开始向外传播。东汉末年，浙江属会稽、吴、丹阳三郡统辖。著名佛经翻译家安世高曾活动于会稽（今浙江绍兴）。安世高，本名清，字世高，为安息国太子，《高僧传》记载他对"外国典籍，及七曜五行、医方异术，乃至鸟兽之声，无不综达"。①康僧会于《安般守意经序》中说："有菩萨名安清，字世高，安息王嫡后之子，让国与叔，驰避本土。翔而后进，遂处京师。其为人也，博学多识，贯综神模，七正盈缩，风气吉凶，山崩地动，针脉诸术，睹色知病，鸟兽鸣啼，无音不照。"②因他出身王族，西域很多来华的人称他"安侯"，由他翻译的《十二因缘经》也被称为《安侯口解》。汉桓帝（147—167在位）时期，安世高来中土翻译佛经。一直到汉灵帝建宁（168—171）年间，共翻译出佛经34部40卷，后《开元释教录》订正为95部115卷。吕澂考证出22部26卷。他翻译的经典，主要的有《安般守意经》《阴持入经》、大小《十二门经》以及《修行地道经》等。安世高翻译的主要是早期佛教经典，也被称为"禅数之学"，此处的"禅"，主要指的是禅定，

①［南朝梁］慧皎：《高僧传》卷一，《大正藏》第50册，第323页上。
②［南朝梁］僧祐：《出三藏记集》卷六，《大正藏》第55册，第43页中。

而"数"是解释佛教基本教义的"事数",如四谛、五蕴、十二因缘等。其"禅"学,集中于《安般守意经》;其"数"学,集中于《阴持入经》,阴、持、入,现译作蕴、处、界,即五蕴、十二处、十八界,为佛教三科。

汉灵帝末年,关河扰乱,安世高去江南避难,先后经庐山、南昌、广州等地,最后活动于会稽。《高僧传》载:"(安世高)欢喜相向云:'吾犹有余报,今当往会稽毕对。'广州客悟高非凡,豁然意解,追悔前愆,厚相资供,随高东游,遂达会稽。至便入市,正值市中有乱,相打者误着高头,应时陨命。广州客频验二报,遂精勤佛法,具说事缘,远近闻知莫不悲恸,明三世之有征也。"①据此,安世高殒命浙江会稽。他的弟子,有南阳韩林、颍川皮业、会稽陈慧等。康僧会于《安般守意经序》中说:"南阳韩林、颍川皮业、会稽陈慧,此三贤者,信道笃密,执德弘正,烝烝进进,志道不倦。"②又《高僧传》载:"又世高封函之字云:尊吾道者居士陈慧,传禅经者比丘僧会。然《安般》所明盛说禅业。是知封函之记。"③会稽的陈慧继承其学说。而康僧会受学于陈慧,协助他整理《〈安般守意经〉注》,并撰写《〈安般守意经〉序》,"余之从请问,规同矩合,义无乖异,陈慧注义,余助斟酌,非师不传,不敢自由也"。④传说浙江东汉末年建有佛寺,《光绪仙居志》卷二三"寺观大兴寺"条载:"东汉兴平元年(194)建,初名石头禅院。"被认为"属实"。⑤20世纪80年代,于该寺遗址发现有泥质红陶花卉图案圆形瓦当和泥质灰

①[南朝梁]慧皎:《高僧传》卷一,《大正藏》第50册,第323页下。
②[南朝梁]僧祐:《出三藏记集》卷六,《大正藏》第55册,第43页中。
③[南朝梁]慧皎:《高僧传》卷一,《大正藏》第50册,第324页中。
④[南朝梁]僧祐:《出三藏记集》卷六,《大正藏》第55册,第43页中。
⑤陈荣富:《浙江佛教史》,北京:华夏出版社,2001年,第2页。

陶绳纹、印纹等陶器碎片，可证实东汉时确曾建过寺院，这也被认为是浙江第一座寺院。

东汉灵帝时，大月氏人法度率领数百人来华经商，并定居于中国，其后代也于中国繁衍生息。法度来中国后，被朝廷授予"率善中郎将"。其孙支谦也随祖父一起来到中国。因此，他从小便受到中外文化的影响，不仅通达梵文，而且精通汉文，并且精通六种语言，他还拜支谶的弟子支亮为师，支亮是汉末三国时的僧人，字纪明。支谶、支亮、支谦被合称为"三支"，"三支"博学多才，被称为"智囊"，当时的人们都说"天下博知，不出三支"。受大月氏佛教传统以及支谶、支亮等人的影响，支谦喜欢钻研大乘佛教理论，从小遍翻各种译本，但是对于这种过于质朴而又晦涩的翻译并不满意。汉献帝末年，洛阳战乱。为躲避战祸，支谦和乡人数十人一路向南，奔赴东吴。《高僧传》记载"汉献末乱，避地于吴"。①《两浙名贤录·支谦传》载他"汉末世乱，避地会稽"，在浙江传播佛教。他翻译的经典，以大乘佛经为主，但也有一部分小乘经典，据《出三藏记集》卷二记载，共有佛经三十六部四十八卷，较为重要的是《大明度无极经》《维摩诘经》《无量寿经》等。

继支谦之后，康僧会也赴东吴弘法。他可能是从交趾乘船至会稽，再转至建业（南京）弘法的。②赤乌十年（247），他至建业弘法。经过一番努力，最终使江左佛法大兴，其中包括浙江部分地区。孙权最初建设的三座寺院，即有浙江海盐县的金粟寺。明初宋濂《重兴太平万寿禅寺碑铭》云："当吴之时，佛法虽至中国，而大江以南则无有也。赤乌中，康居沙门僧会实来，祈获释迦文佛

①［南朝梁］慧皎：《高僧传》卷一，《大正藏》第50册，第325页上。
②陈荣富：《浙江佛教史》，北京：华夏出版社，2001年，第5页。

真身舍利,始创三寺,其二即金陵之保宁,海盐之金粟。"①孙权为浙江富春(今杭州)人,建金粟寺后,东吴尤其是浙江官员或眷属纷纷效仿建寺,如孙权吴夫人在海盐舍宅建法喜寺,吴将军郑平舍宅建衢州祥符禅寺,等等。

需要指出的是,支谦和康僧会是沿着不同的路线抵达浙江的,支谦随其族人从陆上丝绸之路来华,而康僧会是从海上丝绸之路来华的。他们不约而同汇聚于东吴,并在浙江弘法。可见,浙江是陆上丝绸之路与海上丝绸之路佛教传播的交汇处。

总之,东汉末年,佛教已传入浙江,并在东吴时期迅速发展。之后的浙江佛教学派纷争、宗派并立,并在宋代达至极盛;宋代以后,在进一步的民俗化过程中,浙江佛教深入民众生活,融入中国社会,成为中国佛教的重要典型。

第二节　佛教传入普陀山的传说与观点

东汉末年佛教传入浙江并在东吴时期获得迅速发展时,普陀山仅是浙江东北舟山群岛中的一座无名小岛,隶属于会稽郡鄮县,位于县东。当时亦未有"普陀山"之山名,而是名为"梅岑山"。"梅岑山"之名源于道教。传说秦汉至东晋时期均有道士活动于普陀山。但在此之后的历史发展中,鲜有道教发展之记载。据文献可知,两晋时期佛教传播至普陀山,但直至唐代中后期,尤其是慧锷开山以后,普陀山佛教方才迎来大兴。

---

① [明]宋濂著,徐儒宗等点校:《宋学士文集》,杭州:浙江古籍出版社,2014年,第1494页。

一、普陀山的道教传说

普陀山所处舟山群岛，春秋时为越国东境，被称为"甬东"或"甬句东"。《左传·哀公二十二年》："越灭吴，请使吴王居甬东。"晋杜预注："甬东，越地，会稽句章县东海中洲也。"因此又称"海中洲"。《史记·越王句践世家》云："句践怜之，乃使人谓吴王曰：'吾置王甬东，君百家。'"《集解》："杜预曰：'甬东，会稽句章县东海中洲也。'"①秦统一后，置会稽郡，辖鄮县，普陀山为其东境。从秦代开始，普陀山流传有方士之传说，此后，汉代、东晋时期也相继有道士活动之传说。

春秋战国时期，社会流行"不死"之说，至战国中期，对"不死"的追求成为当时社会的一大风气。据载，齐威王、齐宣王、燕昭王等曾遣使入海，寻蓬莱、方丈、瀛洲等神山。《史记·封禅书》云："自（齐）威、宣、燕昭使人入海求蓬莱、方丈、瀛洲。此三神山者，其传在勃海中，去人不远；患且至，则船风引而去。盖尝有至者，诸仙人及不死之药皆在焉。其物禽兽尽白，而黄金银为宫阙。未至，望之如云；及到，三神山反居水下。临之，风辄引去，终莫能至云。世主莫不甘心焉。"②但皆不如秦始皇求仙活动影响大。史载始皇二十八年（前219）、三十二年（前215），皆有方士入海求仙。西汉桓宽曾说："当此之时，燕齐之士释锄耒，争言神仙。方士于是

---

① [汉]司马迁：《史记》卷四一《越王句践世家》，北京：中华书局，1959年，第5册，第1745—1746页。

② [汉]司马迁：《史记》卷二八《封禅书》，北京：中华书局，1959年，第4册，第1369—1370页。

趣咸阳者以千数,言仙人食金饮珠,然后寿与天地相保。"①文中言赴咸阳者有数千人,说明此前数十年发展之盛,同时说明秦始皇对访仙道的大力支持。据载,求仙过程中,秦始皇也曾到过浙江。《史记·秦始皇本纪》载:"三十七年十月癸丑,始皇出游……上会稽,祭大禹,望于南海,而立石刻颂秦德。"②是说秦始皇在会稽祭大禹。会稽即今浙江绍兴,此地建有禹陵。"南海",即东海,舟山群岛即位于东海之中。传说秦代方士安期生曾于舟山群岛炼丹,并登上普陀山。据《神仙纲鉴》载,秦始皇时期,安期生"为求见大士,曾七上补陀山,未得一面"。③文中"大士",指观音菩萨。据现有文献,秦时佛教尚未传入中国,普陀山更未成为观音道场,七次登山而求见观音,当不属实。不过,安期生在舟山群岛的道教活动,却多有记载。

　　安期生的资料,始见于《史记》。齐人公孙卿答汉武帝"申公何人"之问,云:"申公,齐人。与安期生通,受黄帝言。"④齐人李少君也对汉武帝说:"臣尝游海上,见安期生,食臣枣,大如瓜。安期生,仙者,通蓬莱中,合则见人,不合则隐。"于是"天子始亲祠灶,而遣方士入海求蓬莱安期生之属,而事化丹沙诸药齐为黄金矣"。之后,"李少君病死。天子以为化去不死也,而使黄锤、史宽舒受其方。求蓬莱安期生莫能得,而海上燕齐怪迂之方士多

---

①〔汉〕桓宽撰,王利器校注:《盐铁论校注》,北京:中华书局,1992年,第355页。

②〔汉〕司马迁:《史记》卷六《秦始皇本纪》,北京:中华书局,1959年,第1册,第260页。

③王连胜主编:《普陀山大辞典》,合肥:黄山书社,2012年,第65页。

④〔汉〕司马迁:《史记》卷二八《封禅书》,北京:中华书局,1959年,第4册,第1393页。

相效,更言神事矣"。① 胶东宫人栾大则对武帝曰:"臣尝往来海中,见安期、羡门之属。"② 文中的安期生,被认为是"仙",居于"蓬莱"。在《列仙传》中,载有安期生和秦始皇的交往过程:

> 安期先生者,琅琊阜乡人也。卖药于东海边,时人皆言千岁翁。秦始皇东游,请见,与语三日三夜,赐金璧度数千万。出于阜乡亭,皆置去,留书,以赤玉舄一双为报,曰:"后数年求我于蓬莱山。"始皇即遣使者徐市、卢生等数百人入海,未至蓬莱山,辄遇风波而还。立祠阜乡亭海边十数处。云:寥寥安期,虚质高清。乘光适性,保气延生。聊悟秦始,遗宝阜亭。将游蓬莱,绝影清泠。③

《高士传》记载亦颇相同:

> 安期生者,琅琊人也,受学河上丈人,卖药海边,老而不仕,时人谓之"千岁公"。秦始皇东游,请与语三日三夜,赐金璧直数千万,出置阜乡亭而去,留赤玉舄为报,留书与始皇曰:"后数十年求我于蓬莱山下。"及秦败,安期生与其友蒯通交往项羽,欲封之,卒不肯受。④

秦始皇曾巡游会稽,与安期生又有蓬莱之约。位于浙江东境的舟山群岛位于海中,被认为是海中仙山、蓬莱仙境,岛中的桃花

---

① [汉]司马迁:《史记》卷一二《孝武本纪》,北京:中华书局,1959年,第2册,第455页。

② [汉]司马迁:《史记》卷一二《孝武本纪》,北京:中华书局,1959年,第2册,第462页。

③ [汉]刘向:《列仙传》,见《道藏》,文物出版社、上海书店、天津古籍出版社联合出版,1988年,第5册,第68—69页。

④ [晋]皇甫谧:《高士传》卷中,文渊阁《四库全书》,台北:台湾商务印书馆,1986年,第448册,第99页。

山、马迹山、双泉山、马秦山（今朱家尖）、普陀山等皆被认为是安期生活动之处，故有以"安期"而命名者，如普陀山南侧以桃花岛为中心的一些大岛，包括朱家尖、六横、虾峙等，在宋时为昌国县下辖的"安期乡"。又有桃花山，"（延祐）《四明志》在东南，世传安期生炼丹之所。常（尝）以醉墨洒石，成桃花纹，因名"。① 故"桃花山"又称"安期山"。如（乾道）《四明图经》载："桃花山，在县东南一百二十里，耆老相传安期先生学道炼丹于此。尝以醉墨洒于山石上，遂成桃花纹，奇形异状，宛若天然，人多取之，以为珍玩，故山号桃花，而乡名安期，实出于此云。"② （宝庆）《四明志》亦载："桃花山在东南，世传安期生炼丹之所，尝以醉墨洒石，成桃花纹，山因以名。"③

又《浙江通志》引（大德）《昌国州志》载，嵊泗的马迹山"在海东北，安期生洞在焉"。④ 此外，据（嘉靖）《宁波府志》载，在县东四十里大海中，有双泉山，"上有二穴，出泉，味极甘冽，岩上有巨人迹、上马石，相传安期生常游于此，故又名道人山"。⑤ 又《浙江通志》引（延祐）《四明志》指出"安期生洞在昌国马秦山"，并载有元吴莱的诗歌《望马秦桃花诸山问安期生隐处》，诗文如下：

------

① ［清］嵇曾筠等监修，沈翼机等编纂：（雍正）《浙江通志》卷一四，文渊阁《四库全书》，台北：台湾商务印书馆，1986年，第519册，第430页。
② ［宋］张津等纂修：（乾道）《四明图经》卷七《昌国县·山》，《续修四库全书》，上海：上海古籍出版社，2002年，第704册，第535—536页。
③ ［宋］罗濬等：（宝庆）《四明志》卷二〇《昌国县志》，《宋元方志丛刊》，北京：中华书局，1990年，第5册，第5249页。
④ ［清］嵇曾筠等监修，沈翼机等编纂：（雍正）《浙江通志》卷一四，文渊阁《四库全书》，台北：台湾商务印书馆，1986年，第519册，第430页。
⑤ ［清］嵇曾筠等监修，沈翼机等编纂：（雍正）《浙江通志》卷一四，文渊阁《四库全书》，台北：台湾商务印书馆，1986年，第519册，第424页。

此去何可极，中心忽有思。乱山插沧海，千层壮且奇。
信哉神仙宅，而养云霞姿。雕镂鬼斧觥，刮濯龙湫移。坎窞
森立剑，槎牙割灵旗。微涵赤岸水，暗产琼田芝。老生今安
在，方士不我欺。往过燕齐靡，出没楚汉危。挟山作书镇，分
海为砚池。残花锦石烂，淡墨珠岩披。东溟地涵畜，北极天
斡维。玉舄投已远，桑田变难期。誓追凌波步，行折拂日枝。
羽丘杳如梦，玄圃深更疑。岂无抱朴子，去我乃若遗。空余
炼药鼎，尚有樵人知。①

此外，今普陀山几宝岭下东侧岩洞中有"仙人井"，其水虽大
旱大潦亦无增减，色味甘洁，井窟中寒气侵人，虽酷暑不可久居，
相传为安期生炼丹遗迹。普陀山上的会仙峰，亦名天柱峰，丛岩
耸峙，广崖巨壁，展列如屏，冥蒙杳霭，恍若神仙来会，相传当年
安期生曾鸾骖鹤驭来游于此。②后人有《安期仙井》诗云："安期
炼丹处，遥指仙人井。华盖结树冠，玄泉烹清茗。寒燠复暑凉，甘
润称逸品。任凭沧海森，只取一瓢饮。嗟尔名利客，至此应知省。
世人多弃此，熙攘几宝岭。"又有《会仙峰》诗云："会仙峰上待仙
来，鹤驭鸾骖仔细猜。天柱巍巍高百丈，分明海上是蓬莱。""群仙
高会处，即此是蓬莱。略试神通手，莲花顷刻开。"

受秦始皇求仙活动影响，舟山群岛的多处岛屿被认为是蓬莱
仙岛。岱山就是这样一座岛屿。岱山又称"蓬莱仙岛"。据传，秦
时徐福率三千童男童女为始皇寻求不死之药，曾至此岛。"蓬莱
山，在县东北四百五十里，四面大洋。耆旧相传，秦始皇遣方士徐

①［清］嵇曾筠等监修，沈翼机等编纂：（雍正）《浙江通志》卷四三，文渊阁《四
　库全书》，台北：台湾商务印书馆，1986年，第520册，第245—246页。
②李桂红：《佛教四大名山中的道教文化现象》，《天津市社会主义学院学报》
　2006年第1期。

福入海求神仙灵药,尝至此。"①岱山中的"东霍山",被认为是徐福所到达的地方,(乾道)《四明图经》载:"东藿(霍)山,在县东北海中,四面大洋,上有虎豹龙蛇,人迹罕至。耆旧相传,古有仙者隐于此山,有石棋盘,四围皆修竹,风至则竹枝扫盘,绝无纤尘,若人使之然。"②(宝庆)《四明志》载:"在东北,环以大海。世传徐福至此。山有石棋盘,修竹环之,风枝扫拂,常无纤尘,若有使之者。又相传以为仙,而旧志所谓虎豹龙蛇人所不到者,妄也。"③又(延祐)《四明志》载:"东霍山在东北,环以大海,世传徐福至此。山有石棋盘,修竹环之,风枝扫拂,常无纤尘,若有使之者。又相传以为仙,而《图经》所谓虎豹龙蛇人不可到者,妄也。"④自唐开元二十六年(738)以后,岱山岛一直是翁山县、昌国县(州)、定海县下属的蓬莱乡。岛上建有蓬莱山庄、蓬莱公园。岱山的"海天一览亭",是纪念徐福东渡的历史遗址。

　　普陀山又名"梅岑山",因汉代梅福隐居于此而得名。(宝庆)《四明志·昌国县志》云:"补陀洛迦山,在东海中,佛书所谓'海岸孤绝处'也,一名梅岑山,或谓梅福炼丹于此山,因以名。"⑤(雍正)《浙江通志》云:普陀山,"一名梅岑,以梅子真曾炼药于此

①[宋]张津等纂修:(乾道)《四明图经》卷七《昌国县·山》,《续修四库全书》,上海:上海古籍出版社,2002年,第704册,第535页。
②[宋]张津等纂修:(乾道)《四明图经》卷七《昌国县·山》,《续修四库全书》,上海:上海古籍出版社,2002年,第704册,第535页。
③[宋]罗濬等:(宝庆)《四明志》卷二〇《昌国县志》,《宋元方志丛刊》,北京:中华书局,1990年,第5册,第5248页。
④[元]袁桷:(延祐)《四明志》卷七《山川考》,《宋元方志丛刊》,北京:中华书局,1990年,第6册,第6242页。
⑤[宋]罗濬等:(宝庆)《四明志》卷二〇《昌国县志》,《宋元方志丛刊》,北京:中华书局,1990年,第5册,第5248页。

也"。① 梅福,字子真,江西九江寿春人。少学长安,补南昌尉,因不满王莽专权,上书弹劾,后隐居。《汉书·梅福传》载:"梅福,字子真,九江寿春人也。少学长安,明《尚书》《榖梁春秋》,为郡文学,补南昌尉。后去官归寿春,数因县道上言变事,求假轺传,诣行在所条对急政,辄报罢。是时,成帝委任大将军王凤,凤专势擅朝,而京兆尹王章素忠直,讥刺凤,为凤所诛。王氏浸盛,灾异数见,群下莫敢正言。福复上书曰:……方今君命犯而主威夺,外戚之权日以益隆,陛下不见其形,愿察其景。"②

梅福弃官后,传说曾隐居于多地。如《汉书·梅福传》载:"王莽专政,福一朝弃妻子,去九江,至今传以为仙。"这是说他去了江西九江。相传浙江也是其主要的活动地之一,《汉书·梅福传》载:"其后,人有见福于会稽者。"③ 会稽即今浙江绍兴,梅福曾隐于此,因而绍兴多处地方以梅福命名,如《会稽志》载:"梅市,在城西十五里,属山阴县梅市乡,乡有梅福里,旧经云:《梅福传》有人见福会稽,变姓名,为市门卒。《十道志》云:即梅福为监门处。陆左丞《适南亭记》:梅山,少西有里曰梅市,即此。"④ 后来,他还佯狂于吴市(今苏州),"变姓名,为吴市门卒,之后,即隐四明山,所

①[清]嵇曾筠等监修,沈翼机等编纂:(雍正)《浙江通志》卷一四,文渊阁《四库全书》,台北:台湾商务印书馆,1986年,第519册,第429页。
②[汉]班固:《汉书》卷六七《梅福传》,北京:中华书局,1962年,第9册,第2917—2922页。
③[汉]班固:《汉书》卷六七《梅福传》,北京:中华书局,1962年,第9册,第2927页。
④[宋]施宿等:《会稽志》卷四《市》,文渊阁《四库全书》,台北:台湾商务印书馆,1986年,第486册,第80—81页。

在著异,故人传以为仙。有《四明山记》,其所著也"。①这是说他后隐于四明山。相传他还"访雁荡诸山,即会稽之南也。游南闽,入支提山,修炼数年。未就,为尼所触,愤然曰:'灵丹九转,愈久愈精,何厌成功之晚?'遂入仙霞山,即武夷之东也。彷徨乎无人之境,逍遥乎尘埃之外。猿啼古木,虎啸幽岩"。最终感得三官奏闻天阙,言:"西汉梅福成道于飞鸿山。""梅君乃乘白马,领童,欲回九江,二童马前抚掌吟诗,隐于山溪巨石之下。须臾,红光射日,紫雾漫空,甘露天花,一时飞降。云中仙乐嘹亮,金童持节,玉女执幡,力士控鸾,侍仙捧诏向梅君曰:'天阙诏下,令汝乘鸾上升。'梅君拜谢天恩,弃马乘鸾,升天而去。"②可见,梅福的形象经历了从官员到隐士再到神仙的巨大变化。

传说梅福在浙江期间,曾至普陀山隐修。对此,《普陀洛迦新志》述云:

> 按《袤志》云:"《汉书》本传如此,亦不敢附会增益。"又引宋陆游《梅子真泉铭》曰:"梅公之去汉,犹鸱夷子之去越。变姓名,弃妻子,舟车所通,何所不阅?彼吴市间人偶传之,而作史者,因著其说。倘信吴市而疑斯山,不几乎执一而废百?梅公之去,如怀安于一方,则是以颈血丹莽之斧钺也。山麓之泉,甘寒澄澈,珠霏玉雪,与子徘徊,酌泉饮之,亦足以尽公之高而叹其决也。"乃谓:"子真既可从吴市至会稽,独不可从会稽至洛迦乎?会稽曰梅山,此曰梅岑。会稽有子真泉,此亦有子真井。余信子真于洛迦,犹陆先生信子真于会

①[清]黄宗羲:《四明山志》卷三《灵迹》,《续修四库全书》,上海:上海古籍出版社,2002年,第723册,第192页。
②[宋]杨智远:《梅仙观记》,见《道藏》,文物出版社、上海书店、天津古籍出版社,1988年,第11册,第63页。

稽也。"

又按：《裘志·流寓》只载梅福。《许志》增安期生。①

文中确信梅福去过普陀山，会稽有子真泉，而普陀山有子真井。"余信子真于洛迦，犹陆先生信子真于会稽也。"此外，他还说，《裘志》中只记载了梅福，《许志》中增加了安期生。如上所言，因梅福之名，普陀山初名为梅岑山。《读史方舆纪要》载："补陀落迦山，在故昌国县东百五十里海中，一潮可到，为海岸孤绝处。梵名补陀落迦，华言小白华也。一名梅岑山，相传以梅福名。往时日本、高丽、新罗诸国皆由此取道以候风信。"②又《补陀洛迦山传》载："宝陀寺，在州之东海梅岑山，世传梅福炼丹之所。"③今普陀山有梅湾（又名子真谷）、梅岑仙井、梅福禅院以及炼丹洞等遗址。其中，"梅湾春晓"还是普陀山"十二景"之一。陆宝《游补陀记》曾云："再度一岭，为梅湾，是梅子真修炼处，有丹井。迥公诛茅其间，名梅福庵。余谓先贤名不宜直述，因取孟亭之义，易为'梅仙庵'，题额而去。"④此外。吴瞻泰有诗云："春云天地绿，灌木落寒峭。何图入海南，子真领其要。鹿裘念一夫，幽栖有同调。尝闻三神山，方士久不报。灵砂得真铅，眼底烧丹灶。茶寮植铁蕉，安榴赪照耀。异境除尘缨，禽鸣宛先导。淙淙疏清泉，海月

①王亨彦：《普陀洛迦新志》卷九《流寓门》，杜洁祥主编：《中国佛寺史志汇刊》第1辑，台北：明文书局，1980年，第10册，第524页。

②［清］顾祖禹著，贺次君、施和金点校：《读史方舆纪要》卷九二《浙江四》，北京：中华书局，2005年，第4255页。

③［元］盛熙明：《补陀洛迦山传》卷一《洞宇封域品》，武锋点校：《普陀山历代山志》，杭州：浙江古籍出版社，2014年，上册，第6页。

④王亨彦：《普陀洛迦新志》卷二《形胜门》，杜洁祥主编：《中国佛寺史志汇刊》第1辑，台北：明文书局，1980年，第10册，第137页。

动微啸。"①朱谨亦有诗云："入吴为健卒,泛海作仙人。抱节游于世,随方寄此身。大丹烹日月,小隐答君亲。留得崖前水,涓涓蓄万春。"②

相传葛洪亦曾于普陀山炼丹修真,今普济寺慈云石东侧有葛洪井遗址,宋袁燮《葛仙丹井》诗云："竹屋虚明卧古松,葛仙丹井留遗踪。日长无事同僧话,指点云边三四峰。"清沈树兰《葛洪井》诗云："句容家世忆仙翁,鹤驭翩翩驻碧空。独有余丹留井底,甘泉普济洛迦东。"③清卢琦诗云："葛井梅岑迹较奇,吴门勾漏隐何时。磐陀石上三生话,蝴蝶庄周两不知。"④《重修普陀山志》云："葛洪井,在烟霞馆后,今废。太史陶望龄同宪副周汝登镌石。"⑤《普陀洛迦新志》又云："葛洪井,在烟霞馆侧。甃池方广丈许,相传葛仙翁炼丹之井。绕溜涓涓,日夜不息。色湛碧而味甘鲜;嗽之,清人肺腑。"并附清万言诗："丹灶无存汞已灰,一泓泉水碧山隈。须知当日乘槎意,不为求仙海上来。"⑥

葛洪(284—364),字稚川,自号抱朴子,人称葛仙翁,丹阳句容(今江苏句容)人,晋代著名道士。他的妻子鲍姑是针灸名医,

①王亨彦:《普陀洛迦新志》卷二《形胜门》,杜洁祥主编《中国佛寺史志汇刊》第1辑,台北:明文书局,1980年,第10册,第91页。
②王亨彦:《普陀洛迦新志》卷五《梵刹门》,杜洁祥主编《中国佛寺史志汇刊》第1辑,台北:明文书局,1980年,第10册,第324页。
③王连胜主编:《普陀洛迦山志》,上海:上海古籍出版社,1999年,第122页。
④王亨彦:《普陀洛迦新志》卷二《形胜门》,杜洁祥主编《中国佛寺史志汇刊》第1辑,台北:明文书局,1980年,第10册,第162页。
⑤[明]周应宾:《重修普陀山志》卷二《山水》,杜洁祥主编《中国佛寺史志汇刊》第1辑,台北:明文书局,1980年,第9册,第111页。
⑥王亨彦:《普陀洛迦新志》卷二《形胜门》,杜洁祥主编《中国佛寺史志汇刊》第1辑,台北:明文书局,1980年,第10册,第122页。

被尊为"女仙""鲍仙姑"。葛洪著述宏富,为道教南宗灵宝派之祖,著有《神仙传》《抱朴子》《肘后备急方》等。其中《抱朴子》是代表作,系统总结了早期道教的理论和汉魏以来的神仙方术思想,充实和发展了神仙道教学说,讨论了"玄"和"道"等重要概念,建立了道教神仙信仰的哲学理论基础,促使道教转向以追求不死成仙为最高目标,在道教思想发展史上具有重要地位。葛洪在《神仙传》中描述神仙:"仙人者,或竦身入云,无翅而飞;或驾龙乘云,上造太阶;或化为鸟兽,浮游青云;或潜行江海,翱翔名山;或食元气;或茹芝草;或出入人间则不可识;或隐其身草野之间。"可见,仙是古人对生命超越的一种体验。能够飞升的羽人、神通广大的神仙,是古人长生不死思想的一种具体体现,也是神仙信仰的具体表现。葛洪还在《抱朴子》中提出仙人可学、神仙实有、长生能致等思想,拉近了人与神的关系,不仅丰富了道教神仙信仰的内容,而且确立了自战国以来道教的神仙理论体系。葛洪还指出,名山适合修炼,是地仙成仙后的集中之处,如"夫仙道有升天蹑云者,有游行五岳者,有食谷不死者,有尸解而仙者,要在于服药,服药有上下,故仙有数品也"。[①] 此外,最早见于托名顾欢的《道迹经》《真迹经》继承了葛洪的名山说,并用洞天福地来解释,但因为增添了不少虚妄内容而未被大众接受。而之后陶弘景《真诰》中关于三十六洞天的记载却普遍被认可。因此,葛洪也奠定了之后道教"洞天福地"的思想基础,为洞天福地思想的形成做了充分的准备。

　　《普陀洛迦新志》载有葛洪的资料,说他"究览典籍,尤好神仙

---

①[晋]葛洪:《神仙传》,张继禹主编:《中华道藏》第45册,北京:华夏出版社,2004年,第52页。

之术，著书号《抱朴子》。山中有葛洪井，相传为炼丹之井"。又云："按《许志》谓：'县在唐开元间，以洪曾炼丹于是，洪号葛仙翁，遂名县为翁山。'此说殊非。《抱朴子》论古仙者之乐，以登名山为上，而以海中大岛屿若会稽之东翁洲之类者次之。翁洲即翁山，则洪所著书，已有翁山之名矣。翁山当为三国时葛玄得名。玄为洪族祖，号仙翁，曾采药海山。洪号稚川，隐罗浮，传有履化蝶事。许以翁山谓因稚川得名，实沿《定海县志》之误，未加深考也。"[①] 其中讲了唐代以后翁山县的来历，因其族祖葛玄而命名翁山，而不是因为葛洪的原因。葛洪后隐于广东罗浮山。按照此说，普陀山一直是道家修行之地，但这些只能算作传说，"尚难置信，不可为据"。[②]

另据《鄞县志》记载，元代道士王天助，也曾修炼于普陀山。王天助，字致和，号颐庵，昌国县蓬莱乡人，学道于袁松溪。泰定间（1324—1328），入侍内祠。以精禬祷，数遣代祀名山。"京师大旱，祈雨辄应。有司治决河，投其铁符，水势渐减。主鄞之玄妙观，建玉皇阁，赐号'太虚玄静明妙真人'。"[③]

因有道士活动，普陀山有很多道教圣迹，如"仙人井"，《重修普陀山志》"仙人井"云："在饥饱岭，今竭。上有石，参将陈九思题'登彼岸'。"[④]《普陀洛迦新志》云："仙人井，在几宝岭下。从岭

────────────

① 王亨彦：《普陀洛迦新志》卷九《流寓门》，杜洁祥主编：《中国佛寺史志汇刊》第1辑，台北：明文书局，1980年，第10册，第525页。
② 吕以春：《普陀山历史沿革考》，《杭州大学学报》1986年第3期。
③ 王亨彦：《普陀洛迦新志》卷九《流寓门》，杜洁祥主编：《中国佛寺史志汇刊》第1辑，台北：明文书局，1980年，第10册，第525页。
④ ［明］周应宾：《重修普陀山志》卷二《山水》，杜洁祥主编：《中国佛寺史志汇刊》第1辑，台北：明文书局，1980年，第9册，第111页。

麓下坪，低丈许。自坪东折，低又丈余，有石窟，中有孔如斗，即井也。其水虽大旱大潦，了无增减。色味甘洁，洵为第一。窟中寒气侵人，虽酷暑不可久居。称为仙人井者，子真、稚川，不可得而辨之矣。"①又如"八仙岩""炼丹峰""仙桥"等，在普陀青鼓山西，坡陡之处有裸岩八处，散布冈阜，石色白，玲珑似玉，异于它峰，相传此岩与八仙过海的道教传说有关，被称作"八仙岩"。清李鼎《八仙岩》诗云："鸾驭一齐停，云璈侧耳听。八仙同过海。佛眼久垂青。"清祝德风《八仙岩》诗云："青鼓岩西聚八仙，蓬莱高会自年年。惯随龙女来听法，顷刻能开火上莲。"在几宝岭上，有炼丹峰，据古志载，曾有羽客炼丹于此。在圆通禅院后的两壑间，有天然石桥相连，巧妙绝伦，民间传说是仙人为之，因此称之为"仙桥"。②

　　综上，不论是秦代的安期生，还是汉代的梅福，抑或晋代的葛洪，都有修行于普陀山的传说。因此，普陀山被认为是甬东海中洲，道家蓬莱境。此亦引发后人慕仙怀古之感慨，如元盛熙明诗云："惊起东华尘土梦，沧州到处即为家。山人自种三珠树，天使长乘八月槎。梅福留丹赤如橘，安期送枣大于瓜。金仙对面无言说，春满幽岩小白花。"③又《普陀洛迦新志》云："名山胜境，本仙真栖息之乡；绝岛荒嵎，为贤者避世之地。伊人宛在，游子关情。

①王亨彦：《普陀洛迦新志》卷二《形胜门》，杜洁祥主编：《中国佛寺史志汇刊》
　第1辑，台北：明文书局，1980年，第10册，第123页。
②李桂红：《佛教四大名山中的道教文化现象》，《天津市社会主义学院学报》
　2006年第1期。
③〔元〕盛熙明：《补陀洛迦山传》卷一《名贤诗咏》，武锋点校：《普陀山历代山
　志》，杭州：浙江古籍出版社，2014年，上册，第17页。

兹山安期寄迹,艳洒桃花;抱朴固形,名留丹井。"①总之,道教的传说,渲染了普陀山的神圣环境,建构了普陀山的神圣空间,为以后佛教的传入奠定了非常重要的宗教基础。

二、佛教传入普陀山

佛教何时传入普陀山,有多种观点,如"西晋时期""东晋时期""南朝萧梁时期""唐代时期""五代时期"等。

关于"西晋时期"的资料,始见于明崇祯年间高僧木陈道忞(1596—1674)的《普陀山梵音庵释迦文佛舍利塔碑》,文中载曰:

> 明州古称三佛地,其最著者曰鄮山,盖周厉王时,东天竺无忧王所藏释迦文佛真身舍利处也。去明州薄海五百里外,复有补怛洛迦者,则普门大士化迹所显,以佛菩萨慈因缘故,故自晋之太康、唐之大中,以及今上千龄,岁奔走赤县神州之民,至有梯山万里,逾溟渤,犯惊涛,扶老携幼而至者不衰。②

"明州"即宁波,距宁波五百里,海中有"补怛洛迦山",即普陀山。按照此说,自西晋太康年间(280—289)始,即已出现了"扶老携幼"朝拜普陀山的现象。李桂红认为:"据此可知,最迟在晋太康年间,普陀山已被信众视为观音菩萨应化圣地。"③王连胜认为木陈道忞"乃明末天童密云禅师法裔","为一代名衲,其所叙述,必有所据。可惜历代《山志》只载'唐之大中',忽略了'晋之太康'",并说:"种种迹象表明,西晋太康年间,观音信仰已经权舆普

①王亨彦:《普陀洛迦新志》卷九《流寓门》,杜洁祥主编:《中国佛寺史志汇刊》第1辑,台北:明文书局,1980年,第10册,第523页。
②[明]道忞:《布水台集》卷一〇,《嘉兴藏》第26册,第345页中—下。
③李桂红:《普陀山佛教文化》,《四川大学学报》(哲学社会科学版)2002年第4期。

陀山"，"然那时普陀尚无寺院，之所以被认作观音圣地，是因为其地貌环境，如山之西隅，有磐陀石（又名"金刚宝石"）、五十三参石，与《华严经》描述的'补怛洛迦山'十分相似"。①

我们以为，历代《山志》之所以载"唐之大中"，而不载"晋之太康"，是有理由的。仅就经典翻译之时间来看，西晋时期已开始朝拜普陀山普门大士是不可能的。第一，西晋太康七年（286）竺法护翻译出《正法华经》十卷二十七品，其中的《普门品》虽有观音应化，但未提及普陀山；第二，与普陀山有关的"补怛洛迦山"之《华严经》，皆是在此后翻译的，如东晋元熙二年（420）佛陀跋陀罗（359—429）译出《六十华严》、唐圣历二年（699）实叉难陀（652—710）翻译完成《八十华严》、唐贞元十二年（796）般若译出《四十华严》，均在数百年之后。故此观点难以成立。

关于"东晋时期"的观点，是说东晋时期此地已有观音寺。据（宝庆）《四明志》中介绍十大"禅院"时，第二处即介绍了"普慈院"：

> （位于）县北五里，旧名观音，唐大中十四年建，皇朝治平元年赐今额。世传东晋韶高僧隐于此，常住田九百一十八亩，山三千一百二十亩。②

据此，在舟山城北五里有"普慈院"，曾名"观音寺"，为唐大中十四年（860）建，治平元年（1064）宋英宗赐额。世传东晋时期的韶高僧于此隐居。但并未提到东晋时期建寺。另外，隆兴元年（1163）三月三日，宋人王存之在《普慈禅院新丰庄开请涂田记》记

---

① 王连胜：《普陀山观音道场之形成与观音文化东传》，《浙江海洋学院学报》（人文科学版）2004年第3期。
② ［宋］罗濬等：（宝庆）《四明志》卷二〇《昌国县志》，《宋元方志丛刊》，北京：中华书局，1990年，第5册，第5254页。

载"普慈禅院"为"韶禅师道场"：

> 县内有普慈禅院，依山瞰海，实东晋韶禅师道场，缁徒过海，礼宝陀，游九峰万寿，必驻锡焉。①

我们认为，此院属韶禅师道场无疑，毕竟他隐居于此，但人们在东晋时"礼宝陀"却值得商榷，因为"宝陀"之名的根本来源是《华严经》，而《华严经》的第一个译本是在东晋末的420年译出，其中仅有"光明山"之翻译，并无"补怛洛迦山"，亦无"宝陀"之称。

另，元代冯福京（大德）《昌国州图志》载：

> 普慈寺，距州治三里许，之团寺以统诸刹。始东晋时，仅一小庵，以观音名，唐大中十四年，号观音院，栋宇略具；往宋皇祐中，智韶来主斯席；治平间，遇恩霈锡今额。②

按此，东晋时，普陀山即有"观音庵"。据研究，舟山的佛教建筑分为寺庙、庵堂和茅篷三种。庵堂指由寺庙出资或寺庙僧众向大众化缘筹资建造的佛教建筑，与寺庙存在着从属关系，但又相对独立。茅篷也不是指茅草覆顶的小屋，而是指类似民居的小规模佛教建筑。③有人据此认为"东晋时在舟山本岛初创的观音庵很有可能为某大寺的分支"④，贝逸文认为"舟山北岛城北在东晋时期（317—420）已创建了观音寺"。并认为，《观世音应感记》中

---

① [宋]王存之：《普慈禅院新丰庄开请涂田记》，[宋]张津等纂修：（乾道）《四明图经》卷一〇，《续修四库全书》，上海：上海古籍出版社，2002年，第704册，第588页。

② [元]冯福京等编：《昌国州图志》卷七《叙祠·寺院》，文渊阁《四库全书》，台北：台湾商务印书馆，1986年，第491册，第309页。

③ 陈舟跃：《海天佛国普陀山历史建筑》，《中国文化遗产》2011年第1期。

④ 邹怡：《从道家洞天到观音圣界——中古东亚文化交流背景中的普陀山开基故事》，《史林》2017年第1期。

记载的梁天监年间（502—519）来自百济的发正亲往观看的"越州界""观世音堵室"，"最大可能是指定海城北观音寺"。① 我们认为，此处所说"以观音名"之庵很可能是元人对宋代文献的误读，因为上文的（宝庆）《四明志》中所载的"旧名观音"指的是唐代大中年间的名字，虽提及东晋"韶高僧"，但只是说他在此处隐修。需要指出的是，虽说在东晋时期，普陀山并未形成观音道场，我们并不否认佛教可能传入普陀山，因为航海的关系，"东晋时期，一条以普陀山为中心的南海通道已趋成熟"。② 作为海上丝绸之路的枢纽，普陀山是极有可能传入佛教的。

　　也有人认为，在南朝萧梁时期，普陀山已有"宝陀院"。《宣和奉使高丽图经》中有一则文献值得关注，其中的《梅岑》云：

　　　　梅岑，旧云梅子真栖隐之地，故得此名，有履迹瓢痕，在石桥上。其深麓中，有萧梁所建宝陀院，殿有灵感观音。③

　　按照此说，南朝萧梁（502—557）时期，梅岑山建有宝陀院。关于梁武帝时期就建有宝陀院的记载，仅此宋代文献之一则，各普陀山志中亦均未记载，而当时流行的《华严经》中的观音道场之名为"光明山"，并无"宝陀"之名。

　　关于唐代时期佛教传入普陀山的资料，种类繁多。其中既有初唐的资料，也有盛唐的资料，还有中唐和晚唐的资料。初唐的资料，和著名诗人王勃（约650—约676）有关。他的《释迦如来成道

---

① 贝逸文：《论普陀山南海观音之形成》，《浙江海洋学院学报》（人文科学版）2003年第3期。

② 贝逸文：《论普陀山南海观音之形成》，《浙江海洋学院学报》（人文科学版）2003年第3期。

③ ［宋］徐兢：《宣和奉使高丽图经》卷三四《海道一》，文渊阁《四库全书》，台北：台湾商务印书馆，1986年，第593册，第894页。

记》中有"或海滨楞伽顶，或山际补陀岩"的记载。其中的"补陀"，
是受《华严经》影响而出现的普陀山之前的山名。宋僧道诚注解
"或海滨楞伽顶"说："山在南天竺海边，梵云楞伽，华言不可往，唯
得神通者可到，佛居彼说经，名《入楞伽山经》。"注解"或山际补陀
岩"时说："梵语具云补怛洛迦，今讹略云补陀，此云小白华，谓此
山多生此华，香气远闻，是观自在菩萨住处，佛在彼说《十一面观
自在经》。"① 此外，王勃在《观音大士赞》中还有"遥望洛伽之山，
稽首聊伸歌赞"之句，云："南海海深幽绝处，碧绀嵯峨连水府。号
名七宝洛伽山，自在观音于彼住。宝陀随意金鳌载，云现兜罗银
世界。"② 前文所载之"补陀岩"与后文所载之"洛伽之山""洛伽
山""宝陀"皆与晚唐五代尤其是宋代以后的表述习惯类似，颇值
怀疑。武锋等人认为："王勃《观音大士赞》一文乃托名所作，此
文实际上是明人作品，不能作为佚文收入《王勃集》，也不能据此
印证唐代普陀山佛教的发展状况。"③ 我们进一步认为，《释迦如
来成道记》亦有可能是后人伪托之作，不仅因为其中"补陀岩"的
记载未见于初唐，还因为王勃生活的年代，仅能读到东晋的《六
十华严》，其他两种华严译本皆翻译于他去世之后，而在《六十华
严》中，"补怛洛迦山"是翻译为"光明山"的。至公元796年，尽管
《华严经》三种版本皆已译出，但是，包括注疏《华严经》的澄观与
阐释华严的李通玄在内，尚未有人指出此经之"补怛洛迦山"即是
此"普陀山"。而只是解释其山名之义，如唐代慧苑解释山名"补

① ［宋］道诚注：《释迦如来成道记注》卷一，《卍新续藏》第75册，第9页上。
② ［明］杨尔曾：《海内奇观》卷五，《续修四库全书》，上海：上海古籍出版社，
　　2002年，第721册，第431页。
③ 武锋、韩荣：《王勃〈观音大士赞〉伪托考》，《赤峰学院学报》（汉文哲学社会科
　　学版）2015年第6期。

怛洛迦"时也说:"此翻为小花树山,谓此山中多有小白花树,其花甚香,香气远及也。"[1]因此,初唐王勃的诗句中是不应该出现"补陀""洛伽"等词语的。

盛唐时期的资料,主要是鉴真东渡。鉴真原姓淳于,扬州江阳县(今江苏扬州)人,十四岁出家于扬州大明寺。曾巡游长安、洛阳等地。回扬州后,修建崇福寺、奉法寺等大殿,并建塔塑像,宣讲律藏,传授戒律,被尊为授戒大师。日本天平五年(733),日本僧人荣睿、普照随遣唐使入唐,邀请高僧去传授戒律。天宝元年(742),鉴真决心应请东渡。他先后六次东渡,终于在754年到达日本。被日本孝谦天皇封为"传灯大法师",尊称大和尚。鉴真留居日本十年,对中日佛教文化交流做出重要贡献。

天宝七载(748)六月二十七日,鉴真一行"发自崇福寺。至扬州新河,乘舟下至常州界狼山,风急浪高,旋转三山。明日得风,至越州界三塔山。停住一月,得好风,发至暑风山,停住一月。十月十六日晨朝……少时,风起,指顶岸山发,东南见山,至日中,其山灭,知是蜃气也。去岸渐远,风急波峻,水黑如墨。沸浪一透,如上高山;怒涛再至,似入深谷。人皆荒醉,但唱观音,舟人告曰:'舟今欲没,有何所惜!'即牵栈香笼欲抛,空中有声,言:'莫抛!莫抛!'即止"。[2]这是说唐玄宗天宝七载(748),扬州龙兴寺高僧鉴真第五次东渡日本,十月十六日途经"顶岸山"看到的情形。上文中的"顶岸山",系校注者汪向荣根据底本"群书类丛"本抄录。不过,汪向荣又指出,"观智院"本、"高山寺"本、"唐招提寺"本均

①[唐]慧苑:《新译大方广佛华严经音义》卷二,《赵城金藏》第91册,第386页上。

②[日]真人元开著,汪向荣校注:《唐大和上东征传》,北京:中华书局,1979年,第62—63页。

作"须岸山"。须岸山的具体位置,日本学者安藤更生认为是朱家尖岛[①],藤田元春认为是象山县的珠岩山[②],郭振民认为朱家尖岛和普陀山均有可能是文中所记载之山。他说:"从后来鉴真东渡之舟漂行到南海的海南岛的事实来看,我以为,船离开嵊泗小洋山后,驶过舟山岛,到普陀山,或是朱家尖岛,都是完全可能的。"[③]因此,有人认为这是途经莲花洋,上普陀山候风待潮,见到了海市蜃楼。[④]葛继勇参照中古日语的汉字读音和舟山群岛的航路形势,推断"须岸山"为桃花岛对峙山中的一座山峰——圣岩山。[⑤]不过,这些山皆在舟山群岛。邹怡指出,鉴真的六次东渡,一直在宁波和舟山群岛周边寻找出发地点,正式放洋的第三次、第五次东渡,均途经舟山群岛。前述鉴真第五次东渡中有一个细节值得注意,海上遇险时,船员都祈求观音保佑,但志在弘法的鉴真一行在经过舟山群岛时,并未提及观音道场。遣唐使中常有求法学问僧,但伊吉博德的记录中也未提及观音圣地。由此可以推断,唐代前中期的舟山群岛虽已渐成东亚航线中国一侧的重要放洋点,但此时的普陀山尚未成为观音信仰的圣界,也未有普陀洛迦之名。[⑥]如今,在普陀山南海观音佛像左侧塑有"鉴真东渡"

① [日] 安藤更生:《鉴真大和上传之研究》,东京:平凡社,1960年,第150页。
② [日] 藤田元春:《上代日支交通史之研究》,东京:刀江书院,1943年,第221页。
③ 郭振民:《鉴真东渡与嵊泗》,《嵊泗列岛海洋文化专辑(一)》,北京:中国文史出版社,2010年,第110—139页。
④ 阿能:《舟山群岛是中日"海上茶路"的枢纽》,《舟山日报》2017年6月14日,第5版。
⑤ 葛继勇:《鉴真东渡与舟山列岛》,《扬州大学学报(人文社会科学版)》2011年第2期。
⑥ 邹怡:《从道家洞天到观音圣界——中古东亚文化交流背景中的普陀山开基故事》,《史林》2017年第1期。

壁雕。

　　中唐时期的资料,主要指的是唐文宗和唐宣宗时期的资料。唐文宗时期的事迹,是"蛤蜊观音"。唐宣宗时期的故事,是"梵僧焚指"。

　　明代周应宾《重修普陀山志》记载了蛤蜊观音和普陀山的关系:

> 唐文宗嗜蛤蜊,东南沿海频年入贡,民不胜苦。一日,御馔蛤蜊,有擘不开者,扣之乃张,中有观音梵相。文宗愕然,命贮以饰金檀香盒。后问惟正禅师,师曰:"物无虚应,乃启陛下信心,以节用爱人耳。"因诏天下寺院各立观音像,则洛伽所从来矣。①

《观音经持验记》卷一"唐文宗"亦有所载:

> 嗜蛤蜊。东南沿海频年入贡,民不胜苦。一日,御庖获一巨蛤,刀劈不开,扣之乃张,中有观音梵相。帝愕然,命以金饰檀香盒贮焉。后问惟正禅师,师曰:"物无虚应,乃启陛下信心,以节用爱人耳。经云:应以菩萨身得度者,即现菩萨身而为说法。"帝曰:"见菩萨身矣,未闻说法。"师曰:"陛下信否?"帝曰:"焉敢不信?"师曰:"如此陛下闻其说法竟。"帝大悦悟,永戒食蛤,因诏天下寺院各立观音像,则洛伽所从来矣。②

　　两段材料皆出自《观音感应》,即《观音感应集》,为宋代边知白所集。据《观音慈林集》:"侍郎边知白,元丰二年,自京师至临川,触暑成病,忽梦白衣人,以水洒之,顶踵清寒,觉而顿爽,于是

---

①[明]周应宾:《重修普陀山志》卷二《灵异》,杜洁祥主编:《中国佛寺史志汇刊》第1辑,台北:明文书局,1980年,第9册,第143—144页。
②[清]周克复集:《观音经持验记》卷一,《卍新续藏》第78册,第97页上。

集古今灵验,作《观音感应集》四卷行世。"①从资料中可以看出,因为"蛤蜊观音",唐文宗(826—840在位)诏天下寺院各立观音像。需要关注的是最后一句"则洛伽所从来矣"。其中的"洛伽"指的就是普陀山。于君方认为这是普陀山的"起源神话","虽然这则故事与中国唐代观音信仰的传布渊源较深,和此岛的特殊命运却也不无关系"。②

　　实际上,最迟从中唐开始,"补陀落净土"已很盛行,并影响到日本,但仅在登州(位于今山东)出现,而不是普陀山。唐文宗开成五年(840)三月七日,圆仁到访登州开元寺,"此开元寺佛殿西廊外僧伽和尚堂内北壁上,画西方净土,及补陀落净土"。圆仁于僧伽和尚堂见到补陀落净土,他说这是"日本国使之愿",曾在壁上,"书著缘起",不过圆仁看到时"皆悉没却,但见'日本国'三字。"于是寻问,"无人说其本由,不知何年朝贡使到此州下"。③据小野胜年考证,此为唐玄宗天宝十一载(752)日本遣唐使藤原清河、吉备真备等人入唐,后藤原仕唐不归,另一部分人于肃宗上元二年(761)乘船回日本时,在登州的开元寺画了西方净土和补陀落净土。此事距圆仁来唐已有八十年。④

　　唐宣宗大中(847—859)年间,有"梵僧焚指"的记载,是值得关注的。据《释氏稽古略》卷三:

①[清]弘赞集:《观音慈林集》卷三,《卍新续藏》第88册,第100页上。
②于君方著,陈怀宇、姚崇新、林佩莹译:《观音——菩萨中国化的演变》,台北:法鼓文化事业有限公司,2009年,第416页。
③[日]圆仁撰,白化文、李鼎霞、许德楠校注:《入唐求法巡礼行记校注》卷二,石家庄:花山文艺出版社,1992年,第230页。
④[日]小野胜年:《入唐求法巡礼行记之研究》卷二,东京:铃木学术财团中野印刷株式会社,1966年,第280—281页。

又庆元路(浙东道明州也)海中补怛洛伽山,乃菩萨示现之地。唐宣宗大中年间,西域天竺僧至洞中燔指祈祷,亲睹观世音菩萨妙相,与说法要,名迹始著。①

在《佛祖历代通载》卷一六中亦有记载:

补怛洛伽山,观音示现之地。有唐大中间,天竺僧来,即洞中燔尽十指,亲睹妙相,与说妙法,授以七宝色石,灵迹始著。②

元大德《昌国州图志》对此亦有所载。③这是说唐宣宗大中年间,天竺僧于补怛洛伽山亲睹观世音菩萨妙相。(宝庆)《四明志》也记载,唐宣宗大中年间,有西域僧来,在潮音洞中"燔尽十指,亲睹观音,与说妙法,授以七色宝石,灵迹始著"。④这是比较早的将"补怛洛伽山"置换到我国的两处记载。对此,与觉岸、念常同时代的盛熙明将此事记载在《补陀洛迦山传》中,说:"然世无知者,始自唐朝梵僧来睹神变,而'补陀洛迦山'之名遂传焉。"⑤元末文学家杨维桢于至正二十四年(1364)撰写松江府超果讲寺《重兴寺记》时也复述了此事,主人公为"天竺僧"。⑥而明代的周

---

① [元]觉岸:《释氏稽古略》卷三,《大正藏》第49册,第853页上—中。

② [元]念常集:《佛祖历代通载》卷一六,《大正藏》第49册,第642页中。

③ [元]冯福京等:(大德)《昌国州图志》卷七,清咸丰四年刊本,《中国方志丛书》华中地方·第580号,台北:成文出版社,1983年,第6035页下。

④ 罗濬等:(宝庆)《四明志》卷二〇《昌国县志》,《宋元方志丛刊》,北京:中华书局,1990年,第5册,第5248页。

⑤ [元]盛熙明:《补陀洛迦山传》卷一《〈补陀洛迦山传〉题辞》,武锋点校:《普陀山历代山志》,杭州:浙江古籍出版社,2014年,上册,第2页。

⑥ [明]陈威、喻时修,[明]顾清纂:(正德)《松江府志》卷一八《寺观上》,《天一阁藏明代方志选刊续编》,上海:上海书店出版社,1990年,第6册,第92页。

应宾将此事直接记载为"大中元年"①,即公元847年。

此外,也有认为日本嵯峨天皇年间(810—823)普陀山开始与观音信仰联系在一起。此说为日僧释周凤《善邻国宝记》所载。②创建于1253年的日本镰仓禅宗五山之首建长寺,寺中《建长兴国禅寺碑文》亦袭用此说。③

也有观点认为,唐咸通年间(860—873)普陀山始有佛教。王连胜主编《普陀山大辞典》指出:"现在,一般认为山上佛教始于唐咸通年间。"④1982年版的《普陀名胜》直接将其确定为唐咸通四年(863)。⑤1986年,晋山结合日本头陀亲王入华传说,亦持此说。⑥此处说到咸通年间或咸通四年,主要还是和日本僧人慧锷有关。慧锷在普陀山活动的时间,文献记载有所不同,此内容将在下节讨论。不可否认的是,慧锷和不肯去观音的事迹,被认为是普陀山开山的重要标志之一。

①[明]周应宾:《重修普陀山志》卷二《灵异》,杜洁祥主编:《中国佛寺史志汇刊》第1辑,台北:明文书局,1980年,第9册,第144页。
②[日]释周凤:《善邻国宝记》卷上,《丛书集成续编》,上海:上海书店出版社,1994年,第44册,第362页下。
③[日]河井恒久友水纂述:《新编镰仓志》卷三,柳枝轩贞享二年刻本,第16页b。
④王连胜主编:《普陀山大辞典》,合肥:黄山书社,2012年,第65页。
⑤《普陀开山年代小考》,普陀山管理局编:《普陀名胜》,普陀山管理局,1982年,第73—74页。吕以春《普陀山历史沿革考》(《杭州大学学报》1986年第3期)沿用此说。
⑥晋山:《五台山与普陀山》,《五台山研究》1986年第3期。

第三节　普陀山开山：慧锷与新罗礁

一、慧锷开山

慧锷与不肯去观音的事迹，被认为是普陀山开山最为重要的材料。其事迹大致过程是，日本僧人慧锷从五台山中台顶请得一尊观音像，经明州港（今宁波）启程回国，途经普陀山时，因触礁而不能前行。众人疑惧，认为此观音像与日本"机缘未熟"，遂留于普陀山供奉。此观音像因之名为"不肯去观音"，后人亦建不肯去观音院。慧锷因此也被认为是普陀山的开山祖师。后来的史料记载中，虽然情节基本相同，但慧锷所乘航船触礁的时间、不肯去观音院的建设时间等却有所不同。与此同时，也有人认为，真正触礁的航船是新罗商船，并据之认为应是新罗商人开启了普陀山的观音道场之缘。

慧锷，又译作惠谔、惠锷、慧谔、慧萼等，是唐代入华的学问僧，为日本天台宗祖师最澄大师的高徒。据日本史料《入唐求法巡礼行记》①、《头陀亲王入唐略记》②等记载，慧锷共来过中国三次。第一次是唐会昌元年（日本仁明朝承和八年，841），于楚州（今江苏淮安）登录，一同乘船的还有学问僧圆载的弟子仁济、顺昌。在中国，他朝拜了五台山、天台山，还拜谒了杭州齐安国师，并于次年偕齐安国师的高徒义空一起从明州（今浙江宁波）港搭乘李邻德的船回日本，募求五台山供养费用，并首传禅宗。第二

①日僧圆仁于日本仁寿三年（853）撰写。
②伊势兴房于日本贞观四年（862）撰写。

次是唐会昌四年(日本仁明朝承和十一年,844),慧锷从登州(今山东蓬莱)登陆,携带日本皇太后橘嘉智子①亲手绣制的绣文袈裟、宝幡及金币等赴雁门五台山供养。"太皇太后,姓橘氏,讳嘉智子……后尝多造宝幡及绣文袈裟,穷尽巧妙,左右不知其意。后遣沙门慧萼泛海入唐,以绣文袈裟奉施定圣者、僧伽、和上、康僧等,以宝幡及镜奁之具入五台山。"②当年五月,在楚州校勘《白氏文集》。次年,唐武宗灭佛。唐大中元年(847),于苏州开元寺拜见契元禅师,并请禅师撰《日本国首传禅宗记》碑文。当年搭乘张友信等人的商船从明州回日本,一同乘船的还有仁好、惠运等僧人。日本文献《入唐五家传》中的《安祥寺惠运传》记载,日本承和十四年(847)六月二十二日,惠运等人从唐朝明州望海镇出港,"得西南风三个日夜,才归着远值嘉岛那留浦,才入浦口,风即止"。③仅三天后抵达抵日本值嘉岛那留浦,那留浦即日本五岛列岛中的奈留岛。唐咸通三年(日本贞观四年,862),慧锷第三次入唐,随平城天王之子真如法亲王(又称头陀亲王)开展文化交流,从明州登陆。在日本历史上,头陀亲王是一个颇具传奇色彩的人物。他是平安时代平城天皇的第三子,本名高丘亲王,曾被立为太子,但在药子之变后被废,遂潜心佛法,出家为僧,法名真如,故又名"真如亲王"。头陀亲王曾随空海学习,为空海十大

①橘嘉智子(たちばなのかちこ)是日本平安时代第52代嵯峨天皇的皇后,第53代淳和天皇的皇后正子内亲王以及第54代仁明天皇之母,通称檀林皇后。她是日本历史上第一位,也是唯一一位出身于橘氏家族的皇后。

②[日]藤原基经等:《日本文德天皇实录》,黑板胜美、国史大系编修会编:《新订增补国史大系》第三卷,东京:吉川弘文馆,1966年,第10页。

③[日]塙保己一编:《续群书类丛》第8辑上《入唐五家传·安祥寺惠运传》,东京:续群书类丛完成会,1957年,第98页。

弟子之一。他在京都东大寺修行后,立志前往中国修习佛法。最终,头陀亲王于日本贞观三年(861)获准出行,并得到当时在日担任唐通事的中国商人张友信的帮助,建成海舶一艘。日本贞观四年,即唐咸通三年(862)七月中旬,头陀亲王的求法团队正式出发。慧锷是当时随行人员之一,同行者还有著名的宗叡等六十人,华人张友信、金文习、任仲元等任舵师。九月七日,头陀亲王一行抵达明州,等待唐朝批准入境。日本贞观五年(863),获准入境巡礼,"但贤真、慧萼、忠全,并小师、弓手、梶师、水手等,此年四月自明州令归本国毕"。①头陀亲王等继续至洛阳、长安等地学习佛法。但此时距会昌法难不久,头陀亲王并未觅得良师,遂决定再往天竺求法。他获准于日本贞观七年(865)从广州出发往天竺,但不幸在东南亚失踪。②次年(咸通四年)慧锷巡礼五台山,睹观音相貌庄严,恳请迎归其国,得允许,至明州开元寺,找到张友信船归国。将登舟,像忽重不可举,率同行新罗商人等尽力负之,乃克胜。及过昌国梅岑山(今普陀山),涛怒风飞,舟触新罗礁,众人惧甚。锷夜梦一胡僧谓之曰:"汝但安吾此山,必令便风相送。"锷泣以梦告众,咸惊异。于是一起登陆,诛茅缚室,敬置其像而去。居民张氏目睹斯异,请像供奉于宅,因呼为"不肯去观音"。又有史料记载,后梁贞明二年(916),张氏舍宅建"不肯去观音院"。

　　以上是慧锷入唐巡礼求法的基本概况,其在最后一次入唐后返程时开启了观音菩萨与普陀山的因缘。但是慧锷入唐的次数、时间,在不同的史料中有不同的记载,不仅中日史料记载有异,

---

① [日]贤宝编:《入唐五家传·头陀亲王入唐略记》,《续群书类丛》第8辑,经济杂志社,1904年,第106页。

② [日]佐伯有清:《高丘亲王入唐记——废太子と虎害传说の真相》,东京:吉川弘文馆,2002年。

即使在中国的史料中，记载也有不同。对此，李广志指出："惠萼
从841年至863年，二十多年的时间，一直往返于中日之间，记载
他的史料非常丰富，仅清代以前，中国就有二十多种，日本则达三
十八种。关于惠萼的名字，史书中亦有惠谔、惠锷、慧锷、慧谔、
慧萼之称。近年来，最新研究表明，惠萼至少五次入唐，返回日本
五次，除第一次从山东上岸之外，其余往来大唐，均从宁波口岸进
出。如此频繁往来于东亚海域，时间跨度之长，入唐次数之多，在
中日交流史上仅此一人。"① 其中说到慧锷五次往返中国和日本。
邹怡亦持此观点："统观各方史料，大体能够确定慧锷至少五次来
华。第一次，841—842年，巡礼五台山，求法齐安禅师；第二次，
844—847年，巡礼五台山，邀请义空赴日；第三次，来华时间不
确，巡礼五台山，859年归国，这一次将观音像留在了普陀山；第四
次，862—863年，追随头陀亲王来华；第五次，862至867年间某
年来华，这一次，慧锷可能永远留在了中国，留在了普陀山。"② 李
广志还提及关于慧锷的史料多达五十多种，其中中国二十多种，
日本三十八种，如《入唐求法巡礼行记》《元亨释书》《本朝高僧传》
《续日本后继》《日本文德天皇实录》《金泽文库旧藏白氏文集》《高
野杂笔集》《头陀亲王入唐略记》等。日本的资料中，有一部成书
于日本镰仓时期的《元亨释书》，其中说到慧锷入唐仅两次，而且
是在唐大中年间。该书1322年由虎关师炼撰写，是日本现存记载
此事最早的资料。《元亨释书》卷一六《唐补陀落寺慧萼传》载：

　　释慧萼，齐衡初，应橘太后诏，赍币入唐，着登莱界，抵

①李广志：《"海上丝绸之路"上的日本僧人足迹》，《书屋》2017年第5期。
②邹怡：《从道家洞天到观音圣界——中古东亚文化交流背景中的普陀山开基
　故事》，《史林》2017年第1期。

雁门，上五台。渐届杭州盐官县灵池寺，谒齐安禅师，通橘后之聘，得义空长老而归。又入支那，重登五台，适于台岭，感观世音像。遂以大中十二年，抱像道四明归本邦。舶过补陀之海滨，附着石上不得进。舟人思载物重，屡上诸物，舶着如元。及像出舶，能泛。萼度像止此地，不忍弃去，哀慕而留，结庐海峤以奉像。渐成宝坊，号补陀落山寺。今为禅刹之名蓝，以萼为开山祖云。①

另《元亨释书·释义空传》对慧锷也有记载：

慧萼法师跨海觅法，吾皇太后橘氏钦唐地之禅化，委金币于萼，扣聘有道尊宿。萼到杭州灵池院参于国师，且通太后之币，国师感嗟纳之。萼曰：我国信根纯熟，教法甚盛，然最上禅宗未有传也。愿得师之一枝佛法，为吾土宗门之根柢，不亦宜乎。国师令空充其请。空便共萼泛海，着大宰府。萼先驰奏，敕迎空，馆于京师东寺之西院。皇帝赉锡甚渥，太后创檀林寺居焉，时时问道。官僚得指受者多，中散大夫藤公兄弟其选也。萼再入支那，乞苏州开元寺沙门契元勒事，刻琬琰，题曰《日本国首传禅宗记》，附舶寄来。故老传曰碑峙于罗城门侧，门楹之倒也，碑又碎，见今在东寺讲堂东南之隅。②

日僧人圆仁（793—864）的《入唐求法巡礼行记》也对慧锷有所记载，该书卷三"会昌元年九月七日"条载：

七日，闻日本僧惠萼弟子三人到五台山。其师主发愿，为求十方僧供，却归本国，留弟子二人，令住台山。③

---

①［日］虎关师炼：《元亨释书》卷一六，《大藏经补编》第32册，第252页下。
②［日］虎关师炼：《元亨释书》卷一六，《大藏经补编》第32册，第201页中。
③［日］圆仁：《入唐求法巡礼行记》卷三，《大藏经补编》第18册，第91页上。

又,该书同卷"会昌二年五月二十五日"条载:

　　惠萼和尚附船到楚州,已巡五台山,今春拟返故乡。慎言已排,比人船讫。其萼和尚去秋暂住天台,冬中得书云:拟趁李邻德四郎船,取明州归国。缘萼和尚钱物衣服并弟子,悉在楚州,又人船已备,不免奉邀。①

　　据以上材料,唐大中年间(847—859),慧锷先后入唐两次。第一次是日本齐衡初年(854),奉橘之命,从登、莱入唐,朝五台山;后辗转至杭州,访齐安禅师,得其弟子义空而归。第二次是日本天安二年(858),慧锷于五台山得观音圣像。从四明(宁波地区)出发,返航日本。但船行至普陀山时,船附礁石而不得前行,此尊观音便被命名为"不肯去观音",并结庐供奉,后演变为补陀落山寺。慧锷因此被认为是开山祖师。而据圆仁《入唐求法巡礼行记》,在此之前,即会昌元年(日本承和八年,841),慧锷已入唐并参拜了五台山、天台山等佛教圣地,后于会昌二年(842)从明州回国。陈耥曾对此进行详细的考释,根据橘太后和齐安禅师的卒年,结合其他史料,指出慧锷于唐会昌元年(841)首次入唐,至五台山许愿,又到天台山巡礼,并至盐官县灵池寺拜齐安禅师为师,结识了齐安禅师的大弟子义空。随后,为准备五台山巡礼时许愿供养的十方僧供金银钱币,他于会昌二年(842)从楚州出发返回日本。会昌四年(844),慧锷奉橘太后之命再次入唐,他在山东蓬莱登陆,至五台山完成誓愿。随后,慧锷邀请齐安禅师赴日,不料此时齐安禅师已去世,遂邀请其弟子义空赴日传授佛法。也正是这一年,慧锷在唐遭逢武宗会昌灭佛,他在苏州南禅院转抄了白居易奉纳此处的《白氏文集》,后于唐宣宗大中元年(847)搭乘张

①[日]圆仁:《入唐求法巡礼行记》卷三,《大藏经补编》第18册,第93页上。

友信的船队返回日本。与慧锷一同返回日本的义空，其所传佛法受到了日本皇室的欢迎。①

我国史料中，对此记载最早的是（宝庆）《四明志》，其中介绍"开元寺"时云：

> 又有不肯去观音，先是大中十三年，日本国僧惠谔，诣五台山敬礼，至中台精舍，见观音貌像端雅，喜生颜色，乃就恳求，愿迎归其国，寺众从之。谔即肩舁至此，以之登舟，而像重不可举，率同行贾客尽力舁之，乃克胜，及过昌国之梅岑山，涛怒风飞，舟人惧甚，谔夜梦一胡僧，谓之曰："汝但安吾此山，必令便风相送。"谔泣而告众以梦，咸惊异，相与诛茆缚室，敬置其像而去，因呼为不肯去观音。其后，开元僧道载复梦观音，欲归此寺，乃创建殿宇，迎而奉之，邦人祈祷辄应，亦号瑞应观音。唐长史韦绚尝纪其事。皇朝太平兴国中，重饰旧殿，目曰五台观音院，以其来自五台故也，骆登、吴矜皆有记。寺之天王堂前，有乔桧尤奇怪，康宪钱公亿为之赋诗。寺又有子院六：曰经院，曰白莲院，曰法华院，曰戒坛院，曰三学院，曰摩诃院。嘉定十三年火，废为民居，惟五台戒坛重建，常住田二百五十亩，山无。②

此外，（宝庆）《四明志》"梅岑山观音宝陀寺"条还载，该寺建于五代后梁贞明二年（916）③。元盛熙明《补陀洛迦山传》也载：

----

①陈翀：《慧萼东传〈白氏文集〉及普陀洛迦开山考》，《浙江大学学报》（人文社会科学版）2010年第5期。

②［宋］罗濬等：（宝庆）《四明志》卷一一《郡志》，《宋元方志丛刊》，北京：中华书局，1990年，第5册，第5132页。

③［宋］罗濬等：（宝庆）《四明志》卷二〇《昌国县志》，《宋元方志丛刊》，北京：中华书局，1990年，第5册，第5255页。

"梁贞明二年,日本僧惠锷首创'观音院',在梅岑山之阴。"①此后明清各版普陀山志多沿袭此说,部分山志简说为"梁",已无法区分萧梁和朱梁。②(宝庆)《四明志》是根据唐末韦绚的文章归纳整理的。韦绚是白居易好友元稹的女婿,刘禹锡的挚爱弟子。而慧锷又于苏州南禅院转抄《白氏文集》七十卷带回日本,韦绚与慧锷有过交往,因此,应该说,(宝庆)《四明志》的可信度更大。③

　比(宝庆)《四明志》晚四十年的《佛祖统纪》记载:

> (大中)十二年……日本国沙门慧锷,礼五台山得观音像。道四明将归国,舟过补陀山,附着石上不得进。众疑惧,祷之曰:若尊像于海东机缘未熟,请留此山。舟即浮动,锷哀慕不能去,乃结庐海上以奉之(今山侧有新罗将)。鄞人闻之,请其像归安开元寺(今人或称五台寺,又称不肯去观音)。其后有异僧,持嘉木至寺,仿其制刻之,扃户施功,弥月成像。忽失僧所在,乃迎至补陀山。山在大海中,去鄞城东南水道六百里,即《华严》所谓南海岸孤绝处,有山名补怛落迦,观音菩萨住其中也,即《大悲经》所谓补陀落迦山观世音宫殿,是为对释迦佛说大悲心印之所。其山有潮音洞,海潮吞吐昼夜砰訇,洞前石桥,瞻礼者至此恳祷,或见大士宴坐,或见善财俯仰将迎,或但见碧玉净瓶,或唯见频伽飞舞。去洞六七里有大兰若,是为海东诸国朝觐商贾往来,致敬投诚莫不获济

①［元］盛熙明:《补陀洛迦山传》卷一《兴建沿革品》,武锋点校:《普陀山历代山志》,杭州:浙江古籍出版社,2014年,上册,第11页。
②邹怡:《从道家洞天到观音圣界——中古东亚文化交流背景中的普陀山开基故事》,《史林》2017年第1期。
③李广志:《"海上丝绸之路"上的日本僧人足迹》,《书屋》2017年第5期。

（草庵录）。①

此后，元代两部重要的文献也有记载，《释氏稽古略》云：

> 又庆元路（浙东道明州也）海中补怛洛伽山，乃菩萨示现
> 之地……其后日本国僧慧锷者，自燕北五台山得菩萨画像，
> 舍于山侧土人张氏，张奉之捐所居为观音院，《昌国志》云，梁
> 贞明二年始建寺也。②

《佛祖历代通载》亦载：

> 补怛洛伽山，观音示现之地。……其后日本国僧惠锷，
> 自五台得菩萨画像，欲还本国。舟至洞，辄不往。乃以像舍
> 于土人张氏之门，张氏屡睹神异，经捐所居为观音院（《昌国
> 志》云梁贞明二年始建寺）。郡将闻之，遣慕宾迎其像到城，
> 与民祈福，已而有僧名即众，求嘉木，扃户刻之，弥月像成而
> 僧不见，今之所设是也。③

以上记载，被认为是普陀山的开山文献，在此后的普陀山历
代山志等资料中被争相转载，流传至今，广为传播。但各文献记
载的时间多有不同。（宝庆）《四明志》载为大中十三年（859），此
后元代的（延祐）《四明志》沿用此说法。④《佛祖统纪》则载为唐
大中十二年（858），有一年的差距，日本文献《元亨释书》亦采用此

---

① [宋]志磐：《佛祖统纪》卷四二，《大正藏》第49册，第388页中—下。
② [元]觉岸：《释氏稽古略》卷三，《大正藏》第49册，第853页上—中。
③ [元]念常集：《佛祖历代通载》卷一六，《大正藏》第49册，第642页中。
④ （延祐）《四明志》载："又有不肯去观音，先是大中十三年，日本国僧惠锷诣
　五台山敬礼。至中台精舍，睹观音像貌端雅，乃就恳求，迎归其国。"参 [元]
　袁桷：（延祐）《四明志》卷一六《律十方院七·五台开元寺》，文渊阁《四库全
　书》，台北：台湾商务印书馆，1986年，第491册，第600页。

说法。①《释氏稽古略》和《佛祖历代通载》均转载《昌国志》所记，认为是后梁贞明二年(916)建寺。对此,汪敏倩曾进行了考辨。②另外,《佛祖统纪》还记载有新事迹。如一位比丘把供奉在开元寺的观音菩萨像移到普陀山;一说有位宁波人把观音菩萨像供奉在开元寺之外,又一说其被移到五台寺或不肯去观音院;当时,在普陀山海域放置观音菩萨像的地方被称作新罗礁,等等。

　　陈卲曾根据中日史料,对《元亨释书》慧萼传中前半部分作如下之修订:

　　　　慧萼于会昌元年前后入唐,先至五台山许愿,其后又到天台山巡礼。此年秋天至翌年春,滞留杭州灵池寺拜齐安为师,学习马祖禅法,并结识了齐安大弟子义空。随后,为了准备五台山巡礼时许供的十方僧供金银钱币,会昌二年夏从楚州出发回到日本。会昌四年初,橘皇太后(即檀林皇后)想引进唐朝禅法,令慧萼再次入唐。慧萼于山东蓬莱登陆,转经雁门到五台山完成誓愿,献上橘皇太后所奉祀的宝幡镜奁。之后又携袈裟等物到杭州,不料此时齐安已经去世。慧萼献上聘礼,诚邀义空回日本讲授禅法。四月,慧萼一行来到苏州南禅院转抄藏于寺中的70卷本《白氏文集》,不幸卷入灭佛事件。据《入唐求法巡礼行记》卷四"会昌五年七月三日"条的记载,慧萼离开苏州之后暂时停留在了楚州。又据《续日本后纪》卷一七"承和十四年七月"的记载,他们是在唐宣

①《元亨释书》卷一六《力游九·唐补陀落寺慧萼》:"再登五台,适于台岭感观世音像,遂以大中十二年抱像,道四明,归本邦。舶过补陀之海滨附着石上不得进。"参[日]虎关师炼:《元亨释书》卷一六,《大藏经补编》第32册,第252页下。
②汪敏倩:《普陀开山考辨》,《黑龙江史志》2015年第9期。

宗即位的大中元年（847）才回到日本的。橘皇太后为其创建了檀林寺，义空所传禅法也在王室中大受欢迎。①

他还指出，现存文献中有关慧锷入唐时间的记载止于咸通初年。根据《入唐五家传·头陀亲王入唐略记》的记载，慧锷于咸通三年（日本贞观四年，862）伴随废皇太子头陀亲王一起入唐求法，最后于咸通五年（日本贞观六年，864）和入唐僧贤真、忠全等一起从明州回到日本。从此以后，其名便消失在这一时代的史籍之中了。

有学者指出，慧锷在普陀山留下观音像的时间是他于咸通四年（863）与贤真等回国时。②但从《头陀亲王入唐略记》的记载来看，这次慧锷在唐停留期间没有巡礼五台山的记录，在他归国之后，仍旧滞留于唐的宗叡又拜访了五台山，所以，唐咸通四年的可能性也不大。根据《元亨释书》所记慧锷生平，他在邀请义空前往日本后，又曾重登五台，抱像而归，故可推测慧锷在陪同义空前往日本与跟随头陀亲王来华之间，还至少来华一次，唐大中十二年（858）和十三年（859）两说均有可能。又，陈翀的研究拈出了日本方面的一条重要史料。江户时期著名汉学家赖山阳之父赖春水，在《寄题释豪潮所藏江大来画巨幅天台山图肥后教授辛宪伯所托》一诗中写道："君不见，贞观年间僧慧萼，停船孤岛普陀落。铲削岩壑嵌佛陀，更起铜塔与珠阁。"③此处的贞观当为日本年号，而唐大中十三年（859）正是日本贞观元年。另外，成书于日本贞

---

① 陈翀：《慧萼东传〈白氏文集〉及普陀洛迦开山考》，《浙江大学学报》（人文社会科学版）2010年第5期。

② 晋山：《五台山与普陀山》，《五台山研究》1986年第3期。

③ ［日］赖山阳编：《春水遗稿》卷七，富士川英郎编《诗集日本汉诗》第10册，东京：汲古书院，1986年，第58页。转引自陈翀《慧萼东传〈白氏文集〉及普陀洛迦开山考》，《浙江大学学报》（人文社会科学版）2010年第5期。

观九年,即唐咸通八年(867)的《安祥寺资财帐》中记有"佛顶尊胜陀罗尼石塔一基,唐慧萼大法师所建"[1],法号前冠以"唐"字,可见,慧锷最终确如《元亨释书》所言"哀慕而留",成为唐人。但他又于唐咸通三年(862)追随头陀亲王来华,可见859至862年间他又曾归国,(宝庆)《四明志》中的记载"敬置其像而去"亦不虚。

综合以上各种史料和观点,学术界有两种流行观点,一、日本学术界有人认为,日本和尚慧锷触礁于普陀山并在此供奉观音菩萨像的时间为唐咸通四年(日本贞观五年,863)。中国学术界也有人接受了这一说法。[2]1991年出版的《普陀县志》中,也综合了唐咸通四年和后梁贞明二年的观点,认为慧锷在咸通四年把观音菩萨像供奉在普陀山,于贞明二年建立了不肯去观音院。[3]二、确定日僧慧锷渡海留像、普陀山开基的时间为唐宣宗大中十三年(859),也就是日本清和天皇贞观元年。因此,慧锷被尊为普陀山佛教开山祖师。中国佛学院普陀山学院慧观的硕士论文《普陀山开山问题研究》主要考察了慧锷禅师事件及不肯去观音院与普陀山开山的关系。该文在汉文文献《佛祖统纪》、《释氏稽古略》、(宝庆)《四明志》、(大德)《昌国州图志》和日文文献《元亨释书》、《入唐求法巡礼记》、《头陀亲王入唐略记》、《续日本后纪》、《文德实录》等文献的基础上,重点梳理了慧锷留观音像于普陀山的事

---

[1] 惠运:《安祥寺资财帐》,佛书刊行会编:《大日本佛教全书寺志丛书》第四,东京佛书刊行会,1931年,第61页。转引自陈翀:《慧萼东传〈白氏文集〉及普陀洛迦开山考》,《浙江大学学报》(人文社会科学版)2010年第5期。

[2] 王连胜:《日本僧慧锷请观音像到普陀山年代考》,载王连胜主编:《普陀洛迦山志》,上海:上海古籍出版社,1999年,第1120页。

[3] 《普陀县志》编纂委员会编:《普陀县志》,杭州:浙江人民出版社,1991年,第115页。

件,论证其与普陀山开山之间的关系;同时对韩国所存的《宣和奉使高丽图经》中就该事件的异说重新进行解释。最终认为(宝庆)《四明志》与《佛祖统纪》的记载相对较为可靠。关于《高丽图经》中所讲到的"新罗贾人",给予了一种较为合理的解释,认为是后人把慧锷与承担其回国船运的商贾进行混同的结果。此外,该文还对不肯去观音院进行了考证,认为不肯去观音院是张氏目睹慧锷事件后舍宅为寺以供奉观音的结果。不肯去观音院也是属于普陀山最早出现的佛寺(或佛殿),在普陀山佛教当中有着非常重要的地位。该文通过考证,更进一步认为,日僧慧锷留观音像于普陀山,从而使得居民张氏舍宅为寺,创建不肯去观音院以供奉观音像,由此普陀山作为佛教道场得以开山。各种方志以及历代普陀山志对于不肯去观音院的创立事件均记载为后梁贞明二年(916),这一时间与慧观法师所考证的慧锷留像事件存在一定的时间差异。据考证,方志与普陀山志的记载是将普陀山不肯去观音院的创立时间与宁波鄞县开元寺观音院的修建时间混同的结果。①

二、"新罗贾人"与新罗礁

上文慧观所提到的"新罗贾人",是近年来韩国一些学者所关注的重要对象。他们认为"不肯去观音"应该与新罗商人触"新罗礁"有关。新罗礁位于朱家尖蜈蚣峙码头附近,被当地渔民称为"缸爿礁","缸爿"在舟山方言中指的是海鸥,因为此岛经常有海鸥。礁石呈长条形,东西走向,长约百米,海拔约十米,由花岗岩

---

① 慧观:《普陀山开山问题研究》,中国佛学院普陀山学院硕士学位论文,2020年,第60页。

组成,东边有一处约一百平方米大小的乱石坪地,西边为高坡;西南海面上有许多干出礁,分布在长约三百米的水域中。唐朝时,新罗国清海镇大使张保皋以官方名义,带领船队,经常载着金银、药材、珍兽等货,来中国沿海换取丝绸、瓷器等物,进明州港时,必经普陀山海域,由于当时所掌握的航海技术有限,穿梭往来的新罗船不时在眼前的这片礁搁浅甚至触礁沉没,时间一长,这片礁便被称为"新罗礁"。后来,因为明朝长时期海禁以及清朝顺治、康熙时期沿海居民两次迁徙,每次迁徙,都使人民流离失所,大量文献遗失,许多地名湮没。后来当地居民看见该礁上停满了海鸥,就把它称为"缸爿礁"。2002年,王连胜发现"缸爿礁"就是"新罗礁"。这块礁石,被认为是"中日韩文化交流的标志性礁石,是东亚海上丝绸之路的重要物证,是普陀山观音信仰的历史起点"。[①]

据北宋《宣和奉使高丽图经》记载:

> 昔新罗贾人往五台,刻其像,欲载归其国。暨出海遇焦,舟胶不进,乃还,置像于焦上。院僧宗岳者,迎奉于殿。自后海舶往来,必诣祈福,无不感应。[②]

有人据此认为,前往五台山的是"新罗贾人",出海遇礁的自然也是新罗商人,自始至终未提及"慧锷"。南宋志磐《佛祖统纪》载慧锷留观音像一事时,将(宝庆)《四明志》中观音"像重不可举"这一情节变为"舟过补陀山,附着石上,不得进",也就是触礁,并小字注有"今山侧有新罗将"。从元大德《昌国州图志》开始,历代方志和山志,沿袭了日本僧触礁留像的故事,并将礁石写作"新螺

[①]林上军:《普陀新罗礁:见证中日韩"海上丝路"》,《文化交流》2015年第1期。
[②][宋]徐兢:《宣和奉使高丽图经》卷三四《海道一》,文渊阁《四库全书》,台北:台湾商务印书馆,1986年,第593册,第894页。

礁"。从乾隆《重修南海普陀山志》开始,又记为"新罗礁","新罗礁,在西南大洋中石牛港口,即日本僧慧锷触舟祷佛处也"。① 事实上,有人详考有关记录和说法,认为这两者是基于同一事件,即持新罗商人和日本和尚慧锷同一说。② 对此,有学者指出,五代时,舟山群岛属吴越国,吴越钱氏笃信佛教,境内佛寺林立,名僧辈出。彼时因经过会昌法难、唐末战乱,中土佛典散佚,弘法无凭,而此前由学问僧传往朝鲜半岛和日本的典籍却多有保存,为此,吴越钱氏多次派遣使者前往高丽和日本求取经典。③ 同时,吴越国国土狭小,资源有限,遂借助沿海优势,大力发展海外贸易以资国用,促使大量新罗商人在舟山群岛一带活动,这样的情形一直延续至两宋。北宋时成书的《墨庄漫录》中写道,普陀山"东望三韩、外国诸山,在杳冥间,海舶至此,必有所祷。寺有钟磬铜物,皆鸡林商贾所施者,多刻彼国之年号"。④ 唐末五代至宋初,朝鲜半岛先后经历新罗时期,新罗、后百济、后高句丽三国鼎立的后三国时期,进入高丽时期。鸡林为唐宋时期对朝鲜半岛各政权的泛称。⑤ 来自朝鲜半岛的僧侣、商贾,虽无法确证必定与普陀

①［清］许琰:《重修南海普陀山志》卷一《形胜》,武锋点校:《普陀山历代山志》,杭州:浙江古籍出版社,2014年,中册,第845页。秦耀曾《重修南海普陀山志》、王亨彦《普陀洛迦新志》亦承袭该说。

②［韩］朴现圭:《中国佛教圣地普陀山与新罗礁》,《浙江大学学报》(人文社会科学版)2003年第1期。

③胡雪花:《钱氏吴越国崇佛及其影响研究》,杭州师范大学硕士学位论文,2011年,第47—49页。

④［宋］张邦基撰,孔凡礼点校:《墨庄漫录》卷五"普陀山观音洞"条,中华书局,2002年,第152页。

⑤安炳浩:《〈鸡林类事〉及其研究》,《北京大学学报》(哲学社会科学版)1986年第6期。

山"法址始开"直接相关,但无疑参与了唐末五代普陀山佛教道场的早期建设。①

第四节　佛经记载与东亚海洋航线

一、佛经对普陀山的记载②

从中唐开始,一直到晚唐五代时期,普陀山开山的文献记载陆续增多,先是有印度梵僧焚指、亲睹观音妙相的记载,接着是日本僧人慧锷与不肯去观音的传说,其中还有新罗商人开山的争论。在这些资料中,可看到两点,第一,都和观音菩萨有关,第二,都和域外僧人有关。为什么是这样?这需要从两个方面来回答,一是佛经中对观音道场的记载,二是中唐以后我国东部沿海的海洋航线调整。

佛教显密经典中均有关于观音道场的记载,显教经典以《华严经》为主,其记载涉及此山的地理位置、自然景象、道场特色、菩萨形貌与品格等。在《华严经·入法界品》中,善财童子一路南行,经过五十三次参访,其中受鞞瑟胝罗居士的点化,到补怛洛迦山拜访了观音菩萨。对此,《六十华严》《八十华严》《四十华严》皆有记载,但略有不同。

《六十华严》载:"于此南方有山,名曰光明,彼有菩萨名观世

①邹怡:《从道家洞天到观音圣界——中古东亚文化交流背景中的普陀山开基故事》,《史林》2017年第1期。
②详参李利安、景天星:《论古代印度的补怛洛迦山信仰》,《人文杂志》2019年第9期。

音。"①"(善财童子)渐渐游行,至光明山,登彼山上,周遍推求,见观世音菩萨住山西阿,处处皆有流泉、浴池,林木郁茂,地草柔软,结跏趺坐金刚宝座,无量菩萨恭敬围绕,而为演说大慈悲经,普摄众生。"②

《八十华严》载:"于此南方有山,名补怛洛迦。彼有菩萨,名观自在。……海上有山多圣贤,众宝所成极清净,华果树林皆遍满,泉流池沼悉具足。勇猛丈夫观自在,为利众生住此山。"③"(善财童子)渐次游行,至于彼山,处处求觅此大菩萨。见其西面岩谷之中,泉流萦映,树林蓊郁,香草柔软,右旋布地。观自在菩萨于金刚宝石上结跏趺坐,无量菩萨皆坐宝石,恭敬围绕,而为宣说大慈悲法,令其摄受一切众生。"④

《四十华严》载:"于此南方有山,名补怛洛迦,彼有菩萨,名观自在。……海上有山众宝成,贤圣所居极清净,泉流萦带为严饰,华林果树满其中。最胜勇猛利众生,观自在尊于此住。"⑤"(善财童子)渐次前行,至于彼山,处处求觅此大菩萨。见其西面岩谷之中,泉流萦映,树林蓊郁,香草柔软,右旋布地,种种名华周遍严饰。观自在菩萨于清净金刚宝叶石上结跏趺坐,无量菩萨皆坐宝石,恭敬围绕,而为宣说智慧光明大慈悲法,令其摄受一切众生。"⑥

通过对比,可以发现,三种文献之记载仅有两处较大不同,第

---

① [东晋]佛陀跋陀罗译:《大方广佛华严经》卷五〇,《大正藏》第9册,第717页下。
② [东晋]佛陀跋陀罗译:《大方广佛华严经》卷五一,《大正藏》第9册,第718页上。
③ [唐]实叉难陀译:《大方广佛华严经》卷六八,《大正藏》第10册,第366页下。
④ [唐]实叉难陀译:《大方广佛华严经》卷六八,《大正藏》第10册,第366页下。
⑤ [唐]般若译:《大方广佛华严经》卷一六,《大正藏》第10册,第732页下。
⑥ [唐]般若译:《大方广佛华严经》卷一六,《大正藏》第10册,第733页上。

一，在山名的记述中，东晋时的《四十华严》翻译为"光明山"，而唐时的《八十华严》和《四十华严》皆译作"补怛洛迦"；第二，《八十华严》和《六十华严》皆表述为"海上"有山，而在《六十华严》中看不到关于此山处于"海上"之信息。其余记载基本相同，第一，皆认为观音菩萨居于此山，而且居于山的西方；第二，此山在南方；第三，此山有泉流池沼、华林果树；第四，观音菩萨在金刚宝石上结跏趺坐开演大悲法门。关于此山在南方，平川彰曾说，《入法界品》其实讲的很多地点都在南方，"不可否认的，《入法界品》和南印度有密切的关系"。①

　　唐代玄奘旅印期间曾经到过这座山的附近，并作了详细的记载："国南滨海有秣刺耶山。……秣刺耶山东有布呾洛迦山，山径危险，岩谷敧倾，山顶有池，其水澄镜，派出大河，周流绕山二十匝，入南海。池侧有石天宫，观自在菩萨往来游舍。其有愿见菩萨者，不顾身命，厉水登山，忘其艰险，能达之者，盖亦寡矣。而山下居人，祈心请见，或作自在天形，或为涂灰外道，慰喻其人，果遂其愿。从此山东北，海畔有城，是往南海僧伽罗国路。闻诸土俗曰：从此入海，东南可三千余里，至僧伽罗国（唐言执师子，非印度之境）。"②根据他的记载，我们可以发现：第一，布呾洛迦山位于秣刺耶山之东，秣刺耶山，梵文名 Malaya，音译为摩罗耶、摩罗延，即今南印度滨海之卡尔达蒙（Cardamon）山；第二，布呾洛迦山山顶有池，从池中流出一条大河，大河绕山二十圈，最后汇入南边的海洋；第三，池边有一座"石天宫"，观音菩萨往来其中，可见

①［日］平川彰著，显如法师、李凤媚、庄昆木译：《印度佛教史》，贵阳：贵州大学出版社，2013年，上册，第286页。

②［唐］玄奘、辩机原著，季羡林等校注：《大唐西域记校注》，北京：中华书局，1985年，第859—862页。

此处确实是观音道场;第四,因为对观音菩萨之崇敬,有人不惜身命,跋山涉水,想见到观音菩萨,但是,"能达之者,盖亦寡矣",这是一种观音道场信仰之行为;第五,另有一种很灵验的观音信仰之行为,信仰者不需到山上,而在山下"祈心请见",观音就会化现为"自在天"或"外道"来令祈愿者满足心愿;第六,此山东北之海边,有一座城,从这座城出发往南,通过海路,即可抵达僧伽罗国,也就是今天的斯里兰卡。

从以上记载可以看出,在古代印度,补怛洛迦山被视为观音菩萨的驻地,最初的起源明显与海上贸易的危难救度需求有关,这从其所处的位置为海上交通之要道以及佛教救难信仰传统都可以明显看出。随着观音信仰的普及,观音的这一驻地为大家普遍接受,于是出现《华严经》所说的善财前往此山参拜观音的说法,并对这一观音道场进行了详细的描述,以经典的形式对此山做了全方位的神圣性建构,形成权威的补怛洛迦山信仰体系。

玄奘记载补怛洛迦山山顶有一座"石天宫",这是观音菩萨的具体住所。关于观音道场中的这座宫殿,后世密宗经典出现了更详细的记载。

在汉译的密教经典中,约有十三部经和补怛洛迦有关,其中重要的有十一部①,另有两部经中仅提到了"补陀落海会"和"补

---

① 这十一部经分别是:隋代阇那崛多译的《不空罥索咒经》、唐代伽梵达摩译的《千手千眼观世音菩萨广大圆满无碍大悲心陀罗尼经》、唐代不空译的《十一面观自在菩萨心密言念诵仪轨经》、唐代菩提流志译的《不空罥索神变真言经》和《如意轮陀罗尼经》、唐代阿目佉译的《佛说不空罥索陀罗尼仪轨经》、唐代阿地瞿多译的《佛说陀罗尼集经》,宋代施护译的《佛说圣观自在菩萨不空王秘密心陀罗尼经》和《圣观自在菩萨功德赞》、宋代法贤译的《佛说大乘八大曼拏罗经》和《金刚萨埵说频那夜迦天成就仪轨经》。

怛洛迦大仙"。①

　　重要的十一部经中,对此山的译名有所不同,如阇那崛多译作"逋多罗山",伽梵达摩、施护、法贤译作"补陀落迦山",不空和菩提流志皆译作"补陀落山"。其中,有六部经皆提到"宫殿",但名称略有不同,阇那崛多和伽梵达摩译作"观世音宫殿",不空、施护、法贤译作"圣观自在宫殿",而菩提流志译作"观世音菩萨摩诃萨大宫殿"。在描述观音宫殿的具体内容及其详略程度上,各经典也有很大不同。阇那崛多、伽梵达摩、不空、施护、法贤的译经中对观音宫殿的记载比较简略,有的甚至仅一句话。但也提供了不少信息。《不空罥索咒经》云:"一时,婆伽婆在逋多罗山顶观世音宫殿所居之处。于彼山中多有娑罗波树、多摩罗树、瞻卜华树、阿提目多迦华树等,更有种种无量无边诸杂宝树,周匝庄严。"②其中可以看出,观音宫殿确实在山顶,这与玄奘所记载的情况是一致的;另外,山上还有很多宝树,如娑罗波树、多摩罗树等。在《千手千眼观世音菩萨广大圆满无碍大悲心陀罗尼经》中说:"释迦牟尼佛在补陀落迦山观世音宫殿宝庄严道场中,坐宝师子座。其座纯以无量杂摩尼宝,而用庄严百宝幢幡,周匝悬列。"③经中明确记载了补陀落迦山宫殿是观音的"宝庄严"道场;另外,关注的焦点不再是山上的树,而是"师子座"了。在《十一面观自在菩萨心密言念诵仪轨经》中:"薄伽梵住补陀落山大圣观自在宫殿

---

①这两部经分别是唐不空翻译的《摄无碍大悲心大陀罗尼经计一法中出无量义南方满愿补陀落海会五部诸尊等弘誓力方位及威仪形色执持三摩耶幖帜曼荼罗仪轨》和《佛母大孔雀明王经》。
②[隋]阇那崛多译:《不空罥索咒经》卷一,《大正藏》第20册,第399页上。
③[唐]伽梵达摩译:《千手千眼观世音菩萨广大圆满无碍大悲心陀罗尼经》卷一,《大正藏》第20册,第106页上。

中。其山无量娑罗、多么罗、瞻卜、无忧阿底目、多迦,种种花树庄
严。与大苾刍众八千人俱,复有九十九俱胝那庾多百千菩萨俱,
无量百千净居天众,自在大自在梵王天子而为上首,前后围绕而
为说法。时观自在菩萨与无量持明仙围绕,往诣世尊。所至佛所
已,头面礼足,右绕世尊三匝。"① 此经中,又提到了补陀落山的诸
多宝树,观音菩萨与其他菩萨、比丘、天人以及持明仙等在观音宫
殿顶礼佛陀。相较之下,施护所译《佛说圣观自在菩萨不空王秘
密心陀罗尼经》没有大的变化:"一时世尊在补陀落迦山圣观自在
菩萨宫中,彼有无数大娑罗树,多摩罗树瞻波迦树,阿输迦树阿提
目多迦树,如是等种种宝树而为严饰。"② 法贤的《佛说大乘八大
曼拏罗经》也仅一句话:"一时,佛在补陀落迦山圣观自在菩萨宫
中。"③ 其余经典,也有相关的简要记载。

　　菩提流志所译的《不空胃索神变真言经》,对此山及其宫殿记
载最为详细,该经一开始,即有介绍:

　　　　如是我闻,一时,薄伽梵住补陀洛山观世音菩萨摩诃萨
　　大宫殿中。其殿纯以无量大宝、上妙珍奇间杂成饰,众宝交
　　彻,出大光焰;半月满月,宝铎金铃,宝珠璎珞,处处悬列;
　　微风吹动,皆演法音。宝盖幢幡,奇花杂拂,真珠网缦,种种
　　弥布,而为庄严。绕殿多有宝楼宝阁,杂香宝帐。诸宝树花
　　重重行列,所谓宝娑罗树花、宝多罗树花、宝多摩罗树花、宝
　　瞻卜迦树花、宝阿戌迦树花、宝阿底穆多迦树花,及余无量亿

① [唐]不空译:《十一面观自在菩萨心密言念诵仪轨经》卷一,《大正藏》第20
　　册,第139页下—140页上。
② [宋]施护译:《佛说圣观自在菩萨不空王秘密心陀罗尼经》卷一,《大正藏》
　　第20册,第443页中。
③ [宋]法贤译:《佛说大乘八大曼拏罗经》卷一,《大正藏》第20册,第676页上。

千万种诸宝香树,气交芬馥,围绕庄严。复有无量宝池泉沼、八功德水弥满其中。香花软草处处皆有,众华映饰甚可爱乐。其山多有种种异类、一切禽兽,形貌姝妙,皆具慈心,出众妙声,和鸣游乐。一切菩萨真言明仙,三十三天共所娱乐。①

相比以上诸经,本经有诸多新信息,第一,首次将关注焦点放在了"大宫殿",其殿以众宝装饰而成,有宝铎金铃、宝珠璎珞、宝盖幢幡,奇花杂拂;第二,殿外还有多宝楼阁,楼外又有诸多宝树;第三,此山还有宝池泉沼,这与《华严经》记载的"泉流池沼"以及玄奘记载的"池"是相吻合的;第四,此山还有八功德水、香花软草;第五,山中还有种种形貌姝妙皆具慈心之禽兽。以上信息中,除第三种,其余皆是新信息,而第四种中所描述的八功德水和香花软草,可能受到了净土类经典的影响。

此外,公元7世纪,古印度著名的论师寂天和月官还相继朝拜观音道场"补怛洛迦山",他们一位代表中观学派,一位代表瑜伽行派,均跋山涉水,历经艰险前去朝拜,说明当时的观音道场信仰是极其兴盛的。寂天之朝拜,是为决疑;而月官,最终也没有再离开普陀山。

以上是为印度观音道场"补怛洛迦山"的具体信息。而远在中国的普陀山位于中国的东南方,"孤悬海中"。其位置、山形、景观非常符合典籍中的记载。

二、东亚海洋航线之中心

在浙东沿海,与普陀山自然景观相似的岛屿有很多,为什么

---

① [唐]菩提流志译:《不空罥索神变真言经》卷一,《大正藏》第20册,第227页上。

唯独普陀山能成为观音道场？一方面浙东有观音信仰的历史渊源，另一方面，晚唐时期出现的唐武宗灭佛事件使得远离大陆的普陀山成为佛教暂时的避风港。而最为主要的是，普陀山所在的舟山群岛处于东亚海洋航线的中心地位。

一般认为，中国古代的海上丝绸之路有三条：东洋航线、西洋航线和南洋航线。东洋航线从中国沿海至朝鲜、日本；西洋航线从中国沿海至南亚、阿拉伯和东非沿海各国；南洋航线由中国沿海港口至东南亚各国。其中东洋航线，也被称为东亚航线，共有三条，分别是北线、南线和中线。从山东半岛、胶东半岛出发的是北线，从杭州、宁波出发的是中线，从福建泉州一带出发的是南线。①有人认为，最迟到东晋南北朝时期，已经形成了中国与朝鲜半岛的海上航道，包括北路和南路两条航线。北路航线从中国的密州（今山东胶州湾南沿）、登州（今山东烟台、莱州一带），可至朝鲜大同江中；南路航线，从楚州（今江苏淮安），经扬州、明州、定海（今浙江镇海）、梅岑山，再经黑山岛到今韩国全罗南道的灵岩。②日本的交通航线，也主要有南北两条航线。从南朝至隋，大多走的是北方航线。唐中期以后，新罗统一朝鲜半岛，与日本关系紧张，使得日本不得不放弃北路，《新唐书·东夷传》记载："新罗梗海道，更繇明、越州朝贡。"于是又重新开辟了东海南线、北线航路。东海南线：日本大阪—平户岛—沿九州岛西岸南下—汸津—种子屋久诸岛—冲绳，尔后横渡海峡—经舟山群岛—抵达明州。东海北线：江浙沿海诸港—定海放洋—至日本值嘉岛或平

①林上军：《普陀新罗礁：见证中日韩"海上丝路"》，《文化交流》2015年第1期。
②王连胜：《普陀山的新罗礁、高丽道头在"东亚海上丝绸之路"中的重要地位》，宁波与"海上丝绸之路"国际学术研讨会论文，宁波，2005年12月，第200—201页。

户岛—转航博德,日本称之南岛路。① 到日本的航线,也记载是通常从难波的三津浦濑户内海抵达筑紫大津浦(即今博多),然后经过南方的奄美大岛附近,横渡东海,抵达明州或越州。② 据《旧唐书》记载:从武周长安二年(702),日遣执节使粟田真人(?—719)、大使坂合部大分率第八次遣唐使开始,改由南岛启航,横渡东海到达舟山海域,然后进长江口附近的扬州、苏州或明州登陆,即"海上丝绸之路"。这也促进了明州港的开通。《旧唐书·地理志》载:奉化、慈溪、翁山,已上三县,皆鄞县地。"鄞,汉县,属会稽郡。至隋废。武德四年(621),置鄞州。八年(625),州废为鄮县,属越州。开元二十六年(738),于县置明州。"③《新唐书·地理志》载:"开元二十六年析置翁山县,大历六年省。"④

开元二十六年(738),唐王朝将鄮县分为慈溪、翁山(今舟山定海)、奉化、鄮县四个县,设明州以统辖之,州治始设小溪。《元和志》记载:"开元二十六年,采访使齐浣奏分越州之鄮县置明州,以境内四明山为名。"⑤ 长庆元年(821),明州州治从小溪迁至三江口。对此《旧唐书·穆宗纪》记载云:"(长庆元年)三月丁酉朔,

———————

① 阿能:《舟山群岛是中日"海上茶路"的枢纽》,《舟山日报》2017年6月14日,第5版。
② 陈晔:《唐代明州"海上丝绸之路"与对外交往》,《宁波广播电视大学学报》2016年第2期。
③ [后晋]刘昫等:《旧唐书》卷四〇《地理志三》,北京:中华书局,1975年,第1590页。
④ [宋]欧阳修、宋祁:《新唐书》卷四一《地理志五》,北京:中华书局,1975年,第1061页。
⑤ [唐]李吉甫撰,贺次君点校:《元和郡县图志》卷二六,北京:中华书局,1983年,第629页。

浙东奏移明州于鄮县置。"① 又《唐会要》载："长庆元年三月,浙东观察使薛戎上言:'明州北临鄞江,城池卑隘,今请移明州于鄮县置。其旧城近南高处置县。'从之。"② 但此时的明州影响还不是很大,所以可以看到史书中有官员被贬明州的记载,如《旧唐书·文宗纪》载,唐文宗大和九年(835)六月:"诏以银青光禄大夫、守中书侍郎、同平章事、襄武县开国侯、食邑一千户李宗闵贬明州刺史。"③ 晚唐以后,明州港迅速崛起,不仅北通辽宁安东,南抵广东海南岛,而且东达高丽、日本。晚唐"安史之乱"后,全国经济中心南移,"陆上丝绸之路"衰落,"海上丝绸之路"初兴,明州在我国海外贸易交往中迅速崛起,并在晚唐跻身中国四大港口之列,成为唐朝通向东北亚、东亚开放的核心口岸。仅唐武宗会昌二年(842)至昭宗天复三年(903),中日船舶往来就达三十多批次。前来明州经商的还有来自新罗和阿拉伯的商人。

　　普陀山及其所属的舟山群岛,隶属于明州,直到1953年设舟山专区后,才从明州析出。舟山群岛作为浙东山地向东海的延伸,环绕于宁波港外围,可以阻挡大洋风涛的直接冲击。且群岛并非封闭环墙,岛屿间涛流相通,形成金塘、册子、螺头、佛渡、清滋门、虾峙门、条帚门等深水航道,与三江口外的宁波港区共同形成一组既避风御浪,又四通八达的峡道型深水港域。④ 对此地理

---

① [后晋]刘昫等:《旧唐书》卷一六《穆宗纪》,北京:中华书局,1975年,第486页。
② [宋]王溥:《唐会要》卷七一《州县改置下》,北京:中华书局,1955年,第1273页。
③ [后晋]刘昫等:《旧唐书》卷一七《文宗纪》,北京:中华书局,1975年,第558—559页。
④ 《中国海湾志》编纂委员会编:《中国海湾志》,北京:海洋出版社,1992年,第5分册,第88页。

形势,清代地理学家顾祖禹也指出:"四明据会稽之东,抱负沧海,枕山蔽江,重阜崇岭,连亘数千里,又为海道辐辏之地,南则闽、广,东则倭夷,商舶往来,物货丰衍,东出定海有蛟门、虎蹲天设之险,亦东南要会也。"又说:"明州北望成山,南指岭表,楼船十万,破浪乘风。"说明舟山既是南北航线的汇合处,又是东方远洋航线的汇聚地。他还指出:"昔人云:定海为宁、绍之门户,昌国为定海之外藩。"[①] 其中所言的昌国、定海,即今舟山、镇海。这其实指出了舟山群岛在宁波港中的重要作用。普陀山位于宁波往返日本和新罗的交通要道上,是出入明州的必经之地,往来的船只都需要在此候风候潮。因此,唐朝时的舟山是日本遣唐使的中转站。唐天宝年间,自第三次遣唐使始,商舶皆由海道北路改驶海道南路,中途经过舟山再去明州。从天宝至天复的一百多年间,在舟山境内停泊的日本遣唐使舶和民间贸易商船达四十余艘次,并经舟山等候西南季风,横渡东中国海回日本。唐天宝十一载(752),日本孝谦朝遣唐使舶三艘首次横渡东海经舟山海域抵明州港登岸。[②] 因此,普陀山也被认为是中国"海上丝绸之路"最大的历史遗存[③],在海上丝绸之路的发展中具有重要作用。

---

① [清]顾祖禹著,贺次君、施和金点校:《读史方舆纪要》卷九二《浙江四》,北京:中华书局,2005年,第4238页。

② 阿能:《舟山群岛是中日"海上茶路"的枢纽》,《舟山日报》2017年6月14日,第5版。

③ 王连胜:《中国"海上丝绸之路"最大历史遗存——普陀山》,《舟山日报》2015年10月28日,第6版。

第二章　宋代普陀山佛教

第一节　宋代佛教政策与佛教转型

经历了唐末藩镇割据、唐武宗灭佛以及五代十国的混战、后周世宗灭佛，两宋时期的佛教政策开始呈现新的特点，与此同时，佛教开始转型，一方面，佛教政策日渐宽松，度牒制日渐完备，另一方面，佛教民俗化愈来愈明显。

一、宋代的佛教政策

两宋时期的佛教与政治关系，基本是融洽与和谐的。宋王朝一方面适当扶持佛教，另一方面又对佛教进行限制，加强控制。宋高宗曾说："朕观昔人有恶释氏者，即非毁其教；有好释氏者，即崇尚其徒，二者皆不得中。朕于释氏，但不能使其太盛耳。言者皆欲多鬻度牒，以资国用。朕谓不然。一度牒所得，不过一二百千，而一夫不耕，其所失岂止一度牒之利？若住拨十数年，其徒当自少矣。"① 他一改宋徽宗时期的政策，不再打击佛教，但又不愿佛教过分发展，故一再声明："非有意绝之，正恐僧徒多则不耕者

---

① [宋] 李心传：《建炎以来系年要录》，北京：中华书局，1956年，第2397—2398页。

众,故暂停度僧。"①代表了宋代统治阶层对佛教的基本态度。

　　唐末五代时期,社会动荡,佛教多次遭受打击。后周世宗柴荣(954—959)统治时期,采取了禁佛政策,废除佛寺30336座,仅留2694座,保留在籍僧人61200人。②且下诏废毁铜像,用以铸钱。"吾闻佛说以身世为妄,而以利人为急。使其真身尚在,苟利于世,犹欲割截,况此铜像,岂有所惜哉?"③"自余民间铜器、佛像,五十日内悉令输官,给其直;过期隐匿不输,五斤以上其罪死。"④后周世宗的政策,在一定程度上限制了佛教的发展。

　　显德七年(960),赵匡胤建立大宋王朝,改元建隆。宋初对佛教采取了一系列鼓励措施。建隆元年(960)六月,太祖下令禁止焚毁寺院,已毁者不再重建。"诏诸路寺院,经显德二年(955)当废未毁者,听存。其已毁寺所有佛像许移置存留。于是人间所藏铜像稍稍得出。"⑤并下诏度童行8000人出家。建隆四年(963),太祖又下诏令四川转运使沈义伦以金银字写《金刚经》进上。乾德三年(965),西行僧人道圆游历18年后回国,太祖闻讯召见。次年,又派遣僧人行勤等157人,去西天竺求法,每人赏赐30000行装钱。乾德六年(968),敕令兵部侍郎刘熙古以金银字写佛经各一藏进献。⑥开宝四年(971),派内官张从信到益州(今成都)雕刻大藏经版,其以《开元录》中所收的经藏目录为主,共有653帙,6620卷,这是中国历史上第一部汉文木版大藏经,此雕版工作

①[宋]志磐:《佛祖统纪》卷四七,《大正藏》第49册,第426页下。
②[宋]薛居正等:《旧五代史》,北京:中华书局,1976年,第1531页。
③[宋]欧阳修:《新五代史》卷一二《恭帝纪》,北京:中华书局,1974年,第126页。
④[宋]司马光:《资治通鉴》,北京:中华书局,1956年,第9529—9530页。
⑤[宋]志磐:《佛祖统纪》卷四三,《大正藏》第49册,第394页下。
⑥[清]徐松:《宋会要辑稿》,北京:中华书局,1957年,第7889页。

开启官刻《大藏经》之先河。此外，开宝年间，还修正定府龙兴寺菩萨铜像，差诸州军役计3000人，并修同州龙兴寺舍利塔，费资百万。不过，宋太祖也曾对佛教进行限制，如开宝八年（975），为防聚众滋事，禁止灌顶道场、水陆法会等佛教活动。

宋太宗非常重视佛教，他认为："浮屠氏之教，有裨政治……朕于此道，微究宗旨。"[1]登基之初，他便扩大僧团规模，并诏度童行17万人出家。他还效仿唐太宗设译经院，撰《新译三藏圣教序》，恢复了唐元和六年（811）以降中断了的佛经翻译，开启了宋初译经的新高峰。此译经活动持续百余年，翻译佛典284部，758卷，其中多为密教经典。宋太宗还重视佛教著作编撰，他令赞宁主持编纂了著名的佛教文献《宋高僧传》。此外，他还历时八年在开宝寺建造了一座360尺高的舍利塔，并亲自将佛舍利安放塔中。

宋真宗曾说："释道二门，有助世教。"[2]他还鼓励译经事业。他不仅撰写有《崇释论》以劝善禁恶，而且多次下诏以鼓励佛教发展，如景德三年（1006）下《僧尼、道士、童行十人外更放一人诏》，大中祥符二年（1009）正月，又下《特度僧道诏》，规定天下童子每十人可有一个出家名额，次年，又下诏"于京师及诸路增设戒坛七十二处：京东四处，京西六处，河北三处，河东五处，淮南九处，江南十四处，两浙十五处，荆湖六处，福建三处，川陕七处"。[3]在北宋初年一系列政策和措施的鼓励下，僧尼和寺院数量均有所增加，至宋真宗天禧（1017—1021）末年，僧众人数有397615人，尼

---

① [宋]李焘：《续资治通鉴长编》，北京：中华书局，2004年，第554页。
② [宋]志磐：《佛祖统纪》卷四四，《大正藏》第49册，第403页上。
③ [清]徐松：《宋会要辑稿》，北京：中华书局，1957年，第7889页。

众人数61239人。①

在宋徽宗时期,佛教遭受过宋代唯一的一次打击。宋徽宗崇奉道教,号"道君皇帝"。他于宣和元年(1119)下诏,认为作为"胡教"的佛教对礼仪制度有害:"'佛改号大觉金仙,余为仙人、大士。僧为德士,易服饰,称姓氏。寺为宫,院为观。'改女冠为女道,尼为女德。"②对于此诏书,《佛祖统纪》记载更详:"自先王之泽竭,而胡教始行于中国。虽其言不同,要其归与道为一教。虽不可废,而犹为中国礼义害,故不可不革。其以佛为大觉金仙,服天尊服,菩萨为大士,僧为德士,尼为女德士,服巾冠,执木笏,寺为宫,院为观,住持为知宫观事,禁毋得留铜钹塔像。"③

南宋王朝大致沿袭了北宋初期的佛教政策,虽然对佛教曾采取限制措施,但在总体上是更加重视的。

佛教在发展中形成了较大规模的寺院经济,与此同时,朝廷通过经济手段控制佛教,增加国库收入。度牒制是一种非常重要的形式。度牒是僧尼的剃度批准书与合法身份凭证,通过度牒,政府可以调控佛教、整顿僧尼。持有度牒的僧尼不仅可以受到政府的保障,而且可以免除徭役赋税。宋初,发放度牒仅是象征性收费。但宋神宗时,因为饥荒、水灾,发放度牒开始收费,以筹措赈灾费用。此后,鬻牒作为宋朝政权充实国库的重要手段而成为惯例。与此同时,政府公开售卖空名度牒,以应付水利、运输、宫廷、军队等开销。度牒也一度成为有价证券流行于市场。这样,度牒也就失去了控制僧尼数量和秩序的功能。此外"紫衣""师

①[宋]李攸:《宋朝事实》卷七,文渊阁《四库全书》,台北:台湾商务印书馆,1986年,第608册,第96页。
②[元]脱脱等:《宋史》卷二二《徽宗本纪四》,北京:中华书局,1977年,第403页。
③[宋]志磐:《佛祖统纪》卷四六,《大正藏》第49册,第421页上。

号"等用于褒奖僧人的称号也明码标价、公开售卖,如建炎二年
(1128),"敕卖四字师号,价二百千"。宋理宗时甚至规定没有
"紫衣""师号"等称号不能担任住持,以此政策来刺激僧人购买称
号。鬻牒使僧尼数量失控,不能发挥其原有功能,南宋高宗时不
得不制定新的政策,以遏鬻牒之风,一是不再发放度牒,二是开始
向僧人征税,"敕天下僧道,始令纳丁钱,自十千至一千三百,凡九
等,谓之清闲钱,年六十已上及残疾者听免纳"。① 这在一定程度
上控制了僧尼数量的发展,同时也促进了佛教的世俗化进程。

　　总体来说,宋代的佛教政策是比较平稳的,大多数朝廷都支
持佛教的发展,而且在调控佛教发展时采用的是比较平和的经济
手段。这为宋代普陀山佛教的发展奠定了良好的政治基础。

二、宋代佛教之转型

　　方立天等指出,两宋佛教的基本状况是:"义理上缺乏新意,
方法上屡有创新,社会影响上进一步扩大和深入。"② 他们指出两
宋佛教的社会影响,其实是说,宋代是中国佛教发展的重要转型
时期。此前的中国佛教,在译传域外经典时,经历了学派化、宗派
化等学理化进程,因经典译传、开宗立派、高僧辈出、著述丰富、理
论严谨而在中国佛教史上独树一帜。入宋以后,佛教在理论创新
方面大不如隋唐,因而被认为是"衰落",如梁启超在《中国佛法兴
衰沿革说略》中认为:"唐以后殆无佛学。唐以后何故无佛学耶?
其内部之原因,则禅宗盛行,诸派俱绝。"③ 此观点成为20世纪中

---

① [宋]志磐:《佛祖统纪》卷四七,《大正藏》第49册,第425页下。
② 方立天主编:《中国佛教简史》,北京:宗教文化出版社,2001年,第239页。
③ 梁启超:《中国佛法兴衰沿革说略》,载《佛学研究十八篇》,上海:上海古籍出
　　版社,2001年,第16页。

国大陆学术界之主流。但日本学者竺沙雅章并不认同,他在《中国佛教社会史研究》序言中指出,不应该说宋代是佛教的衰退期,由于深受唐宋间政治、经济、文化、社会变革的影响,宋代佛教表现为与唐代不同的另一种形式的兴盛。他指出,宋代佛教教团的规模(寺院和僧尼数量)比唐朝要大,而且佛教更加深入社会生活,具有中国近世佛教特色的居士佛教相当盛行,这些都说明宋代佛教并未衰落。① 因此不能说宋代是佛教的衰退期。汤用彤认为,宋代佛法至宋祖、太宗而中兴,具体表现为立寺设斋、礼佛听经、求法传译、刊印大藏等。② 刘浦江在此基础上指出:"唐代是佛教义学最繁荣的时代,而两宋以下则是佛教的社会影响最广泛的时代。"③ 需要指出的是,宋代佛教虽然在宗派上表现为禅宗独领天下,但其繁盛,并非宗派发展或理论建构之繁盛,而是指其民俗化特征更为明显,其在社会与民间的影响更深更广。佛教民俗化过程中,居士佛教发展迅速,佛教思想深入人心,社会各阶层人士崇奉佛教者比比皆是,上自皇室、公卿官僚,下至普通平民百姓,信仰佛教蔚然成风。④ 余英时也指出这一动向,他说,唐代中后期兴起的新禅宗、新儒学和两宋之际兴起的新道学,"都代表着中国平民文化的新发展,并取代了唐代贵族文化的位置"。⑤ 以

---

① [日] 竺沙雅章:《中国佛教社会史研究》,京都:同朋舍,1982年,第2页。

② 汤用彤:《五代宋元明佛教事略》,载《隋唐佛教史稿》,北京:中华书局,1982年,第295页。

③ 刘浦江:《宋代宗教的世俗化与平民化》,《中国史研究》2003年第2期。

④ 韩毅:《宋代佛教的转型及其学术史意义》,《青海民族学院学报》(社会科学版)2005年第2期。

⑤ 余英时:《中国近世宗教伦理与商人精神》,载《士与中国文化》,上海:上海人民出版社,1987年,第462页。

至于朱熹反对佛教信仰者队伍的壮大。"佛氏乃为逋逃渊薮。今看何等人,不问大人、小儿、官员、村人、商贾、男子、妇人,皆得入其门。最无状,是见妇人便与之对谈。"①宋代佛教影响更加深入民间,民俗佛教蓬勃发展,这是宋代佛教的重大转型。因此,陈寅恪说:"自宋以后,佛教已入中国人之骨髓,不能脱离。"②

　　民俗佛教在中国佛教发展中至关重要,而其蓬勃发展则是从宋代开始的。李四龙在《现代中国佛教的批判与反批判》一文中提出中国佛教史的"三期说"。他按照佛教传入中国后与中国社会的互动,从佛教世俗化与现代化之角度,将整个佛教史分为三个历史时期,即学理佛教、民俗佛教和人间佛教。学理佛教时期,从两汉之际佛教传入开始,直至晚唐,其中又分为三个阶段,从两汉之际到东晋末年,属"格义佛教",共四百年的时间;从东晋末年到南北朝末年,属"学派佛教",近二百年的时间;隋唐的三百余年,是"宗派佛教"时期。学理佛教时期又称为"中国早期佛教"时期,"以佛典输入、学理会通为主"。民俗佛教时期,开始于五代北宋,直至晚清,其主要特征是"佛教与民间社会的民俗生活日益融合"。人间佛教时期,开始于晚清的佛教复兴运动,一直持续到今天,"主张佛教为现实的人生服务"。③此一佛教史之划分方法,不同于以前以义学之发展为主线,而是强调了佛教与中国社会的双向互动,其实也是研究方法的一种转换,更侧重于社会史的研究。毋庸置疑,通过这种方法的划分,宋代以后的佛教不是衰败,

①[宋]黎靖德编:《朱子语类》卷一二六《释氏》,载朱杰人、严佐之等编:《朱子全书》,上海:上海古籍出版社、合肥:安徽教育出版社,2002年,第18册,第3959页。
②吴学昭:《吴宓与陈寅恪》,北京:清华大学出版社,1992年,第12页。
③李四龙:《现代中国佛教的批判与反批判》,《佛学研究》1999年第00期。

而是主要表现为民俗佛教的蓬勃发展。①

　　李四龙在另一篇论文《民俗佛教的形成与特征》中,专门指出:"所谓民俗佛教,是指与学理佛教相对,是影响或组成民间信仰以及民间社会生活的佛教。"基于此,他对民俗佛教的历史阶段进行了划分,指出两宋民俗佛教的蓬勃发展依赖于净土信仰、佛事活动以及民间刻经等;而民俗佛教的特点是把佛教变为泛神论、仙佛不分、三教融合,并营造了生活的秩序空间;最后,他指出"民俗佛教研究是长期以来遭人忽视的领域","我们当前迫切需要借鉴民俗学、人类学、社会学的方法重新省察佛教,反思以往中国佛教史的研究工作,尤其需要重新检察宋元明清佛教的历史价值,寻绎佛教史上为人淡忘的另一半"。② 此后不久,李四龙出版《中国佛教与民间社会》③,对"蓬勃展开"的民俗佛教进行了详尽探讨。

　　其实,民俗佛教是佛教真正走入民间的一种表现,这说明佛教真正深入了社会基层,而进一步完成了佛教的中国化。假如说宋代以前的佛教完成了佛教义理、思想与哲学的中国化,而宋代以后的佛教则完成了佛教仪式、空间与社会的中国化,这是中国佛教发展的新阶段、新气象、新特色。

―――――――――――

①需要指出的是,宋代以后的民俗佛教是中国佛教发展的主流,但并不是全部,义理型佛教仍有一定发展,只是不占主流。如两宋时期,延续隋唐宗派佛教的禅宗又有了新的发展,其中的临济宗、云门宗和曹洞宗仍有发展,华严宗和天台宗亦在此时"中兴",律宗与净土宗也有一些发展。元代的临济宗、华严学、天台学也都有一些发展。
②李四龙:《民俗佛教的形成与特征》,《北京大学学报》(哲学社会科学版)1996年第4期。
③李四龙:《中国佛教与民间社会》,郑州:大象出版社,1997年。

　　随着民俗佛教的蓬勃发展并占据主流地位，中国佛教之载体也悄然发生改变。宋以前，中国佛教最重要的是高僧大德、僧团或者学派与宗派，佛教借此可以获得重大发展。宋以后，此类载体不再是主流，而是形成以寺院为主，并最终演变成以菩萨或道场为依托的情况。最为明显的是，到了明清时期，形成了四大菩萨与四大名山之信仰，即文殊菩萨及五台山信仰、普贤菩萨及峨眉山信仰、观音菩萨及普陀山信仰、地藏菩萨及九华山信仰。

　　以观音信仰为例，宋代以前，汉地观音信仰之发展主要表现为观音经典的输入和对观音经典的消化吸收。① 入宋以后，观音经典与其他经典一样停止了输入，但是观音信仰并没有终止，可以说是不仅没有终止，而且向更为深广的方向发展，对此，李利安指出，宋以后的观音信仰有八大基本走向：（1）理解观音信仰"只能依靠自己的智慧"，中国化进程会"更深"；（2）对观音信仰进行综合理解；（3）走向民间，并"发展出一种不同于正统佛教的新的信仰形态"；（4）出现女性化的形象；（5）与中国传统文化进一步融合；（6）呈现出民俗化、伦理化，并且修道体系更为完善；（7）普陀

----

① 对此，李利安有深入而系统的研究，集中于《观音信仰的渊源与传播》一书中。他指出："从汉魏时代印度观音信仰的最早输入，到西晋时代救难观音信仰的正式传入，从东晋南北朝时期印度观音信仰的全面输入和中国人的选择吸收，到隋唐两宋时代的补充性输入和中国人的进一步接受，古代印度所有类型的观音信仰几乎都输入到中国。经过长期的适应性、多样性的交往历程，古代印度的观音信仰最终都得到中国人的理解和接受。在此历史进程的基础上，中国人对来自印度的观音信仰做了符合中国社会、中国文化、中国人心理的解释和发挥，完成了对古代印度观音信仰的'涵化'。所以，古代印度观音信仰向中国传播的历史同时也伴随着这种外来宗教信仰不断被中国文化'涵化'的历史。"参见李利安：《观音信仰的渊源与传播》，北京：宗教文化出版社，2008年，第387页。

山观音道场的兴起以及新的观音圣地的增加;(8)形成解疑释惑型的观音信仰形态。①从这八大走向可以看到,观音信仰已经成为宋以后中国佛教的载体之一,甚至更进一步融入中国文化并成为中国文化的重要组成部分。

　　随着菩萨信仰的发展,与之相关的道场信仰也获得重大进展,并成为中国佛教的一大载体。菩萨道场一方面是重要的佛教活动场所,可以为修道者提供特定的修行空间,这是道场的传统功能;另一方面,又是重要的社会活动场所,可以为当地百姓提供特定的集会区域,如庙会、香会等的形成均与道场有不可分割之关系,这是道场的新功能。最为主要的是,道场在一定程度上还成为"感应空间"。"感应者"认为,到了特定的菩萨道场,也就是佛教名山,这座名山的"本主"(菩萨)就会和自己发生特定的感应,从而有助于对佛教教义的理解、对佛教修行的理解及对人间生活的认识,中国佛教四大名山信仰就是这样形成的。就普陀山信仰而言,最迟从宋代开始,我们就看到了有这样的"感应"记载,不同的人"怀揣"不同的愿望,"带着"美好的梦想奔赴普陀山,为的是"感应"到观音菩萨,以获得菩萨点化,并在今生或来世获得慈悲、智慧以及各种福德。

第二节　宋代普陀山政治、交通与佛教

　　虽说在中晚唐时期已经有了佛教传入普陀山的记载,但从宋代开始,普陀山才开始在中国佛教地理版图中崛起并成为观音道

①李利安:《观音信仰的渊源与传播》,北京:宗教文化出版社,2008年,第386—389页。

场，但在此时，其观音道场的地位尚不稳固，更未形成如我们今天所看到的"一山特起万山朝"之局面，一方面，因妙善公主的故事而崛起的汝州大香山观音道场迅速形成；另一方面，杭州的上天竺讲寺因祈愿灵验也成为著名的道场，一直到明代，上天竺讲寺与普陀山都有竞争之势。① 然而宋代的普陀山已经在政治与交通的双重因素影响下，逐渐加固其观音道场之地位。在政治方面，从北宋到南宋，多数朝廷都给予重要支持，尤其在宋室南渡以后，普陀山佛教更是获得了极大的发展。在交通方面，普陀山最大的优势是濒临明州港，位于海上丝绸之路的交通要道上，在宋代海外贸易日益发达的背景下，明州的佛教迅速发展并影响了普陀山佛教。总之，在宋代，普陀山佛教获得重要发展并确立了其观音道场之地位。

一、朝廷的支持

宋代王朝大都支持佛教的发展，朝廷也少不了对普陀山的关注与支持。据史料记载，北宋时期，宋太祖、宋神宗都不同程度地

---

① 晚明时期，普陀山名气大增，而在宋元时期兴盛的上天竺寺观音道场相形逊色，于是就创造出新的理论，以抬高上天竺寺之地位。《杭州上天竺讲寺志》中有篇《上竺论》，其末段之言反映了上天竺寺与普陀山观音道场信仰之竞争。"或又言上竺与普陀大士，是同是异？曰岂得异，盖天竺即普陀，普陀即天竺也。普陀所以镇三际之水，乃天下之大士。而三吴在其中，上竺乃三吴之大士。而天下在其中，大小无分而理亦无异。然至上天竺者，可以不至普陀而圆，谓小可以该大。至普陀者，必至天竺而偏，谓远而不可忽近。"详参［明］释广宾著，曹中孚标点：《杭州上天竺讲寺志》，杭州：杭州出版社，2007年，第47页。本段前半部分言及上天竺寺和普陀山的观音菩萨无分无异，但是下半部分却又说去了上天竺寺的信徒，可以不去普陀山，但是如果去了普陀山，还必须要去上天竺寺，否则，是偏而不圆的。

对普陀山给予关注。宋室南渡后,普陀山毗邻都城杭州,更是引起了朝廷的关注,宋宁宗、宋理宗等也先后下诏,或御书匾额,或钦免租役。

北宋对普陀山佛教的重视,一般认为是从宋太祖开始的。据明代周应宾《重修普陀山志》①记载,宋代内侍王贵"乾德丁卯,遣赍香幡诣山"。②这是指乾德五年(967)太祖赵匡胤遣内侍王贵上普陀山进香,并赐锦幡。需要指出的是,此为明代方志记载的宋代资料,而在宋元的方志材料中并无"王贵进香"之记载,如《乾道四明图经》、(宝庆)《四明志·昌国县志》、《开庆四明续志》、(大德)《昌国州图志》、(延祐)《四明志》、(至正)《四明志》以及普陀山的第一部志书《普陀洛迦山传》对此只字未提,当时的笔记史料如北宋张邦基《墨庄漫录》、北宋徐兢《宣和奉使高丽图经》、南宋赵彦卫《云麓漫钞》、元代吴莱的笔记,以及元代刘赓撰的《昌国州宝陀寺记》亦未提及。据此有人认为如此重要之事件在六百余年之后才被记载下来,因而是存疑的。不过,太祖时期"王贵进香"的资料被此后多数《普陀山志》沿用。此事也在普陀山广为流传。

宋太祖之后的百余年间,并未留下朝廷关于普陀山的记载。一直到宋神宗时期,才有了皇帝"锡寺额"的记载。据元代盛熙明的《补陀洛迦山传》记载:

> 元丰中,谒者王舜封使三韩,遇风涛,大龟负舟,惶怖致祷。忽睹金色晃耀,现满月相,珠璎粲然,出自岩洞,龟没舟行,泊还以奏。上闻,始锡寺额,曰观音宝陀。自是海东诸夷,

---

① 成书于明万历三十五年(1607)。
② [明]周应宾:《重修普陀山志》卷二《命使》,杜洁祥主编:《中国佛寺史志汇刊》第1辑,台北:明文书局,1980年,第9册,第169页。

如三韩、日本、扶桑、阿黎、占城、渤海数百国，雄商巨舶，繇此取道放洋。凡遇风波寇盗，望山归命，即得销散，感应颇多。①

据这段材料，宋神宗元丰年间（1078—1085）王舜封出使三韩，遇到了风涛，大龟负舟，于是惶怖致祷，"忽睹金色晃耀，现满月相，珠璎粲然，出自岩洞，龟没舟行"。回来以后，他将此事上奏给皇帝，皇帝"始锡寺额，曰观音宝陀"。赵彦卫《云麓漫钞》亦有类似记载："初，高丽使王舜封船至山下，见一龟浮海面，大如山，风大作，船不能行，忽梦观音，龟没浪静。申奏朝廷，得旨建寺，乃元丰三年也。"②不同的是，《云麓漫钞》中直接提到了观音显相，而且将时间具体记载为元丰三年（1080）。明代周应宾在《重修普陀山志》引用这段材料时，也延续下来，将时间具体记载为"元丰三年"。且皇帝得知此事后，"改建赐额'宝陀观音寺'，置田积粮，许岁度僧，供奉香火"。③宝陀观音寺，即今普陀山普济寺。这是普陀山历史上第一次由皇帝赐名的寺院，是普陀山第一座官方道场，在皇帝的支持下，普陀山道场开始置田积粮，许岁度僧，供奉香火。在普陀山佛教发展史上，这是具有划时代意义的。

公元1127年，靖康之变后，北宋覆亡，宋徽宗第九子康王赵构称帝于南京应天府（今河南商丘），国号仍为宋，史称南宋。1138年，宋室迁都临安府（今浙江杭州）。1141年，宋、金达成绍兴和议，南宋放弃淮河以北地区，偏安于秦岭、淮河以南。宋室南

①［元］盛熙明：《补陀洛迦山传》卷一《应感祥瑞品》，武锋点校：《普陀山历代山志》，杭州：浙江古籍出版社，2014年，上册，第8页。
②［宋］赵彦卫撰，傅根清点校：《云麓漫钞》卷二，北京：中华书局，1996年，第30页。
③［明］周应宾：《重修普陀山志》卷二《建置》，杜洁祥主编：《中国佛寺史志汇刊》第1辑，台北：明文书局，1980年，第9册，第136—137页。

迁后,其政治、经济、文化中心南移,濒临都城杭州的普陀山也因此获得较大的发展机遇。南宋时期,在普陀山留有记载的是宋宁宗和宋理宗。

宋宁宗时,佛教获得重大发展,如确立了皇帝颁布诏令确定禅院等级的制度,形成了著名的"五山制度"。以杭州径山的兴圣万福寺、灵隐山的灵隐寺、南屏山的净慈寺、宁波天童山的景德寺、阿育王山的广利寺为代表的"五山"汇聚了一批学问精湛、道德高尚的高僧。随着中日文化交流的加强,也吸引了日本来华僧侣前来学修,因此将南宋时期的佛教文化传入日本,从而形成了日本的"五山制度",这都促进了中日佛教文化交流。宁宗时期也非常关注普陀山,据《补陀洛迦山传》记载:

> 嘉定三年庚午(1210)八月,大风雨,圆通殿摧;住山德韶言于朝,赐钱万缗,七年殿成。潮音洞无措足地,凿石驾桥,凡六年,御书"圆通宝殿""大士桥"以赐,建龙章阁以藏之,植杉十万。是时,有田五百六十七亩,山千六百七亩。是年,丞相史弥远承父志,舍财庄严殿宇廊庑,备具香灯供养。上闻,赐宸翰,并金襕衣、银钵、玛瑙数珠、松鹿锦幡。陈帅机施钱一百六万,置长明灯。①

据此,宁宗朝对普陀山非常重视,不仅给宝陀寺赐钱赐物,而且题写匾额、御书墨宝。在此段材料中,嘉定三年(1210),圆通殿摧毁,他赐钱万缗(即一万贯)用于重建大殿,在潮音洞修桥以后,他还题写匾额"圆通宝殿""大士桥"。对此,(宝庆)《四明志》也有记载:"嘉定七年,宁宗皇帝御书'圆通宝殿'四大字赐之,

---

① [元]盛熙明:《补陀洛迦山传》卷一《兴建沿革品》,武锋点校:《普陀山历代山志》,杭州:浙江古籍出版社,2014年,上册,第11页。

且给降缗钱一万俾新祠宇,常住田五百六十七亩,山一千六百七亩。"①在第二段材料中,他得知史弥远供养普陀山后,又赐了墨宝,而且还赐有金襕衣、银钵等,并且置长明灯。需要指出的是,此时宝陀寺已有常住田567亩,山1607亩,这说明在宁宗时期普陀山的寺院经济也获得了重大的发展。

宋理宗宝庆年间(1225—1227),宝陀寺被列入江南教院五山十刹,进一步提高了普陀山在佛教中的地位。此外,因为祈雨灵验,普陀山也获免赋税。据载:

> 淳祐八年戊申,制帅颜颐仲祷雨有应,施钱二万,米五十石,置长生库、接待庄,仍请于朝免租役。②

这是说在理宗淳祐八年(1248),大臣颜颐仲因祷雨有应,于是布施钱米,并置长生库,建接待庄,接待来往使臣与善信,并且上表请求免除普陀山租役。颜颐仲(1187—1262),字景正,为福建漳州龙溪人,曾任临安府通判等职。

朝廷的支持,使得佛教在普陀山获得了重大的发展,尤其使得其观音道场地位更加稳固。对此,武锋指出:"北宋政府以国家意志承认普陀山主奉观音,就是基于其在海上交流中的重要地位而考虑的,北宋政府希望普陀山成为海上交流的重要中转站,成为海上交通的安全航道。宣扬普陀山观音信仰,就能有效和持续维护海上航行顺利。所以说,观音信仰在北宋的确立,政府起到

---

① [宋]罗濬等:(宝庆)《四明志》卷二〇《昌国县志》,《宋元方志丛刊》,北京:中华书局,1990年,第5册,第5255页。

② [元]盛熙明:《补陀洛迦山传》卷一《兴建沿革品》,武锋点校:《普陀山历代山志》,杭州:浙江古籍出版社,2014年,上册,第11页。

了很大作用。南宋迁都临安,对普陀山的倚重更加突出。"①

二、交通枢纽

武锋指出,不论北宋还是南宋,都倚重普陀山。这是就其交通地位而言的。普陀山是东南海上丝绸之路的交通枢纽,位于北宋海外贸易的交通要道。

宋代海外交往发达。宋室南迁后,其对外贸易的中心也转至东南海洋。东南沿海的明州港作为当时设有市舶司的全国三大对外贸易港口之一,地位显要。宋宁宗时,其地位进一步提升,因宋宁宗未即位前曾在明州任官。淳熙五年(1178)十月戊午:"迁明州观察使,封英国公。"②张津曾指出:"明之为州……乃海道辐凑之地,故南则闽广,东则倭人,北则高句丽,商舶往来,物货丰衍,东出定海有蛟门虎蹲天设之险,亦东南要会也。"③其中指出了明州在国内的重要地理地位和在海外贸易中的交通区位优势,不仅是"海道辐凑之地",而且是"天设之险,东南之要"。其商贸往来的对象,以日本和朝鲜为主,但也包括与东南亚、阿拉伯等国家和地区的贸易。④因此,两宋时期的明州港是名副其实的国际贸易港口,史书记载"海外杂国,时候风潮,贾舶交至","万里之舶,五方之贾,南金大贝,委积市肆,不可数知",可见其繁盛景象。

普陀山所属区域,在北宋神宗以后被称为昌国,是宋代明州海

---

① 武锋:《史浩父子所睹普陀山观音灵异事件探微》,《浙江海洋学院学报》(人文科学版)2013年第5期。
② [元]脱脱等:《宋史》卷三七《宁宗纪》,北京:中华书局,1977年,第713页。
③ [宋]张津等纂修:(乾道)《四明图经》卷一《总叙》,《宋元方志丛刊》,北京:中华书局,1990年,第5册,第4877页。
④ 张如安:《北宋宁波文化史》,北京:海洋出版社,2009年,第36—40页。

外贸易的前沿地带,是"前哨和枢纽"。北宋神宗熙宁六年(1073),
朝廷于旧翁山县地重置县治,名昌国,"意其东控日本,北接登莱,
南亘瓯闽,西通吴会,实海中之巨障,足以昌壮国势焉"。①普陀山
位于昌国地区之南,是明州海外贸易的重要中转站。因为宋代和
高丽之间的贸易比较频繁,当时还形成了著名的"高丽道头"。对
此,《云麓漫钞》曾记载:"补陀落迦山,自明州定海县招宝山泛海
东南行,两潮至昌国县,自昌国县泛海到沈家门,过鹿狮山,亦两
潮至山下,正南一山曰玩月岩,循山而东曰善财洞……自西登舟,
有路曰高丽道头。"②熙宁七年(1074),高丽金良鉴出使宋朝,表
明"欲远契丹,乞改途由明州诣阙"③的想法。宋神宗听其建议,
将北宋至高丽的航线,改为从定海(今浙江镇海)出发,并在普陀
山候风信潮。从普陀山出发,越过东海、黄海,沿朝鲜半岛西南
海岸北上,最终到达礼成江。高丽来宋,到普陀山后,由明州溯
姚江、钱塘江入运河,北上汴京。④元丰元年(1078)北宋在招宝
山下造两艘"神舟","自定海绝洋而东,既至(高丽),国人欢呼
出迎",高丽国王王徽,"具袍笏玉带拜受诏……言尊顺中国如天
云"。⑤由于当时国王王徽生病,向中国"乞医药",于元丰二年
(1079)正月,"遣王舜封挟医往诊治",这是中国医药传入高丽之

①[元]冯福京等编:《昌国州图志》卷一《叙州·沿革》,文渊阁《四库全书》,台
　北:台湾商务印书馆,1986年,第491册,第270页。
②[宋]赵彦卫撰,傅根清点校:《云麓漫钞》卷二,北京:中华书局,1996年,第
　29—30页。
③[元]脱脱等:《宋史》卷四八七《外国传》,北京:中华书局,1977年,第14046页。
④王连胜:《东亚海上丝绸之路——普陀山高丽道头探轶》,柳和勇、方牧主编:
　《东亚岛屿文化》,北京:作家出版社,2006年,第2页。
⑤[元]脱脱等:《宋史》卷四八七《外国传》,北京:中华书局,1977年,第14047页。

始。①舜封一行乘两船过莲花洋，"遇风涛，大龟负舟，惶怖致祷。忽睹金色晃耀，现满月相，珠璎粲然，出自岩洞，龟没舟行，泊还以奏。上闻，始锡寺额，曰观音宝陀"。②这是普陀山观音道场形成和发展之关键。从此，"高丽、日本、新罗、勃海诸国皆由此取道，守候风信，谓之放洋"。③"高丽道头"也因此成为各国使船、贡艘、商舶入宋的必经之地，普陀山自然成为非常重要的中转站。

在宋代与高丽的贸易交往史上，普陀山是非常重要的节点。宣和五年（1123）二十四日，奉议郎徐兢出使高丽就途经普陀山。其中八艘船共载有一千余人，二十四日离开招宝山，二十五日抵达沈家门，二十六日泊莲花山，并登上普陀山，礼宝陀寺。"二十六日戊寅，西北风劲甚，使者率三节人以小舟登岸入梅岑，旧云梅子真栖隐之地，故得此名，有履迹瓢痕在石桥上。其深麓中，有萧梁所建宝陀院，殿有灵感观音。昔新罗贾人往五台，刻其像，欲载归其国，暨出海，遇礁，舟胶不进，乃还，置像于礁上，院僧宗岳者，迎奉于殿，自后，海舶往来，必诣祈福，无不感应。……是夜，僧徒焚诵歌呗甚严，而三节官吏兵卒莫不虔恪作礼。至中宵，星斗焕然，风幡摇动，人皆欢跃云：风已回正南矣。"④从中可以看出，登岸入普陀，一是候风候潮，二是祈福平安。能候风候潮，是其地理功

①王连胜：《东亚海上丝绸之路——普陀山高丽道头探轶》，柳和勇、方牧主编：《东亚岛屿文化》，北京：作家出版社，2006年，第2页。
②［元］盛熙明：《补陀洛迦山传》卷一《应感祥瑞品》，武锋点校：《普陀山历代山志》，杭州：浙江古籍出版社，2014年，上册，第8页。
③［宋］张津等纂修：（乾道）《四明图经》卷七《昌国县》，《宋元方志丛刊》，北京：中华书局，1990年，第5册，第4901页。
④［宋］徐兢：《宣和奉使高丽图经》卷三四《海道一》，文渊阁《四库全书》，台北：台湾商务印书馆，1986年，第593册，第893—894页。

能；可祈福平安，乃自心理而言。

　　不只官兵，商人在普陀山也能碰到类似情况。南宋郭彖在《睽车志》中记载了一个商人的故事："绍兴辛未岁，四明有巨商泛海，行十余日，抵一山下，连日风涛不能前，商登岸闲步，绝无居人。一径极高峻，乃攀蹑而登，至绝顶，有梵宫焉。彩碧轮奂，金书榜额，字不可识。商人游其间，阒然无人，惟丈室一僧独坐禅榻。商前作礼，僧起接坐。商曰：舟久阻风，欲饭僧五百，以祈福祐。僧曰：诺。期以明日。商乃还舟，如期造焉。僧堂之履已满矣，盖不知其所从来也。斋毕，僧引入小轩，焚香瀹茗，视窗外竹数个，干叶如丹，商坚求一二竿，曰：欲持归中国，为伟异之观。僧自起斩一根与之。商持还，即得便风，就舟口裁其竹为杖，每以刀锲削，辄随刃有光，益异之。前至一国，偶携其杖登岸，有老叟见之，惊曰：君何自得之？请易以箪珠。商贪其赂而与焉。叟曰：君亲至普陀落伽山，此观音坐后旃檀林紫竹也。商始惊悔，归舟中，取削叶余札宝藏之。有久病医药无效者，取札煎汤，饮之辄愈。"[1]这里的"一山"，指的就是普陀山，商人泛海行十余日，在普陀山遇到风涛，于是登山候风潮。此外，因舟久风阻，他还想饭僧五百，以求祈福。另外，文中还提到老叟看出巨商所持竹竿是普陀山观音座后旃檀林的紫竹，说明其作为观音道场的地位越来越高。

　　此外，因为普陀山是明州对外贸易的重要枢纽。明州的佛教，自然会影响到普陀山。宋代明州佛教甚盛。北宋时期，明州共新建寺院四十六座，其中禅院九座、教院二十座、律院十七座。

----

[1]［宋］郭彖：《睽车志》卷四，文渊阁《四库全书》，台北：台湾商务印书馆，1986年，第1047册，第247—248页。

禅院主要指禅宗寺院,教院主要指天台宗、净土宗等诸宗寺院,律院主要指律宗寺院。可见,在北宋时期,新建的禅宗寺院最少,也说明天台宗、净土宗和律宗是较为流行的。但这并不能说明其禅宗并不流行,因为原有的禅宗寺院是比较多的,如鄞县就有禅院二十二座。① 据《宋史》记载,元丰年间(1078—1085)还拟建庙,乾道五年(1169),太常少卿林栗言:"且元丰间尝建庙于明州定海县,请依南海特封八字王爵,遣官诣明州行礼。"② 南宋时期,禅宗大盛,这也影响到了普陀山。文献记载:"绍兴元年,易律为禅。辛亥(1131),真歇(清)了禅师,解会长芦南游,浮海于此结庵。榜曰:'海岸孤绝处。'由是飞锡此山者,皆具曹溪正法眼藏。"③ 这是说,绍兴元年(1131),宝陀寺易律为禅,从而使禅宗风行普陀山,此后不久,普陀山"与五台之文殊、峨眉之普贤为天下三大道场"。④ 这当然也是受到了明州佛教的影响。

　　总之,在我国古代的海外贸易中,宋代是全盛时期。随着区域经济、航海技术和造船技术的发展,明州港成为位于我国东南沿海的重要港口,并成为东亚、东南亚的重要港口。随着南海航线的拓展,明州与东南亚地区的贸易往来也大大加强。这一时期,明州不仅取代了杭州在两浙诸港口中的龙头地位,而且成为

①许序雅、庄圆:《从宋元四明六志看宋代明州的佛教》,《佛学研究》2005年第00期。

②[元]脱脱等:《宋史》卷一〇二《礼志五》,北京:中华书局,1977年,第8册,第2488页。

③[元]冯福京等编:《昌国州图志》卷七《叙祠·寺院》,文渊阁《四库全书》,台北:台湾商务印书馆,1986年,第491册,第308页。

④[元]袁桷:(延祐)《四明志》卷一六《释道考上·昌国州》,文渊阁《四库全书》,台北:台湾商务印书馆,1986年,第491册,第595页。

与广州、泉州齐名的东南三大贸易港。① 宋代的普陀山位于昌国县,在朝廷的定位中,"东控日本,北接登莱,南亘瓯闽,西通吴会,实海中之巨障,足可以昌壮国势焉",被赋予重要的历史任务。随着明州港国际贸易地位的提升,位于昌国南部的普陀山不仅成为前沿地带,也成为重要枢纽,吸引了众多船队在此候风信潮、祈福平安,有力地促进了普陀山佛教的发展。②

第三节　宋代普陀山宗派、宗风与高僧

　　隋唐时期开创的佛教宗派,到了宋代传至普陀山。宋代普陀山佛教宗派,以禅宗为主,其又以曹洞宗和临济宗为主。在此基础上,形成了别具一格的宗风。"宗风"是禅宗内部各派的家风,是禅师接引众生的教学方式,不仅包括独特的说话方式,也包括非语言的行为方式,但其实际用法并不专指禅宗,而是遍及诸宗。③具体到禅宗来说,禅家五宗皆有独特宗风。法眼文益曾在《宗门十规论》中说:"曹洞则敲唱为用,临济则互换为机,韶阳则函盖截流,沩仰则方圆默契。"④ 他概括曹洞宗的宗风是"敲唱为用",临济宗的宗风是"互换为机",云门宗的宗风是"函盖截流",沩仰宗的宗风是"方圆默契"。而他所代表的法眼宗的宗风,后人总结为"一切现成"。后德韶国师(891—972)又以"通玄峰顶,不是人

①张伟:《宋代明州港在东亚贸易圈中的地位》,《中国港口》2014年第9期。

②详参冯定雄:《宋代昌国地区海外关系探析》,《浙江海洋学院学报》(人文科学版)2011年第2期。

③李四龙:《宗风与祖道——略论丛林教育的内涵与使命》,《佛学研究》2018年第2期。

④[唐]文益:《宗门十规论》卷一,《卍新续藏》第63册,第37页下。

间;心外无法,满目青山"来总结"一切现成"。迨至元朝,中峰明
本禅师指出,禅宗五家的宗风特点是:临济痛快,曹洞细密,沩仰
谨严,云门高古,法眼简明。

宋代的普陀山佛教有明显的宗派特色,同时又传承有独特的
宗风。其宗风以曹洞宗风和临济宗风为主。这种宗风更多体现
在宋代普陀山高僧的身上。

普陀山高僧,一般认为是从慧锷开始的。因慧锷开山的事迹
由来已久,一般史书都将五代时期来自日本的僧人慧锷作为普陀
山的开山祖师。但是鲜见关于慧锷宗派传承的资料。入宋后,随
着朝廷的支持,民俗佛教的发展,加之普陀山独特的地理环境和
优越的海上交通位置,赴普陀山修行的僧人日渐增多,普陀山的
佛教得到进一步的发展。与此同时,也出现了一些重要高僧,对
普陀山佛教发展做出了重要贡献。普陀山首部山志《补陀洛迦山
传》中,虽未将高僧单列一品,但是在《兴建沿革品》中,却记载了
自慧锷以后的诸多高僧:

> 谨考此寺,自日本锷兆基,真歇了禅师道风振起,改讲
> 为禅,继以然、自得晖、弁至澜,而恢大基业。恩球以次相续
> 者,曰:雪屋立、坦堂圆、蕙庵成、还庵深、鉴庵宝、小庵高、闲
> 云韶、大川济、铁脚清、古岩巅、深谷唤、无咎吉、寒岩悟、梦
> 窗清、石屋环、寒岩举、松州基、东岩日、混溪清、白云恭、愚
> 溪智、东州永、一山宁、次翁元、险崖遇、太虚冲、孚中信、古鼎
> 铭、大方聘、朴翁淳、元虚照、竺芳联、所庵睿。①

以上资料中,东州永、一山宁是宋末元初僧人,自此之后所记

①[元]盛熙明:《补陀洛迦山传》卷一《兴建沿革品》,武锋点校:《普陀山历代
　山志》,杭州:浙江古籍出版社,2014年,上册,第12页。

均为元代僧人。据此,宋代自真歇清了禅师,至白云恭法师,共有二十六位高僧。不过多数僧人事迹不详。《普陀洛迦新志》说:"旧志自得后,有继以、弁至、大继、恩求、雪屋、垣堂、蓬庵、还庵、鉴庵、小庵十人,均不详其事实。"其实不止如此,其后的宋代其他僧人多数事实不详。事迹比较翔实的有真歇、宏智、大休、自得、闲云、大川、梦窗等,真歇、宏智、大川等人,他们大多传承禅宗,具有曹洞或临济宗风。

一、"易律为禅"与禅风阐扬

如上所说,宋代普陀山佛教宗派是以禅宗为主的。这主要是因为宋朝时真歇禅师"易律为禅"。据载,他将普陀山佛学由律学改为禅宗,奠定了普陀山禅宗发展的基础。这便是普陀山佛教史上著名的"易律为禅"事件。《补陀洛迦山传》卷一载:"绍兴元年辛亥,真歇禅师清了自长芦南游,浮海至此,结庵山椒,扁曰'海岸孤绝',禅林英秀多依之,郡请于朝,易律为禅。"[1] 是说,绍兴元年(1131),真歇自长芦南游,浮海至普陀,在宝陀寺后山结庵,题额"海岸孤绝"。郡守向朝廷奏请,命真歇住持宝陀寺(今普济禅寺),把律寺改为禅寺,成为普陀山禅宗开山。"普陀禅宗自歇始,为开宗第一代。由是飞锡此山者,皆具曹溪正法眼藏。"[2] 一时间禅林英秀,皆来依附。明代周应宾的《重修普陀山志》记载与此基本相同。"绍兴元年,真歇了禅师泛海结庵于山椒,题曰'海岸孤绝

---

[1]［元］盛熙明:《补陀洛迦山传》卷一《兴建沿革品》,武锋点校:《普陀山历代山志》,杭州:浙江古籍出版社,2014年,上册,第11页。

[2] 王亨彦:《普陀洛迦新志》卷六《禅德门》,杜洁祥主编:《中国佛寺史志汇刊》第1辑,台北:明文书局,1980年,第10册,第341页。

处'。郡请于朝,易律为禅。"① 王亨彦的《普陀洛迦新志》载:"绍兴元年辛亥,自长芦南游,浮海至普陀,结庵山椒,扁曰'海岸孤绝处'。禅林英秀多依之,郡请于朝,易律为禅。时海山七百余家俱业渔,一闻教音,俱弃舟去,日活千万亿命。"② 对此,李桂红指出,宋朝时,由于朝廷的扶持和多次敕赐,普陀山佛教道场发展很快。普陀山佛教禅宗始祖真歇清了,经朝廷允许,改普陀山佛教律宗为禅宗。山上七百多家渔民,受教化皆改其渔业,迁居邻岛,普陀山遂成"清净佛国"。③

真歇清了(1091—1151),号真歇,名清了,俗姓雍,左绵安昌(今属四川)人。被尊为普陀山禅宗始祖、曹洞宗十世法裔,同时也是日本曹洞宗创始人道元禅师的太师祖。其资料见载于《佛祖历代通载》《续传灯录》《补续高僧传》《五灯会元》《普陀列祖录》以及历代《普陀山志》等文献中。据载,他儿时入寺,见佛像而欢喜。十一岁,依圣果寺清俊出家,十八岁试《法华经》得度,并受具足戒。此后在成都大慈寺,学习《圆觉经》《金刚经》《大乘起信论》等。此后,他登峨眉山,礼普贤菩萨。又师从邓州(今河南南阳)丹霞子淳习禅,开悟得证,并嗣其法。

真歇禅师的开悟过程,体现出明显的曹洞宗风。《真歇清了禅师语录》载,一日,清了入室,子淳问他:"如何是空劫以前自己?"参悟空劫前的本来面目是曹洞宗启悟学人的方法。清了刚要回

---

① [明]周应宾:《重修普陀山志》卷二《建置》,杜洁祥主编:《中国佛寺史志汇刊》第1辑,台北:明文书局,1980年,第9册,第37页。
② 王亨彦:《普陀洛迦新志》卷六《禅德门》,杜洁祥主编:《中国佛寺史志汇刊》第1辑,台北:明文书局,1980年,第10册,第341页。
③ 李桂红:《四大名山佛教文化及其现代意义》,四川大学博士学位论文,2003年,第4—5页。

答,子淳忙呵斥:"你闹在,且去。"一日,清了登钵盂峰,思及子淳的问题,豁然开悟。径自来见子淳,侍立一旁。子淳劈耳便掌云:"将谓你知有?"清了只是礼拜。次日子淳说法:"日照孤峰翠,月临溪水寒。祖师玄妙诀,莫向寸心安。"正待子淳说罢要离开,清了对他道:"今日升座更瞒某不得也。"子淳便令他以"今日"升座之事道来,清了只是不语,于是清了得到了丹霞子淳的认可。这正是曹洞宗风的深度体现。

开悟后,他辞别子淳,北上五台山礼文殊菩萨,后入东京城参访禅讲名席。后任长芦祖照侍者。宣和三年(1121)祖照病后,真歇任第一座。从宣和四年(1122)开始,他历住真州(今江苏仪征)长芦山、四明补陀、福州雪峰、杭州径山等多处寺院。其中的四明补陀,就是普陀山。建炎二年(1128)八月,他登普陀山礼拜观音菩萨,"海山七百余家,一闻教音俱弃渔业"。① 是说他在此劝化当地渔民,结果有七百多户放弃捕鱼改其他行业。建炎四年(1130)入主雪峰寺,大振曹洞宗风。绍兴十五年(1145)住能仁兴圣万寿禅寺,二十一年(1151)住崇先显孝禅院,并于此向慈宁太后开示,太后赐以金襕袈裟。同年十月圆寂,寂前说偈云:"归根风堕叶,照尽月潭空。"真歇世寿六十二,法腊四十五,敕谥悟空禅师。宏智禅师为他撰《崇先真歇了禅师塔铭》。其衣钵塔位于普陀山无畏石上。《补陀洛迦山传》记载有"真歇庵"以及他圆寂后立塔的情况:"真歇庵,在寺后山深处,真歇了禅师修道庵中,后圆寂立塔。"② 真歇清了的主要弘法道场有长芦寺、普陀山、雪峰

---

① [宋]德初、义初等编:《真歇清了禅师语录》卷一,《卍新续藏》第71册,第778页上。

② [元]盛熙明:《补陀洛迦山传》卷一《洞宇封域品》,武锋点校:《普陀山历代山志》,杭州:浙江古籍出版社,2014年,上册,第7页。

山、广利寺、龙翔寺、径山和崇先寺等七处，先后度弟子四百多人，嗣法者有三十余人，其中有慧悟、宗珏、传卿、得明、义初、兴誉、法通、寿崇、祖卿、道晖、了谅、德初、道新等。因此魏道儒说，"南宋中期的南方曹洞宗僧人，大都出自清了一系"。①可见，他有振兴曹洞宗之功。

真歇清了宗说皆通，戒德峻洁，著有《华藏无尽灯记》《净土宗要》《信心铭拈古》《一掌录》《戒杀文》等，其门人集有《真歇清了禅师语录》（又名《真州长芦了和尚劫外录》）。虽是曹洞宗祖师，但他主张禅教并重，认为："捷径法门，唯有念佛，功高易进，念佛为先。若不念佛，而求出离者，终无所获。普劝清信，一心念佛，求愿往生，决不误矣。"②其《净土宗要》也倡导净土法门："弥陀净土即千珠之一。十万佛国，一佛国土，各千珠之一。圣人善巧方便，示人专念阿弥陀佛，乃千珠直指一珠，见一佛即见十方佛，亦见九界众生微尘刹海。十际古今顿圆，了无余法矣。"③认为见一佛即可见十方佛。他也强调禅、净、教各宗合一，如他在《华严无尽灯记》中以华严学来论禅学。文中他以镜灯之喻讲华严教理："譬东南西北上下四维中点一灯，外安十镜，以十镜喻十法界，将一灯况一真心。一真心则理不可分，十法界则事有万状。然则理外无事，镜外无灯，虽镜镜中有无尽灯，灯也；事事中有无尽理，惟一理也。以一理能成差别事故，则事事无碍；由一灯全照差别镜故，则镜镜交参。一镜不动，而能变、能容、能摄、能入；一事不坏，

---

① 魏道儒：《中华佛教史·宋元明清佛教史卷》，太原：山西教育出版社，2013年，第105页。
② 慧中集：《禅祖念佛集》卷一，《大藏经补编》第32册，第545页上。
③〔宋〕德初、义初等编：《真歇清了禅师语录》卷一，《卍新续藏》第71册，第779页中。

而即彼、即此、即一、即多。主伴融通，事事无尽。"[1]此论颇似法藏的《华严金师子章》。其宣讲的华严教义其实体现了禅宗要旨，这从文中偈语"镜灯灯镜本无差，大地山河眼里花。黄叶飘飘满庭际，一声砧杵落谁家"可以看出。大慧宗杲很推崇他，他说："尔看他真歇说禅，都不计较，据学人问处，信口便说，更无滞碍。"[2]毛忠贤曾论述了真歇禅宗思想中的华严和净土思想，认为他将华严法界圆融与曹洞禅"兼带"论联系起来，更为重视对自我心性的体认。并认为清了兼习净土而成"念佛禅"，其目的在于助定，而并非对净土神佛的信仰。[3]王亨彦在《普陀洛迦新志》中指出："普陀以真歇为开宗第一代，其为禅宗乎？然真歇尝谓：'净土一法，直接上上根器，旁引中下之流。'又谓：'乃佛乃祖，在教在禅，皆修净土，同归一源。'知其禅净双修，即渐即顿。与高语明心见性、超凡入圣、不务事修以期实证者，实天渊悬殊也。"[4]这段论述，直指真歇清了的思想心髓。

二、宋代普陀山曹洞高僧与宗风

　　真歇清了既是普陀山禅宗始祖，又是普陀山首位曹洞宗高僧，他"易律为禅"后，普陀山大畅曹洞宗风，宏智正觉、大休宗珏、自得慧晖、梦窗嗣清等是其中的代表性高僧。

　　北宋末年到南宋初，浙江一带影响比较大的僧人是宏智正觉

①［宋］德初、义初等编：《真歇清了禅师语录》卷一，《卍新续藏》第71册，第779页上。

②［宋］蕴闻编：《大慧普觉禅师语录》卷一三，《大正藏》第47册，第863页。

③毛忠贤：《中国曹洞宗通史》，南昌：江西人民出版社，2006年，第342—348页。

④王亨彦：《普陀洛迦新志》卷六《禅德门》，杜洁祥主编：《中国佛寺史志汇刊》第1辑，台北：明文书局，1980年，第10册，第341—342页。

（1091—1157）。真歇清了驻锡普陀山期间，建炎三年（1129），与他同龄的正觉渡海至宝陀山，并写有《航海之宝陀访真歇师兄》：

　　　　至人亲见古观音，化迹今居海上岑。烟机外分青嶂骨，水天中见白云心。

　　　　潮痕拥岸棱棱雪，月魄浮波烂烂金。根境一如能所断，圆通游践法门深。

　　　　得得来寻真歇兄，孤舟扬楫顺潮行。重联断雁云中字，远赴闲鸥沙上盟。

　　　　新味清油燖紫菜，古方淳蜜渍黄菁。海山只个供盘箸，一段家风不世情。①

　　宏智禅师与真歇清了同为丹霞子淳的弟子，故诗文中称"真歇师兄"。诗中宏智禅师指出位居海中的梅岑山是观音化迹，表达了自己上山访真歇师兄的情怀，诗中处处皆是禅机妙语。此外，他还作有《次韵真歇和尚圆觉经颂一十四首》②，包括《大光明藏》《文殊师利菩萨章》《普贤菩萨章》《普眼菩萨章》《金刚藏菩萨章》《弥勒菩萨章》《清净慧菩萨章》《威德自在菩萨章》《辩音菩萨章》《净诸业障菩萨章》《普觉菩萨章》《圆觉菩萨章》《贤善首菩萨章》《总颂》。

　　宏智，名正觉，今山西隰县人，俗姓李，北宋曹洞宗高僧。其资料见载于《佛祖统纪》《佛祖历代通载》《大明高僧传》《景德传灯录》《续传灯录》《五灯会元》《正觉宏智禅师塔铭》《敕谥宏智禅师行业记》等文献。据载，他"年七岁，日诵书数千言，十三，通五经七史"。十四岁受具足戒，十八岁至汝州香山寺参访，礼香山枯

---

① ［宋］集成等编：《宏智禅师广录》卷八，《大正藏》第48册，第94页上。
② ［宋］集成等编：《宏智禅师广录》卷八，《大正藏》第48册，第84页上。

木法成（芙蓉道楷之嗣），发愿"若不发明大事，誓不归矣"。二十三岁事邓州（今河南邓县）丹霞子淳（1054—1119），由此悟道，后随师住唐州（今河南唐河）大乘寺。宣和二年（1120）于大乘寺向大洪慧照禅师请法。宣和四年至真州长芦寺。宣和六年，住泗州（今属安徽）普照寺。建炎初至江州（今江西九江）圆通能仁寺，后又住真州长芦寺。建炎三年（1129）"乃渡浙之钱塘至明州礼补陀大士"，后又驻锡杭州天竺寺。同年，他住持明州天童寺（位于今浙江宁波），前后近三十年。时金兵常扰，"遥望岭上若有神卫"，于是自动退兵。绍兴二十七（1157）年，书偈曰"梦幻空花，六十七年。白鸟烟没，秋水天连"，遂掷笔而逝，诏谥"宏智禅师"，塔曰"妙光"。

其弟子编有《宏智正觉禅师语录》九卷，侍者宗法、宗荣、法澄、宗信、嗣宗、集成等编，该书别称《宏智禅师广录》《宏智正觉师广录》《天童觉和尚语录》《普照觉和尚语录》《宏智广录》《宏智录》等。宏智禅师主要提倡默照禅，将静坐默照作为证悟的方法，"默"指静坐守默，"照"指般若智慧之观照。他还著《默照铭》，认为"默默忘言，昭昭现前"，只有将"默"与"照"统一起来，才能"透顶透底"，其禅法以曹洞禅法为主，融合祖师禅、北宗禅、分灯禅，并会通儒道文化。其精要以明心为归旨，以默照为机用，以坐禅为工夫，独具一格，自成一体，既有理论的完备性，又有实践的简易性。默照禅在南宋初期颇具吸引力，特别吸引当时的官僚士大夫。

大休宗珏（1091—1162）是真歇清了的法嗣，也是曹洞宗的代表僧人，与真歇清了、宏智正觉同龄。大休，名宗珏，俗姓孙，和州乌江（今安徽和县）人。他十六岁出家，参谒长芦祖照道和，十八岁受具足戒。祖照退隐之后，复参谒真歇禅师，得其心印。南宋建炎年间（1127—1130）大休居普陀山参禅修行，"避地浙东，居补陀岩"，为普陀山佛教发展做出重要贡献。绍兴二年（1132），开堂于岳林寺。二十五年（1155）驻锡雪窦山。二十九年（1159），移住天童山，大力弘法，学众恒逾三千，故亦称天童宗珏。三十二年（1162）圆寂，世寿七十二。其门人足庵智鉴为同侪之翘楚，住持雪窦寺，因而又被称为雪窦智鉴。

　　自得慧晖（1097—1183），宏智正觉法嗣，曹洞宗第十一世法裔，号自得，名慧晖，俗姓张，会稽上虞（今浙江上虞东南）人。其资料见载于《嘉泰普灯录》《五灯会元》《续传灯录》《普陀列祖录》等。据载，他幼依澄照道凝，十二岁出家，二十岁于长芦参谒真歇，微有所证。后参谒宏智，"智举'当明中有暗，不以暗相遇，当暗中有明，不以明相睹'问之。语不契。初夜定，回往圣僧前烧香，而宏智适至。师见之，顿明前话。次日入室，智举'堪嗟去日颜如玉，却叹回时鬓似霜'诘之。师曰：其入离，其出微。自尔问答无滞。智许为室中真子"。①宋高宗绍兴七年（1137），"待制仇公惀请开法补陀"，于普陀山说法演教。《补续高僧传》载曰：慧晖"绍兴丁巳（1137），开法普陀，徙万寿，及吉祥雪窦。淳熙三年（1176），补净慈。七年，退归雪窦而化。丕相魏公尝曰：'自得，如深云中片石。石窗，则空门御史也。'诸方以为名言"。②《普陀列祖录》曰："开法补陀，驰其提唱，语于宏智，宏智大悦。其语曰：'朔风凛凛扫寒林，叶落归根露赤心。万派朝宗船到岸，六窗虚映芥投针。本成现，莫他寻，性地闲闲耀古今。户外冻消春色动，四山浑作木龙吟。'又曰："巢知风，穴知雨，甜者甜兮苦者苦。

---

① [宋]正受编：《嘉泰普灯录》卷一三，《卍新续藏》第79册，第370页中。
② [明]明河：《补续高僧传》卷9，《卍新续藏》第77册，第433页中—下。

不须计较作思量，五五从来二十五。万般施设到平常，此是丛林饱参句。诸人还委悉么？野老不知尧舜力，冬冬打鼓祭江神。谷之神，枢之要。里许旁参，回途得妙。云虽动而常闲，月虽晦而弥照。宾主交参，正偏兼到。十洲春尽花凋残，珊瑚树林日杲杲。'于是补陀风范，与天童并峙。"①后驻锡杭州万寿、吉祥、雪窦等名刹。淳熙三年（1176）奉诏敕补临安府净慈寺。七年（1180），退归雪窦寺。十年（1183）示寂，世寿八十七，僧腊七十五。宋了广编有《自得慧晖禅师语录》六卷，又称《灵竺净慈自得禅师录》，主要辑录上堂语、小参、示众、机缘问答等，卷末附洪恭所撰塔铭。此外，《全宋诗》还辑有他的诗歌一首，名为《颂古》："百尺竿头氄布巾，上头题作酒家春。相逢不饮空归去，洞里桃花笑杀人。"②

梦窗嗣清，讳嗣清，号梦窗，俗姓于，山阴（今浙江绍兴）人，南宋末年宝陀寺住持，弘扬曹洞宗的"默照禅"，畅曹洞宗风。其资料见载于《增集续传灯录》《续灯存稿》《五灯全书》《普陀列祖录》等。关于他的事迹不多，资料中多记载其上堂法语，如："上堂，德山入门便棒，临济入门便喝，逼龟成兆，终不能灵。宝陀这里，寂然不动，感而遂通。马无千里谩追风。"又如："佛涅槃，上堂。佛真法身犹若虚空，因甚二月十五日却向双林树下做尽死模活样。竹影扫阶尘不动，月穿潭底水无痕。"再如："上堂，举曹山辞洞山，洞山云：子向甚么处去？曹山云：不变异处去。洞山云：不变异处岂有去耶？曹山云：去亦不变异。师云：云藏无缝袄，乌宿不萌枝。"③这也体现出明显的曹洞宗风。

---

①［清］通旭集：《普陀列祖录》卷1，《卍新续藏》第86册，第653页上。

②北京大学古文献研究所编：《全宋诗》，北京：北京大学出版社，1998年，第3册，第20897页。

③［明］文琇集：《增集续传灯录》卷二，《卍新续藏》第83册，第283页上。

三、宋代普陀山临济高僧与宗风

宋代普陀山也有临济宗的传承，并体现出明显的临济宗风，闲云德韶、大川普济是其中的代表性高僧。

闲云德韶，讳德韶，号闲云，临济宗大慧宗杲门下佛照德光法嗣。南宋宁宗嘉定年间（1208—1224）曾住持宝陀寺，据《补陀洛迦山传》记载：

> 嘉定三年庚午（1210）八月，大风雨，圆通殿摧，住山德韶言于朝，赐钱万缗，七年殿成。潮音洞无措足地，凿石架桥，凡六年。御书"圆通宝殿""大士桥"以赐，建龙章阁以藏之，植杉十万。是时，有田五百六十七亩，山千六百七亩。是年，丞相史弥远承父志，舍财庄严殿宇廊庑，备具香灯供养。上闻，赐宸翰，并金襕衣、银钵、玛瑙数珠、松鹿锦幡。陈帅机施钱一百六万，置长明灯。①

这是说嘉定三年（1210）八月大风，宝陀寺圆通殿毁，德韶奏报朝廷，朝廷赐钱万缗，建成新殿。潮音洞一带礁石嶙峋，无措足地，他发愿修桥。建成后，宁宗御书"圆通宝殿""大士桥"，德韶建龙章阁藏之。他还植杉树10万株。时宝陀寺有田567亩，山1600亩。嘉定七年（1214），丞相史弥远承父之志，购置香灯以庄严殿宇。宁宗听闻以后，再赐宸翰及金襕法衣、银钵、玛瑙数珠、锦幡等。同时，陈帅机又捐置长明灯钱106万。

大川普济（1179—1253），俗姓张，四明奉化（今属浙江）人。禅宗南岳下第十八世、临济宗杨岐派五世法裔。十九岁依香林院

---

① [元]盛熙明：《补陀洛迦山传》卷一《兴建沿革品》，武锋点校：《普陀山历代山志》，杭州：浙江古籍出版社，2014年，上册，第11页。

文宪师受具戒，初由律入教，后舍教入禅。初游湖心、赤诚诸禅院，淳熙十六年（1189）至天童参谒净全禅师，遍历无用全、佛照光、浙翁琰、松源岳、肯堂充诸老之门。历住今浙江南部诸寺，主要的有"补陀，岳林，秀之报恩，鄞之大慈，越之天章，京之净慈、灵隐"等。其中于嘉定年间（约1215）浮海至普陀山，并住持宝陀寺。在宝陀寺，他有很多语录，弟子辑为《庆元府宝陀观音禅寺语录》。宝祐元年（1253）圆寂于灵隐寺，世寿七十五，戒腊五十六。事迹载于释大观《灵隐大川禅师行状》。

大川弟子元恺辑有《灵隐大川济禅师语录》二卷。该书又名《灵隐大川济禅师语录》《大川济和尚八会语录》，主要辑录其住妙胜禅院、观音寺、大中寺、光孝寺、报国寺、十方寺、光孝寺、灵隐寺等道场的上堂语、小参、举古、颂古、赞跋、偈颂、小佛事等。书后附有《灵隐大川禅师行状》。大川普济最为重要的贡献之一是纂有《五灯会元》二十卷。该书将释道原的《景德传灯录》、李遵勖的《天圣广灯录》、释维白的《建中靖国续灯录》、释道明的《联灯会要》、释正受的《嘉泰普灯录》，删繁就简，撮其要旨，会为一书，故曰《五灯会元》，是著名的禅宗语录公案集。"五灯"于北宋景德元年（1004）至南宋嘉泰二年（1202）的近二百年间分别成书，共一百五十卷，内容颇多重复。《五灯会元》以七佛为首，次四祖、五祖、六祖、南岳、青原，再下至青原行思下十六世、南岳怀让下十七世诸家禅师的"机缘"和语录。按宗派编排，条理清晰，便于观览。宝祐元年（1253），由湖州武康居士沈净明刻印行世。1368年经日本建仁寺灵洞院刻经处翻印，在日本也广为流传。清乾隆时编入《四库全书》。

大川主要弘扬"看话禅"，畅临济宗风。他师从德光另一法嗣浙翁如琰，浙翁奉旨住持天童寺时，命大川为知藏。"看话禅"起源于晚唐，主张通过直观参究公案中的语句而获得证悟。北宋时期，大慧宗杲建构了"看话禅"的理论体系，主张以参究话头来代替对经典和公案的研究，以获得证悟。大川普济的师父净全禅师是大慧宗杲法嗣，自然继承了"看话禅"的风格。初参净全时，他对普济说："有句无句，如藤倚树。"济答："斩钉截铁！"全曰："沩山呵呵大笑瀷！"济曰："寸钉寸木！"全深契之。他的开示直指实相，如在普陀山的开示："若从文殊门入者，墙壁瓦砾，为汝发机；若从观音门入者，虾蟆蚯蚓，为汝发机；若从普贤门入者，不动步而到宝陀。者里第一，不得从观音门入。何故？玉本无瑕，雕文丧德。"① 此外，他性格冷峻，意志坚定，这从《行状》中可以看出来："孤硬趣操，严冷面目。其当机妙转，珠不容触；临事定见，山犹可拔。一以身徇道，而世相逆顺，举不足以回挠。其为己为人，皆推此而行之。学者苦其峻厉，难于近旁，久则眷恋而不忍去。"②

　　宋代普陀山仅宝陀寺有香火传承。如上之高僧，多为宝陀寺住持，如真歇清了、自得慧晖、闲云德韶、大川普济、梦窗嗣清等。北宋时，真歇易律为禅，将其改为禅寺，首弘曹洞禅法，其后，宏智、大休、自得等接续弘扬曹洞宗风。除曹洞宗外，临济宗也传至普陀，杨岐径山派法嗣闲云又把大慧的临济宗风传至普陀山，成为普陀山临济宗初祖。其后，闲云法侄大川普济于嘉定中期驻锡宝陀寺，力弘"看话禅"。南宋末期，天童法裔梦窗嗣清住持普陀，遂倡曹洞"默照禅"，大慧宗风于焉渐衰。总之，宋代普陀山高僧多出自宝陀寺，且多为禅宗法脉，其以曹洞宗为主，也弘扬临济禅法。

---

① ［宋］元恺编：《大川普济禅师语录》卷一，《卍新续藏》第69册，第756页下。
② ［宋］元恺编：《大川普济禅师语录》卷一，《卍新续藏》第69册，第772页中。

第四节　宋代普陀山神圣空间的
初步建构与朝山信仰

　　因为地理的因素、交通的便利和朝廷的支持，宋代渡海入山的僧人、商人、游客越来越多。尽管当时普陀山著名的寺院仅有一座宝陀寺，但随着观音道场地位的确立和众多观音感应事迹的渲染，舟山群岛中的这座岛屿，亦即整座普陀山渐渐变得神圣起来。山上的自然景观被打上了神圣的烙印，人文景观也彰显出一定的神圣性，整座普陀山成为一处名副其实的"神圣空间"。与此同时，朝山信仰开始萌芽，并逐渐兴起。

一、"神圣空间"理论

　　"神圣空间"是源于西方宗教学背景下的术语，与"世俗空间"相对应，指的是在宗教经验或宗教研究中具有超越性精神属性的空间与物体，其既是人实现宗教信仰的交流之地，也是人神沟通的重要载体。作为"人与神的相遇之地"，因"神灵的在场"而被称为神圣空间。

　　著名宗教学家伊利亚德（Mircea Eliade，1907—1986）曾提出两个重要概念：显圣物（Hierophany）和宗教的人（Homoreligiosus）。"显圣物"是一种能显示出神圣的东西，而"宗教的人"是作为个体的人的一种潜在的宗教情结，是一种具有宗教情结的人格存在。关于"显圣物"，伊利亚德在《神圣与世俗》中指出："通过对诸神的模仿，人们使自己依然存在于神圣之中，因此也就生活在实在之中；通过不断再现神圣的模式，也将世界神圣化了。人们的宗教行为有助于维持这个世界的神圣性。"①该书的翻译者王建光指出,伊利亚德思想的核心是"神圣与现实的同一性"或"一致性",宇宙中的万事万物都可以成为一种显圣物。②伊利亚德还指出:"当神圣以任何显圣物表征自己的神圣的时候,这不仅是空间的均质性的一种中断,更是一种绝对实在的展示,也展示了它与其所属的这个广垠苍穹非实在性的对立。正是神圣的这种自我表征,才从本体论的层面上建构了这个世界。"③但"神的显现和显圣物并不是太经常的需要,有一些迹象就足以说明这个地方的神圣性"。④对于"宗教的人",他认为:"宗教徒对生活在神圣中的渴望就等于是他们对在客观实在中安置其住所的渴望,就是对自己不被那持久的纯粹主观体现的相对性所困惑的渴望;就是对能居住于一个真实、实在的世界,而不是居住于一种幻觉之中的渴望。这种行为在宗教徒的每一个层面上都得到证明。"⑤关于神圣空间与世俗空间的关系,有人指出,"神圣空间"相对于"世俗空间"而言,并非自然存在,而是"人通过其文化、经验和欲求,在界

---

① [罗马尼亚]伊利亚德著,王建光译:《神圣与世俗》,北京:华夏出版社,2002年,第52页。

② 王建光:《神圣离世俗有多远——伊利亚德〈神圣与世俗〉译后感言》,《博览群书》2003年第3期。

③ [罗马尼亚]伊利亚德著,王建光译:《神圣与世俗》,北京:华夏出版社,2002年,第2页。

④ [罗马尼亚]伊利亚德著,王建光译:《神圣与世俗》,北京:华夏出版社,2002年,第5页。

⑤ [罗马尼亚]伊利亚德著,王建光译:《神圣与世俗》,北京:华夏出版社,2002年,第6页。

定、限制和描画它时赋予其神圣性的"。① 伊利亚德指出,神圣性是特定场域内所赋有的仪式空间感的一种带有宗教仪式感的属性,而构成神圣性的即存在于人类日常的生产与生活之中,这说明神圣空间与世俗空间之间并非是固化的、绝对对立的关系,而是一种动态的、辩证的关系。在此基础上,伊利亚德正面阐述了神圣空间的性质:是一种通过人工营造界定的一个相对完整而封闭的"物理空间",同时又不局限于此,而赋予该空间内的一器一物、一草一木以"神圣性"的结构化表述。②

　　伊利亚德的《神圣与世俗》一书影响很大,如《神圣在实在中显现:"宗教人"生存的基本样式》③、《历史主义的神圣解构——兼论伊利亚德的历史观》④、《伊利亚德的宗教理念及其现代意义》⑤ 等,都是在此基础上的重要成果。王子涵曾对"神圣空间"的理论建构与文化表征进行了探讨,指出"神圣空间"的理论建构始于"神圣/世俗"这一对概念的辩证关系,伊利亚德在理论上阐述了空间如何在宗教学视域下成为意义生成、感知生成、社会关系生成的非中立性载体。作者还指出,"神圣空间"更为全面的理论框架逐渐形成,并具体由建构、功能与编码三个部分组成,由此揭示了"神圣空间"的固定性与延展性并存、与外部因素"共谋"以及与文化世界充分互动

① R.H.Jackson,R.Henrie,"Perception of Sacred Space,"*Journal of Cultural Geography* vol.3,1983,PP.94—107.

② 王子涵:《"神圣空间"的理论建构与文化表征》,《文化遗产》2018年第6期。

③ 王永海:《神圣在实在中显现:"宗教人"生存的基本样式》,中央民族大学硕士学位论文,2004年。

④ 黄增喜:《历史主义的神圣解构——兼论伊利亚德的历史观》,《云南大学学报》(社会科学版)2015年第5期。

⑤ 黄增喜:《伊利亚德的宗教理念及其现代意义》,《北方民族大学学报》(哲学社会科学版)2016年第1期。

的倾向。其中关于神圣空间的功能的探讨,也是本文的重点:神圣空间是人类宗教信仰实现的交流之地,是人类与神灵相遇的重要载体。神圣空间是神圣力量的展现之地,是神灵赋予人类力量以完善现世生活的一种方式。神圣之地作为世界结构的隐喻,通过发挥联想连动机制将具象的空间排列映射为人类的生活秩序。①总之,神圣空间中不仅有自然界的遗留印记,也是神圣叙述的载体,其中的神圣标识总会唤醒沉睡的记忆,提醒曾经的故事并启发对当下的思考,因此,神圣空间也是一处记载神圣叙事的圣地。

金泽指出:"不同的宗教对'神圣'有着不同的界说,但共同的任务就是阐示神圣是如何显现,人是如何认识和接近神圣的。宗教的作用就是促进人们与'神圣'相遇,将个人带出世俗状态,推动他进入一个不同质的世界,即完全不同、超越和神圣的世界。"②具体到普陀山而言,欲使道场神圣,有两点值得注意,第一,使这座道场及其重要地点"神圣化",从而使其变为"圣迹"。第二,必须让这座道场的"主人"——观音菩萨常常"显现",因为观音菩萨是佛教中非常重要的神祇,具备天然的神圣性。前者促进了普陀山神圣空间的建构,后者作为信仰核心推动了朝山信仰的形成和演变。有了神圣的观音菩萨,又有了"圣迹",这座道场自然"神圣"无比,成为重要的神圣空间。

二、宋代普陀山神圣空间的初步建构

作为四大佛教名山之一、观音菩萨的道场,今天的普陀山已然是中国佛教比较重要的神圣空间之一。需要指出的是,不仅仅

---

① 王子涵:《"神圣空间"的理论建构与文化表征》,《文化遗产》2018年第6期。
② 金泽:《如何理解宗教的"神圣性"》,《世界宗教文化》2015年第6期。

是某一灵石、山洞等自然景观的神圣,也不仅仅是某一寺院、佛塔等人文景观的神圣,而是全山,亦即,普陀山整座山成为非常重要的神圣空间。在宋代,这一神圣空间有一初步建构的过程。宋代普陀山虽然只有唯一的一座寺院——宝陀寺载入史册,但其他一些与佛教文化相关的人文景观也开始神圣化,与此同时,普陀山的一些自然景观已经开始被神圣化。

需要指出的是,普陀山的"神圣化",最迟是从晚唐开始的。梵僧焚指睹相的传说、慧锷开山的事迹都在加强普陀山的神圣性。宋代又接续了这一进程。普陀山很多的自然景观开始神圣化,一些人文景观从建立之初就是神圣景观,因而,出现了很多的圣迹。宋赵彦卫在《云麓漫钞》中详细记载了各处圣迹:

> 补陀落迦山,自明州定海县招宝山泛海东南行……循山而东曰善财洞,又东曰菩萨泉,又东曰潮音洞,即观音示现之处。又东曰仙人迹,又东曰甘露潭……过一山,中有平地,四山包之,即补陀寺。寺后正北曰狮子岩,左曰真歇庵,右曰佛迹石,狮子岩上曰妙应峰,乃最高处;东曰盘陀,又东曰白衣峰,又东曰圜通岭,又东曰古寺基,又东曰里党、外党,又东曰桑木湾,下曰木杙,东即大海,白衣峰下曰无畏石,又下曰象岩。自妙应峰西曰石观音,下即佛迹,又西曰善财峰,又西曰西方岩,又西曰弥陀峰,西即大海。自西登舟,有路曰高丽道头,循东经普门岭,上有塔子峰,旁曰梅岑,自此又东复南入寺;由普门岭自南有路,循玩月岩北至善财洞及观音岩寺前路,循东到古寺基,过圜通岭,即山之北,亦大海。①

---

① [宋]赵彦卫撰,傅根清点校:《云麓漫钞》卷二,北京:中华书局,1996年,第29—30页。

自然景观中,最先被神圣化的是潮音洞,上文记载:"潮音洞,即观音示现之处。"盛熙明在志书中也指明其为"菩萨示现之所","去寺三里,至洞皆黄沙,石洞巉岩瞰海,回顾无畔岸,人迹不及"。① 宋代张邦基在《墨庄漫录》中对此洞有详细的描述:

> 山有洞,其深叵测,莫得而入。洞中水声如考数百面鼓,语不相闻。其上复有洞穴,日光所射,可见数十步外,菩萨每现像于其中。粹昭既致州郡之命,因密祷愿有所睹。须臾见栏楯数尺,皆碧玉也,有刻镂之文为毯路,如世间官殿所造者。已而,复现纹如珊瑚者亦数尺,去人不远,极昭然也。久之,于深远处见菩萨像,但见下身,如腰而上即晦矣。白衣璎珞,了了可数,但不见其首。寺僧云:顷有见其面者,乃作红赤色。今于山上作塑像,正作此色,乃当时所见者。东望三韩、外国诸山,在杳冥间,海舶至此,必有所祷。寺有钟磬铜物,皆鸡林商贾所施者,多刻彼国之年号。亦有外国人留题,颇有文彩者。僧云:祷于洞者,所现之相有不同,有见净瓶者,有见璎珞者、善财者、桥梁者,亦有无所睹者。洞前大石,下有白玉晶莹,谓之菩萨石。粹昭平生倔强,至是颇信向云。②

文中描述潮音洞经常显相,而且在洞中祈祷的人,看到的相各有不同,有见净瓶者、璎珞者、善财者、桥梁者,亦有无所睹者。

除潮音洞外,还有善财洞,也是一处圣迹。"岩石有罅,峭峻蹙逼,中宵叵测,其外则石崖壁立,泉溜如珠不涸,谓之'菩萨泉',

---

① [元]盛熙明:《补陀洛迦山传》卷一《洞宇封域品》,武锋点校:《普陀山历代山志》,杭州:浙江古籍出版社,2014年,上册,第6页。
② [宋]张邦基撰,孔凡礼点校:《墨庄漫录》卷五"普陀山观音洞"条,北京:中华书局,2002年,第152—153页。

瓶罌盛贮，以洗目疾。"① 另有磐陀石，石上平广，上面可以坐百余人，坐于石上，可观日出。宋陈起《江湖小集》录有《登磐陀石》诗："磐陀石上少从容，秋色偏宜晚望中。欲赋胜游无好句，独搔蓬鬓立西风。"② 此外还有"补陀岩"，人们认为"补陀岩"中有大圣，即观音菩萨。如《江南李后主梦观世音像赞》："补陀岩中大慈圣，沧浪石上观生死。南州麽圣师子王，感梦白衣施无畏。梦回洒笔具光相，照镜还与我面同。当时若会照镜句，放下江南作闲客。"③ 又如《知命弟观音赞》云："普陀岩大圣，应身三十二。慈悲视众生，八万四千眼。"④ 有时还以其指代观音，如《五灯会元》载南岳云峰文悦禅师上堂法语："普贤行，文殊智，补陀岩上清风起。瞎驴趁队过新罗，吉獠舌头三千里。"⑤ 另外还有无垢石、狮子岩、象岩、西方岩、佛迹石、正趣峰、灵鹫峰、观音峰、妙应峰、白衣峰、善财峰、弥陀峰、圆通岭、普门山、菩萨泉、甘露潭等。从其命名可以看出，不论是洞、石、泉，还是山峰、山岭，其中多数名字是以佛教，尤其是与观音信仰相关的名字来命名的。通过命名，这些自然景观就被神圣化了。

　　文化景观中，最为重要的是宝陀寺，即现今的普济寺，据传此处曾是梅福炼丹之地，曾名不肯去观音院，也是普陀山第一座寺

---

① [元]盛熙明：《补陀洛迦山传》卷一《洞宇封域品》，武锋点校：《普陀山历代山志》，杭州：浙江古籍出版社，2014年，上册，第6页。

② [宋]陈起：《江湖小集》卷七，文渊阁《四库全书》，台北：台湾商务印书馆，1986年，第1357册，第55页。

③ [宋]黄庭坚：《豫章黄先生文集》卷一四，上海：商务印书馆，1929年，第988册，第133页。

④ [宋]黄庭坚：《山谷别集》卷二，文渊阁《四库全书》，台北：台湾商务印书馆，1986年，第1113册，第553页。

⑤ [宋]普济集：《五灯会元》卷一二，《卍新续藏》第80册，第252页中。

院。其建筑、大殿、塑像等均是神圣空间的重要组成部分,其佛事活动中的仪式性自然也体现出一定的神圣性。张邦基在《墨庄漫录》中指出:

> 予在四明市舶局日,同官司户王操粹昭,郡檄往昌国县普陀山观音洞祷雨,归,为予言:普陀山去昌国两潮,山不甚高峻,山下居民百许家,以鱼盐为业,亦有耕稼。有一寺,僧五六十人。佛殿上有频伽鸟二枚,营巢梁栋间,大如鸭颊。毛羽绀翠,其声清越如击玉,每岁生子必引去,不知所之。[1]

其中提到的"一寺",就是宝陀寺,寺内有僧五六十人。除僧人外,大殿上还有频伽鸟筑巢,其鸣叫声清越,这都是非常重要的神圣元素。

需要指出的是,宋代宝陀寺也是"五山十刹"之一。"五山十刹"是"五山"与"十刹"之并称,又名"五岳十山",略称"列岳"。据《天界善世禅寺第四代觉原禅师遗衣塔铭序》云:"浮图之为禅学者,自隋唐以来,初无定止,唯借律院以居。至宋而楼观方盛,然犹不分等第,唯推在京巨刹为之首。南渡之后,始定江南为五山十刹,使其拾级而升。"[2] 又据《住持净慈禅寺孤峰德公塔铭》:"古者住持各据席说法,以利益有情,未尝有崇庳之位焉。逮乎宋季,史卫王奏立五山十刹,如世之所谓官署。其服劳于其间者,必出世小院,候其声华彰著,然后使之拾级而升。其得至于五名山,

---

① [宋]张邦基撰,孔凡礼点校:《墨庄漫录》卷五"普陀山观音洞"条,北京:中华书局,2002年,第152页。
② [明]宋濂:《宋学士文集》卷二五,《四部丛刊》初编本,上海:商务印书馆,1926年,第213页。

殆犹仕宦而至将相。"①两篇塔铭均被明代宋濂收录于其著作中。塔铭指出,中国古代并无禅寺,禅僧均借律院以居。后来吴越王钱镠(907—932在位)习禅,江南部分教寺于是改为禅寺,禅刹始盛。后宋宁宗嘉定年间(1208—1224),因史弥远之奏请,始设禅院五山十刹,定江南禅寺之等级,其中五山位居所有禅院之上,"十刹"次于"五山"。后来,天台教院也设立教院的五山十刹,与禅院互争长短。

在宋代寺院管理体制中,"五山十刹"属于官寺,等第最高,朝廷干预程度也最强,其不仅享有免税等特权,而且由官方派任住持。而其住持,"犹仕宦而至将相,为人情之至荣,无复有所增加,缁素之人往往歆艳之"②,足见其地位之高。

具体来说,五山十刹是指:(一)禅院五山,天童山景德寺、明州阿育王山、径山万寿禅寺、景德灵隐寺、净慈山报恩光孝寺;(二)禅院十刹,中天竺山天宁万寿永祚寺、道场山护圣万寿寺、蒋山太平兴国寺、报恩山光孝寺、雪窦山资圣寺、江心山龙翔寺、雪峰山崇圣寺、云黄山宝林寺、虎丘山灵岩寺、天台山国清教忠寺;(三)教院五山,钱塘上天竺寺、下天竺寺、温州能仁寺、宁波白莲寺(余一不详);(四)教院十刹,集庆寺、崇恩演福寺、普福寺、湖州慈感寺、宝陀观音寺、绍兴湖心寺、苏州大善寺、北寺、松江延庆寺、建康瓦棺寺。其中,普陀山中的宝陀观音寺为教院十刹之

---

①［明］宋濂:《宋学士文集》卷四〇,《四部丛刊》初编本,上海:商务印书馆,1926年,第316页。

②［明］宋濂:《宋学士文集》卷四〇《住持净慈禅寺孤峰德公塔铭》,《四部丛刊》初编本,上海:商务印书馆,1926年,第316页。

一。① 这也提升了宝陀观音寺的神圣地位。

另外,具有神圣性的文化景观还有三摩地、真歇庵等。

有了神圣的观音菩萨来普陀山显化,出现多处圣迹,这本身就是道场神圣化的一大过程。随着历史的沉淀,普陀山"神圣空间"初步建构起来。

三、宋代普陀山朝山信仰的初兴

普陀山被神圣化为"神圣空间"的同时,宋代朝山信仰也初步兴起。信仰者涉海登山,有的是航海祈福,有的是希望治病,有的是希睹瑞相。其心所愿,各有不一,但都是希望能够在圣地得到观音菩萨的加持,祈求获得健康、福德、慈悲、智慧等。

航海祈福的人,多是希望航海顺利,若碰到海难,也会"遥叩宝陀"。如宋徽宗崇宁年间(1102—1106),户部侍郎刘逵、给事中吴栻出使高丽回程时,"自群山岛经四昼夜,月黑云翳,海面冥蒙,不知向所",于是舟师大怖,遥叩宝陀,不久,"神光满海,四烛如昼,历见招宝山,遂得登岸"。② 这明显是受到了《观音菩萨普门品》的影响。《观音菩萨普门品》中记载,观音菩萨救苦救难,其中一难就是海难。"若有百千万亿众生,为求金、银、琉璃、砗磲、玛瑙、珊瑚、琥珀、真珠等宝,入于大海,假使黑风吹其船舫,飘堕罗刹鬼国,其中若有乃至一人,称观世音菩萨名者,是诸人等,皆

---

①黄敏枝:《宋代佛教社会经济史论集》,台北:学生书局,1989年,第165—185、315—316页。详参[明]郎瑛:《七修类稿》卷五《天地类·五山十刹》,《续修四库全书》,上海:上海古籍出版社,2002年,第1123册,第44—45页。
②[元]盛熙明:《补陀洛迦山传》卷一《应感祥瑞品》,武锋点校:《普陀山历代山志》,杭州:浙江古籍出版社,2014年,上册,第8页。

得解脱罗刹之难。以是因缘,名观世音。"① 这是说观音菩萨可救海难和罗刹难,而碰到海难的刘逵等人认为观音菩萨应化于普陀山,于是"遥叩宝陀",最终得其护佑,顺利登岸。

有的是为治病而求,得睹观音。如咸淳丙寅(1266)三月,范太尉因有"目疾",令他的儿子于潮音洞祈祷,后"汲泉归洗目","既愈",便让他的孩子来拜谢,"洞左大士全现",又去善财洞,"童子忽现","大士亦现"。② 又《夷坚支志》记载了泉州一位名叫"余观音"的人,于绍熙元年(1190)六月,在船上得病以后,"悲泣无奈,遥望普陀山,连声念菩萨不已,众尽闻菩萨于空中说法,渐觉在近。见一僧左手持锡杖,右手执净瓶,径到茅舍,以瓶内水付。余饮之,病豁然脱体,遂复还舟"。③ 余观音应该不是在普陀山,但他遥望普陀山求观音,即能感得观音于空中说法,进而病愈。

有的是慕名朝山,希望得睹瑞相。从宋代开始,能够在普陀山看到观音菩萨化现,已经为不少人所知了,所以,有不少人慕名前来,如宋代给事中黄龟年,在洞前"亲睹大士紫金自在相",朗然坐石上。和他同去的老幼皆目睹圣相,有的还作有赞颂。④ 又如,宋理宗淳祐年间(1241—1252),因为连年受害,颜颐仲"祷雨洞

---

① [姚秦] 鸠摩罗什译:《妙法莲华经》卷七《观世音菩萨普门品第二十五》,《大正藏》第9册,第56页下。
② [元] 盛熙明:《补陀洛迦山传》卷一《应感祥瑞品》,武锋点校:《普陀山历代山志》,杭州:浙江古籍出版社,2014年,上册,第9页。
③ [宋] 洪迈撰,何卓点校:《夷坚支志》己卷第二,北京:中华书局,1981年,第3册,第1318页。
④ [元] 盛熙明:《补陀洛迦山传》卷一《应感祥瑞品》,武锋点校:《普陀山历代山志》,杭州:浙江古籍出版社,2014年,上册,第8页。

中"，"大士并童子，喜悦出迎"。从此以后，有求必应。① 从中可以看到，颜颐仲也亲睹了观音大士，从其祈求目的来看，他是要祈雨的，因此到普陀山朝山，也有一部分人是为了祈雨。

以上不论何种类型的朝山行为，多数都感应到了观音菩萨，"观音多现于洞中，或于岩上及山峰，变化不一，甚著灵验"②，其中感应最多的是潮音洞，其次是善财洞。其实，除了观音菩萨外，其感应到的"神圣元素"还有月盖长者、童子、僧人、狮子、塔等。如绍定庚寅（1230）十月，庆元昌国监胡炜"登大士桥，礼潮音洞，俟现光明"，看到"左则月盖长者与童子并立，一僧居右，师子盘旋，两目如电"，"旁现一塔，晶彩焕发"。③ 可以看到，其神圣元素越来越多，这更增添了普陀山的神圣性，也吸引越来越多的人朝山。此外，《莲修起信录》记载，一诚菩萨回忆自己前世是宋朝的进士，"不愿在朝，幼喜念佛，放生茹素，每日念佛五千声，每月放生一次"。在其五十八岁时，"发愿朝普陀"，后"蒙观音大士说法数次，"最终"业障全消，真性悟明，花开见佛，摩顶受记"。④

宋代普陀山的朝山信仰中，影响最大的是史浩和史弥远，他们不仅朝拜普陀山，而且在自己的家乡宁波建"补陀洞天"（又称小普陀）和普济寺，将普陀山这一神圣空间复制在自己生活的地域。

---

①［元］盛熙明：《补陀洛迦山传》卷一《应感祥瑞品》，武锋点校：《普陀山历代山志》，杭州：浙江古籍出版社，2014年，上册，第9页。

②［宋］赵彦卫撰，傅根清点校：《云麓漫钞》卷二，北京：中华书局，1996年，第30页。

③［元］盛熙明：《补陀洛迦山传》卷一《应感祥瑞品》，武锋点校：《普陀山历代山志》，杭州：浙江古籍出版社，2014年，上册，第9页。

④［清］程兆鸾录存：《莲修起信录》卷二，《卍新续藏》第62册，695页中。

史浩（1106—1194）、史弥远（1164—1233）被称为"父子宰相"，父亲史浩位至丞相、越王，儿子史弥远位至丞相、卫王。史浩《潮音洞题记》记载：

> 绍兴戊辰三月望，鄱阳程休甫、四明史浩由沈家门泛舟，遇风挂席，俄顷至此。翼蚤，恭诣潮音洞顶礼观音大士，至则寂无所睹，炷香煮茶，但碗面浮花而已。归寺食讫，与长澜公论文殊简圆通童子入法界事。晡时，再至洞门，俯伏苔磴，凝睇嵌空，惟乱石累累。兴尽欲返，有比丘指曰："岩顶有窦，可以下瞰。"攀缘而上，瞻顾之际，瑞相忽见，金色照耀，眉目了然。二人所见不异，惟浩更睹双齿洁白如玉，于是咸怀庆快，作礼而退。既而治舟返甬东，惧此话无传，用书于壁。庶几来者观此无疲厌心，不以一至不见而遂已也。[①]

这是说史浩受一僧人指点，得以目睹观音菩萨，"瑞相忽见，金色照耀，眉目了然"，而史浩本人还"更睹双齿洁白如玉"。史浩逝世三十五年后，宋理宗绍定二年（1229），史弥远的老师余天锡（1180—1241）在《史越王祠记》又载：

> 既而邂逅胡僧，揖而前曰："公有结果，寇莱公也。"言讫而退，竟失所往。意者大士百亿化身妙耶！……莱公结果之嘱事之颠末，固已留题于绍兴戊辰（1148）之寺壁矣。……向时岩窦下瞰之瑞相，传久为实录。[②]

余天锡所载，内容有了重大变化，说是史浩又碰见一位"神僧"，而这位"神僧"又是"大士"（观音），并且预言他最后的官职位

---

① ［宋］史浩撰，俞信芳点校：《史浩集》，杭州：浙江古籍出版社，下册，2016年，第906页。

② ［元］冯福京等编：《昌国州图志》卷六《叙人·名宦》，文渊阁《四库全书》，台北：台湾商务印书馆，1986年，第491册，第305—306页。

同"寇莱公"（寇准，曾为相）。不过，在《佛祖统纪》的记载中，这一故事又发生了变化：

> 初是，公摄昌国盐监，偕鄱阳程休甫泛海谒补陀山，忽一僧指岩顶有窦，可以下瞰，方瞻伫间，公与众见大士金色身相。而公复见双齿出唇际如珂玉，喜尉作礼而退。暨归寺，日已暮，一长身僧来访，语公历官至太师，且云："公是善终文潞公也，他日入相，主上欲用兵，须力谏之，后二十年当与公会于越。"语毕遂去。

> 乾道初（1168）以故相镇越，有道人自称"养素先生"，与公有旧，亟命延之，索纸大书曰："黑头潞相，重增万里风光；碧眼胡僧，曾共一宵情话。"掷笔竟出。公大惊，因追思补陀事，知长身僧及道人皆大士示现相。①

（宝庆）《四明志》记载与此颇为类似。②其中，故事又有了新的发展，类比的对象不再是寇莱公，而是文潞公，而且不仅有一"长僧"，还多出一位"道人"。从对这一史实的基本表述之演变过程可以看到，普陀山就是在类似这样的传播过程中一步步变得灵验起来的，这是通过史浩父子的政治地位来构建圣地的一个过程。武锋认为："史浩、史弥远父子所睹普陀山观音灵异事件经历

---

① [宋]志磐：《佛祖统纪》卷四七，《大正藏》第49册，第428页中。
② （宝庆）《四明志》载：有一长僧来访，云："将自某官，历清要，至为太师。"又云："公是一好结果底文潞公。它时作宰相，官家要用兵，切须力谏。后二十年当与公相会于越。"……乾道戊子（1168），以故相镇越，一夕，典客报有道人称"养素先生"，言旧与丞相熟，不肯通刺，疾呼欲入谒。……索纸数幅，大书云："黑头潞相，重添万里之风光；碧眼胡僧，曾共一宵之清话。"遽掷笔，不揖而行。……追忆补陀之故，始悟长身僧及此道人皆大士现身也。参见[宋]罗濬等：（宝庆）《四明志》卷一〇《郡志》，《宋元方志丛刊》，北京：中华书局，1990年，第5册，第5248页。

了一个逐步扩大和丰富的过程,这一状况的出现与史氏家族佛教信仰以及与普陀山佛教在当时的发展关系至密,他们是普陀山观音信仰的崇奉者和支持者。"① 不过,史浩父子与普陀山的关系并没有结束,宋孝宗淳熙五年(1178),他们还在自己的家乡宁波东钱湖月波山仿照普陀山潮音洞建设"补陀洞天",仿补陀观音寺建"月波讲寺",因宋孝宗赐额,又称"慈悲普济寺",皇帝还御书"水陆无碍道场以揭于殿"。② 这必然扩大普陀山信仰之影响,也进一步推动了普陀山的朝山活动。

① 武锋:《史浩父子所睹普陀山观音灵异事件探微》,《浙江海洋学院学报》(人文科学版)2013年第5期。
② [清]嵇曾筠等监修,沈翼机等编纂:(雍正)《浙江通志》卷二三〇《寺观五》,文渊阁《四库全书》,台北:台湾商务印书馆,1986年,第525册,第251页。

第三章　元代普陀山佛教

第一节　元代政权与普陀山佛教

　　至元十六年（1279），元世祖忽必烈灭宋并统一中国，同时开启了在浙江普陀山的统治。元朝是一个包括汉、蒙、回、女真、畏兀儿、契丹等多民族在内的疆域辽阔的大帝国，其民族拥有不同的宗教信仰、文化传统和礼仪习俗。为求同存异，元朝对包括佛教在内的各宗教多持支持态度，不仅制定了相对完备的宗教管理制度，而且政策宽容，"其最大特色便是多元性和开放性，这与蒙古统治的辽阔版图及其迫切需要的文明滋养是分不开的。蒙古诸部原本信奉原始的萨满教，但其在权力扩张的过程中很快学会了接容与纳取。在其兼容并蓄的宗教政策下，佛教、道教、伊斯兰教、基督教等都在中国得到广泛的传播和发展……当蒙古由蒙昧的部落逐渐形成强大的帝国时，其原始的血性与发达的文化结合势必构成一道奇观，而宗教便在其中成为一个独具魅力的角色"。① 因此，佛教也获得空前发展。与此同时，元代也有数位皇

────────────

① 张维青、高毅清：《中国文化史》（三），济南：山东人民出版社，2010年，第376—377页。

帝重视并支持普陀山的佛教,普陀山佛教因之获得较大发展。

一、元代的佛教制度与政策

元代虽然多民族多宗教并立,但尤其推崇佛教,僧侣的社会地位也空前提高。南宋遗民郑所南在《铁涵心史》卷下《轶法》中记载:"轶法,一官、二吏、三僧、四道、五医、六工、七猎、八民、九儒、十丐,各有所辖。"① 说的是依据职业性质,将元代的臣民划分为十个等级,其中"僧"居于第三等级,位于"官"和"吏"之后,足见僧人等级之高。因此,元代寺庙和僧尼的数量也空前增长,据《元史》记载:"(元世祖)二十七年,天下寺宇四万二千三百一十八区,僧、尼二十一万三千一百四十八人。"② 与此同时,寺庙经济也空前发达。

蒙元统治者推崇并信仰藏传佛教。元朝宗教中,藏传佛教地位最高,不仅高于蒙古族传统的萨满教,而且优于道教、伊斯兰教、也里可温教等。诸宗教的排列顺序在《元典章·礼部六》中也有所体现:"和尚、先生、也里可温、答失蛮、白云宗、头陀教每根底,多立着衙门的上头,好生骚扰他每,么道说有为那般上头,除这里管和尚的宣政院、功德使司两个衙门外,管和尚、先生、也里可温、答失蛮、白云宗、头陀教等各处路府州县里有的,他每的衙门,都教革罢了。"从排序来看,"和尚"是居于首位的。藏传佛教传入后,位居所有宗教之首。忽必烈规定皇帝登基前要接受帝师灌顶、授戒。帝师拥有特权,不仅在朝堂上设有专座,而且为皇帝、后妃授

---

① [宋]郑思肖著,陈福康校点:《郑思肖集》,上海:上海古籍出版社,1991年,第157—192页。
② [明]宋濂等:《元史》卷一六《世祖纪》,北京:中华书局,1976年,第354页。

戒时，皇帝、后妃皆要顶礼。出行或还朝时，还有大规模迎送仪式。太子即位之前，也需要帝师授戒。《元史》载："百年之间，朝廷所以敬礼而尊信之者，无所不用其至。虽帝后妃主，皆因受戒而为之膜拜。正衙朝会，百官班列，而帝师亦或专席于坐隅。且每帝即位之始，降诏褒护，必敕章佩监络珠为字以赐，盖其重之如此。"①帝师还有很多封号，且与普通官员不同，如八思巴被追谥为"皇天之下一人之上开教宣文辅治大圣至德普觉真智佑国如意大宝法王、西天佛子、大元帝师"；又如元英宗"诏各郡建帝师八思巴殿，其制视孔子庙有加"；泰定帝时"绘帝师八思巴像十一，颁各行省，俾塑祀之"。足见帝师地位之高。此外，西藏僧人也有很高的地位，忽必烈曾颁布《优礼僧人诏书》，后来，元成宗也颁布了《优礼僧诏书》。其中规定："今后，如有俗人以手犯西僧者，断其手；以言语犯西僧者，割其舌。自颁发此诏书之后，对不敬奉僧人和践踏寺庙和寺院的人，请派遣到各地的官员和僧人长老者联名奏来，朕知后必加惩处。"②可见朝廷对藏地僧人礼遇之优渥。

　　崇信藏传佛教的同时，元朝诸帝对汉传佛教也很重视，如元世祖忽必烈与虎岩禅师、云峰禅师、元一禅师、定演法师等多位汉地高僧过从甚密，而且规定"自有天下，寺院田产，二税尽蠲免之，并令缁侣安心办道"，"《世祖实录》百余篇，字字句句以弘教为己任"③；元定宗对印简禅师非常尊崇；元宪宗任命汉地禅师少林福裕"总领释教"，赐号华严宗善柔法师为"弘教通理大师"；元仁宗尊奉明本禅师；元英宗和慈恩宗慧印法师一起临幸佛教圣地五台

①［明］宋濂等：《元史》卷二〇二《释老传》，北京：中华书局，1976年，第4520页。
②蔡巴贡噶多吉著，东嘎·洛桑赤列校订，陈庆英、周润年译注：《红史》，拉萨：西藏人民出版社，1988年，第129—130页。
③［宋］志磐：《佛祖统纪》卷四八，《大正藏》第49册，第435页上。

山,并且赐予佛寺财物,"大永福寺成,赐金五百两、银二千五百两、钞五十万贯、币帛万匹"。① 可见,汉传佛教并未因元朝政权尊崇藏传佛教而受到排挤,相对于辽金时期,反而获得了更大的发展,其地位甚至高于两宋时期。

元朝政府对佛教的支持,一方面促进了道场和寺僧数量的增加,另一方面促进了寺院经济的发展,客观上需要政府设立专门机构来管理僧尼事务。于是,在宋、辽、金僧官制度的基础上,元朝的统治者进一步完善了僧官制度,为佛教发展提供了制度保障。其僧官名目繁多,权力更大,不仅有对僧众的管辖权,而且参与军政事务,有司法权,因此,"元代的僧官制是集教权、政权和司法权为一身的特殊的官僚体制"。② 中央一级的僧务机构先后有释教总统所、总制院、宣政院和功德使司等。释教总统所在中央僧务机构中设置最早;总制院设置于至元元年(1264),主要管理全国佛教事务和吐蕃地区军政事务,由帝师兼领,最高长官称为"院使",这其实是使帝师的政治权力合法化和制度化的一种形式;至元二十五年(1288),总制院改为宣政院,但直到至元二十八年(1291),才"并总制院入宣政院"③,其地位与中书省、枢密院等地位相当,宣政院使由皇帝直接任命,统领全国宗教事务;功德使司设置于至元十七年(1280),设立时间早于宣政院,其职能主要是:"掌奏帝师所统僧人并吐蕃军民等事。"④ 主要掌管佛教事务,由宣政院使或帝师兼领。因与宣政院职能重叠,天历二年

①[明]宋濂等:《元史》卷二七《英宗纪》,北京:中华书局,1976年;第610页。
②赖永海主编:《中国佛教通史》(第十一卷),南京:江苏人民出版社,2010年,第24页。
③[明]宋濂等:《元史》卷一六《世祖纪》,北京:中华书局,1976年,第346页。
④[明]宋濂等:《元史》卷一《世祖纪》,北京:中华书局,1976年,第223页。

（1329），文宗下诏："罢功德使司归宣政。"①此后，全国佛教事务归宣政院管理。元政府还在地方上设立了一些与路、州、府、县等行政体制相应的僧务机构，如各路的僧录司、各州的僧正司、各府的僧纲司、各县的都纲等②，以处理地方僧务。地方僧官也可以直接干预寺庙修缮与重建事务，如（延祐）《四明志》记载：西寿昌寺"宋嘉定十三年火，废为民居。皇朝至元二十五年，有司例复旧重建。大德元年，展拓聿新"。③又如天封院"嘉定十一年火，废为民居。皇朝至元二十三年，有司例复建，犹未完"。④此外，还设立有专门的僧务机构，如广教总管府、白云宗总摄所、湖广头陀禅录司、崇教所等。中央、地方和专门设立的僧务机构相互配合，管理宗教事务，从制度上保证了佛教的发展。

二、朝廷对普陀山的支持

元朝的宗教制度和政策，在浙江体现得甚为明显。浙江杭州曾是南宋国都，当时，涌现了以大慧宗杲为代表的一批主战派僧人，部分僧人不忍亡国之辱，流亡日本。元灭南宋后管制甚严，"诏以僧亢吉祥、怜真加、加瓦并为江南总摄，掌释教"。⑤"怜真加"即杨琏真迦，为西夏人，他从至元十四年（1277）即南宋灭亡的

①［明］宋濂等：《元史》卷八七《百官志》，北京：中华书局，1976年，第2194页。
②仁杰、梁凌：《中国的宗教政策——从古代到当代》，北京：民族出版社，2006年，第202页。
③［元］袁桷：（延祐）《四明志》卷一六《释道考》，文渊阁《四库全书》，台北：台湾商务印书馆，1986年，第491册，第601页。
④［元］袁桷：（延祐）《四明志》卷一六《释道考》，文渊阁《四库全书》，台北：台湾商务印书馆，1986年，第491册，第601—602页。
⑤［明］宋濂等：《元史》卷九《世祖纪》，北京：中华书局，1997年，第188页。

第二年就来到江南,负责江南佛教事务。这条史料也是有关杨琏真迦最早的记载。杨琏真迦后为"江南释教总统",位居其他二人之上。他在浙江的杭州、绍兴等地发掘宋陵和大臣陵墓101座,盗取殉葬珍宝,并控制南方佛教,引起当地僧人强烈不满。许多僧人迁居浙江西部,隐迹山林。为此,元统治者也采取怀柔政策,如元武帝即位当年(1308)特旨加径山元叟行端佛日普照禅师之号及金襕袈裟;泰定元年(1324),下旨召径山元叟行端禅师进京作"降玺书",并赐金襕袈裟。元朝时在浙江也重修并新建了一些寺院。如至正八年(1348),在江山县左坑建有宝陀寺。[①]从寺名来看,似是受到了普陀山的名称"宝陀山"和寺名"宝陀寺"的影响。

元代中央政府多对普陀山佛教持支持态度,加之普陀山位于浙东海中,也是僧人避难的理想圣地,因而普陀山的佛教得到了一定的发展。朝廷对普陀山的支持,主要是通过进香供养、修殿造像的方式来体现的。另外,遣使交流、渲染感应等活动和事迹也使得普陀山佛教的地位有所提高。

进香供养与修殿造像往往是同时进行的。元成宗时期,虽崇信藏传佛教,崇教抑禅,但对普陀山仍有支持,如大德二年(1298),"中宫命内侍李英降香,修缮寺宇像设",三年(1299),"宿卫字罗奉旨降香,赐金百两,命江浙省臣董其事,一新栋宇,供严之具,金碧璀璨"。四年(1230)春,"遣使魏也先等饭僧转经,及归,以玉琢圣像献"。"复遣大出赍彩幡缄香,降内帑二千缗,建'演法堂',益修从宇。俾浙省割官田二千亩供僧,于正、五、九月,讽诵祈祷,特颁玺书护持"。正是因为"自是祝香赍锡,岁以为

---

①(光绪)《浙江通志》卷二三二。转引自陈荣富:《浙江佛教史》,北京:华夏出版社,2001年,第449页。

常"，所以"敕翰林直学士刘赓制文，集贤直学士赵孟頫书丹刻石，以彰圣化"。① 此后，元仁宗、元泰定帝、元文宗、元惠宗等也都以不同的方式支持普陀山佛教的发展。元仁宗皇庆二年（1313）冬，"皇太后遣使法华奴等降香，赐主僧袈裟，饭十方僧；敕浙省赐钞八百六十八锭，买田三顷，以给佛灯长明"。② 延祐六年（1319），元仁宗还命宣王（璋）至江南降香，璋至江南后朝拜了普陀山，而且撰有《行录》一卷。元泰定帝时期，泰定四年（1327）夏，"中宫遣中政同知贴间赐钞千锭、僧衣百八、黄金织文幡、金彩绮帛等，供圣饭僧，买田二顷二十六亩，以其入供营缮"。③ 致和元年（1328）四月，"中丞曹立降香币及钞百锭"。④ 元文宗极为崇信佛教，他不仅下令免除天下僧尼的一切赋税、差徭，而且提升帝师的地位，僧人甚至还可以干预朝政。至顺二年（1331），"江西之万安陈觉和率众化财凡八载，范copper为大士像、千尊佛、钟磬、幡盖供具，今置阁上"。⑤ 元惠宗元统二年（1334），"宣让王施钞千锭，建石塔，高九丈六尺"。⑥ 此塔即是现存于普陀山的多宝塔。惠宗时期，

---

① [元] 盛熙明：《补陀洛迦山传》卷一《兴建沿革品》，武锋点校：《普陀山历代山志》，杭州：浙江古籍出版社，2014年，上册，第11—12页。

② [元] 盛熙明：《补陀洛迦山传》卷一《兴建沿革品》，武锋点校：《普陀山历代山志》，杭州：浙江古籍出版社，2014年，上册，第12页。

③ [元] 盛熙明：《补陀洛迦山传》卷一《兴建沿革品》，武锋点校：《普陀山历代山志》，杭州：浙江古籍出版社，2014年，上册，第12页。

④ [元] 盛熙明：《补陀洛迦山传》卷一《兴建沿革品》，武锋点校：《普陀山历代山志》，杭州：浙江古籍出版社，2014年，上册，第12页。

⑤ [元] 盛熙明：《补陀洛迦山传》卷一《兴建沿革品》，武锋点校：《普陀山历代山志》，杭州：浙江古籍出版社，2014年，上册，第12页。

⑥ [元] 盛熙明：《补陀洛迦山传》卷一《兴建沿革品》，武锋点校：《普陀山历代山志》，杭州：浙江古籍出版社，2014年，上册，第12页。

盛熙明还撰写了普陀山有史以来的第一部山志《补陀洛迦山传》。关于元朝皇帝崇信普陀山佛教,他写道:"我朝列圣相承,信崇佛法,遣使锡予,实不能备纪。今上践位以来,尤加尊异,祝香集福,以锡下民,络绎不绝。"[1]说元朝皇帝崇信普陀山,遣使供养,次数多到"不能备纪"。元惠宗继位后,也是祝香集福,在他的影响下,朝山的人络绎不绝。

元代浙江与日本的佛教文化交流非常兴盛。据日本学者木宫泰彦《日中文化交流史》统计,不到一百年间,入元的日本僧人多达二百二十人,其中入浙的有五十九人,而宋代三百年间,入宋日本僧人仅一百七十余人。而在元代东渡日本的浙江僧人也有十余人。其中最为著名的是普陀山高僧一山一宁。史载,遣使交流的普陀山僧人,第一位是如智。如智,又名愚溪如智,台州人,为宝陀禅寺住持。至元十四年(1277),他在补陀山对面的沈家门侧建造了南海普陀接待寺,供朝山者临时寄宿。至元二十年(1283),忽必烈欲再征日本,派遣如智与提举官王君治持诏"宣谕"日本,后遇飓风而返回普陀山。《元史》载:二十一年春正月甲戌,"遣王积翁赍诏使日本,赐锦衣、玉环、鞍辔。积翁由庆元(今宁波)航海至日本近境,为舟人所害"。[2]《元史》又载:"二十一年,又以其俗尚佛,遣王积翁与补陀僧如智往使。舟中有不愿行者,共谋杀积翁,不果至。"[3]"二十一年"即元世祖至元二十一年(1284),如智再次与江西省参知政事王积翁出使日本,途中,王积

①[元]盛熙明:《补陀洛迦山传》卷一《兴建沿革品》,武锋点校:《普陀山历代山志》,杭州:浙江古籍出版社,2014年,上册,第12页。
②[明]宋濂等:《元史》卷一三《世祖纪》,北京:中华书局,1976年,第264页。
③[明]宋濂等:《元史》卷二〇八《外夷传》,北京:中华书局,1976年,第4629—4630页。

翁被不愿去日本的船员所杀,如智只好回国。

愚溪如智两次出使日本未果。元成宗时期,大德三年(1299),敕封江浙释教总统普陀山高僧一山一宁为"妙慈弘济大师",并赍诏使日本。普陀山高僧出使日本,不仅促进了中日佛教文化交流,而且反映了朝廷对普陀山佛教的重视,这都促进了普陀山佛教的发展。

朝廷权臣入山祝釐或降香,有时会有所感应。将这种感应记载下来,也是对普陀山佛教的一种支持或渲染,如《普陀洛迦新志》记载有四则元代的感应事迹:

> 元世祖至元十三年(1276),丞相伯颜定江南,部帅哈喇歹来谒洞下,杳无所见。乃张弓引矢,射洞而回。及登舟,忽见莲花满洋。惊异悔谢,反祷洞中。徐见白衣大士、童子绰约而过。于是庄严像设,并构殿于洞上。

> 成宗大德五年(1301),集贤学士张蓬山奉旨祝釐山中。诣潮音洞。见大士相好,仿佛在洞壁间。次至善财洞,童子忽现。顶上瑞云中,复睹大士,宝冠璎珞,手执杨枝、碧玻璃碗;护法大神,卫翊其前。良久,如风飐碧烟,渐消没矣。祥光满洞,如紫霞映月,现数尊小佛。作礼慰快而去。

> 致和元年戊辰(1328)四月,御史中丞曹立承命降香币,至洞求现。忽见大士现白衣相,璎珞披体。次及善财洞,童子螺髻素服,合掌如生。适以候潮未行,再叩再现。而善财洞,大士亦在。童子鞠躬,眉目秀发。七宝璎珞,明洁可数。群从悉见之。

> 至正乙未(1355)十月初六日,天台刘仁本督漕还,至普陀。见大士像于潮音洞,与人间画帧者无异。又见大将军与

罗汉身于洞口石壁上。一时群众所见,又各不同。①

以上四则感应事迹中,时间跨度从元初到元末,主角分别是丞相伯颜、部帅哈喇歹、集贤学士张蓬山、御史中丞曹立、天台刘仁本,均是朝廷官员,其中有文官也有武官,有中央官员也有地方官员,有的是奉旨祝釐,有的是路过而拜,"若夫西域名师,王公贵人,备极精诚"。他们一致的感应是在潮音洞见到了"大士",即观音菩萨,有的现"白衣相",有的在"瑞云中",有的"与人间画帧者无异"。此外,也都有各自不同的感应,或见到童子,或见到护法,或目睹祥光紫霞等。这一方面强化了普陀山作为观音道场的地位,另一方面也反映了朝廷对普陀山佛教的推崇与支持。

第二节　元代普陀山宗派、高僧与对外文化交流

一、元代宗派与宗风

元代崇奉藏传佛教,尊教抑禅,不太重视佛教教义,而更热衷于修功德、做佛事,如诵经、印经、斋僧等。元代汉传佛教宗派以禅宗为主,天台宗、华严宗、净土宗、律宗等都有一定发展。禅宗方面,北方盛行的是曹洞宗,而临济宗活动在南方,又基本活动在浙江一带,主要有两系:虎丘绍隆系和径山宗杲系。前者代表人物有雪岩祖钦、高峰原妙、中峰明本、天如惟则等;后者的代表人物有雪峰妙高、元叟行端、晦机元熙、笑隐大诉等。元代天台宗虽

---

① 王亨彦:《普陀洛迦新志》卷三《灵异门》,杜洁祥主编:《中国佛寺史志汇刊》第1辑,台北:明文书局,1980年,第10册,第179—180页

近乎衰微，但在浙江的杭州、天台、绍兴、宁波一带等仍继续传承，并以杭州的南天竺为中心，其代表人物有性澄及其弟子蒙润、允若、必才、真净、善继、本无、若法等。元代华严宗总体上也呈衰微之势，但仍有发展，如杭州慧因寺曾是宋代的华严中心，入元后，仍受重视，每年开讲《华严经》修忏，为国告天祝寿，其代表人物有盘谷、浦尚、大同等。此外，元代杭州一带还传承有白云宗，原属华严宗的一支，倡导以菜食为主，提倡三教一致，因此又名为白云菜或十地菜。元代净土宗的中兴人物是普度（？—1330），他曾于庐山东林寺专修念佛三昧，编有《莲宗宝鉴》一书，以确立净土宗在佛教中的地位。律学为各派所共同尊奉。

　　浙江的普陀山宗派，仍以传承禅宗为主，如普陀山高僧东洲永与临济宗径山宗杲系的元叟行端（1255—1342）齐名，二人阐扬大慧宗杲之临济宗风。古鼎祖铭（1280—1358）也属禅宗一系，他为临济宗第十七世孙，赐号"慧性文敏宏学普济禅师"。一山一宁、孚中禅师又是临济宗杨岐派的法裔。一山出使日本后，还创立"一山派"，属日本禅宗二十四流之一。可见，元代普陀山禅宗以临济宗传承为主，施畅临济宗风。

二、元代普陀山高僧

　　元代时期，普陀山的高僧主要有愚溪如智、玠禅师、东洲永、一山、如律、孚中、古鼎、大千等，其中愚溪如智、玠禅师、东洲永、一山皆是宋末元初的普陀山僧人。一山是元代普陀山最著名的僧人之一，对中日佛教文化交流做出了重要贡献。

　　愚溪，名如智，浙江天台人，至元十四年（1277），任昌国补陀山宝陀禅寺住持，他曾建接待寺供朝山者歇脚。《大德昌国州图志》载："至元十□年，住持僧如智捐衣钵之余，建接待寺一所于沈家门之侧，以便往来者之宿顿。朝廷岁遣使降香，相属于道。"①据此，有人指出，元代沈家门之侧的接待寺，即是今沈家门墩头社区的接待寺，其依据即所谓"沈家门之侧"，元代作为一个岙的沈家门，指今日沈家门青龙山与白虎山之间区域的一箭之地，认为"沈家门之侧"即旧沈家门的近侧，即今沈家门范围之内的墩头，且境内确有"接待寺"地名。其实不然，根据相关史料及地名遗存，这个沈家门之侧，应为古代沈家门之侧的芦花村，即今东港街道一带。元代沈家门之侧的接待寺，其旧址大约位置应在今普陀区东港街道境内。②元朝初期，元、日之间曾发生两次战争，至元十一年（1274）和十八年（1281），忽必烈曾两次征讨日本，均因风暴而以失败告终。至元二十年（1283），元世祖忽必烈命阿塔海为日本省丞相，与彻里帖木儿右丞、刘二拔都儿左丞募兵造船，准备再征日本。如智进言："若复兴师致讨，多害生灵，彼中亦有佛教、文学之化，岂不知大小强弱之理？如令臣等赍圣旨宣谕，则必多救生灵也，彼当自省，悃心归附。"于是，当年八月，世祖派他和庆元市舶司提举王君治携《宣谕日本诏文》东渡日本。诏书云："上天眷命，皇帝圣旨，谕日本国主：向者彼先遣使入觐，朕亦命使相报，已有定言，想置于汝心而不忘也。顷因信使执而不返，我是以有舟师进问之役。古者兵交，使在其间。彼辄不交一语，而固拒王师。据彼已尝抗敌，于理不宜遣使。兹有补陀禅寺长老如智等陈奏：'若复兴师致讨，多害生灵。彼中亦有佛教、文学之化，岂不知大小强弱之理？如令臣等奉圣旨宣谕，则必多救生灵。彼当自

①［元］冯福京等编：《昌国州图志》卷七《叙祠·寺院》，文渊阁《四库全书》，台北：台湾商务印书馆，1986年，第491册，第308页。

②叶其跃、孙峰：《舟山古代接待寺院考论》，《浙江海洋大学学报》（人文科学版）2018年第6期。

省,恳心归附。'准奉。今遣长老如智,提举王君治,奉诏往彼。夫
和好之外,无余善焉;战争之外,无余恶焉。果能审此归顺,即同
去使来朝,所以谕乎彼者,朕其祸福之变,天命识之,故诏示,想宜
知悉。"但在东渡过程中遇到飓风,便返回。后来,如智回忆说:
"过黑水洋遭飓风……忽飘至寺山之外,幸不葬鱼腹,大士力也!"
至元二十一年(1284)正月,江西省参知政事王积翁说他"曾在福
建监管过高丽、日本、暹罗诸国海上通商,能谕日本",于是忽必烈
令他和如智共同东渡。但在行船途中王被船员所杀,"师以道高,
被放归普陀山"。① 如智两次出使日本,均未成功。

　　玠禅师是宋末元初普陀山僧。据明《补续高僧传》载:"明德,
号孤峰,明之昌国朱氏子。其父有成,母黄氏。父与普陀山僧玠
公交,玠闻鸡声入道,凡说法,必鼓翅为鸡号。玠亡已久,母梦玠
来托宿,觉而有娠,历十四月而生。"②《普陀列祖录》据此言"孤峰
即师之后身也"③,《普陀洛迦新志》也说"孤峰即玠后身也"。④
明代宋濂曾撰《净慈孤峰德公塔铭》,记之甚详。孤峰于明洪武五
年(1372)圆寂,世寿七十九。

　　东洲永,宋末元初普陀山禅僧,据《普陀洛迦新志》载,东洲永
与元叟端、虚谷陵、东屿海、晦机熙、竹阁真为莫逆之交,并有按语
云:"元叟为元初僧,东洲既与之交,应亦为同时僧侣。而旧志属

①王连胜主编:《普陀山大辞典》,合肥:黄山书社,2012年,第272—273页。

②[明]明河:《补续高僧传》卷一四,《卍新续藏》第77册,第472页上。

③[清]通旭集:《普陀列祖录》卷一,《卍新续藏》第86册,第656页上。

④王亨彦:《普陀洛迦新志》卷六《禅德门》,杜洁祥主编:《中国佛寺史志汇刊》
　第1辑,台北:明文书局,1980年,第10册,第344页。

于宋代,盖以一人历两朝耳。"①《普陀列祖录》又云东洲永禅师是"松源岳下石林巩嗣"。②松源(1132—1202),名崇岳,宋代隆兴时期人,出身处州龙泉(今属浙江)之松源吴氏,因以自号,为南岳下十八世,密庵杰禅师法嗣,著有《松源崇岳禅师语录》二卷,收于《续藏经》。

如律,元大德四年(1300)任宝陀寺住持,当年,元成宗派魏也先等人进香饭僧,普陀山长老如律与如智"以玉琢圣像献",元成宗割浙江官田两千亩供僧,"于正、五、九月,讽诵祈祷,特颁玺书护持",并"敕翰林直学士刘赓制文,集贤直学士赵孟頫书丹刻石,以彰圣化"。③刘赓所作《昌国州宝陀寺记》,现存于《普陀洛迦新志》,其文略曰:"浙东庆元之昌国,有山名补陀洛伽者,奇峦复嶂,幽洞灵岩,错立层出。""寺曰'宝陀',创始于宋元丰间。尔时圣迹,率随缘影响,示现香花,与五台、峨眉道场实类。""又明年春,更命宿卫臣魏也先、太出驰香饭僧,周阅具典。竣事,寺之长僧如智、如律,奉玉琢瑞相,表上内廷,以便瞻礼,具归美报。今年春,仍命太出偕李铁木儿不花、魏也先持五彩幡旌,庄严法筵。又出内宝币三千缗,即其寺治演法之堂,暨庐舍之圮腐残剥者。又饬行中书省捐土田之在官者二十顷畀之,益其徒食。俾每岁以建寅午戌月,讽诵祈祷。又下玺书,复其凡隶宝陀者。非宝陀者,毋得匿

---

① 王亨彦:《普陀洛迦新志》卷六《禅德门》,杜洁祥主编:《中国佛寺史志汇刊》第1辑,台北:明文书局,1980年,第10册,第345页。

② [清]通旭集:《普陀列祖录》卷一,《卍新续藏》第86册,第653页下。

③ [元]盛熙明:《补陀洛迦山传》卷一《兴建沿革品》,武锋点校:《普陀山历代山志》,杭州:浙江古籍出版社,2014年,上册,第11—12页。

冒。如智亦因得被袈裟。内廷传瑞流恩,曾无虚岁。"①

孚中,名怀信,俗姓姜(《普陀列祖录》作"江"),浙江奉化人。其事迹在《补续高僧传》《南宋元明禅林僧宝传》《续指月录》《普陀列祖录》《普陀洛迦新志》等古籍均有记载。他的父某曾是某县校官,母刘氏,夜梦大星堕室中,有光如火,亟取而吞,觉即有孕。"及诞,状貌异凡子,性凝庄不妄举动,唯见沙门至其家,必跃而亲之。"②年少时随进士戴表元学"三经"。十五岁出家,随法华院僧子思学习,不久于鄞县五台寺受具足戒。后参谒延庆半岩全公、天童景德寺竺西坦公,任维那。坦公圆寂后,继席者云外岫公认为"信公乃洞宗赤帜、济室白眉也"。元泰定三年(1326),宣政院命怀信出任明州观音寺住持。"师策励徒众,视分阴若尺璧,唯恐其失之。"天历二年(1329),迁住"宝陀山",住持宝陀寺,弘扬禅宗宗风,前后驻锡十四年。他"不以位望之崇,效它山饰车舆、盛徒御,以夸衒于人,自持一钵丐食吴楚间","诸侯庶民无不望风瞻敬"。元统元年(1333)他托钵江南,镇南王具香花迎至府中,"虚心问道,语中肯綮"。宣让王遣使捐钞千锭后,他购得太湖石,凿成塔身三层,载归普陀,筑多宝佛塔(此塔又名太子塔)。后驸马都尉高丽王骅而吉尼、丞相撒敦将其事迹奏报皇帝,"诏赐'广慧妙悟智宝弘教禅师'之号,及金襕法衣一袭"。③至正二年(1342),迁住中天竺山天历永祚寺。至正五年(1345)迁天童寺。至正九年(1349)冬,行御史台奉疏,别杭州,迁金陵龙翔集庆寺。后大明

①[元]刘赓:《昌国州宝陀寺记》,载王亨彦:《普陀洛迦新志》卷五《梵刹门》,杜洁祥主编:《中国佛寺史志汇刊》第1辑,台北:明文书局,1980年,第10册,第237—238页。

②[清]通旭集:《普陀列祖录》卷一,《卍新续藏》第86册,第654页上。

③[清]通旭集:《普陀列祖录》卷一,《卍新续藏》第86册,第654页上。

兵临金陵,僧徒俱散,他"独结跏宴坐,目不四顾,执兵者满前,无
不掷杖而拜"。① 明太祖曾亲临寺中听法,并将龙翔寺改为大天
界寺。怀信赋性冲澹,欢溢眉宇,修行精进,他每天默诵《法华经》
七卷。临终前一天,明太祖在江阴梦见他,问曰:"师来何为?"答
云:"将西归,告别耳。"太祖回江阴后,听闻他已圆寂,"举龛之夕,
太祖亲致奠,宠荣之加,无与并者。塔遗骨于金陵牛首山,分瘗发
爪于天童"。② 他世寿七十八,僧腊六十九,圆寂前留有一偈:"平
生为人戾契,七十八年漏泄。今朝撒手便行,万里晴空片雪。"怀
信著有《五会语录》,其法嗣有双林、致凯等十九人。

古鼎(1280—1358),名祖铭,浙江奉化人。其事迹见载于
《补续高僧传》《南宋元明禅林僧宝传》《五灯全书》《续指月录》《续
灯录》《普陀列祖录》《普陀洛迦新志》等。古鼎俗姓应,《补续高僧
传》载:"幼颖悟,不近荤食,稍长,学通百氏书,而尤嗜佛典。"十八
岁随金峨锡公剃度,二十五岁受具足戒,游方参学,"首依竺西坦
公",后"复走闽浙,多所参访,莫有契者"。后往灵隐寺,参谒临
济宗巨匠元叟行端,"一语之下,遂坦然无疑滞"。③ 据《普陀列祖
录》:"一日入室,叩黄龙见慈明因缘。端诘曰:只如赵州道:'台山
婆子,被我勘破。'慈明笑曰:'是骂耶? 你道二老汉。用处是同是
别?'师曰:'一对无孔铁锤。'端曰:'黄龙直下悟去又如何?'师曰:
'也是病眼见空华。'端曰:'不是不是。'师拟进语,端便喝,师当下

①［明］明河:《补续高僧传》卷一四,《卍新续藏》第77册,第475页下—476
页上。
②王亨彦:《普陀洛迦新志》卷六《禅德门》,杜洁祥主编:《中国佛寺史志汇刊》
第1辑,台北:明文书局,1980年,第10册,第347页。
③［明］明河:《补续高僧传》卷一三,《卍新续藏》第77册,第459页下—460
页上。

廓然。"此即"一语之下，遂坦然无疑滞"。① 此后，古鼎声誉顿发，并与当时的名僧梦堂噩、楚石琦并称，"所与交游，皆雅望之士"。后居鄞县东湖青山寺，建钟秀阁。浙江行省郎中刘仁本题其书楼云："青山湖上老僧居，百尺危楼万卷书。架插牙签朝旭上，香消古鼎夜窗虚。阑干竹色浮蝌蚪，枕簟芸香落蠹鱼。近忆校雠人未远，雨花零乱独踌躇。"② 元至正初（约1343—1346），他住持普陀山宝陀寺。元顺帝元统元年（1333），他五十四岁时，"始自径山出，住昌国之隆教，学者不惮步险，争愿趋往座下"。后八年，大约在至正元年（1341），迁往普陀山，"浙东都元帅完者都公，威震海上，而于师致礼甚恭"。时日本商航，数次奉国命，"盛赍金币来聘"，古鼎"每避去"。对此，《补续高僧传》记载："顺帝元统元年（1333），师（祖铭，字古鼎，奉化应氏子）五十有四，始自径山出，住昌国之隆教（指隆教寺）。学者不惮步险，争愿趋往座下。后八年（至元五年，1339），迁普陀。浙东都元帅完者都公，威震海上，而于师致礼甚恭。日本商航，数奉国命，盛赍金币来聘，师每避去。"③ 后来，他迁往杭州中天竺。至正七年（1347），再次住持径山寺，朝廷以他法席之盛，赐号"慧性文敏宏学普济禅师"。至正十八年（1358），将迁寂时，与其弟子云"观世音金台至矣，吾平生兼修之功有验也"，遂书偈云："生死纯真，太虚纯满。七十九年，摇篮绳断。"掷笔而逝。荼毗舌根数珠皆不坏，舍利无数，后于径山、隆教、宝陀分别建塔。翰林学士危素为其撰塔铭。祖铭洞彻

①［清］通旭集：《普陀列祖录》卷一，《卍新续藏》第86册，第654页下—655页中。
②［清］通旭集：《普陀列祖录》卷一，《卍新续藏》第86册，第654页下—655页中。
③［明］明河：《补续高僧传》卷一三，《卍新续藏》第77册，第459页下。

玄微，踔厉纵横，当朝名士袁桷、黄溍、虞集、欧阳玄皆称慕之。他著有《四会语录》，宋濂为作序赞，云："铭公以临济十七世孙，四坐道场，为黑白之所宗仰，一旦祝釐江浙省垣，现白光三道，丞相康里公见之，极加敬礼。未几将示寂，语其徒曰：观世音莲台至矣。安坐而逝……自兹出世入翁川，翁川海水亦生耳。但闻鱼龙哮吼声，即使波涛增汹涌。继升补陀洛伽山，合掌问讯观世音。目能观色耳闻声，音声何独以目观。"①他还著有《冷泉听猿赋》五百余言，详载于《续修云林志》。鄞县万寿寺住持天渊、杭州灵隐寺住持可纯，都是他的入室弟子。

　　大千（1279—1373），名慧照，俗姓麻，温州永嘉人，其事迹见载于《释鉴稽古略续集》《补续高僧传》《普陀列祖录》《普陀洛迦新志》等。据《普陀洛迦新志》，他十五岁随兄了定居瑞光院，长老良公深为器重，度为弟子。十六岁于处州天宁寺受戒，后于净慈寺首谒晦机元照禅师，未契圆证。一日读《真净语》，至"头陀石掷笔峰"处，默识悬解，汗流浃背。后杖锡往苏州荐严寺谒东屿海禅师，"东屿知其有夙悟，遂留执侍左右"。后至万寿寺阅藏，又应杭州净慈寺、温州江心寺之请前往驻锡。元天历元年（1328）任乐清明庆寺住持，曾说："佛法欲得现前，莫存知解。缚禅看教，未免皆为障碍，何如一物不立，而起居自在乎？德山之棒，临济之喝，亦有甚不得已尔。"闻者悦怿而去。至正十五年（1355）"迁主普陀"，任普陀山宝陀寺住持。当时宝陀寺因牵涉诉讼而废，"照以讼兴，在乎辨难太迫，处之以宽柔，绝勿与校"，而且说："我佛得无净三昧，所以超出群品。我为佛子，可不遵其教耶？"众皆叹服。不久，宣政院又派他住持明州育王寺九年，孜孜诱掖，不遗余力。他曾

①［清］通旭集：《普陀列祖录》卷一，《卍新续藏》第86册，第655页上一中。

经垂三关语,以验参学。一曰:"山中猛虎以肉为命,何以不食其子?"二曰:"虚空无向背,何以有南北东西?"三曰:"饮乳等四大海水,积骨如毗富罗山,何者是汝最初父母?"① 此三关最为峻切,鲜有契其机者。晚年后,他于妙喜泉旁筑室,曰"梦庵",自号"梦世叟",掩关独处,凝尘满席而不顾。明洪武六年(1373)圆寂,僧腊七十,世寿八十五。塔于梦庵之后。明学士宋濂为撰塔铭,谓:"师之挺生,锐思绝尘。万里只尺,欲趋顿门。片简虽微,中具全体。瞥尔触之,凡情尽死。从抵硕师,勇决其私。振迅奋掷,类狮子儿。出世为人,澍大甘雨。法雷轰轰,震惊百里。海岸孤绝,潮音吐吞。与此大法,殊流同源。"② 其著作有《语录》若干卷。《补续高僧传》说他智度冲深,机神坦迈,"昼则凝坐,夜则兼修净业,真积力久,至于三际不住,觉观湛然,非言辞之可拟议"。③ 足见评价之高。

此外,也有一些僧人游历普陀山,如吴兴的无极导禅师,他是宋宗室,俗姓赵,生于宋度宗咸淳四年(1268),因元兵下江南,"游兵俘母去,父求之,遇害"。他稍长后求观音菩萨,"期以见母",后终于找到母亲。他认为"母子相离二十有三年,幸而见母,皆佛菩萨力",于是"乃制竹舆,坐母其上,负戴以行。十步则辍而拜,至普陀洛伽山而返。犹以未足以报亲,报亲莫如入道,遂从铁山琼禅师落发,咨叩玄要,深坐崖庵,昼则以营,夜则霜露凝寒,豺虎交前弗顾也"。④

① 王亨彦:《普陀洛迦新志》卷六《禅德门》,杜洁祥主编:《中国佛寺史志汇刊》第1辑,台北:明文书局,1980年,第10册,第349—350页。
② [清]通旭集:《普陀列祖录》卷一,《卍新续藏》第86册,第656页上。
③ [明]明河:《补续高僧传》卷一三,《卍新续藏》第77册,第477页上。
④ [明]明河:《补续高僧传》卷一三,《卍新续藏》第77册,第466页上。

以上诸高僧，或住持普陀山补陀寺，或修寺建塔，或传承法脉，或畅演宗风，或游历普陀，对普陀山佛教做出了重要贡献，古鼎祖铭禅师是其中的佼佼者，也是元代普陀山高僧之翘楚。

三、一山一宁的对外佛教文化交流

元代普陀山还有一位高僧对中外佛教文化交流做出了重要贡献，这就是为人称道的一山一宁禅师。1299年，他受命出使日本，1317年于日本圆寂。他赴日之时是元朝外交使节身份，却以甚深禅功和精湛学问，博得日本的北条贞时及龟山、后宇多天皇之崇信。他曾受邀在日本住持镰仓的建长寺、圆觉寺、净智寺和京都的南禅寺等，开创日本禅宗中的"一山派"，于日本皇室贵族中弘扬中国禅风。为表彰其贡献，后宇多天皇赐"国师"称号，并题像赞："宋地万人杰，本朝一国师。"

学术界关于元代普陀山高僧的现有研究成果中，一山一宁也是最多的一位。迄今能见到的关于他的著作有两部，分别是《元代普陀山高僧一山一宁》[①]和《赴日元使一山一宁禅师及其禅法》[②]。前者主要研究其生平、思想、赴日背景和经历以及在中日佛教文化交流史上的贡献等，同时编有年谱，并对其语录作有简注；后者"对元代汉地佛教普陀山僧一山一宁禅师的生平事迹与历史贡献给予深入探讨"，被认为是"近年来我国在中日佛教关系研究成果中的优秀之作"。[③]关于他的论文，有毛德传的《元国

---

① 楼筱环、张家成：《元代普陀山高僧一山一宁》，北京：宗教文化出版社，2009年。
② 释觉多：《赴日元使一山一宁禅师及其禅法》，北京：宗教文化出版社，2013年。
③ 黄夏年：《从一山一宁到一国一宁——读〈赴日元使一山一宁禅师及其禅法〉》，《世界宗教研究》2014年第2期。

信使一山一宁东渡述略》①和《元国信使一山一宁东渡初探》②，
孙国珍的《元代中日文化交流及宋学在日本的传播和研究》③，包
江雁的《"宋地万人杰　本朝一国师"——高僧一山一宁访日事迹
考略》④，朱颖、陶和平的《试论一山一宁赴日在中日关系发展史
中的作用和意义》⑤，郎军涛的《高僧一山一宁东渡日本与元代的
中日文化交流》⑥，王连胜的《一山一宁与"二十四派日本禅"》⑦、
《一山一宁与日本"五山文学"》⑧、《一山一宁与定海祖印寺》⑨，
方匡水的《一山一宁书学渊源探析》⑩，霍耀林的《一山一宁在日
本的交游情况——以武家、公家以及其他僧人为中心》⑪，姚文清

①毛德传：《元国信使一山一宁东渡述略》，《南开史学》1982年第2期。
②毛德传：《元国信使一山一宁东渡初探》，《史学集刊》1983年第4期。
③孙国珍：《元代中日文化交流及宋学在日本的传播和研究》，《内蒙古师大学
　报》(哲学社会科学版)1984年第4期。
④包江雁：《"宋地万人杰　本朝一国师"——高僧一山一宁访日事迹考略》，
　《浙江海洋学院学报》(人文科学版)2001年第2期。
⑤朱颖、陶和平：《试论一山一宁赴日在中日关系发展史中的作用和意义》，《日
　本研究》2003年第1期。
⑥郎军涛：《高僧一山一宁东渡日本与元代的中日文化交流》，《陇东学院学报》
　(社会科学版)2004年第2期。
⑦王连胜：《一山一宁与"二十四派日本禅"》，《浙江国际海运职业技术学院学
　报》2006年第3期。
⑧王连胜：《一山一宁与日本"五山文学"》，《浙江国际海运职业技术学院学报》
　2006年第4期。
⑨王连胜：《一山一宁与定海祖印寺》，《浙江国际海运职业技术学院学报》2007
　年第1期。
⑩方匡水：《一山一宁书学渊源探析》，《大舞台》2012年第7期。
⑪霍耀林：《一山一宁在日本的交游情况——以武家、公家以及其他僧人为中
　心》，《黑龙江史志》2014年第19期。

的《论元代禅僧一山一宁出使日本及其影响》①，王和平的《东渡未归的和平使者——一山一宁》②，汪徐莹的《一山一宁的身份认同与日本建构的"中国"》③，卫江涵的《元僧一山一宁赴日及其影响》④等。卫江涵还以此作为硕士论文的研究对象。⑤此外，日本学者大隅和雄还发表有《蒙古入侵的阴影下——元代东渡日本高僧》⑥，这些成果，分别从生平事迹、东渡经历、佛学思想、开宗立派、书法渊源、文化交流等方面对其进行了研究，是非常重要的学术成果。在此基础上，下面主要叙述其生平事迹和东渡经历，尤其是在中日文化交流方面的贡献。

一山一宁（1247—1317），法号一宁，自号一山，俗姓胡，南宋淳祐七年（1247）出生于台州府临海县城西白毛村，为临济宗杨岐派第九世法裔。他在私塾读书时，即机敏超群。稍长后，经叔父灵江介绍，为天台山鸿福寺无等融公作侍者。三年后，又随灵江赴四明太白山（宁波）普光寺学习《法华经》。两年后出家，学律于应真寺。后又至延庆寺和杭州集庆院习"天台"。时天台衰微，他又改赴天童山随简翁敬禅师习禅。南宋咸淳年间（1265—1274），

①姚文清：《论元代禅僧一山一宁出使日本及其影响》，《福建师范大学福清分校学报》2016年第4期。
②王和平：《东渡未归的和平使者——一山一宁》，《浙江国际海运职业技术学院学报》2017年第3期。
③汪徐莹：《一山一宁的身份认同与日本建构的"中国"》，《日语学习与研究》2017年第4期。
④卫江涵：《元僧一山一宁赴日及其影响》，《人文天下》2020年第12期。
⑤卫江涵：《元朝时期中国文化东渐路径研究——以一山派为中心》，安徽大学硕士学位论文，2020年。
⑥[日]大隅和雄著，乌恩译：《蒙古入侵的阴影下——元代东渡日本高僧》，《蒙古学信息》2002年第1期。

与晦机、云屋两僧奉诏删修《百丈清规》,辑成一代典章《咸淳清规》。后得顽极行弥指点,得以契悟。至元十六年(1279)继顽极行弥嗣,开法于昌国(今舟山)祖印寺。后参访天台山、雁荡山、阿育王山等地,拜谒高僧。至元二十六年(1289),一山驻锡普陀山宝陀寺,因如智长老举荐,于至元三十一年(1294)任宝陀寺住持。元成宗时期,欲恢复中日两国因元初"文永之役""弘安之役"交兵而中断之邦交,重建两国关系,于是大德三年(1299),敕封江浙释教总统普陀山高僧一山一宁为"妙慈弘济大师",并赍诏使日本,以通好日本。诏曰:"有司奏陈:向者世祖皇帝尝遣补陀禅僧如智及王积翁等两奉玺书,通好日本,咸以中途有阻而还。爰自朕临御以来,绥怀诸国,薄海内外,靡有遐遗,日本之好,宜复通问。今如智已老,补陀宁一山,道行素高,可令往谕,附商舶以行,庶可必达。朕特从其请,盖欲成先帝遗意耳。至于惇好息民之事,王其审图之。"[1] 对此,《佛祖统纪》亦载:"三年,命弘济禅师江浙释教总统补陀僧宁一赍诏使日本。"[2]

　　大德三年(1299),一山奉元成宗之命,带领西涧士昙、石梁仁恭等五人,从庆元府(宁波)出发,搭乘日本商船东渡,登陆日本九州博多港,又经京都,终抵镰仓。但两国局势紧张,一山因携带元政府诏谕日本的使命,被镰仓幕府流放幽禁在伊豆国(今日本静冈县)修善寺。后幕府统治者北条贞时听说了一山的德行学识,认为:"宋僧之入我土,多挟道术也。传闻宁公元国望士,其受重寄又可知矣。而又出于抑逼也。且夫沙门者,福田也。有道之

---

[1] [明]宋濂等:《元史》卷二〇《成宗纪》,北京:中华书局,1976年,第426—427页。

[2] [宋]志磐:《佛祖统纪》卷四八,《大正藏》第49册,第435页中。

士，无心于万物也。在元国，元之福也；在我邦，我之福也。"[1] 于是将他迎请至镰仓建长寺。建长寺是日本临济宗建长派大本山，又名建长兴国禅寺，山号"巨福山"，1253年由镰仓幕府第五代摄政者北条时赖创立，在镰仓五禅寺中名列第一，被称为"五山"第一寺。驻锡建长寺三年后，日本正安四年（大德六年，1302）十月又迁往圆觉寺，任住持。圆觉寺是日本临济宗圆觉派的本山，为"五山"第二寺。两年后他又返回建长寺，不久又任净智寺住持。后宇多天皇慕其道风，日本正和二年（元仁宗皇庆二年，1313）请其入京都住持皇家道场南禅寺，成为第三代住持。天皇多次驾幸听法。一山一直担任南禅寺方丈，直至1317年圆寂于日本，享年七十一岁。[2] 日本文保元年（延祐四年，1317）秋寝疾，给后宇多天皇留下了一封表章："一山顿首。法皇陛下圣驾幸本山，实缩门观光也……入无声三昧耳。"书偈云："横行一世，佛祖吞气。箭已离弦，虚空落地。"后宇多天皇深为哀悼，赐国师称号，赞其为"宋地万人杰，本朝一国师"。2004年，日本将其部分舍利送至普陀山安奉。他的弟子、日本高僧虎关师炼撰有《一山国师妙慈弘济大师行状》，弟子了真也辑录有《一山国师语录》二卷。后来，一山的日本弟子也相继入元求法，如龙山德见、雪村友梅、嵩山居中、东林友丘等。

一山一宁客居日本二十年，来往于幕府和天皇之间，受到北条贞时和后宇多天皇的尊崇，完成了从被怀疑为"元朝间谍"的"赴日元使"到被奉为"一代国师"的身份转换，缓解了元初忽必

---

[1] 霍耀林：《一山一宁在日本的交游情况——以武家、公家以及其他僧人为中心》，《黑龙江史志》2014年第19期。

[2]［日］木宫泰彦：《日华文化交流史》，东京：富山房，1972年，第434—435页。

烈时期的元日紧张关系。他开创了日本禅宗的"一山派",为日本镰仓时期中国禅的东传做出了重要贡献。"'一山派禅学'是在中国禅宗自六朝以来,经历了唐宋元各代的变革,从祖师禅至分灯禅,又经历了文字禅,禅儒互补、教禅融合,吸取了老庄玄学,宋明理学精髓等一系列变革,各教派相互影响和渗透,到了元代,达于全盛时期,又在宋元政权交替的特殊历史背景下传入日本,经禅师们与日本本土佛教和传统礼仪相融合而形成的新宗派。"①他还开启了日本文化史上非常重要的"五山文学",僧人用汉字写诗的现象成为当时日本文学之主流,他因而被尊为"五山文学"的鼻祖,其弟子虎关师炼被誉为五山文学的先驱者,与绝海中津、义堂周信并称"五山三杰"。此外,他还开创了日本书法历史上的清新自然之风气,被尊为"一代草书大家",其代表作有《座右铭》《三十帖子》《金刚般若经开题》《六祖遇》等。因此,有人指出:"一山一宁出使日本虽然未完成元日建交的使命,但是,他先后在日本的圆觉寺、净智寺、南禅寺当住持,在镰仓、京都修行、传佛法近二十年,为日本禅宗发展起到了极大的影响。他的弟子众多,并有多名弟子入元朝游方求学,为元日禅宗文化交流起到了很大作用。"②

总之,在元代高僧中,一山一宁是为中日佛教文化交流做出重要贡献的一位高僧,在东亚佛教中具有重要地位。

---

① 王连胜:《一山一宁与"二十四派日本禅"》,《浙江国际海运职业技术学院学报》2006年第3期。
② 乌云高娃:《忽必烈的东亚海外政策及禅宗影响》,《海交史研究》2015年第2期。

第三节　盛熙明与普陀山第一部山志

　　普陀山处于浙东沿海,孤悬海中,交通不便。在作为观音道场和佛教名山之前,文献记载不多。在一步步被认定为佛教名山的过程中,关于普陀山佛教的资料一般记载于地方志中,如宋代的(乾道)《四明图经》、(宝庆)《四明志》、元代的(大德)《昌国州图志》等都有关于普陀山的记载。元成宗时期,西域人盛熙明写出了普陀山第一部山志——《补陀洛迦山传》,开启了撰写普陀山志书之先河,奠定了后人续写普陀山山志的基础。这在普陀山成为观音道场的发展历史和普陀山佛教发展史上,具有划时代意义。

一、盛熙明

　　盛熙明,生卒年不详,西域龟兹(今新疆维吾尔自治区库车)人。后迁住豫章(今江西南昌),又在大都(今北京)为官,任"怯薛"职务,也曾任元顺帝妥欢帖木儿时奎章阁书史,后游历于浙江宁波、普陀山以及山西五台山地区,与当朝名士虞集、刘仁本、揭傒斯、杨维桢等多有交游。据说他通六国语言,是著名书法家。他的事迹,不见于正史,仅在一些书画著作和诗歌中有零散记录,如陶宗仪《书史会要》载:

　　　　盛熙明,其先曲鲜人,后居豫章,清修谨饰,笃学多材,工翰墨,亦能通六国书,至正甲申尝以所编《法书考》八卷进,上览之彻卷,命藏禁中。①

　　此处"曲鲜",又作"曲先",指"龟兹"。虞集、欧阳玄、揭傒斯

---

① [元]陶宗仪:《书史会要》卷七,上海:上海书店,1984年,第335页。

在给盛熙明的名著《法书考》作序时均指明其籍贯,虞集载为"曲鲜盛熙明",欧阳序载其为"龟兹人",揭序载其为"曲鲜人"。此外虞集《道园学古录》卷三《题东平王与盛熙明手卷》云:"宋宣和手敕一通,卷首题识四字,我朝英宗皇帝御书也。帝尝以至治三年正月十五日幸五华山,臣有以此书献者。丞相拜住侍侧,就题以赐之。既归第,曲先盛熙明写金字佛书一帙赟丞相,丞相因以此卷貤之,且语以其故。至顺三年三月八日,熙明嘱欧阳玄记其事于左方。"①其中也有"曲先盛熙明"之语,另外还说盛熙明写有金字佛书一帙。盛家从龟兹迁至江西,应是受儒家文化的吸引。龟兹是元代色目人聚集之地,而按照元政府的民族政策,色目人高于汉人和南人,其地位仅次于蒙古人。而当时的豫章,已是儒家文化之重镇,对其有一定吸引力。"至正甲申"即至正四年(1344),当年盛熙明进呈元顺帝妥欢帖木儿《法书考》八卷,这是一部专门研究书法理论的专著,皇帝阅后"命藏禁中"。虞集在序言中对其给予高度评价:"曲鲜盛熙明得备宿卫,有以知皇上之天纵多能,留心书学,手辑书史之旧闻,参以国朝之成法,作《法书考》八卷上之。燕闲之暇,多有取焉。昔唐柳公权尝进言于其君曰:心正则笔正。天下后世谓之笔谏。勖哉熙明,无俾公权专美前世。"据载,七年以后,他又进呈七卷《图画考》。《四库全书总目提要》称《法书考》"虽杂取诸家之说,而采择特精"②;《图画考》也被认为是条理秩然。故后人研究历代书法、绘画艺术,皆推崇这两本书。

---

①[元]虞集:《道园学古录》卷三,文渊阁《四库全书》,台北:台湾商务印书馆,1986年,第1207册,第40页。

②[清]纪昀总纂:《四库全书总目提要》卷一一二,石家庄:河北人民出版社,2000年,第3册,第2897页。

　　盛熙明被认为是"自东汉摄摩腾以来众多著名西域书法家中精通梵、蒙、汉、龟兹等六种书法的唯一的书法理论家"。[①] 他的书法理论集中体现于《法书考》，该书共分八卷，分别是书谱、字源、笔法、圆诀、形势、风神、工用、附录。他尤其重视笔法、圆诀、形势和风神。关于笔法，他说："夫书者，心之迹也，故有诸中而形诸外，得于心而应于手。然挥运之妙，必由神悟，而操执之要，尤为先务也。"[②] 关于圆诀，他说："每观古人遗墨存世，点画精妙，振动若生，盖其用功有自来矣。世传卫夫人之笔阵图、王逸少之永字八法，犹可考也。舍此而欲求全美于成体之后，固亦难矣。"关于形势，他说："点画既工，而后能结体，然布置有疏密，骨格有肥瘠，不可不察也。"关于风神，他说："翰墨之妙，通于神明，故必积学累功，心手相忘，当其挥运之际，自有成书于胸中，乃能精神融会，悉寓于书，或迟或速，动合规矩，变化无常而风神超逸，似非高明之资，孰克然耶！"[③] 其中既有书法技术的运用，又有书法境界的提升。如在"风神"方面，他提到了书家之性情、书写之迟速以及用笔之方圆。而在"笔法"方面，他提到"书者，心之迹也"，认为书法乃心灵之轨迹，得于心才能应于手，挥运之际，方有"神悟"，这又接近于风神。所以明代书法家潘之淙指出："盛熙明云：善书者声誉著于时，书翰传于后，皆可历数。至于谬当虚名，庸亦有之；其泯没无闻者，固已何限。况乎好利售奇，传拓乱真，自非精

①罗绍文：《西域书法理论家盛熙明和他的〈法书考〉》，《新疆社会科学》1990年第5期。

②[元]盛熙明：《法书考》卷三《笔法》，文渊阁《四库全书》，台北：台湾商务印书馆，1986年，第814册，第507页。

③[元]盛熙明：《法书考》卷六《风神》，文渊阁《四库全书》，台北：台湾商务印书馆，1986年，第814册，第523页。

鉴，鲜能去取也。故纂辑评论，研究书刻精粗，以备采摭云。"①

　　盛熙明在大都时期，交游的人主要有虞集、欧阳玄、揭傒斯等。虞集为宋代宰相虞允文五世孙，与杨载、范梈、揭傒斯合称"元诗四大家"，在盛供职奎章阁期间，二人交往较多。揭傒斯为翰林国史编修官，受知于翰林院赵孟頫，总修辽、金、宋三朝史，有《揭文安公全集》。到了江南，尤其是浙江以后，盛熙明交游的人主要有刘仁本、张绅、杨维桢等。刘仁本为浙江黄岩人，与盛主要交游于浙东，他曾在题《普陀洛迦山传》文中说："熙明生居西域，世与佛邻。善诵佛书，深达梵语。故于楞伽秘密之典，传习小白华之事，不啻若自其口出。"其中的"小白华"即是普陀山，他盛赞盛熙明对佛教文化和普陀山皆非常熟悉。在《羽庭集》中，还有他给盛写的诗《次韵寄盛熙明》："药苗芝草净纤纤，酒熟黄精石蜜甜。紫府灵丹通火候，红炉飞雪白于盐。""流水潺潺泛落花，误因采药到仙家。归来几换人间世，回首云深路已赊。"②从诗文中也可以看到，他对盛熙明很尊崇，又如《次盛熙明为灵峰寺写碣韵》："晋帖唐碑已独占，后来刻画类无盐……彤管曾题金榜字，银钩高映玉堂帘。"刘还赠诗《癸卯新正次盛熙明见寄韵二首》，其二有云："文气谁能催视草，圣恩遥想赐传柑。""视草"即代皇帝起草诏书，而"传柑"指皇帝夜宴近臣，以柑而赠。他深知盛熙明喜佛好道，所以也有很多论佛谈道之诗，如《次盛熙明韵》云："自从海上觅神仙，却喜山人夙有缘。相访每骑黄犊出，忘机曾对白鸥眠。"

①［明］潘之淙：《书法离钩》卷七《品题》，文渊阁《四库全书》，台北：台湾商务印书馆，1986年，第816册，第385页。
②［元］刘仁本：《羽庭集》卷四《七言律诗》，文渊阁《四库全书》，台北：台湾商务印书馆，1986年，第1216册，第68—69页。

　　盛熙明在《补陀洛迦山传》中也有关于普陀山的《游普陀诗》："缥缈蓬莱未足夸，海峰孤绝更无加。入门已到三摩地，携手同游千步沙。碧玉镜开金菡萏，珊瑚树宿白频迦。殷勤童子能招隐，共采芝英和紫霞。""惊起东华尘土梦，沧州到处即为家。山人自种三珠树，天使长乘八月槎。梅福留丹赤如橘，安期送枣大于瓜。金仙对面无言说，春满幽岩小白花。"①

二、《补陀洛迦山传》

　　盛熙明晚年主要活动于浙东，因对普陀山青睐有加，便编纂了普陀山第一部志书《补陀洛迦山传》。"《补陀洛迦山传》为元代佛教方志代表作之一。作者仿效前人方法，采用平目体，将内容分为四品三附录，即自在功德品、洞宇封域品、应感祥瑞品、兴建沿革品，每章之前撰者先做一概述，阐明本章之意与设置的原因。"②宋金芹指出："此传全书七千余字，四品三附录共七篇，内容为自在功德、洞宇封域、应感祥瑞、兴建沿革、观音大士赞、附录和名贤诗咏，是普陀山志之权舆，现存光绪初（1875—1885年）定海修志局抄本，台湾图书馆有钞本，《普陀山典籍·补陀洛迦山传》（2007年版）板式四周双边，双鱼尾，半页11行，行20字，因《大正藏》收录的文本文末有光绪十年（1884）吴县的蒋清翊的注记，故认为《补陀洛迦山传》不是七篇而是仅有五篇。"③

---

①〔元〕盛熙明：《补陀洛迦山传》卷一《名贤诗咏》，武锋点校：《普陀山历代山志》，杭州：浙江古籍出版社，2014年，上册，第17页。
②曹刚华：《融合中的变化：传统史学与中国佛教方志的发展》，《世界宗教研究》2008年第4期。
③宋金芹：《普陀山志整理、研究与编撰之管见》，《浙江海洋大学学报》（人文科学版）2017年第4期。

　　武锋点校的志书中,《补陀洛迦山传》共有七部分,分别为:
"自在功德品第一""洞宇封域品第二""应感祥瑞品第三""兴建沿
革品第四""附录第五""观音大士赞第六""名贤诗咏第七"。第
一"自在功德品"记载观音菩萨的名号与功德,并引《法华经》《大
悲心总持经》、藏教密乘《经》以解释,最后录有六字大明咒。第二
"洞宇封域品",记载了补陀洛迦所在区域的行政区划和山上的灵
迹如宝陀寺、潮音洞、善财洞、磐陀石、三摩地、真歇庵、无畏石,
并列举了正趣峰、灵鹫峰、观音峰等。第三"应感祥瑞品"记载了
唐大中年间(847—859)到元代致和元年(1328)的十五则感应故
事。第四"兴建沿革品"记载了后梁贞明二年(916)直至元末的王
臣之崇重与士民之归仰,其实主要是对今普济寺的历史沿革的记
载。第五"附录"主要记载了其他一些观音道场如长安南五台、武
林西山上天竺寺、澶州雾灵山等,另外记录了作者朝礼五台山的
情况。第六"观音大士赞"所录为唐代王勃作品,但据后人考证并
非王勃所作。第七"名贤诗咏",录有赵孟𬊈、刘仁本等人作品。
　　在正式撰写山志内容之前,有一段《题辞》,类似于今书之"前
言",其中有一段记述:

　　　　"补陀洛迦"者,盖梵名也,华言"小白华"。《方广华严》
　　言"善财第二十八参观自在菩萨与诸大菩萨,围绕说法",盖
　　此地也。然世无知者。始自唐朝梵僧来睹神变,而"补陀洛
　　迦山"之名遂传焉。①

　　一开始这句话很关键,他直言《华严经》的补陀洛迦即是"此
地",只不过"世无知者",只有梵僧来睹神变之后,补陀洛迦山之

───────────

① [元]盛熙明:《补陀洛迦山传》卷一《〈补陀洛迦山传〉题辞》,武锋点校:《普
陀山历代山志》,杭州:浙江古籍出版社,2014年,上册,第2页。

名才开始流传。如前文所言,梵僧来睹神变之记载,并未直接涉及《华严经》,而盛熙明在志书一开始就直言《华严经》,说明他意识到了经典记载的重要性,或许其山志以"补陀洛迦"来命名,而不是"补陀山""梅岑山"或其他名字,其意正在于此,亦即为"普陀山"正名。

盛熙明为什么要写《补陀洛迦山传》? 这与他的疑惑有关,他认为,印度的补陀洛迦山和我国的普陀山的关系是模糊不清的,在《补陀洛迦山传》中他说:

> 仆尝游五台山,从密嘚哩室利师获聆番本《补陀洛迦山行程记》。始自西竺,至葛剌捞迦罗国,有灵塔,当昼夜绕道叩礼,自有告以道里方所,乃可前进。中间历罗刹鬼国,诱以声色饮食,慎勿犯之,及种种魔碍之所,但勇往毋退。复遇宝池,获饮甘露,身力增倍,备践胜境,亦莫贪恋,一心径往。渐近圣地,当有马首金刚,远来迎导,至于下岩,圣多罗尊摄受慰喻。然后诣岩中,紫竹栴檀,森郁交荫,流泉清洁,纤草如茵,菩萨充满。观自在菩萨,常住其中,天龙围绕。行者至此,蒙宣妙法,即得开悟。凡有所求,依愿圆满。此其大略,不能具录。以是考之,则决非凡境,岂造次所能至哉! 似匪此地比拟也。后至四明,屡有邀余同游补陀山者,心窃疑之,不果往也。一夕,忽梦有人谓曰:"经不云乎:菩萨善应诸方所,盖众生信心之所向,即菩萨应身之所在,犹掘井见泉,然泉无不在。况此洞神变自在,灵迹夙著,非可以凡情度量也。"既觉而叹曰:"嗟夫! 诸佛住处,名常寂光,遍周沙界,本绝思议,何往而非菩萨之境界哉? 断无疑矣!"既集成《传》,附以天竺、雾灵事迹,并以旧闻,庶显非同非异,无别无断,用祛来者之惑也。至正辛

丑岁（1361）四月望，寓四明之盘谷玄一道人盛熙明记。①

　　这段话载于盛熙明《补陀洛迦山传》结尾。作者自述他曾游五台山，并获得番本《补陀洛迦山行程记》，其中对"补陀洛迦山"记载甚详。要经历罗刹鬼国、宝池，亲睹马首金刚、圣多罗尊，方能在紫竹栴檀中亲见观音，并且即得开悟，依愿圆满，可惜他并未详细转载。随后，盛熙明表达了自己的忧虑："以是考之，则决非凡境，岂造次所能至哉？似匪此地比拟也！"这是说我国的普陀山是不能和印度这座观音道场相比的。后来，有朋友邀请他去普陀山，他都"心窃疑之，不果往也"。直到有一天，他做了一个梦，方才释然。梦中有人告诉他，佛经中说菩萨善应诸方所，众生信心所向，就是菩萨应身之处，而普陀山的灵迹"非可以凡情度量"，自此，他才"断无疑矣！"撰写《补陀洛迦山传》，"用祛来者之惑也"。

　　盛熙明是为了"祛来者之惑"而撰写的《补陀洛迦山传》，写传之前，他参访了五台山，得闻印度观音道场之实况而更疑惑，最终得梦而解疑。我们以为，他去五台山，除了朝礼圣山，还有一个重要的原因，就是对五台山文殊道场进行实地考察。具体而言，就是考察《华严经》记载的"清凉山"是如何转换为"五台山"的。他去五台山之前，五台山已至少有三部山志，即唐慧祥《古清凉传》、宋延一《广清凉传》和宋张商英《续清凉传》。张商英的传记基本是一部五台山的感应日记，虽名为志但并非志之体例。因而能对他产生影响的是《古清凉传》和《广清凉传》，前者共五部分，分上下两卷，上卷为"立名标化一""封域里数二""古今胜迹三"，下卷为"游礼感通四"和"支流杂述五"；后者虽分为二十三部分，但主

———————

① ［元］盛熙明：《补陀洛迦山传》卷一《附录》，武锋点校：《普陀山历代山志》，杭州：浙江古籍出版社，2014年，上册，第13—14页。

要有三部分,一是对文殊菩萨之介绍,有"菩萨生地见闻功德"等,
二是对五台山及其寺庙的介绍,有"清凉山得名所因""五台四埵
古圣行迹""释五台诸寺方所"等,三是各种不同身份的人的游礼
感通事迹,另有一些灵异藁木,在篇末,收录有"大圣文殊师利古今
赞颂"。因而,盛熙明的志书基本遵循了《清凉传》的编撰体例,首
先介绍观音菩萨,然后介绍普陀山,然后是各种感应故事,接着是
王臣之崇重和名贤题咏。或许是因为能够搜集的资料有限,其志
书内容并不多,仅八千余字。不过,作为普陀山首志,本书开启了
印度的"补怛洛迦山"转换为中国的"补陀洛迦山"的重大理论进
程。其在普陀山观音道场发展史上的地位,等同于澄观国师的《华
严经疏》和《华严经疏钞》在五台山文殊道场信仰史上的重要地位。
自此以后,普陀山真正地"名正言顺"了,也"理直气壮"了,这为其
以后在明清时期的鼎盛奠定了极为重要的理论基础。

　　需要指出的是,作为第一部志书,《普陀洛迦山传》一直被藏
于寺庙,而未能流传,几乎淹没于历史之中。直到二百余年后的
明朝万历十五年(1587),浙江总兵侯继高于普陀山中发现了"纸
敝墨濡"的志书。"余不佞,承乏来浙,涉历海洋,首谒大士于补
陀。周览之余,问寺僧:'山有志乎?'始出熙明著《传》。则纸敝墨
濡,几成蠹简矣。盖熙明至今已二百三十余年,其四品所载,亦大
都尔。入我明来,香火益崇,著述益富,迄今无有绍熙明而为之传
者。"① 他接着说:"名山巨刹,既不可无载述以示于后;况圣母慈
圣皇太后刊印藏经,而我皇上纯孝承志,敕遣内使赍经降香,来锡

① [明]侯继高:《补陀山志序》,载王亨彦:《普陀洛迦新志》卷一二《叙录门》,
　　杜洁祥主编:《中国佛寺史志汇刊》第1辑,台北:明文书局,1980年,第10
　　册,第594页。

普陀。余既勒之贞珉，与兹山并峙矣。于此，又乌得无志？"他非常感叹二百三十年前盛熙明已著有第一部志书，而明代普陀山香火益崇，却无人续写志书，于是邀请屠隆续写了第二部志书《补陀山志》。关于此志的作者与内容，将在明代部分叙述。

第四节 多宝塔与汉藏佛教文化融合

一、元代浙江汉藏佛教艺术

至元十三年（1276）二月，元军攻陷临安（今浙江杭州），开启了浙江发展的新纪元。为防止汉文化渗透，元朝崇奉藏传佛教，并抑制禅宗的发展。与此同时，杨琏真迦、沙罗巴、达尼钦波桑波贝、管主巴等藏传佛教僧人进驻杭州，刊印经藏、建造石窟、雕刻造像，传播藏传佛教教义、建筑风格以及石刻艺术等。元朝在杭州刊印的有《普宁藏》《碛砂经》、河西《大藏经》等。《普宁藏》，又称《杭州藏》《元藏》，由元初杭州路余杭县普宁寺住持道安、如一、如志等主持雕印。《碛砂经》于南宋理宗时期开始刊刻，但因战火、兵乱，部分雕版流失，中断六十年左右。元成宗大德元年（1297）下旨恢复雕刊《碛砂经》，元英宗至治二年（1322）完成雕刻，共收录佛教典籍1532部，6362卷，分作591函。与此同时，还刊印了河西《大藏经》，其中对汉、藏文《大藏经》进行校勘，检出了漏译、错误等问题，也使《大藏经》有了统一标准。此外，元朝还在浙江雕刻密宗造像，其中最具代表性的是杭州飞来峰藏传佛教密宗石窟造像、杭州吴山风景区紫阳山麓宝成寺内的元凿麻曷葛剌造像等。

飞来峰造像位于浙江省杭州市西湖区，主要分布于青林洞及其洞口、洞内和西侧悬崖，龙泓洞北侧石壁，玉乳洞和冷泉溪南岸。石窟自唐代开凿，历经五代、宋、元三个造像高潮时期，直至明代，经久不衰，是我国东南最大、最著名的窟龛造像群。其中元代造像最具特色，刻于世祖至元十九年（1282）至二十九年（1292）。据统计，现存元代造像67龛，大小造像116尊，其中有46龛为藏传佛教风格造像，62尊为汉式风格造像，8尊为受藏传佛教风格影响的汉式造像。①飞来峰造像数量多，体量大，具有"显密并陈，汉梵并举"的特点。其造像可分为佛、菩萨、佛母、护法、祖师等类型，造像风格既有汉式的，也有梵式的。佛龛与前代相比更为深雕、方直，主要以长方形、方形为主，少数也有凸字形、半圆形和平顶等；背光、头光也以素面的马蹄形及环形的背光为主；佛座更加多样化，有的采用了比较瘦长的仰莲座，有的则是莲瓣肥短的扁平状仰莲座，有的还以亚字形须弥座托起。此时，汉式风格和梵式风格相互渗透、相互融合，构成了汉梵并举的独特现象。②其中代表性的有顶髻尊胜佛母九尊坛城、毗卢波密里瓦巴石窟、四臂观音三尊龛造像、杨琏真迦石刻像等。

　　飞来峰石窟既有犍陀罗艺术的风格，又有藏传佛教的艺术特色，还内蕴汉传佛教的特点，彰显江南艺术风格，其中可以看到汉藏佛教艺术的融合。

　　宝成寺麻曷葛剌造像是唯一有明确纪年题记（至治二年，1322）的元代大黑天摩崖造像，在佛教史上有重要艺术价值。宝成寺始建于五代后晋天福年间（936—944），由吴越王妃仰氏所

---

① 洪惠镇：《杭州飞来峰"梵式"造像初探》，《文物》1986年第1期。详参熊文彬：《从版画看西夏佛教艺术对元代内地藏传佛教艺术的影响》，《中国藏学》2003年第1期。
② 光泉：《飞来峰佛教造像：讲述佛教扎根中国的历程》，《中国民族报》2020年9月8日，第8版。

建,又名释迦院。北宋真宗大中祥符年间(1008—1016)改额宝成院,南宋理宗宝祐五年(1257)赐额宝成寺。寺内石壁现存三个造像龛,中间一龛为三世佛造像,南边为一个大龛带八个小龛,北边一龛为麻曷葛剌造像,高1.38米,其左右胁侍分别是文殊和普贤,题刻清晰,造像独特。麻曷葛剌为梵文Mahākāla的音译,意译即大黑天,被认为是佛教的守护神、财神等,密宗尤其重视。2001年宝成寺麻曷葛剌造像入选第五批全国重点文物保护单位。

藏传佛教石刻造像传播至杭州,其造像的种类、姿态、手印等虽然繁复,但是打破了汉式造像的单调感,增强了石刻艺术的生动性,促进了汉藏佛教艺术的交流与融合。元朝时,融合汉藏佛教文化于一体的艺术形式在普陀山也有体现,多宝塔就是重要的代表。

二、多宝塔修建缘起与内容

多宝塔,又称太子塔,取《法华经》中的"多宝佛塔"之义而定名,与杨枝庵中根据初唐著名大画家阎立本绘的观音画像刻成的杨枝观音碑、法雨寺中明朝南京故宫唯一存世的宫殿建筑九龙殿九龙藻井并称普陀山三宝。①多宝塔建于元统二年(1334),不仅历史久远,而且造型独特,2006年入选第六批全国重点保护文物单位。关于其修建缘起,据载,元顺帝时期,宣让王帖木儿不花"施钞千锭"布施普陀山,宝陀观音寺住持孚中怀信禅师以此布施而建造石塔。对此,《补陀洛迦山传》卷一记载:

元统二年(1334),宣让王施钞千锭,建石塔,高九丈

①也有人认为佛顶山慧济寺西侧普陀鹅耳枥树也是一宝,因为这株近六百年的野生鹅耳枥是全球仅存的一株,而且为我国独有。

六尺。①

后历代山志中对此多有记载，《普陀洛迦新志》"多宝佛塔"云：

> 俗名"太子塔"，在普济寺东南。元元统中，宣让王施钞
> 千锭，为住持孚中建。高九丈六尺，凡五层，俱用太湖美石制
> 成。四面各安佛相，旁栏柱端，刻守护天神、狮子莲花，极工
> 巧生动。②

关于太湖石的来源，《普陀洛迦新志》卷六"孚中"条载：

> 姑苏产奇石，信购善工造多宝佛塔上三层（即太子塔），
> 载归普陀，俾信心者礼焉。③

据此，多宝塔上面三层的制作材料是从苏州所购买的质量上
佳的太湖石，而且聘请了当地一流工匠进行雕刻，然后运回普陀
山建造而成。

多宝塔为方形三级宝箧印经式石塔，通高18.17米，两层塔
座，三层塔身，有台无檐。两层台基由花岗岩分层垒砌。立面呈
梯形，向上收分。三层塔身的各层平面均为正方形，"立面成横宽
于竖、向上收分的梯形"，稳定而庄重。"基座四周由下而上分别
饰有湍流水波纹、如意祥云、五组重山，寓意须弥山外围之九山八
海，以此衬托佛理之博大精深。正身一至三层四面向上收分，均
凿壶门佛龛，龛内各塑结跏趺坐佛像一尊于莲座之上。"亦即塔身
三层四面各塑佛像一尊，惜多有毁坏，后又修复。一层配有十八

---

① ［元］盛熙明：《补陀洛迦山传》卷一《兴建沿革品》，武锋点校：《普陀山历代
　　山志》，杭州：浙江古籍出版社，2014年，上册，第12页。

② 王亨彦：《普陀洛迦新志》卷七《营建门》，杜洁祥主编：《中国佛寺史志汇刊》
　　第1辑，台北：明文书局，1980年，第10册，第474—475页。

③ 王亨彦：《普陀洛迦新志》卷六《禅德门》，杜洁祥主编：《中国佛寺史志汇刊》
　　第1辑，台北：明文书局，1980年，第10册，第347页。

罗汉圆雕，西侧壶门上有题记："佛弟子殷必胜同妻，女僧人朱氏妙清，元统二年十月吉日志。"[1]每层石台置石栏，石栏柱端刻有二十四诸天、狮子、莲花等图案。底层基座平台较宽，还雕有螭首二十只，张口作吐水状，造形生动；二层塔台基又雕有十二只，共有螭首三十二只，其中每层又分两类：转角螭首和平身螭首。各层正身上檐四周均刻有藏文"六字真言"。顶部有塔刹，形如小型覆钵塔，四角饰蕉叶，顶端置宝瓶。

多宝塔形制独特，其形式是于二层台基之上将宝箧印塔重叠而置。塔四面雕刻的主要是佛像。平面方形的宝箧印塔一般是一层，有时是一至三层，是一种实心塔，由基座、塔身、塔檐与塔刹组成。三国时代，金陵长干寺开始建造这种塔，凿于北魏时代的云冈石窟，也可以看到这种塔的雏形，但是，"元代留下的宝箧印塔不多，其中最大的要数普陀山多宝塔"。[2]

三、汉藏佛教文化融合

多宝塔的形制，被认为是藏传佛教的曼陀罗。对此，陈舟跃指出："多宝塔就是一座元政权所崇尚的藏传佛塔。"[3]"多宝塔其实就是藏传佛教所言最具法力的'坛场'，不仅恰到好处地展现了平面难以示现的'无上法界'，同时也开示了如来用语言、文字不易表达幽深玄远的理智两德。"[4]但它又融入了汉传佛教的元素，

①陈舟跃：《普陀山多宝塔考析》，《浙江海洋学院学报》（人文科学版）2007年第3期。
②路秉杰、杨宇峤：《普陀山多宝塔修缮研究》，《古建园林技术》2006年第3期。
③陈舟跃：《普陀山多宝塔》，《四川文物》2007年第6期。
④陈舟跃：《普陀山多宝塔考析》，《浙江海洋学院学报》（人文科学版）2007年第3期。

如"九山八海""如意云"等。其中三层塔身四面龛中各置一佛，又不同于藏传佛教之特点，而是符合汉地崇尚"儒雅"审美意识的"慈容妙丽，俨然如生。精工妙手，悦人心目"的艺术特点①，这也是汉藏佛教文化融合的结果。

此塔何以被认为是藏传佛塔？如上所述，塔四周立面镌有藏传佛教"六字真言"，而且其塔基的装饰形式颇类似于北京居庸关元代云台，这是一座金刚界曼陀罗塔基。陈舟跃对此多有研究，他指出，多宝塔三层塔身一十二龛中的佛像与藏传佛教"无上法界"之间有一一对应关系，分别表现的是金刚界四方佛、胎藏界四方佛和四方菩萨。金刚界大日如来摄归于"四智"总体；而胎藏界四佛、四菩萨喻大日如来的四智四行。其中金刚界四方佛位于第三层塔身，胎藏界四方佛、四方菩萨分别位于第二层和第一层塔身。因此第一层塔身分别是四方菩萨：东为普贤，南为文殊，西为弥勒，北为观音；第二层塔身是胎藏界四佛：东为宝幢佛，南为开敷花王佛，西为无量寿佛，北为天鼓雷音佛；第三层塔身是金刚界四方佛：东为阿閦佛，南为宝生佛，西为弥陀佛，北为不空成就佛。"又三层塔身楼阁式布局吻合曼荼罗大金刚轮中佛、菩萨居住楼阁之描绘，且每尊佛像、菩萨像坐姿、方位均与曼荼罗中所示现的一致，所以台基以上三层塔身表示佛、菩萨所处须弥山顶的'无色界'，也是藏传佛教'无上法界'曼荼罗核心部分的立体表现形式。"②

在外形上，多宝塔与藏式佛塔有较大差距，但却是元代以后

①陈舟跃：《由普陀山石刻遗存看佛教文化演变》，《浙江海洋学院学报》（人文科学版）2012年第1期。
②陈舟跃：《普陀山多宝塔》，《四川文物》2007年第6期。

藏传佛教建筑形式发展的一大趋势，体现的是一种汉藏佛教文化的融合，其中重要的表现是佛塔传统的覆钵式塔身演变为汉地传统亭台楼阁式的建筑形式，融入了汉地的佛教意识和汉文化的审美理念。因此，"普陀山多宝塔是元代汉地藏传佛塔发展演变的'绝版'"。[1]可以说，多宝塔是汉藏佛教文化融合的结晶，

　　其实，在建造多宝塔之前，藏传佛教应该已传播至普陀山。元初藏传佛教传播于杭州时，普陀山也有藏传佛教的活动，其核心人物是达尼钦波桑贝波。他于阳水狗年出生于博东艾（今西藏日喀则市萨迦县）的一个地方[2]，是萨迦法王八思巴同父异母的弟弟益希迥乃的儿子。十六岁之前，他随父亲学习藏语和佛教知识，八思巴从大都回萨迦寺后，他随八思巴学习佛典和咒法。八思巴去世后，忽必烈决定由白兰王恰那多吉之子达玛巴拉若支达继承萨迦法座。此前，大臣阿布建议由达尼钦波桑贝波继承萨迦法座。忽必烈震怒，将阿布流放至岭南，将达尼钦波桑贝波流放至苏州，后来又降旨流放至杭州普陀山，希望他在此处好好修习瑜伽行。[3]他二十七岁时，达玛巴拉去世。此后，忽必烈下令"将他从蛮子地方找回来"，前往西藏就任萨迦寺法座。这一年，达尼钦波桑贝波三十五岁[4]，他在杭州和普陀山共寄居十六年。仁宗皇庆元年（1312），他被加封为国师，恢复了政治地位。达尼钦波

①陈舟跃：《普陀山多宝塔》，《四川文物》2007年第6期。

②［明］达仓宗巴·班觉桑布著，陈庆英译：《汉藏史集》，拉萨：西藏人民出版社，1986年，第278页。

③阿旺贡噶索南著，陈庆英、高禾福、周润年译注：《萨迦世系史》，拉萨：西藏人民出版社，1989年，第190页。

④阿旺贡噶索南著，陈庆英、高禾福、周润年译注：《萨迦世系史》，拉萨：西藏人民出版社，1989年，第191—192页。

桑贝波被流放到普陀山的这段历史，史书几乎没有记载，但有人指出："根据当时的政治环境，是有利于藏传佛教在江南地区传播的，而且将达尼钦波桑贝波流放之地是昌国州（舟山群岛中的普陀山），普陀山是观世音菩萨的道场，是中国佛教文化中心之一。江南地区浓厚的佛教氛围，达尼钦波桑贝波精湛的佛法，忽必烈在江南地区实施的'重教轻禅'的政策，都是适合达尼钦波桑贝波在江南地区传播藏传佛教的，况且他还在江南普陀山一待就是16年之久。在江南一带传播藏传佛教也许是微乎其微的，但是，也不能忽略不计吧！笔者认为达尼钦波桑贝波在江南地区至少有一些藏传佛教的弘法活动。"① 可见，达尼钦波桑贝波在普陀山应该也是有藏传佛教的传播活动的。

第五节　元代文人士大夫的普陀山信仰

一、元代文人士大夫与僧人的交游

元王朝迅速灭亡，一大原因是吏治腐败。袁冀曾于《说元代吏治》中指出："考蒙元速亡之因，一曰职繁官冗，二曰豪奢横敛，三曰俸薄贪墨，四曰吏品流杂，五曰蒙员瞀于从政。""吏治窳劣，为其根本。"② 因此，秉持儒学的士大夫，纷纷呼吁整顿吏治，并

---

① 张陆地：《元代藏传佛教高僧在杭州路的弘法活动》，青海师范大学硕士学位论文，2013年，第45页。

② 袁冀：《说元代吏治》，载袁冀：《元史研究论集》，台北：台湾商务印书馆，1974年。转引自关树东：《元代士大夫反腐倡廉思想述略》，葛志毅主编：《中国古代社会与思想文化研究论集（第二辑）》，哈尔滨：黑龙江人民出版社，2007年，第132—148页。

提出了一些改革思想与方案①,但终难以挽救元王朝之灭亡。文
人士大夫们忧国忧民之际,也举行雅集,以抒胸怀。如赵孟頫于
《松雪道人方外交疏》中说:"兹审石室书记瑛公住持昌国州隆教
禅院,凡我与交,同词劝(以下缺)。处西湖之上,居多志同道合之
朋;歌白石之章,遂有室迩人远之叹。"②又如刘仁本于至正二十
年(1360),感慨"东晋山阴兰亭之会,蔚然文物衣冠之盛,仪表后
世,使人景慕不忘也",于是效法东晋兰亭集会,邀名士谢理、朱右
等四十二人,相聚于余姚秘图山行"修禊事","补晋人所缺诗篇",
将众人之诗刻于石上,命为《续兰亭会图石刻》。值得指出的是,
赵孟頫和刘仁本都是常与僧人交游的崇佛士大夫。

　　佛教传入中土后,最迟从魏晋南北朝时期,就可从史籍或僧
传中看到文人士大夫对待佛教的态度,他们有的是奉佛崇佛,有
的是排佛反佛。直至宋代,文人士大夫在与僧人的交往中,也多
处于主导地位,而僧人居于次要地位。统观历史,可以看到有排
佛者如东晋南朝的顾欢、何承天、戴逵,唐朝的韩愈等,也有奉佛
者如唐代的王维、柳宗元、白居易,宋代的苏轼等。他们或视僧人
为方外之宾,或统释入儒,或鄙视排斥,如苏轼"与僧惠勤、惠思、
清顺、可久、惟肃、义诠,为方外之交"。③又如韩愈力倡"不塞不

①详参关树东:《元代士大夫反腐倡廉思想述略》,葛志毅主编:《中国古代社
　会与思想文化研究论集(第二辑)》,哈尔滨:黑龙江人民出版社,2007年,第
　132—148页。
②[清]卞永誉:《式古堂书画汇考》卷一六,文渊阁《四库全书》,台北:台湾商
　务印书馆,1986年,第827册,第719页。
③[明]田汝成:《西湖游览志余》,杭州:浙江人民出版社,1980年,第283页。

流，不止不行。人其人，火其书，庐其居"。① 元代的文人士大夫中，出身蒙古族的士大夫居多，官居高品，手握重权，"占据了中央和地方的显位要职"，且具有一定的汉文化造诣。② 蒙古族的儒士大夫多支持佛教，这也促进了以汉族为主的其他民族的士大夫与僧人的交游。与此同时，有人指出："以文人为主导的不对等关系下的交往模式逐步消失，以文人、僧人在平等关系下的新型交往模式成为主流。在这种新型平等关系下，文人出入佛学，与僧人交游的人数日众；文人为振兴儒家道统而排佛的现象消失；文人对待僧人结交权贵、追求功名的态度由鄙视排斥变为羡慕投附。"③ 之所以产生这种变化，既和当朝的宗教制度、用人政策有关，又和当时的文人心态有关。

　　因此，元代的文人士大夫，尤其是中后期的士大夫，多与僧人有交往，如虞集、杨载、揭傒斯、萨都剌、黄溍、吴澄、赵孟頫、欧阳玄、张翥、顾瑛、杨维桢、戴良、贯云石、杜本、宋无、陈基等，从他们著作中，可以看到他们与僧人的交情以及在同游山水或宴饮游戏时参禅论道的情形。如宋无（1260—1340）终生不仕，归隐翠寒山；顾瑛自称金粟道人，《自题小像》云："儒衣僧帽道人鞋，天下青山骨可埋。若说少年豪侠处，五陵鞍马洛阳街。"④

----

① [唐]韩愈著，屈守元校注：《韩愈全集校注》，成都：四川大学出版社，1996年，第2662页。

② 许佳君：《元代蒙古族儒士大夫的宦途》，《河海大学学报》（哲学社会科学版）2001年第1期。

③ 相文、韩震军：《论元代文人与僧人关系的新变》，《山西大同大学学报》（社会科学版）2019年第4期。

④ 都穆：《南濠诗话》，丁福保辑：《历代诗话续编》，北京：中华书局，1983年，第1354页。

二、普陀山的文人士大夫

作为观音道场的普陀山,也吸引了当时的一些文人朝山游礼,推动了普陀山信仰的发展。如刘赓、赵孟頫、黄溍、吴莱、盛熙明、刘仁本等纷纷登临普陀山,或赋诗、或题刻,表达了对观音道场的赞叹之情。《普陀山大辞典》中列有元代与普陀山有关的历史人物(见表一)。

表一:元代普陀山文人士大夫①

姓名	出生年月	籍贯	身份	著作	普陀山事迹	备注
刘赓 字熙载	1248—1328	河北威县	国史院编修官	《昌国州宝陀寺记》	大德五年(1301)奉诏至普陀,撰《昌国州宝陀寺记》。	
赵孟頫 字子昂 号松雪道人 又号水晶宫道人	1254—1322	浙江湖州	集贤直学士、济南路总管府事等	《普陀岩应制》《为一山宁公赞》	奉诏书写《昌国州宝陀寺记》碑文。	
黄溍 字晋卿 一字文潜	1277—1357	浙江义乌	国史院编修、翰林直学士等	《游宝陀寺诗》	初任台州宁海县丞,曾游普陀。	
忠宣王 名源,改名璋 字仲昂	1275—1325		忠宣王	《行录》	忽必烈外甥,延祐六年(1319),率权汉功、李齐贤等朝礼普陀。著有《行录》。	

①资料来源:王连胜主编《普陀山大辞典》,合肥:黄山书社,2012年,第312—313页。

续表

姓名	出生年月	籍贯	身份	著作	普陀山事迹	备注
吴莱 字立夫 本名来凤	1297—1340	浙江 浦江	初谋职礼部，后隐居松山	《磐陀石观日赋》《望马秦桃花诸山问安期生隐处》《甬东山水古迹记》	泰定元年(1324)夏游普陀,作有诗文。	
盛熙明 号玄一道人		新疆 库车	奎章阁书史	《补陀洛迦山传》《游补陀诗》	至正二十一年(1361),因病寓居宁波,友人邀请叩补陀山,疑而未往。后朝普陀,住山数月。	
刘仁本 字德元 号羽庭	1311—1368	浙江 黄岩	江浙行省左右司郎中	《补陀洛迦山传序》《补陀大士桥》	在宁波、定海、奉化兴儒学,至正十五年(1355)朝山,亲见观音。	
丁鹤年 字永庚 号友鹤山人	1335—1424	西域 色目人	诗人	《题昌国宝陀寺》诗二首	至正二十四年(1364)居昌国(今舟山),元末避方国珍难,寄居普陀山。	回族
袁珙 字廷玉 号柳庄居士	1335—1410	浙江 宁波	相士	《柳庄集》《柳庄相法》	元末,游普陀时遇异僧别古崖,授以相人术。	
宋濂 初名寿, 字景濂, 号潜溪, 别号龙门子、玄真遁叟等	1310—1381	浙江 浦江	明朝时任江南儒学提进、太子师	《清净境亭铭》	明洪武二年(1369)主纂(元史),洪武三年与部使刘承直、住持行丕游普陀。	

　　以上十位人物中，丁鹤年、袁珙和宋濂为元末明初人，宋濂登普陀山时已是明洪武年间，袁珙于元末在普陀山遇见僧人别古崖而学相术，因以闻名。丁鹤年与盛熙明一样，同为西域人，他"匿翁洲海岛，隆冬衣不掩胫。有馈遗者，虽饘粥费无所受。忧愤欢愉皆发之于诗"。①此处的"翁洲海岛"，即普陀山。他的两首《题昌国普陀寺》诗云：

　　　　神鳌屹立戴崔嵬，俯瞰沧溟水一杯。积翠自天开罨画，布金随地起楼台。祈灵汉使乘槎到，传法梁僧折苇来。若使祖龙知胜概，岂应驱石访蓬莱。（其一）

　　　　昆明劫火忽重然，宇内名山悉变迁。古刹独存龙伯国，丰碑犹记兔儿年。三更日浴咸池水，八月潮吞渤海天。云汉灵槎如可御，便应长往问群仙。（其二）②

　　其余文人士大夫中，比较重要的，除盛熙明之外，还有赵孟頫、吴莱、刘仁本等。

　　元代还有其他的文人士大夫登临普陀山，如维吾尔族的贯云石、岳鲁山等，延祐四年（1317）春，二人与昌国州同知干文传（1276—1353）同游昌国，登临普陀山顶，游览磐陀石，贯云石作《观日行》：

　　　　六龙受鞭海水热，夜半金乌变颜色。天河蘸电断鳌膊，刀击珊瑚碎流雪。朔方野客随云间，乘风来游海上山。飞骧拖空渡香水，地避中原杂圣凡。壮鳌九尺解霜鼓，瘦纹巨犬自掀舞。惊看月下墨花鲜，欲作新诗授龙女。人生此行丈夫

①王亨彦：《普陀洛迦新志》卷九《流寓门》，杜洁祥主编：《中国佛寺史志汇刊》第1辑，台北：明文书局，1980年，第10册，第526页。
②王亨彦：《普陀洛迦新志》卷五《梵刹门》，杜洁祥主编：《中国佛寺史志汇刊》第1辑，台北：明文书局，1980年，第10册，第259页。

国，天吴立涛欺地窄。乾坤空际落春帆，身在东南忆西北。

　　硕大的磐陀石，引发了他对北庭乡亲们的绵绵思念。①岳鲁山曾和诗一首，惜未流传下来。

　　需要指出的是，贯云石（1286—1324）是元代著名的散曲家。他是高昌回鹘畏吾人，祖父阿里海涯为元朝的开国大将。仁宗时他任翰林侍读学士、中奉大夫，知制诰同修国史。后隐居杭州改名"易服"，自号"芦花道人"。隐居时期，他常入天目山参禅。"入天目山，见本中峰禅师，剧谈大道，箭锋相当。每夏坐禅包山，暑退始入城。自是为学日博，为文日邃，诗亦冲澹简远，书法稍取法古人而变化，自成一家。其论世务，精核平实。识者喜公，谓将复为世用，而公之踪迹与世接渐疏。日过午，拥被坚卧，宾客多不得见，童仆化之，以昼为夜，道味日浓，世味日淡。"②可见贯云石的佛学修养之深。

　　此外，元末文学家杨维桢也颇值得关注，他以儒为本，兼综三教，而又崇尚道教自然和清静无为，"其立教以自然为宗，以无为为有本"。③其晚年著作《自然铭》中说："故老庄祖自然，使世之沓婪躁妄一安乎自适，而诣乎定极此自然。"④他虽未皈依佛门，但

_____

①张如安：《元代浙东海洋文学初窥——以宁波、舟山地区为中心》，《浙江海洋学院学报》（人文科学版）2006年第3期。

②［元］欧阳玄：《元故翰林学士中奉大夫知制诰同修国史贯公神道碑》，《圭斋文集》卷九，文渊阁《四库全书》，台北：台湾商务印书馆，1986年，第1210册，第85—86页。

③［元］杨维桢：《玄妙观重建玉皇殿碑》，《东维子集》卷二三，文渊阁《四库全书》，台北：台湾商务印书馆，1986年，第1221册，第621页。

④［元］杨维桢：《自然铭》，李修生主编：《全元文》，南京：凤凰出版社，2004年，第42册，第41页。

"交浮屠,南北之秀凡数十人"①,故精于佛道。在《雪庐集序》中,
他说:"佛以神道设教,以辅君治本,使民从化,不俟刑驱。且赞
今天子以西天佛子为帝者师,所以崇其治本者耳。"②指出了佛教
在辅佐国家教化中所起到的作用。史籍中虽未见杨维桢游历普
陀山的记载,但他于至正二十四年(1364)撰写的松江府超果讲寺
《重兴寺记》中记载有唐宣宗大中年间(847—859)"天竺僧"燔指
的事迹③,这与盛熙明在《补陀洛迦山传》中记载的"梵僧"④,以
及(宝庆)《四明志》中的记载⑤是基本一致的。这条史料将普陀
山和观音菩萨联系起来,在普陀山佛教发展史上具有极其重要的
意义。

三、构建普陀山神圣空间

毋庸置疑,普陀山是随着观音信仰的发展而崛起的观音道
场,既是中国的佛教圣地,又是著名的神圣空间。在此基础上,又

---

① [元]杨维桢:《送照上人东归序》,李修生主编:《全元文》,南京:凤凰出版
　社,2004年,第41册,第298页。

② [元]杨维桢:《送照上人东归序》,李修生主编:《全元文》,南京:凤凰出版
　社,2004年,第41册,第290页。

③ [明]陈威、喻时修,顾清纂:正德《松江府志》卷一八《寺观上》,第19页b,明
　正德七年刻本,《天一阁藏明代方志选刊续编》,上海:上海书店,1990年,第
　6册,第92页。

④ [元]盛熙明:《补陀洛迦山传》卷一《兴建沿革品》,武锋点校:《普陀山历代
　山志》,杭州:浙江古籍出版社,2014年,上册,第8页。

⑤ (宝庆)《四明志》记载,有西域僧来,在潮音洞中"燔尽十指,亲睹观音,与说
　妙法,授以七色宝石,灵迹始著"。详见罗濬等:(宝庆)《四明志》卷二〇《昌
　国县志》,《中国方志丛书》华中地方·第575号,台北:成文出版社有限公
　司,1983年,第5330页下。

形成了普陀山信仰,吸引众多信士游客前往朝山。元代的文人士大夫或通过描述圣迹,或通过记载事迹来构建普陀山神圣空间,其中最具代表性的是吴莱和刘仁本。

　　通过描述圣迹来建构普陀山神圣空间的,以吴莱为主。吴莱(1297—1340),字立夫,原名来凤,号渊颖先生,浙江浦江吴溪人,元代中后期著名的诗人、辞赋理论家,为元朝集贤殿大学士吴直方长子。吴莱与黄溍、柳贯并称"金华三先生",均是"婺州学派"的重要代表。吴莱四岁能成诵,七岁会赋诗,仁宗延祐七年(1320)为乡贡进士,因与统治者政见不合,退隐山中,穷究经史,潜心著述。吴莱著作颇丰,著有《尚书标说》六卷、《春秋世变图》二卷、《春秋传授谱》一卷、《古职方录》八卷、《孟子弟子列传》二卷、《乐府类编》一百卷、《楚汉正声》二卷、《唐律删要》三十卷等十一种、二百一十五卷,且有《诗传科条》《春秋经说》《胡氏传考误》等未完稿。其门人宋濂选编其重要诗文成《渊颖集》十二卷。

　　吴莱曾游历齐鲁、燕赵、普陀山等地。泰定元年(1324)六月,吴莱从吴莱峰出发,游海东洲(今舟山),历蛟门峡,抵"定海候涛山"(今镇海招宝山),游历舟山群岛,于普陀山登磐陀石,并作《观日赋》以言志。当年八月返回。关于东游普陀之原因,他曾经说"逢人浪说文字场,久矣相马悲骊黄""中州小立交游绝,梦落蓬莱天海阔"[1],可见是为去除心中苦闷,并有寻仙出世之念,但从诗文中可以看到,他胸中愁闷仍未消解,如其所云"乍秋冒重险,增我愁恨端""此去何可极,中心忽悲伤"。他撰写有《夕泛海东寻梅岑山观音大士洞遂登磐陀石望日出处及东霍山回过翁浦问徐偃

————————

[1][元]吴莱撰,[明]宋濂编:《渊颖集》卷四《次韵姚思得》,文渊阁《四库全书》,台北:台湾商务印书馆,1986年,第1209册,第65页。

王旧城八首》《海东洲磐陀石上观日赋》《望马秦桃花诸山问安期山隐处》《早秋偶然作寄宋景濂四首》《偶阅昌国志赋得补怛洛迦山图》《甬东山水古迹记》等与普陀山有关的诗文。

关于普陀山的诗文中,吴莱描述了普陀山的圣迹,包括普陀山所处的可令人产生无限遐想的神圣海洋环境,普陀山上的千步沙、海岸孤绝处、潮音洞、磐陀石等。如他在《还舍后人来问海上事诗以答之》中描述其海洋环境给人的感受是:"去家才五旬,恍若度一岁。……人云古翁洲,遥隔水中央。一夜三百里,猛风吹倒樯。"五旬即五十天,他离开家里五十天到普陀山,仿佛是离开了一年一样,这便是"水中央"的"古翁洲"(即普陀山)所处的神圣海洋环境。

在《夕泛海东寻梅岑山观音大士洞遂登磐陀石望日出处及东霍山回过翁浦问徐偃王旧城八首》之二中,他首先写的是"千步沙":

> 起寻千步沙,穿石塞行路。
>
> 怒涛所搅击,徒以顽险故。
>
> 卓哉梅子真,与世良不遇。
>
> 上书空雪衣,烧药乃烟树。
>
> 玄螭时侧行,缟鹤一回顾。
>
> 从之招羡门,沧海昼多雾。

千步沙位于普陀山东海岸,南起几宝岭北,东北至望海亭,因其长度近千步而得名。明代周应宾《重修普陀山志》云:"自饥饱岭循山而行为千步沙,潮声吼激,喷雪连山,耳目奇甚。"[①]"饥饱

---

① [明]周应宾:《重修普陀山志》卷二《山水》,杜洁祥主编:《中国佛寺史志汇刊》第1辑,台北:明文书局,1980年,第9册,第109页。

岭”即“几宝岭”。盛熙明也曾描述“千步沙”：“缥缈蓬莱未足夸，海峰孤绝更无加。入门已到三摩地，携手同游千步沙。”①吴莱诗作中，还描述有道士梅福在普陀山的生活：在龙鹤飞舞的环境中炼制丹药，构建了一种想象中的神圣环境。

在该组诗之三中，他写的是“海岸孤绝处”：

> 茫茫瀛海间，海岸此孤绝。
>
> 飞泉乱垂缨，险峒森削铁。
>
> 天香固遥闻，梵相俄一瞥。
>
> 鱼龙互围绕，仙鬼惊变灭。
>
> 舟航来旅游，钟磬聚禅悦。
>
> 笑撷小白花，秋潮落如雪。

“海岸孤绝处”是普陀山的一处自然与文化合一的神圣景观，宋黄庭坚《观世音赞六首》中曾有“海岸孤绝补陀岩”“自心海岸孤绝处”之诗句。沿短姑道头右行，过古雅石桥，可见“海岸孤绝处”题刻，此处海天茫茫，山岛辣峙，颇有神圣之感。其周围圣迹难以数计，据明代《重修普陀山志》载：“其他胜概，难可以数计。大抵山在海岸孤绝处，重峦复嶂，苍翠如洗。紫苏白蓝，濯濯满地。”②此题刻在普陀山佛教发展史上具有重要意义，据《昌国州图志》卷七载：“绍兴元年易律为禅，辛亥，真歇禅师解会长芦，南游浮海于此，结庵，榜曰‘海岸孤绝处’。”又《重修普陀山志》载：“绍兴元年辛亥，真歇禅师清了，自长芦南游，浮海至此，结庵山椒，扁曰‘海

---

① [元]盛熙明：《补陀洛迦山传》卷一《名贤诗咏》，武锋点校：《普陀山历代山志》，杭州：浙江古籍出版社，2014年，上册，第17页。

② [明]周应宾：《重修普陀山志》卷三《艺文》，杜洁祥主编：《中国佛寺史志汇刊》第1辑，台北：明文书局，1980年，第9册，第215—216页。

岸孤绝禅林'。"①是说真歇清了禅师于普陀山首次传播禅宗教义。

在《甬东山水古迹记》中,吴莱对潮音洞描述甚详:"东到梅岑山,梅子真炼药处。山,梵书所谓补怛洛迦山也,唐言小白花山。自山东行,西折为观音洞。洞瞰海,外巉中裂,大石壁紫黑旁礴,而两歧乱石如断圭,积伏蟠结,怒潮拟击,昼夜作鱼龙啸吼声。"潮音洞为山石裂隙所成,系海蚀地貌。洞半浸海中,有二门,通明如天窗,潮水奔驰入洞,浪石相激,昼夜奔腾,声如洪雷,如吴莱所说"怒潮拟击,昼夜作鱼龙啸吼声",故名潮音洞。自古以来即是一处重要的圣迹。吴莱的记载,更是增添了其神圣性。

吴莱还记载有磐陀石,在《甬东山水古迹记》中,他说:"自山北转,得磐陀石,山粗怪益高,垒石如峄。东望窅窅,想像高丽日本界,如在云雾苍莽中。日初出,大如米筛,海尽赤,跳跃出天末,六合斋然鲜明,及日光照海,薄云掩蔽,空水弄影,恍类铺僧伽黎衣,或现或灭。南望桃花、马秦(即朱家尖)诸山,嵌空刻露,屹立巨浸,如山叠太湖。灵壁不着寸土尺树,天然可爱。东南望东霍山,山多大树,徐市盖驻舟此。"磐陀石位于普济寺西之山巅,是来自深海的海蚀石,因地壳抬升而居于山顶。两石相叠,上石如一巨台,下石顶部稍尖,紧紧托住上石,二石之间似有一条缝隙。磐陀石顶部平坦,纵横十余丈,可容数十人,游人可拾级而上。于磐陀石上,可观日出,可观大海。故《海东洲磐陀石上观日赋》中将磐陀晓日称为"伟观"。后明代屠隆于《补陀洛伽山志》卷六的《补陀洛伽山记》中将"磐陀晓日"列入了"普陀十二景",其《补陀落迦山记》还引用了吴莱的描述:"吴渊颖谓'空水弄影,恍若铺金僧伽

①[明]周应宾:《重修普陀山志》卷四《事略》,杜洁祥主编:《中国佛寺史志汇刊》第1辑,台北:明文书局,1980年,第9册,第298页。

黎衣'，尤极形容，奇哉观也。"①此外，他在给门生宋濂的诗《早秋偶然作寄宋景濂》中还记磐陀石："誓登磐陀石，重望扶桑墟。"

吴莱所记载的圣迹，都是构建普陀山神圣空间的重要元素，不论是海天佛国之圣境，还是千步沙、海岸孤绝处、潮音洞、磐陀石，都在吴莱笔下变得神圣。

刘仁本（1311—1368），字德玄，号羽庭，浙江温岭人，历任江浙行省左右司郎中、海道防御漕运官、温州路总管、行枢密副使。至正十四年（1354）入方国珍幕，至正十八年（1358）随方国珍领节钺镇四明（今宁波），至正二十七年（1367）十月朱亮祖攻下温州，刘氏被俘，共辅佐方国珍十三年。他以朝廷命官和方国珍幕僚的双重身份，位居方国珍政权核心，参与浙东重要活动，后被朱元璋鞭背致死。"左右司官刘仁本者，颇嗜文学，自编平昔所作诗文成帙，刊板印行。取在城僧寺藏经，糊为书衣，揭去经文，写自诗文，吾人见之，虽心酸骨苦，无如之何。吴元年，大兵取明州，国珍降，朝廷数仁本有不忠之罪，鞭其背，溃烂现肝脏乃死。"②刘仁本有诗集《羽庭》、文集《亦玄》，惜早佚。乾隆时修《四库全书》，馆臣从《永乐大典》中辑出刘仁本诗文六卷，题为《羽庭集》。但仍有少许资料散佚在外，保存于《海道经》《两浙海塘通志》等典籍中。

刘仁本通过记载其亲身经历的神圣事迹来构建普陀山神圣空间，《普陀洛迦新志》载：

　　至正乙未（1355）十月初六日，天台刘仁本督漕还，至普
　　陀。见大士像于潮音洞，与人间画帧者无异。又见大将军与

①［明］周应宾：《重修普陀山志》卷四《事略》，杜洁祥主编：《中国佛寺史志汇刊》第1辑，台北：明文书局，1980年，第9册，第371页。
②［明］吴温录：《山庵杂录》卷一，《卍新续藏》第87册，第118页下。

罗汉身于洞口石壁上。一时群众所见,又各不同。①

此处所说的"督漕",是元朝重要的运粮活动。至元十九年(1282),元朝开始海道漕运,至正十六年(1356),因红巾军起义被迫中止。至正十九年(1359),朝廷重启海运,频繁派官员前往江浙督漕。至正二十三年(1363)秋,海运因张士诚拒绝供粮而停止。作为江浙行省左右司郎中、海道防御漕运官的刘仁本,曾主持至正十九年(1359)——至正二十年(1360)、至正二十一年(1361)——至正二十二年(1362)的海道运送漕粮。不过,刘仁本最早的海运漕粮记录是至正十五年。"余尝至正乙未之冬十月初六启漕回还,海舶顺风至其地。"②当年三月,兵部郎中曲有诚奉命准备漕粮、船只,后亲自率队护送漕舶千余艘,运送漕粮数百万斛至京师大都,这应是元末规模最大的一次漕运。也就是在这次督漕返程中,刘仁本顺风到了普陀山,见到了观音菩萨显圣,此外,还在洞口石壁见到了将军、罗汉。在给盛熙明的山志作的序中,他记载更为详细:"余尝至正乙未之冬十月初六督漕回还,海舶顺风至其地。是日海气肃澄,天光云影,上下涵虚。见大士白衣相于潮音洞,与人间画帧者无异;又见大将军身与罗汉身于洞口石壁上。一时群从所见又各不同。慨叹顾瞻,罔生增慢。"他还说:"大士观音坐此道场。自其始兴迄今,无片文只字纪录,以垂考证。"刘仁本不仅详细记载了当天的天气情况,而且详述所见到的观音菩萨为"白衣"大士,这都增添了普陀山的神圣性。在该文中他还说普陀山是观音道场,可惜没有文字记录,而"龟兹盛熙明

① 王亨彦:《普陀洛迦新志》卷三《灵异门》,杜洁祥主编:《中国佛寺史志汇刊》第1辑,台北:明文书局,1980年,第10册,第179—180页。
② 详参李修生主编:《全元文》,南京:凤凰出版社,2004年,第60册,第333页。

氏既来游息,即其事为文",开启了普陀山有山志记载的历史。关于普陀山的神圣性,他还说:"况近地有号安期乡、蓬莱都者,景物历历可玩,意者秦皇、汉武为声闻所误。倘得见之,亦何有海上别为神仙之求耶?熙明所述为不诬。"①

刘仁本还写有歌咏普陀山的诗:

> 一轮宝月海波澄,海上观音现大乘。剑珮鬼神来刿刿,烟霞楼观起层层。烧香使者天台客,说法高人日本僧。安得此身生羽翼,还从彼岸快先登。②

此外,他在《游育王寺》中还留有"来朝更上磐陀石,遥睇祥光烛海霞"③的诗句,表达了对普陀山神圣环境的赞叹与向往。

---

① [明]周应宾:《重修普陀山志》卷四《事略》,杜洁祥主编:《中国佛寺史志汇刊》第1辑,台北:明文书局,1980年,第9册,第309—312页。
② [元]盛熙明:《补陀洛迦山传》卷一《名贤诗咏》,武锋点校:《普陀山历代山志》,杭州:浙江古籍出版社,2014年,上册,第17页。
③ [明]郭子章:《明州阿育王山志》卷一〇,杜洁祥主编:《中国佛寺史志汇刊》第1辑,台北:明文书局,1980年,第12册,第518页。

第四章　明代普陀山佛教

第一节　明代佛教政策与信仰转向

一、明代初期、中期和晚期的不同政策

明代佛教即指从明太祖洪武元年（1368）至崇祯十七年（1644）前后二百七十六年间朱明一代的佛教。黄忏华认为明代佛教思想进入呆滞的"保守时代"①，但"有明三百年间的佛教活动，在不同阶段有些不同的表现，不可一概论之"。②《剑桥中国明代史》执笔者之一于君方指出："明代佛教活动的历史可被划分为三个时期：明初时期，包括洪武年间和永乐年间（1368—1424）；明中期，大约持续了一百四十年，从15世纪中叶到16世纪中叶；最后是始于万历年间（1573—1620）的晚明时期。"③这是将

---

① 黄忏华认为自五代以后的佛教，进入了"中国佛教之保守时代"。详参黄忏华：《中国佛教史》，上海：商务印书馆，1940年，第314页。

② 赖永海主编：《中国佛教通史》（第十二卷），南京：江苏人民出版社，2010年，第1页。

③ 于君方著，陈永革译：《剑桥中国明代史》下卷第14章《明代佛教》，北京：中国社会科学出版社，2006年，第868页。

明代佛教划分为明初、明中叶、晚明三个时期。每一时期都有各自不同的特点。

明初由于明太祖朱元璋和明成祖朱棣支持佛教,佛教发展相对活跃。朱元璋登极之初,邀江南名僧于南京蒋山常山寺举行法会,此后几乎每年都举行盛大法会,这对当时的朝臣、士大夫等均有重要影响。明太祖还吸取元朝因过度推崇藏传佛教而带来流弊的经验,转而支持汉传佛教。如组织人力刻印《洪武南藏》,共1600余部,7000余卷;钦定《心经》《金刚经》《楞伽经》为僧人必修的三部核心经典。洪武二十七年(1394)下诏"钦赐田地,粮税全免。常住田地,虽有粮税,仍免摊派"。① 与此同时,他还颁施了一系列佛教政策并改革佛教制度,以整顿并限制佛教,具体表现在:第一,完备僧官制度,洪武元年(1368)正月,"立善世院,以僧慧昙领释教事。立玄教院,以道士经善悦为真人,领道教事"②,设善世院、玄教院,秩从二品,分掌僧道。善世院设于南京天界寺,由慧昙管领,下设统领、副统领、赞教、纪化等,掌管全国寺院住持的任免。洪武十五年(1382),中央又设僧录司,执掌佛教事务,下设左右善世二人、左右阐教二人、左右讲经二人、左右觉义二人。在地方上,府设僧纲司,州设僧正司,县设僧会司,以管理佛教。第二,强化社会管理。洪武十五年,将寺院分为禅、讲、教三类。"礼部照得佛寺之设,历代分为三等,曰禅、曰讲、曰教。其禅不立文字,必见性者方是本宗;讲者务明诸经旨义;教者演佛利济之法,消

① [明]葛寅亮撰,何孝荣点校:《金陵梵刹志》卷二《钦录集》,天津:天津人民出版社,2007年,第67页。
② 《明太祖实录》卷二九"洪武元年正月庚子"条,台北:"中央研究院"历史语言研究所,1962年,第500页。

一切现造之业,涤死者宿作之愆,以训世人。"①他不仅明文规定各类僧人职分,且统一僧服。"禅僧,茶褐常服,青条玉色袈裟;讲僧,玉色常服,深红条浅红袈裟;教僧,皂常服,黑条浅红袈裟。"②此外,因寺僧增多,政府在管理中严格剃度,并严格考试,免费发度牒。洪武二十八年(1395),"令天下僧道赴京考试给牒,不通经典者黜之"。③第三,严禁私度僧尼,私建寺观,严格限制僧道活动。《明会典》卷一六三《律例四》载:"凡寺观庵院除见在处所外,不许私自创建增置,违者杖一百,还俗。僧道发边卫充军,尼僧女冠入宫为奴。""若僧道不给度牒,私自簪剃者,杖八十。若由家长,家长当罪。寺观住持及受业师私度者,与同罪,并还俗。"④此外,洪武二十四年(1391)发布《申明佛教榜册》:"今天下之僧,多与俗混淆,尤不如俗者甚多,是等其教而败其行,理当清其事而成其宗。令一出,禅者禅,讲者讲,瑜伽者瑜伽,各承宗派,集众为寺。"⑤洪武二十七年(1394)发布新榜册,又进行新的限制和规定:"令僧道有妻妾者许诸人赶逐,相容隐者罪之。有称白莲、灵宝、火居,及僧道不务祖风,妄为议论、阻令者,皆治重罪。"⑥明太祖的一系列措施,对佛教进行限制和引导的同时也整顿了道风,使佛教活动更加规范化,这也奠定了以后明代佛教政策的基础。

---

①[明]幻轮编:《释鉴稽古略续集》卷二,《大正藏》第49册,第932页上。
②《明太祖实录》卷一五〇"洪武十五年十二月乙酉"条,台北:"中央研究院"历史语言研究所,1962年,第2368页。
③[清]张廷玉等:《明史》卷七四《职官三》,北京:中华书局,1974年,第1818页。
④[明]申时行等修:《明会典》卷一六三《律例四》,北京:中华书局,1989年,第837页。
⑤[明]幻轮编:《释鉴稽古略续集》卷二,《大正藏》第49册,第936页中。
⑥[明]田艺蘅:《留青日札》卷二七《火居火宅》,《续修四库全书》,上海:上海古籍出版社,2002年,第1129册,第219页。

　　明成祖对佛教更为支持,僧人道衍因协助他发动"靖难之役"有功而被重用,受赐俗名姚广孝,官至太子少师。他利用仁孝皇后的"梦感佛说",编撰伪经《大明仁孝皇后梦感佛说第一希有大功德经》来寻求自己执政的合理性。在为该经作的序中,他说:"洪武三十一年(1398)春正月朔旦,吾焚香静坐阁中,阅古经典,心神凝定,忽有紫金光聚,弥满四周,恍惚若睡梦,见观世音菩萨于光中现大悲像,足蹑千叶宝莲华,手持七宝数珠,在吾前行。"①永乐十八年(1420)他还为《法华经》作序,颂扬佛教。永乐十五年(1417)他下令撰《神僧传》九卷,记载了自东汉迦叶摩腾至元代胆巴共二百零九位"神僧"的事迹,重视佛教的"阴翊王度"功能。明成祖还重视藏传佛教,两次组织刻印藏经。第一次是洪武五年(1372)刻于南京的《永乐南藏》,共1610部,6331卷;第二次是永乐十八年(1420)刻于北京的《永乐北藏》,共1621部,6361卷。因此,他基本上呈现出"佛教皇帝""护法皇帝"的形象。②

　　明代中叶指的是从明英宗正统年间(1436—1449)开始至明世宗嘉靖年间(1522—1566)这一时期,共一百三十年,被认为是一个"相对沉寂"甚至"黑暗"的时期。这一时期或滥发度牒,或禁绝佛教,使佛教的发展受到一定程度的阻碍。明英宗崇尚佛教,正统五年(1440),度僧道两万余人。他还下令重修大兴隆寺。"上命役军民万人重修,费物料巨万。既成,壮丽甲于京都内外数百寺。

---

① 《大明仁孝皇后梦感佛说第一希有大功德经序》,《卍新续藏》第1册,第353页上。
② 赖永海主编:《中国佛教通史》(第十二卷),南京:江苏人民出版社,2010年,第36页。

改锡今额,树牌楼,号第一丛林。命僧作佛事,上躬行临幸。"①"帝亲传法称弟子。公侯以下,趋走如行童焉。"②正统八年(1443),下诏度僧童一万四千三百人。需要指出的是,明初虽免费发放度牒,但到了景泰至成化年间,既有灾荒,又有战争,财政紧张,于是明宪宗时大量出售度牒,"每度一人,令其纳米十石"。成化九年(1472),山东灾荒,巡抚山东左金都御史牟俸提出赈灾的办法之一即"给度僧道"。对此,户部集议后认为:"僧道正当十年一度之期,请令礼部出给空名度牒数万,令赴山东告给,每牒纳米二十石,或银二十五两。"③成化十二年(1476)度僧"一万三千三百四十"名。④据不完全统计,成化一朝,给发僧、道度牒竟达到了二十五万五千余张,这样全国僧、道超过了三十五万,或者说三十七万。⑤明武宗时期,僧道数量已非常多,但仍出售度牒,如正德八年度藏、汉僧及道士四万人。于是弘治中,吏部尚书马文升上奏裁僧。僧人数量的增加和僧团的膨胀,最终导致明世宗禁佛。明世宗(1521—1566在位)崇信道教,被认为是与宋徽宗齐名的"道君皇帝"。何孝荣曾在《论明世宗禁佛》中指出其禁佛行动主要表现为:毁刮宫中佛像,焚烧佛骨等物;拆毁、变卖各地私创寺院及尼僧庵寺,严禁私创寺院,不准修理废毁寺院;停止度僧,鼓励

---

① 《明英宗实录》卷一六三"正统十三年二月己未"条,台北:"中央研究院"历史语言研究所,1962年,第3157页。

② [清]龙文彬纂:《明会要》卷三九《职官十一》,北京:中华书局,1956年,第696页。

③ 《明宪宗实录》卷一一九"成化九年八月丁丑"条,台北:"中央研究院"历史语言研究所,1962年,第2301页。

④ 《明宪宗实录》卷一五八"成化十二年十月庚寅"条,台北:"中央研究院"历史语言研究所,1962年,第2896页。

⑤ 何孝荣:《明代南京寺院研究》,北京:中国社会科学出版社,2000年,第40页。

僧人还俗,强令尼僧还俗,清理非法出家者;严禁僧人设坛传戒说法;限制寺院经济,令僧人"供应赋役";革姚广孝配享成祖庙庭;查革在京藏僧封号,斥逐藏僧。①究其原因,一是明世宗崇信道教,二是为革除明武宗滥度僧尼而带来的弊端,三是因为财政危机,四是佛教内部比较混乱,加上朝中一些大臣如杨廷和、方献夫的支持,使得明世宗禁佛不止。因此,明中叶的佛教,是比较颓败的。对此,于君方指出:"从永乐皇帝统治的结束到万历皇帝统治的开始的大约一百五十年间,佛教都处于一种严重颓败的状态。这并不是意指佛教的消失。相反地,随着更加慷慨大方地修建寺院和大规模出售官衔和度牒,帝国的资助达到新的高峰。佛教颓败是精神性的而不是物质性的……它表明了佛教自身对寺院戒律的松弛、对禅定与经典研究的忽视。"②

明末时期,主要指的是明穆宗(1567—1572)、明神宗(1573—1620)、明光宗(1620)、明熹宗(1620—1627)、明毅宗(1628—1644)在位的时期,历隆庆、万历、泰昌、天启和崇祯五朝,其中万历时期是佛教复兴的重要时期。明穆宗对佛教的态度与前朝的明世宗截然相反,他崇佛抑道,批准重修京师番经、汉经二厂。明神宗继承崇佛政策,完成了经厂修复,刊刻藏经,"大开经厂,颁赐天下名刹殆尽",与此同时,修建佛塔、佛寺。"逮至今上,与两宫圣母,首建慈寿、万寿诸寺,俱在京师,穹丽冠海内。"③最终在北方出现了北京和五台山两大佛教中心,在南方则以金陵为中心。

────────────

① 何孝荣:《论明世宗禁佛》,《明史研究》第七辑,2001年,第164—167页。
② 于君方著,陈永革译:《剑桥明代中国史》下卷第14章《明代佛教》,北京:中国社会科学出版社,2006年,第885—886页。
③ [明]沈德符:《万历野获编》卷二七《释教盛衰》,北京:中华书局,1959年,第679页。

万历朝佛教发展迅速,晚明文人谢肇淛曾说:"今之释教,殆遍天下,琳宇梵宫,盛于黉舍,唪诵咒呗,嚣于弦歌,上自王公贵人,下至妇人女子,每谈禅拜佛,无不洒然色喜者。"① 陈垣指出:"万历而后,禅风寖盛,士夫无不谈禅,僧亦无不欲与士夫结纳。"② 明光宗泰昌时对佛教仍尊崇,但明熹宗和明毅宗时期因政治危机加深,对佛教又有所抑制。不过在整体上,晚明佛教有复兴趋势。据圣严法师统计,自1500年至1702年的202年间,禅宗方面有117位高僧大德,其中临济宗60人,曹洞宗42人,法嗣未详者15人。自1595年至1662年的68年里,禅人与非禅人编写的禅籍有60种386卷之多,禅人非禅籍以外的著述有65种269卷之多,足可见"明末禅宗的隆盛"。③ 关于明末的净土宗,他主要依据《往生净土集》《居士传》《净土圣贤录》《西舫汇征》以及《新续高僧传四集》等5种资料,统计到净土教人物132位之多,明末的净土教著作有24种71卷。④ 即便是唯识学,也有著作30种68卷。⑤ 此外,明末不仅出现了云栖、紫柏、憨山、蕅益等四大高僧,提倡禅、净、教、戒一体,主张儒、释、道三教合流,而且出现了四大佛教名山信仰,促进了佛教在民众中更为深广的传播,也加快了佛教的世俗化转向。

---

① [明] 谢肇淛:《五杂组》,上海:上海书店出版社,2009年,第158页。
② 陈垣:《明季滇黔佛教考》,石家庄:河北教育出版社,2000年,第334页。
③ 释圣严:《明末佛教研究》,台北:法鼓文化事业股份有限公司,2000年,第22—55页。
④ 释圣严:《明末佛教研究》,台北:法鼓文化事业股份有限公司,2000年,第94—117页。
⑤ 释圣严:《明末佛教研究》,台北:法鼓文化事业股份有限公司,2000年,第209—241页。

二、佛教信仰的世俗化转向 ①

传统观点认为,明代是中国佛教的低落时期,尤其是缺乏理论创造力,思想亦少原创性。但从社会影响看,明代的佛教信仰接续宋代以来的民俗化进程,继续向纵深发展,呈现出更为鲜明的世俗化特征,并更为深入民众生活和社会之中,这是明代佛教的重要特征。有人指出:"明清在中国佛教史上,它是上承隋唐五代佛教,下启近现代佛教的'关节点',直接影响到近现代佛教的发展。如果说魏晋南北朝佛教以经籍翻译、摩崖刻石为代表,隋唐佛教的繁荣以宗派林立为标志的话,那么,明清佛教的继续发展则表现为一种深层次上的发展,即是以其深入人心为其典型特征。"②其中"深层次"的"深入人心",即是世俗化转向。有人指出:"汉地佛教发展至明代,出现明显的世俗化倾向,具体表现为佛教重心的位移、佛教神圣性的消泯以及僧界内诸多乱象的产生。"③具体而言,其世俗化转向主要表现在以下五个方面。

一、僧人关注政治。明代僧人关注政治,从明太祖朱元璋便已开始。朱元璋曾出家为僧,《明史·太祖纪》记载:"至正四年(1338),旱蝗,大饥疫。太祖时年十七,父、母、兄相继殁,贫不克葬。里人刘继祖与之地,乃克葬,即凤阳陵也。太祖孤无所依,乃入皇觉寺为僧。逾月,游食合肥。……凡历光、固、汝、颍诸州,三年复还

---

① 曹刚华:《心灵的转换:明代佛教寺院僧众心中的民间信仰——以明代佛教方志为中心》,《世界宗教研究》2011年第4期。

② 黄海涛:《明初统治者对佛教政策的两重性及明代佛教发展的新趋势》,云南师范大学硕士学位论文,2002年,第2页。

③ 王煜:《佛教世俗化对晚明世情小说中僧尼形象的影响》,湖南师范大学硕士学位论文,2014年,第55页。

寺。"① 朱元璋建立明朝后,深知东南江浙地区有大量士大夫躲入佛门后成为儒僧,于是撰写《拔儒僧入仕论》,征召儒僧。"昔释迦为道,不言而化,不治而不乱。……然释迦本同于人,而乃善道若是。斯非人世之人,此天地变化、训世之道,故能善世如此。……以朕观之,若此者不可多,释迦安可再生。方今虽有僧间能昂然而坐去者,不过幻化而已。"②"方今为僧者,不务佛之本行,污市俗、居市廛。以堂堂之貌,七尺之躯,或逢人于道,或居庵受人之谒。其所谒者,贤愚贵贱皆有之,必先屈节以礼之,然后可。然修者以此为忍辱之一端耳。若以堂堂之貌,七尺之躯,忍辱于人,将后果了此道,何枉辱也哉? 若将后不能了此道,其受辱屈节果何益乎?"③ 他指出虽然僧人为修行而"受辱屈节",但难以得道成佛,因此,忍辱屈节仅仅是愚妄之行。明成祖朱棣从身为燕王到密谋起兵到"靖难之役"再到转战各地,离不开僧人道衍的筹谋策划。明末四大高僧云栖袾宏、紫柏真可、憨山德清、蕅益智旭中,前三位均与当朝政治关系密切。其中德清与政府关系最为密切,"沙门所作一切佛事,无非为国祝釐,阴翊皇度"。④ 因此,他广泛结交皇太后、中央官僚、地方官吏等。万历九年(1581),当得知李太后欲在五台山建祈储道场时,德清立即将正在筹划的《华严经》无遮法会改为祈储无遮法会,因而赢得李太后欢心。后来,他被神宗发配广东雷州。他在雷州又借用官僚的力量,复兴曹溪祖

①[清]张廷玉等:《明史》卷一《太祖纪》,北京:中华书局,1974年,第1页。
②[明]朱元璋:《明太祖集》卷一〇《拔儒僧入仕论》,合肥:黄山书社,1991年,第225页。
③[明]朱元璋:《明太祖集》卷一〇《宦释论》,合肥:黄山书社,1991年,第228页。
④释福征:《憨山大师年谱疏》卷上,上海:国光印书局,1934年,第46页。

庭,"一岁之间,百废俱举"。①

　　二、僧人关注现实社会与生活。随着佛教对政治的依赖,佛教与儒道结合得更为紧密,有三教融合之趋向,且更加关注现实社会与生活。日本学者镰田茂雄指出:"明清以后的近代佛教虽被人们认为是中国佛教的衰落期,但中国人所接收的某些教义已经深入人心,化为血肉,佛教已不再是外来宗教,而是自己固有的宗教了……通过对观音的信仰、念佛会、放生会、受戒会、素食等实践活动,使佛教深深地渗透到人民之中,而且佛教还满足了人民'有求必应'这个现世利益,佛教信仰同道教和民间信仰很协调,与人民生活密切联系起来了。"②首先,佛教更加强调儒家的伦理纲常,如德清指出:"……是则佛法以人道为镃基!……所言人道者,乃君臣、父子、夫妇之间,民生日用之常也。"③认为君臣、父子、夫妇等伦理纲常是佛法建立的基础。其次,佛教更加注重孝道,如智旭的《孝闻说》谓"世出世法,皆以孝顺为宗",他又在《题至孝回春传》中说:"儒以孝为百行之本,佛以孝为至道之宗。"认为孝道是佛法之根本,是儒者成圣的基础,佛徒得道的根本。④再次,佛教更加关注民生生活。如万历十二年(1584),山东发生灾荒,德清矫诏将李太后赐予修建庵居的三千金散施于灾民,得到李太后和明神宗的肯定。万历二十一年(1593),山东再次发生灾荒,德清将海印寺中储存的所有斋粮分赈近山之民,但仍然不

---

① 释福征:《憨山大师年谱疏》卷上,上海:国光印书局,1934年,第79页。

② [日]镰田茂雄著,郑彭年译:《简明中国佛教史》,上海:上海译文出版社,1986年,第286页。

③ 转引自郭朋:《明清佛教》,福州:福建人民出版社,1982年,第256页。

④ 转引自方立天:《中国佛教哲学要义》,北京:中国人民大学出版社,2002年,第256页。

足,他又拿出寺中钱财亲自乘船到辽宁买回大豆,救济山民,"由是边山四社之民,无一饥死者"。① 在充军雷州的路上,德清见道路崎岖不平,行人走得艰难,于是嘱咐他的随行者修道路、建茶庵,以方便行人。②

三、经忏佛事的盛行。经忏佛事又称经忏法事,或为消灾消业,或为超度亡灵,有瑜伽焰口、大悲忏法、慈悲三昧水忏、净土忏、药师忏、地藏忏等各种法事。明代中后期,随着商品经济的发展和市民阶层的兴起,汉地民间的鬼神崇拜和佛教的轮回观念融合更为紧密,使得作为宗教服务的经忏佛事也变为商品,如在丧葬礼仪上或在寺庙请僧人超荐亡灵。洪武年间,僧人被分为三类:"禅僧""讲僧"和"教僧"。"教僧"又称"瑜伽僧",是专为人诵经礼忏的应赴僧,这说明当时的佛教信仰形态已经有所变化。教僧原本奉行密教三密瑜伽教法,但在明代则"演变成专行经忏施食等法事内容之瑜伽教"。③ 在讨论明初的瑜伽教政策的基础上,陈玉女认为,明太祖将从事经忏活动的僧人归为瑜伽教僧一类,并统一了瑜伽科仪与经忏价格,使其专职化、合法化,从而促进了经忏活动的兴盛。因为社会需求的增加,其他僧人乃至俗人转投此行甚多,进而导致僧侣素质的下滑,甚至造成一些社会问题。④

---

① [明]憨山德清:《憨山老人梦游集》,北京:北京图书馆出版社,2005年,第571页。

② 卢忠帅、杜希英:《明末佛教之世俗化转向及意义》,《学理论》2019年第4期,第55页。

③ 陈玉女:《明代瑜伽教僧的专职化及其经忏活动》,《新世纪宗教研究》2004年第1期。

④ 详参陈玉女:《明代的佛教与社会》,北京:北京大学出版社,2011年,第248—282页。

此外，明太祖拟定的"道场诸品经咒布施则例"规定："《华严经》一部，钱一万文；《般若经》一部，钱一万文；内外部真言，每部钱二千文；《涅槃经》一部，钱二千文；《梁武忏》一部，钱一千文；《莲经》一部，钱一千文；《孔雀经》一部，钱一千文；《大宝积经》，每部钱一万文；《水忏》一部，钱五百文；《楞严咒》一会，钱五百文。已上诸经布施钱，诵者三分得一，二分与众均分，云游暂遇者同例。若有好事者额外布施，或施主亲戚邻里朋友乘斋下衬者，不在此限。"①这说明明朝已经以制度的形式，保障教僧通过经忏佛事赚取酬劳。经忏佛事的盛行，也导致民间出现私设寺院、自营经忏等活动，造成僧团混乱。如明武宗时的进士林希元在奏章中写道："南方之僧，虽起于贫乏，而所图则易者，头发一落，田园连阡，富拟封君，坐享轻肥。间有身居僧寺，心在尘垢。阳虽削发为僧，阴实置妻生子。又有赎典僧田，营植私产。家计既立，僧籍遂除。是其利富腴者然也。"②

四、民间俗神进入佛教信仰体系。民间信仰与佛教关系十分紧密，虽然从佛教传入中土开始，二者就开始相互影响，但是不论是魏晋，还是隋唐，抑或在宋元，二者都未完全融合，而只有到了明代，二者才完全融合。"民间信仰虽然与佛教早有紧密的联系，但大规模地作为佛教僧众信仰的神灵出现在寺院，在明代方为出现，这也是僧众内心接受民间信仰佛教化的一个标志表现。"③因

①［明］葛寅亮撰，何孝荣点校：《金陵梵刹志》卷二《钦录集》，天津：天津人民出版社，2007年，第61页。
②［明］林希元：《林次崖先生文集》卷二《王政府言疏》，《四库全书存目丛书·集部·别集类》，济南：齐鲁书社，1997年，第75册，第469页。
③曹刚华：《心灵的转换：明代佛教寺院僧众心中的民间信仰——以明代佛教方志为中心》，《世界宗教研究》2011年第4期。

此，"明代是民间信仰与中国佛教完全融合的一个重要时段,对
清代、民国以至现当代民间信仰与佛教寺院的关系都有深远的影
响"。①"民间俗神更加深入佛教寺院山林中,成为明代僧众内心
世界中真正的佛教之神。这也标志着中国民间信仰佛教化的真
正完成。"②据曹刚华研究,明代佛教寺院山林供奉的俗神,根据
其在佛教寺院山林的空间位置来看,大致可分三个层面:第一个
层面是指由僧众居士修建在寺院里的民间神祇。它们或是民间
神形象的伽蓝神,或是历史圣贤,或是有恩惠于寺院的士绅。这
些神祇身处佛教圣地,接受佛教熏陶,接受僧众和信众的膜拜,
可以称之为佛教的"正神"。第二个层面是指在寺院左右附近的
地方神祇,或是由僧众建造管理,或是由地方居民建造管理。由
于距离寺院较近,这些神祇多具有佛教因缘,是介于佛教正神与
地方神祇之间的混合体。第三个层面是佛教边缘化的地方神祇。
这些神祇祠堂距离寺院有较远的距离,但在大地理概念上仍在寺
院范围之中,僧众编撰佛教寺志的地图中也有其位置。③"明代
是民间神祠大举进入佛教寺院系统,僧众真正将民间神灵纳入佛
教神的繁盛时代。寺院僧众按照不同的方式,或直接在寺院中建
祠祭祀,或参加民间神祠的修建管理,或给予民间神祠授戒,将寺
院山林附近的民间神祠收入到寺院系统,并且从心灵深处,接受
民间神祠的佛教化。其意义非同凡响,影响至清代、民国,甚至现

①曹刚华:《心灵的转换:明代佛教寺院僧众心中的民间信仰——以明代佛教
　方志为中心》,《世界宗教研究》2011年第4期。
②曹刚华:《心灵的转换:明代佛教寺院僧众心中的民间信仰——以明代佛教
　方志为中心》,《世界宗教研究》2011年第4期。
③曹刚华:《心灵的转换:明代佛教寺院僧众心中的民间信仰——以明代佛教
　方志为中心》,《世界宗教研究》2011年第4期。

当代的寺院与民间神祠的关系,以至清代常有寺院僧众'将血食诸神,杂塑庙中',并称佛。"①

　　五、佛教节日进一步演变成为民间节日。宋代随着佛教民俗化的发展,一部分佛教节日就已开始在民间产生影响,明代这些佛教节日的影响更为深广,如佛诞日、观音诞、文殊诞、盂兰盆会等。也有一些民间节日和佛教节日融合,如腊八节。腊八节本是我国祭祀祖先和百神的传统节日,但随着佛教的传播,至迟在宋代以后,腊八节逐渐与佛成道日融合,成为一种集民间传统与佛教特色为一体的节日。依托这些佛教节日,形成规模宏大的庙会,使其不仅仅是宗教活动,更是演变为具有多种功能的民间活动,如商品交换、民间娱乐等,这一习俗延续至今。

第二节　明代政权与普陀山佛教兴衰 ②

　　普陀山为定海之悬岛。自梁建不肯去观音院,至宋即名达帝庭,敕建宝陀寺。元更遣使降香,赐帑赐经,不绝于道。《普陀洛迦新志》述及普陀山佛教史时如是说。迨及明朝,叙述更详:"明洪武二十年(1387),起遣定海,寺残僧散,荡为荒烟蔓草者百余年。成化时,渐渐兴复。嘉靖三十二年(1553),又复内徙。隆庆六年(1572),又事兴复。至万历中为极盛。自万历至清初才数十年,

---

①曹刚华:《心灵的转换:明代佛教寺院僧众心中的民间信仰——以明代佛教方志为中心》,《世界宗教研究》2011年第4期。
②徐一智:《明代政局变化与佛教圣地普陀山的发展》,《玄奘佛学研究》2010年第14期。

海氛不靖,屡遭寇扰。"①寥寥数语,勾勒出近三百年普陀山之兴衰。其所述的的普陀山的几大转变时期,分别是洪武、嘉靖、万历以及晚明时期。其间,因政治、经济、外交以及倭寇等因素,普陀山佛教几经变化。

一、洪武时期的普陀山海禁及影响

东南沿海的倭乱一直被明朝视为心腹之患,因此,明初即实行海禁政策。洪武初年,东南沿海的张士诚、方国珍虽被诛灭,但其余部屯据海岛,"分据东南海上,而遗孽窜岛中,两浙、淮扬驿骚矣"。②他们和倭寇相互勾结,形成反明势力。据载,从洪武元年到永乐年间,仅闽、浙、粤三地,就有倭乱二十七起,"沿海居民患苦之"。③"国初夷氛渐炽"④之时,洪武三年(1370)撤销了泉州、明州和广州三市舶司。洪武四年颁禁海诏令:"禁濒海民不得私出海。"⑤此后,又数次颁诏,如"禁濒海民私通海外诸国"⑥,"禁

①王亨彦:《普陀洛迦新志》卷一一《志余门》,杜洁祥主编:《中国佛寺史志汇刊》第1辑,台北:明文书局,1980年,第10册,第559页。

②[明]焦竑编:《国朝献征录》卷一二〇《日本志》,上海:上海书店出版社,1987年,第5311页。

③[清]张廷玉等:《明史》卷一三〇《张赫传》,北京:中华书局,1974年,第3832页。

④[明]何汝宾辑,邵辅忠校正:《舟山志》卷一《城池》,景抄明天启六年何氏刊本,《中国方志丛书》华中地方·第499号,台北:成文出版社有限公司,1983年,第34页。

⑤《明太祖实录》卷七〇"洪武四年十二月丙戌"条,台北:"中央研究院"历史语言研究所,1962年,第1300页。

⑥《明太祖实录》卷一三九"洪武十四年十月己巳"条,台北:"中央研究院"历史语言研究所,1962年,第2197页。

民入海捕鱼,以防倭故也"①,"禁民间用番香番货,先是,上以海外诸夷多诈,绝其往来……而缘海之人往往私下诸番,贸易香货,因诱蛮夷为盗,命礼部严禁绝之,敢有私下诸番互市者,必置之重法"②,"申禁人民无得擅出海与外国互市"③等,且将其纳入"大明律"。此类禁民私自出海令,一方面将海外贸易纳入朝贡贸易的范围,另一方面可以达到抗击海贼与倭寇的目的,保证了沿海的安全。因倭寇问题,海禁虽时紧时松,但伴随明朝始终,并未废罢,这对普陀山佛教产生了重要影响。

　　洪武初年的海禁政策,促使普陀山所在地的行政建置改为海防建置,以卫所、城池、巡司为标志。洪武二年(1369),普陀山所在地昌国州被降为昌国县,不久,"以东南控海之地,乏兵以守,恐致寇害,命增设卫所,及岑、宝、螺、岱四巡司"。④洪武十二年(1379)于昌国县设守御千户所。洪武十七年(1384)升千户所为"昌国卫",立岑港、宝陀、螺峰、岱山四巡司,舟山群岛遂成为军事要地。岛上民众充入军籍,禁止捕鱼,同时禁绝信众朝山,仅有官方派遣的人方可渡海入山,如洪武二年(1369),昌国漕使孔信夫、

────────────

①《明太祖实录》卷一五九"洪武十七年正月壬戌"条,台北:"中央研究院"历史语言研究所,1962年,第2460页。

②《明太祖实录》卷二三一"洪武二十七年正月甲寅"条,台北:"中央研究院"历史语言研究所,1962年,第3373—3374页。

③《明太祖实录》卷二五二"洪武三十年四月乙酉"条,台北:"中央研究院"历史语言研究所,1962年,第3640页。

④[明]何汝宾辑,邵辅忠校正:《舟山志》卷一《舆地》,景抄明天启六年何氏刊本,《中国方志丛书》华中地方·第499号,台北:成文出版社有限公司,1983年,第26页。

王国英、薛国奇等人"道经普陀洛迦山,作礼大士于潮音洞"。①
又如洪武三年(1370)正月,高僧行丕受朝廷任命,从台州佛陇寺
至普陀山住持宝陀寺,于寺南岭建"清净境亭",与翰林学士宋濂、
赣州监察刘丞直"抱杖东游"。②此事在《重修普陀山志》中也有
记载。③行丕,字大基,"宗说兼通,行解相应,蔚为时之名僧,初
由佛陇升主是山,匡众说法,恢复产业"。④

　　从洪武二年(1369)开始,普陀山降低行政建制,并逐渐变为
军管区后,一直未放松警惕,如洪武十七年(1384)正月,"命信国
公汤和巡视浙江、福建沿海城池,禁民入海捕鱼,以防倭故也"。⑤
但普陀山的佛教并未萧条。直到洪武二十年(1387)信国公汤和
对昌国实行"废县徙民"后,普陀山佛教才受重创。洪武二十年,
汤和徙沿海居民内撤。"废宁波府昌国县,徙其民为宁波卫卒,以
昌国濒海,民尝从倭为寇,故徙之。"⑥他"以外连倭夷每为边患"

---

①王亨彦:《普陀洛迦新志》卷三《灵异门》,杜洁祥主编:《中国佛寺史志汇刊》
　　第1辑,台北:明文书局,1980年,第10册,第180页。
②[明]宋濂:《清净境亭铭》,收入陈梦雷编纂:《古今图书集成》第19册《方舆汇
　　编·山川典》卷一一八《普陀山部》,北京:中华书局,1985年,第22987页。
③"洪武庚戌春正月,部使者赣州刘君承直与宝陀大师行丕,抱杖西东游,使者
　　曰:'此清净境也,盍为亭?'大师乃建于寺之南岭上。"参见宋濂:《清净境亭
　　铭序》,[明]周应宾:《重修普陀山志》卷三《艺文》,杜洁祥主编:《中国佛寺
　　史志汇刊》第1辑,台北:明文书局,1980年,第9册,第216—217页。
④[明]周应宾:《重修普陀山志》卷三《艺文》,杜洁祥主编:《中国佛寺史志汇
　　刊》第1辑,台北:明文书局,1980年,第9册,第220页。
⑤李国祥:《明实录类纂·浙江上海卷》,武汉:武汉出版社,1995年,第515页。
⑥《明太祖实录》卷一八二"洪武二十年六月丁亥"条,台北:"中央研究院"历史
　　语言研究所,1962年,第2745页。

为由，行"清野之策而墟其地"①，强迁"昌国卫"至宁波府象山县。舟山本岛只存中、中左两千户所，隶属定海卫；同时废昌国县建制，除本岛"存民五百余户，属定海县"②，其余三十万户居民迁入内地。隶属昌国的普陀山"穷洋多险，易为贼巢"③，自然受到影响。《重修普陀山志》对此有所记载："国朝洪武二十年（1387），信国公汤和徙居民入内地，焚其殿宇，供瑞相于郡东栖心寺，仅留铁瓦殿一所，使僧守焉。"④《南海普陀山志》记载更详："明太祖洪武二十年，信国公汤和徙民入内地，焚其殿宇三百余间，迎瑞相供于郡东栖心寺，重建大刹，改名补陀。山中仅留铁瓦殿一所，使一僧一介守奉香火焉。"⑤《鄞县志》也记载："明洪武二十年，本昌国梅岑山宝陀寺悬海，信国公汤和起遣海岛居民，迁入江东，奏改寺名栖心为补陀。嗣后就地人民，每逢观音圣诞熙来攘往，拥挤进香，至今相续不绝，是《华严》所说南方补怛洛迦也。谨稽首对像作赞曰：'稽首妙智观世音，娑婆世界真教体。应机而现为说法，信心起处说法竟。我今见境得成就，亦同音闻获圆通……'"⑥栖心

① ［清］顾祖禹著，贺次君、施和金点校：《读史方舆纪要》卷九二《浙江四》，北京：中华书局，2005年，第4253页。
② ［明］何汝宾辑，邵辅忠校正：《舟山志》卷一《城池》，景抄明天启六年何氏刊本，《中国方志丛书》华中地方·第499号，台北：成文出版社有限公司，1983年，第35页。
③ 王连胜主编：《普陀洛迦山志》，上海：上海古籍出版社，1999年，第170页。
④ ［明］周应宾：《重修普陀山志》卷二《建置》，杜洁祥主编：《中国佛寺史志汇刊》第1辑，台北：明文书局，1980年，第9册，第138—139页。
⑤ ［清］裘琏：《南海普陀山志》卷四《建置》，武锋点校：《普陀山历代山志》，杭州：浙江古籍出版社，2014年，上册，第303页。
⑥ 《鄞县志》的记载，参见陈寥士：《七塔寺志》，收入杜洁祥主编：《中国佛寺史志汇刊》第1辑第15册，台北：明文书局，1980年，第22页。

寺,又名七塔报恩禅寺,位于浙江宁波,建于唐大中十二年(858),咸通二年(861)改名为栖心寺,宋大中祥符元年(1008)赐额崇寿寺,明洪武二年稍有颓毁,洪武二十年(1387),普陀山宝陀寺内迁,建于栖心寺内的隙地,并且改名为补陀寺。① 之后,栖心、补陀两寺并存将近二十年,至永乐四年(1406),两寺合而为一,称名"补陀寺"②。所以信众将本寺作为普陀山进行朝拜。

　　汤和的废县遗民之策,被认为过于严苛,明抗倭名臣胡宗宪曾撰《舟山论》,指出:"信国公汤和经略海上,区画周密,独于舟山似有未妥者。"③ 他认为舟山四面环海,贼船处处皆可登泊,且为县治故地,蓄谷物之足,饶鱼盐之利,颇招觊觎,一旦遭寇登据,卒难驱除。因此,舟山之地利要害,非其他诸岛可比,非但不应徙民虚地,削兵降级,反需重兵戍防,以策门户。此后,(天启)《舟山志》、(康熙)《定海县志》、(雍正)《浙江通志》等均沿此说,对汤和废县徙民之策嗟叹不已,实有将明中后期的倭患归咎于汤和经略舟山未妥之意。④

　　汤和徙僧毁寺后,普陀山"荡为荒烟蔓草者百余年"⑤,但永

---

①陈寥士:《七塔寺志》,杜洁祥主编:《中国佛寺史志汇刊》第1辑第15册,台北:明文书局,1980年,第1页。

②参见李卫、嵇曾筠等修,沈翼机、傅王露等纂:(雍正)《浙江通志》卷二三〇《寺观五·宁波府》,上海:商务印书馆1934年。转引自胡端:《明代海禁政策与普陀道场的兴废》,《历史档案》2018年第2期。

③[明]胡宗宪:《舟山论》,载[明]何汝宾辑,邵辅忠校正:《舟山志》卷一《兵防》,景抄明天启六年何氏刊本,《中国方志丛书》华中地方·第499号,台北:成文出版社有限公司,1983年,第80页。

④参见胡端:《明代海禁政策与普陀道场的兴废》,《历史档案》2018年第2期。

⑤王亨彦:《普陀洛迦新志》卷一一《志余门》,杜洁祥主编:《中国佛寺史志汇刊》第1辑,台北:明文书局,1980年,第10册,第559页。

乐、正德年间仍有僧人复兴道场。如神宗万历二年(1574)《普陀禁约》载:"天顺、正德以后,始有缁流私创寺宇,四方流聚渐多,接济交通。"① 这其实是指祖芳、淡斋等僧人的活动。据《普陀山大辞典》载:成祖永乐四年(1406),江南释教总裁祖芳住寺弘扬禅宗,著《拙逸语录》。英宗天顺年间(1457—1464),四方缁素,纷纷上山。武宗正德十年(1515),住山僧淡斋重建殿宇五间、方丈殿二十间于潮音洞上。② 此外,徽州僧人普贤(名道诚)也游至普陀山,拜淡斋为师,并继任住持。虽然如此,普陀山佛教仍是屡建屡废,最终一蹶不振。

明政府同时还规定,在海禁范围内允许朝贡国家与中国开展"朝贡贸易",禁止私人海外贸易。所谓"朝贡贸易",就是海外国家以进贡的名义,通过市舶司来华进行贸易。"郑和下西洋"就是为招徕海外国家遣使随船入明朝贡。朝贡贸易是明朝中外交流的唯一合法贸易途径。在这种背景下,日本遣使朝贡途经普陀山,使普陀山再次受到一定程度的重视。如明成祖永乐元年(1403),日本僧人坚中圭密持《绝海和尚语录》入普陀山,求得普陀僧祖芳道联的序文后归国;代宗景泰四年(1453),日本第三次遣明使团来中国入贡,进行"勘合贸易",以僧人东洋允澎为正使,共九艘船,千余人,停泊莲花洋,普陀山宝陀巡检司派出彩船迎接,赠给酒、水和食物等,引导进入沈家门后,官员再派五十余艘画船迎接,引导驶往宁波;宪宗成化四年(1468)五月,日本以僧人天与清岩为正使的第四次遣明使团再次入贡,停泊普陀山莲花

---

① 明万历二年《普陀禁约》,原文收入王连胜主编:《普陀洛迦山志》,上海:上海古籍出版社,1999年,第170页。
② 王连胜主编:《普陀山大辞典》,合肥:黄山书社,2012年,第67页。

洋，"当时在普陀洋面迎接日本使节，成为惯例"。世宗嘉靖二十六年（1547）五月，日本第十一次遣明使团驶入舟山，因期限未到，在普陀山附近的岱山岛度过十个月。① 可见，在中日朝贡贸易交流中，普陀山成为日本使船的补给站和中国的接待站，这使得普陀山并没有因为移寺而彻底荒废。

二、嘉靖时期的倭寇及影响

明代倭患分前后两期，前期始自十四世纪中叶，至嘉靖三十一年（1552）；后期从嘉靖三十二年（1553）至隆庆年间（1567—1572）②。前期倭寇以日本人为主，但后期除日本人外，还有葡萄牙人和中国的海商、百姓等，如嘉靖年间葡萄牙在浙江双屿港建立据点，又如徽州、闽粤地区经营海上走私贸易为主的大姓势家王直、徐海、张琏等聚成"倭寇"，袭扰浙东沿海，为祸尤烈。嘉靖二年（1523）中日之间发生"宁波事件"后，明政府停止朝贡贸易，致使倭寇横行，他们攻占政府、掠夺江浙，史称"嘉靖大倭寇"，时间持续至隆庆年间。

舟山群岛四面环海，山形复杂，为内陆通向外海之咽喉。普陀山孤悬海外，山形崎岖，土皆沃壤，耕可足食，樵可充炊，倭寇常以之为"息肩之地"。③ 一旦占据，便依险为巢，掘堑自守，以为进止；倘败退，即顺风往东北逃匿，仅三昼夜便可达日本。因此，倭

①王连胜主编：《普陀洛迦山志》，上海：上海古籍出版社，1999年，第292页。
②郑樑生：《明代倭寇研究之回顾与前瞻——兼言倭寇史料》，《淡江史学》2000年第11期。
③［明］郑若曾：《筹海图编》卷五《浙江倭变记》，台北：台湾商务印书馆，1983年，第419页。

寇屯据则易,明廷攻剿为难,"补陀遂燹于兵"。①

普陀山地位重要,常被据为"寇巢",也就成为明廷与倭寇交战的主要阵地。据《筹海图编》卷五《浙江倭变记》言:"都指挥使刘恩至迎击直隶遁贼于普陀山洋,败之……一自长途沈家门设伏邀击,贼果南遁。官兵与遇于普陀落迦山临江海洋,连与战,皆胜之,零贼败登普陀,依险为巢,掘堑自卫……贼据普陀山,分踪流劫内地,参将卢镗邀击于石墩洋,大破之。先是,贼入寇,归栖普陀为息肩之地……"②《舟山之捷》又言:"有倭船泊普陀小道头,参将张四维、推官查光述等,督兵且战且逐,至岛沙门外洋,贼遂溃败,俘斩四十余级……"③《舟山论》又言:"孤悬外海,旷野萧条,必更历数潮,泊普陀岛沙门之类,而后得觇我兵虚实以为进止……"④

剿寇的同时,明政府下令全面封山,一方面是不愿普陀山沦为倭寇巢穴,另一方面是不希望渔民百姓招惹并勾结倭寇,同时防止山民结社,产生白莲教之乱。对此,《普陀禁约》言之甚明。据万历二年(1574)《普陀禁约》言:"近来沿海顽民,见利忘害,私造蛋船,不由官税,装载酒米,越出海岛,高搭厂房,在彼张罗宿食,日烟夜火,屯集成家。致惹倭贼劫夺酒米,以资盗粮,掳掠民人,以为响导。将抢去捕鱼人船杂于渔船之中,形状雷同,以致官

① 胡端:《明代海禁政策与普陀道场的兴废》,《历史档案》2018年第2期。
② [明]郑若曾:《筹海图编》卷五《浙江倭变记》,台北:台湾商务印书馆,1983年,第419—420页。
③ [明]郑若曾:《筹海图编》卷九《舟山之捷》,台北:台湾商务印书馆,1983年,第753—756页。
④ [明]郑若曾:《筹海图编》卷一三《舟山论》,台北:台湾商务印书馆,1983年,第1378—1380页。

兵难辨搜捕。间或乘隙突犯，贻累地方。已经行会总参衙门严行禁戢，尚未尽除。中间亦有指倚势豪，公然雄据，法应拿究，以肃海防。"①万历二十七年（1599）《普陀禁约》又言："近访各处风俗，惑邪崇佛，竟尚异端，浙省之东普陀岩为尤甚。以致游僧潜来结社，托词讲经，讹言惑众。鼓动男妇，大小船只，装载渡海，收带无赖亡命，造衅宣谣。即卫所军余欲逃尺籍者，亦得蔽身缁流，擅逃行伍。而流党蔓延，奸僧啸聚，顿犯白莲教诸禁。扦网横行，甚至狡猾小丑，煽焰百端，勾引外夷，为祸叵测。皆缘地近南海，人皆籍口进香，而大士净城，反为藏污纳垢之区……"②

　　受倭寇影响，嘉靖时期的普陀山佛教呈先盛后衰之势，"嘉靖六年，河南王赐琉璃瓦三万，鼎新殿宇"。③嘉靖年间，鲁王又"建琉璃殿、梵王宫"。④嘉靖二十三年（1544），在葡萄牙人的笔下，普陀山还"有一个寺庙，内有30个教士"。据《西方澳门史料选萃（15—16世纪）》记载，1542—1546年间担任葡萄牙远征舰队财政官的阿尔瓦拉多（Garcia Descalante Alvarado）写给墨西哥总督的报告介绍了一个叫迪斯的西班牙加利西亚商人所讲述的航行故事。1544年5月，迪斯（Pero Diez）乘坐华人的一条中国式帆船来到福建，又去了一个叫Lionpu（即宁波）的城市。阿尔瓦拉多的报告如下："这个迪斯在中国海岸见到一个小岛。上面有一个寺庙，内有30个教士。他们着宽大的黑服，戴开口的帽子；寺庙

---

① 王连胜主编：《普陀洛迦山志》，上海：上海古籍出版社，1999年，第171页。
② 王连胜主编：《普陀洛迦山志》，上海：上海古籍出版社，1999年，第172页。
③ 王亨彦：《普陀洛迦新志》卷五《梵刹门》，杜洁祥主编：《中国佛寺史志汇刊》第1辑，台北：明文书局，1980年，第10册，第329页。
④ 王亨彦：《普陀洛迦新志》卷四《檀施门》，杜洁祥主编：《中国佛寺史志汇刊》第1辑，台北：明文书局，1980年，第10册，第215页。

的房子很好，教士起居、饮食有规矩，不进血腥，仅食蔬果；禁止女子入庙。祭坛上供奉着一个他们称为 Varella 的女子的漂亮画像，她的脚下画了一些面目狰狞的魔鬼；属于什么修会、什么宗教不得而知；大肆庆祝，向她供奉一切。岛上只有这些教士。"其中虽未提及"普陀山"，但据《西方澳门史料选萃（15—16世纪）》一书的译者金国平教授介绍，从古代葡语地图看，普陀山常常被命名成"Ilhada Varella"（佛岛），而从文中"海上小岛"、观音"Varella"（佛像之意）等描述看，极有可能就是普陀山。① 这说明，最迟到嘉靖二十三年（1544），普陀山还有寺庙和僧人。但全面封山后，普陀山佛教受到毁灭性打击。嘉靖三十二年（1553），倭寇屯据普陀，"轩构摧圮，缁锡解散，国朝敕赐碑文，俱断裂仆海中。所仅存者，独圣寿寺琉璃、无量等殿"。② 明廷派刘恩至剿寇获胜。不久，浙江巡抚王忬下令全面封锁普陀山，令黎秀会和李良模前去执行，据万历二年（1574）《普陀禁约》称："仰道即行把总黎秀会同主簿李良模，带领兵船前去普陀山，将寺宇尽行拆毁，佛像、木植、器物等件，运移定海招宝山寺收用。其原山僧人，俱各逃散舟山。查有度牒者，分发各寺；无度牒者，还俗当差。插牌本山，并告示沿海一带军民、僧道人等，不许一船一人登山樵采及倡为耕种，复生事端。如违，本犯照例充军。"③ 普陀山的殿宇、佛像等被迁至

①孙峰：《西方人关于普陀山佛寺的最早描述》，《舟山晚报》2015年11月8日"千岛文史"专版。
②［明］汪镗：《重修宝陀禅寺记》，王亨彦：《普陀洛迦新志》卷五《梵刹门》，杜洁祥主编：《中国佛寺史志汇刊》第1辑，台北：明文书局，1980年，第10册，第240页。
③万历二年《普陀禁约》，原文参见王连胜主编：《普陀洛迦山志》，上海：上海古籍出版社，1999年，第170页。

招宝山，这是普陀山又一次"禁山迁寺"，又一次大劫难。"（嘉靖）三十二年，东倭入犯，总兵胡宗宪、都督卢镗迁宇于今镇海之招宝山，余舍尽焚。"①是说总兵胡宗宪将宝陀寺迁至招宝山巅，卢镗后来拆圆通殿至招宝山麓，别建寺院。后来，僧人真海也护送普陀山的不肯去观音菩萨西迁②，普陀山再次梵音寥落。

　　禁渡普陀山，虽是明文规定，且严惩违者，但仍有人或奏请开寺，或冒险渡海，如乡绅沈兴邦"屡奏开垦复寺"③，又如隆庆年间五台山龙树寺僧人真松东渡普陀山。真松目睹山寺萧条颓废，将其汇报给礼部，在礼部尚书严讷支持下，"准其住山，许以住持"，并"修复殿宇"。又有御马监太监马松庵恢复丛林，工部侍郎汪镗所撰《重修宝陀禅寺记》对此有详细记述，其言："嘉靖癸丑，岛夷犯顺，据为巢穴。轩构摧圮，缁锡解散。国朝数赐碑文，俱断裂仆海中。所仅存者，独圣寿寺琉璃、无量等殿。梵音虚寂、鼎篆尘芜者垂数年。然教不终否。有五台龙树寺僧真松北游来京师，闻其事于礼部。时宫保大学士养斋严公为大宗伯。亟下郡县，俾给札住管，崇奉香火，而演律仪，以资景福。灵山胜会，一旦光复，自非我公，其能洽和幽明、兴举废坠如是哉？惟时郡侯太恒吴公、总戎草堂刘公，相与协赞规划，次第修举。一号令之余，而改观易听矣。适御马监太监松庵马公，景慕名山，起心发愿。乃范金成佛，绣彩结幡。不惜重资，归诚于佛。一时辐辏，增重丛林。岂非事

①王亨彦：《普陀洛迦新志》卷五《梵刹门》，杜洁祥主编：《中国佛寺史志汇刊》第1辑，台北：明文书局，1980年，第10册，第329页。
②王连胜主编：《普陀洛迦山志》，上海：上海古籍出版社，1999年，第167页。
③王连胜主编：《普陀洛迦山志》，上海：上海古籍出版社，1999年，第168页。

有待而化有缘耶……"①穆宗隆庆初年,普陀山僧终于由朝廷颁给文状,准许住于山中,修复寺院。最终,真松于潮音洞西上山窝内复构"宝陀寺"。虽简宇陋屋,规制不广,但真松的行为,被认为是"飞锡而来,大倡宗风,复兴胜果"。②

　　受此影响,违禁潜往普陀山的僧人开始增多,并引起政府关注。隆庆六年(1572),浙江监察御史谢廷杰巡视宁波,得知明所等五僧违禁住山,结庐潜住,派定海把总陈典带兵缉拿僧人。陈典放火焚烧草屋,将所用大、小铜佛、檀香佛及杂物等物品连同僧人送回宁波,经审讯,判定各僧"止是图取布施,以为资身之策,未有潜蓄异谋"。万历二年(1574)《普陀禁约》载:"但滨海居民愚痴易惑,况地在海外,踪迹难稽,万一聚集日繁,朋奸作孽,诚为将来隐忧。近奉密察行拿,诚防微杜渐远虑,合将犯僧量拟罪名,盘过佛像等件,移入招宝山寺内。"③军官认为五位僧人虽未蓄异谋,但结庐山中,势必引起人物聚集,招引倭寇。最后,五位僧人姑免问罪,发还原籍,与此同时,重申渡海禁令,普陀山再次沉寂。其实,隆庆二年、隆庆五年也曾颁布过禁令,使得普陀山殿宇几乎绝迹。隆庆年间水路路程书记载:"山在海中,郁然丛林,近被倭寇烧毁,今略盖茅店而已。"有人据此推测:"嘉靖年间真松重建的

---

①[明]汪镗:《重修宝陀禅寺记》,王亨彦:《普陀洛迦新志》卷五《梵刹门》,杜洁祥主编:《中国佛寺史志汇刊》第1辑,台北:明文书局,1980年,第10册,第239—240页。

②[明]侯继高:《游补陀洛迦山记》,王亨彦:《普陀洛迦新志》卷二《形胜门》,杜洁祥主编:《中国佛寺史志汇刊》第1辑,台北:明文书局,1980年,第10册,第132页。

③王连胜主编:《普陀洛迦山志》,上海:上海古籍出版社,1999年,第170页。

宝陀寺恐怕在隆庆年间再度被毁。"[1]

三、万历年间的佛教复兴

明神宗万历时期是晚明佛教的复兴时期,同时也是普陀山佛教的复兴时期。万历元年(1573)已有渔民在普陀山张网捕鱼,巡视海道刘副使"听其领旗纳税,照验出入捕鱼,以充兵饷"。[2] 万历二年(1574),僧人真表违禁入山,搭盖茅屋,接待香客,但遭匪徒挟诈。定海把总徐景星遂将本寺所施的铜佛、幡袍、杂物、香钱等给簿登记,仅留僧人三五名看守香火,佛像迁至招宝山寺,将真表等拟杖罪具招。[3] 真表获释后,再回普陀。《普陀洛迦新志》载真表"誓志兴复,重创殿宇,如天王殿、云会堂等",应是指他万历二年入山搭建茅屋,又载"万历六年(1578)为住持。十四年(1586),敕颁《藏经》到山,并赐金环紫袈裟。诣阙谢恩,赐延寿寺茶饭香金五十两、缁衣禅帽各一件而还",此后,"结庵五十三处"。[4] 万历八年(1580),他还协助大智创海潮庵(今法雨寺)。

真表复兴普陀山,离不开明廷的大力支持,其中支持力度最大的是明神宗母子。明神宗生母慈圣皇太后崇佛,万历皇帝又侍母至孝,亦颇奉佛,于是力助皇太后捐帑兴寺,刊经刻藏,颁赐名山。万历十四年"颁藏经"之事,载于《憨山老人梦游集》,"国初刻

①胡端:《明代海禁政策与普陀道场的兴废》,《历史档案》2018年第2期。

②万历二年《普陀禁约》,原文参见王连胜主编:《普陀洛迦山志》,上海:上海古籍出版社,1999年,第171页。

③万历二年《普陀禁约》,原文参见王连胜主编:《普陀洛迦山志》,上海:上海古籍出版社,1999年,第171页。

④王亨彦:《普陀洛迦新志》卷六《禅德门》,杜洁祥主编:《中国佛寺史志汇刊》第1辑,台北:明文书局,1980年,第10册,第352—353页。

藏,有此方撰述诸经未入藏者,今上圣母命补入之"。刻完以后,皇上敕颁十五藏,散施天下名山。"首以四部施四边境:东海牢山,南海普陀,西蜀峨眉,北边芦芽。"① 当时所颁藏经,应是《永乐北藏》。首次颁赐藏经,即选择了普陀山,足见万历皇帝对普陀山之重视。此后,神宗母子先后九次敕赐普陀山②,或兴建海会、承恩、慈寿和万寿等佛寺,或施钱斋僧。这也影响了藩王大臣、诸宫眷属、官员、文人士绅等修建寺院、捐赠布施、编志留书等,使得普陀山的佛教获得前所未有的发展。对此,《万历野获编》记载:"以上诸刹,俱帝后出供之羡,鸠土聚材,一以大珰董之,有司例不与闻,民间若不知有大役,亦太平佳话也。"③ 徐一智也指出:"万历年间,由于明神宗母子信奉,促使政府赐藏与修寺,积极来复兴名山,后更开放海禁,让香客及僧侣自由到山中朝圣,遂为圣山奠下今日的基础。另经皇室的倡导,一些虔信佛教的官吏和宦官,也施舍钱物给普陀。此些因素都是导致万历年间普陀山兴盛的因素。"④

　　皇室的崇奉也受到来自地方官员的阻力,他们认为,普陀山的军事地位重于宗教地位,更重要的是防倭而不是朝山,而且普陀山"内为亡命之渊薮,外启狡夷之垂涎",于是他们上书谏阻。万历二十年(1592),日本出兵入侵朝鲜,明政府入朝参战,史称"壬辰倭乱"。在此背景下,舟山群岛再次成为防倭重地。万历二

---

① [明]憨山德清述,福善日录、通炯编:《憨山老人梦游集》卷五三,《卍新续藏》第73册,第838页中。

② 胡端:《明代海禁政策与普陀道场的兴废》,《历史档案》2018年第2期。

③ [明]沈德符:《万历野获编》卷二七《京师敕建寺》,北京:中华书局,1959年,第687页。

④ 徐一智,《明代政局变化与佛教圣地普陀山的发展》,《玄奘佛学研究》2010年第14期。

十四年（1596）巡抚刘元霖勒石立碑，"示仰本山住持僧、行人等知悉：除原建屋宇，见住僧人，已该定海县查有额数在册，姑免驱逐外，自后并不许搬运砖木，增置院舍，广召徒众。其一应进香游僧到寺，止给三日斋粮，立即下山，不许恋住停留，如有故违及住持通同窝纵者，访出定行拿究"。① 不同于嘉靖年间的毁寺逐僧，这实际是在默认现状的基础上适度限制。但这种限制，似乎显得微不足道，定海把总赵九思指出："二十四年（1596），自奉督抚军门勒石垂禁之后，两寺之僧，倏往倏来，旋多旋少，为数似无定额。而祠宇殿堂、僧房净室，日则满山棋布，夜则燃火星罗，总计二百有奇，日益月盛，漫无可稽。"②

　　但是万历二十六年（1598），宝陀寺遭逢大火，"金石尽烁，惟大士宝躯独存"③，住持真宰同高僧寂庵请求皇室赐修。万历三十年（1602），明政府派太监张随续颁《藏经》，赍金到山，主持重建工程。但海防官员抵制重建普陀山宝陀寺，他们颁布规定，凡"搬运料物过海，贻祸海防者，即便拿解本司，以凭重究。船料入官，人犯重责四十……如或纵容，一体连坐"。④ 而且负责平倭的督抚刘军门上呈名为《倭情叵测，海衅难开》的奏折，他援引洪武以来尤其是万历二十九年（1601）倭寇入犯普陀山的史实，指出此

①万历二十四年《普陀禁约》，原文参见王连胜主编：《普陀洛迦山志》，上海：上海古籍出版社，1999年，第172页。
②万历三十年十一月督抚军门刘奏折《倭情叵测，海衅难开》，原文参见王连胜主编：《普陀洛迦山志》，上海：上海古籍出版社，1999年，第174页。
③浙江省地方志编纂委员会编：《清雍正朝浙江通志》卷二三〇，北京：中华书局，2001年，第6419页。
④万历二十七年《普陀禁约》，原文参见王连胜主编：《普陀洛迦山志》，上海：上海古籍出版社，1999年，第172页。

山历来为倭寇觊觎之地，认为普陀山悬居海心，缈茫无际，先年倭
贼登犯，据险为贼巢，几乎成为浙江之大患，须劳师费饷，方能荡
平。近年倭船突然驶入，巡哨官兵仅取一首级，余者全部遁逸，则
此山为倭夷垂涎之地，不证自明。今奉明旨，恢扩鼎建，疆场将吏
靡不忧惶，惟愿得免增建，此乃地方之幸。更言："惟有增兵加备，
以防岛夷之潜窥；酌量焚修，以清流僧之聚集。毋侈丽以海盗，
毋厚积以资敌。申严盘诘之禁，默消奸宄之谋。此诚防微杜渐之
要着。"①乞明防止海外山寺之兴建，以杜绝普陀山倭祸萌生。他
说，如若全面开放，构宇增建，必然聚集人潮，造成民船与倭船相
混，难以分辨，必须增兵添饷，加备防护。他请求皇上"垂念封疆
之计"，召回张随，中止计划，且提出两全其美的方法："姑将殿宇
见在者，存奉藏经，此外不许私创一室；有行住持焚修者，籍名在
官，此外不许容留一人。"②

　　明神宗"留中"不发，继续营建。万历三十一年（1603）尹应
元接任刘元霖为浙江巡抚。为解决朝山与海防之矛盾，尹亲率海
道副使、参将、宁波知府、同知、定海知县等各级主管海防与行政
的官员赴圣地礼拜观音，参访圣迹，并立《渡海纪事碑》，最终决定
开放普陀之禁。此后，不再有官员反对开禁，于是宝陀寺迎来了
全面复建的时期。万历三十四年（1606），完成了宝陀寺的重建工
作，庵堂连群，殿宇巍峨，明神宗赐额"大明敕建护国永寿普陀禅
寺"，并赐《御制重建普陀寺碑》，碑文有言："大明敕建护国永寿普
陀禅寺，寺在洛伽山顶，大海波心，是观音大士说法道场、显灵应

①万历三十年十一月督抚军门刘奏折《倭情叵测，海衅难开》，原文参见王连胜
　主编：《普陀洛迦山志》，上海：上海古籍出版社，1999年，第176页。
②万历三十年十一月督抚军门刘奏折《倭情叵测，海衅难开》，原文参见王连胜
　主编：《普陀洛迦山志》，上海：上海古籍出版社，1999年，第178页。

处也。"① 其中还记载了重建的时间:起于万历三十年(1602)七月二十七日,迄于万历三十五年(1607)三月十五日,历时近五年。同年海潮寺也完成扩建,翌年周应宾完成《重修普陀山志》,"标志着普陀圣地自隆庆以来臻于极盛,迎来巅峰"。② 鄞县陆宝在《游补陀记》中记载,万历四十二(1614)年二月十六日,他"登殿肃礼大士"时,"缁素千人,合十胡跪,几无置足处"。③

万历以降,直至明末,皇室与官员依然往来于普陀山,尤以天启和崇祯朝为最。如天启七年(1627),崇王朱由樻捐资重建药师殿,书"法门龙象"额,赐千佛衣。陶崇道也捐资建药师殿,并于磐陀庵西,倡缘筑堤,垦田数十亩,以充香积。天启年间,承乾宫皇贵妃"遣官进香",制一尊渗金佛像,定海都司梁文明因祈嗣有感,捐资创白华庵。又如崇祯十四年(1641),"上以天步方艰,物多疵疠;命国戚田弘遇捧御香,祈福普陀大士"。崇祯年间,海宪方应明"捐俸重建磐陀庵",内官苏若霖"捐己资千余,庄严净土"。④

万历中后期直至崇祯年间,舟山群岛仍有倭寇活动,如万历三十七年(1609)《明神宗实录》载:"倭至昌国,参将刘炳文不敢击,复匿不以报,遂至温州麦园头,毁兵船。"⑤ 崇祯十一年(1638),张岱参访普陀山时,亲眼看见了盗贼劫船之事件:"见钓船千艘,闻

---

① [明]周应宾:《重修普陀山志》卷一《宸翰》,杜洁祥主编:《中国佛寺史志汇刊》第1辑,台北:明文书局,1980年,第9册,第56页。
② 胡端:《明代海禁政策与普陀道场的兴废》,《历史档案》2018年第2期。
③ 王亨彦:《普陀洛迦新志》卷二《形胜门》,杜洁祥主编:《中国佛寺史志汇刊》第1辑,台北:明文书局,1980年,第10册,第135—136页。
④ 王亨彦:《普陀洛迦新志》卷四《檀施门》,杜洁祥主编:《中国佛寺史志汇刊》第1辑,台北:明文书局,1980年,第10册,第215—216页。
⑤ 《明实录闽海关系史料》卷四,孔昭明主编:《台湾文献史料丛刊》(第三辑),台北:台湾大通书局,第50册,1984年,第102页。

警皆避入千步沙。十余艘在外洋后至者,贼袭之,斫杀数十人,抢其三舟去,焚其二舟。火光烛天,海水如沸。"①但这并未影响到晚明普陀山佛教的整体发展,张岱记载的二月十九观音圣诞的盛况可以看出这一趋势:"至大殿,香烟可作五里雾。男女千人鳞次坐,自佛座下至殿庑内外,无立足地。"②因此,晚明时期,普陀山佛教空前发展,"山上有寺庵200多处",江浙、福建信徒纷纷朝山,莲花洋上"贡艘浮云",短姑道头"香船蔽日"③,呈现出"山当曲处皆藏寺,路欲穷时又遇僧"的盛况。

第三节　明代普陀山佛教宗派和高僧

一、明代普陀山宗派与宗风

明代普陀山佛教宗派中,仍是禅宗最盛,但净土、天台和律宗等宗派的僧人在普陀山也有活动。禅宗方面,洪武年间,大丕行基住持普陀,他"宗说兼通,行解相应",为众讲解,传承禅法,畅演宗风。永乐四年(1406),禅师祖芳道联住持普陀,有人将其比作宋代真歇禅师、元代孚中禅师。嘉靖年间,倭寇乱山,不久,隆庆六年(1572),五台山禅师真松渡海入山,畅演禅法,弘扬宗风。净土宗方面,万历五年(1577),内官明凤出家于普陀山,在"菩萨顶之麓"建朝阳庵,"其徒真玄、孙如乐,皆内臣出家,能克纂前绪,坚

---

① [明]张岱撰,云告点校:《琅嬛文集》卷二《海志》,长沙:岳麓书社,1985年,第82页。

② [明]张岱撰,云告点校:《琅嬛文集》卷二《海志》,长沙:岳麓书社,1985年,第79页。

③ 王连胜主编:《普陀洛迦山志》,上海:上海古籍出版社,1999年,第170页。

修净业"。① 履端于天启年间至普陀山出家,于前山建林樾庵,他融合禅净,著《林樾集》,其中收有《海观白香山绘西方极乐世界图引》,人称"诗僧"。天台宗方面,隆庆年间,二十五岁的天台宗僧象山真清朝礼普陀山,后续游天台,"宿禀台教,仰智者之风,岩栖谷饮,固其志也",他所到之处,"讲席频开,学徒云集"。② 文玉于崇祯年间住持普陀寺十三年,"戒行端严,日课《法华经》"③,清矶于天启年间入普陀山,"常课《法华》"。④ 普陀山抱璞莲法师和其徒永阗获阅《法华玄义》《摩诃止观》,"大悔见此二书之晚,知台宗圆顿法门,直指人心,见性成佛,诚不异单传正印"。⑤ 律宗方面,正德年间,以"戒德"闻名的普贤道诚游礼普陀山,拜淡斋为师;嘉靖年间,本空圆献"卓锡普陀。精修戒定,悟空五蕴,遐迩向化"。⑥ 圆献的徒弟无瑕明通也"修德励行,寿登百龄","受徒十人,皆英贤巨略"。⑦ 五台山僧真松入普陀山"演绎律仪",被认为是"明代普陀山佛教律宗之始"。⑧ 翁州人真表持戒精严,誓志复

① [明] 周应宾:《重修普陀山志》卷二《殿宇》,杜洁祥主编:《中国佛寺史志汇刊》第1辑,台北:明文书局,1980年,第9册,第121页。

② 王亨彦:《普陀洛迦新志》卷六《禅德门》,杜洁祥主编:《中国佛寺史志汇刊》第1辑,台北:明文书局,1980年,第10册,第409页。

③ 王亨彦:《普陀洛迦新志》卷六《禅德门》,杜洁祥主编:《中国佛寺史志汇刊》第1辑,台北:明文书局,1980年,第10册,第355页。

④ 王亨彦:《普陀洛迦新志》卷六《禅德门》,杜洁祥主编:《中国佛寺史志汇刊》第1辑,台北:明文书局,1980年,第10册,第399页。

⑤ [明] 智旭:《灵峰蕅益大师宗论》卷八,《嘉兴藏》第36册,第391页中—下。

⑥ 王亨彦:《普陀洛迦新志》卷六《禅德门》,杜洁祥主编:《中国佛寺史志汇刊》第1辑,台北:明文书局,1980年,第10册,第351—352页。

⑦ 王亨彦:《普陀洛迦新志》卷六《禅德门》,杜洁祥主编:《中国佛寺史志汇刊》第1辑,台北:明文书局,1980年,第10册,第352页。

⑧ 王连胜主编:《普陀洛迦山志》,上海:上海古籍出版社,1999年,第462页。

兴名山,万历六年(1578)接任普陀山宝陀寺住持,他"性刚直,有戒行"。① 万历年间,大智真融和天然如寿师徒"戒行精卓,缁白景从"。② 曾朝拜普陀山的守庵性专(1533—1605),"性朴素,衣一吉布直裰,四十余年,未尝更治,持'过午不食'斋,终身不改",妙峰法师赞为"今世持戒者,惟守庵一人"。③ 可见,明代的普陀山,不仅禅风阐扬,而且兼弘净土、天台和律宗等,其宗风具有更强的融合性。

二、明代普陀山高僧

明周应宾在《重修普陀山志》卷二中专列"释子",指出"盖开权以示,皈依总持无可少者","自梁慧锷后,大者兴建,小者接待,统之皆应机也"。④ 关于明代"释子",他列举有与宝陀寺有关的僧人三十九人,与镇海寺有关的僧人十人,其中多是万历年间僧人。民国王亨彦的《普陀洛迦新志》卷六《禅德门》开篇即言:"非有大德之住持,奚副高山之仰止?"⑤ 强调了高僧对普陀山的重要贡献,其中列有与普陀山相关的四类僧人:普济住持、法雨住持、本山出家、十方寄寓。其中明代普济寺僧有十八人、法雨寺僧五

---

① 王亨彦:《普陀洛迦新志》卷六《禅德门》,杜洁祥主编:《中国佛寺史志汇刊》第1辑,台北:明文书局,1980年,第10册,第353页。
② 王亨彦:《普陀洛迦新志》卷六《禅德门》,杜洁祥主编:《中国佛寺史志汇刊》第1辑,台北:明文书局,1980年,第10册,第377页。
③ 王亨彦:《普陀洛迦新志》卷六《禅德门》,杜洁祥主编:《中国佛寺史志汇刊》第1辑,台北:明文书局,1980年,第10册,第415页。
④ [明]周应宾:《重修普陀山志》卷二《释子》,武锋点校:《普陀山历代山志》,杭州:浙江古籍出版社,2014年,上册,第157—158页。
⑤ 王亨彦:《普陀洛迦新志》卷六《禅德门》,杜洁祥主编:《中国佛寺史志汇刊》第1辑,台北:明文书局,1980年,第10册,第339页。

人、本山出家僧八人、十方寄寓僧七人，共三十八人。王连胜《普陀洛迦山志》"本山名僧"中共统计有三十六人，其中并未统计王亨彦志中的"十方寄寓僧"，而将其归入"朝山名僧"①中，是有一定道理的。现据《普陀洛迦新志》和《普陀洛迦山志》，将明代普陀山高僧进行整理（见表二）。

表二：明代普陀山高僧②

类别	姓名	年代	籍贯	主要事迹	著作
普陀寺僧	大基 名行丕	元末明初洪武年间	鄞县	洪武初，由佛陇来主普陀，匡众说法，恢复产业。建清净境亭。	
	祖芳 名道联， 俗姓陆	永乐年间	鄞县	永乐初年住持普陀，人比之为宋真歇、元孚中。蜀王赐衲衣钵盂。永乐四年（1406），征为释教总裁。	《拙逸语录》
	淡斋	正德年间		正德十年（1515）住持宝陀寺。于扬州募缘，留都十载，铸铁瓦二万、铁砖一万，构殿潮音洞。	
	普贤 名道诚	正德年间	徽州	以戒德闻。正德年间历游名山，至普陀，师淡斋，参礼甚众。七十三岁预报示寂，有偈云：普贤普贤，苦行心坚。即心是佛，西方目前。	
	本空 名圆献	嘉靖年间	余姚	嘉靖间，卓锡普陀。适遭倭变，归姚江玉皇殿，聚徒熏修。隆庆间，总督刘公迎归普陀山中，避居西天门之圆通庵。	

---

① 王连胜主编：《普陀洛迦山志》，上海：上海古籍出版社，1999年，第513页。
② 资料来源：王亨彦《普陀洛迦新志》卷六《禅德门》，杜洁祥主编《中国佛寺史志汇刊》第1辑，台北：明文书局，1980年，第10册，第339—427页；王连胜主编：《普陀洛迦山志》，上海：上海古籍出版社，1999年，第461—470页。

类别	姓名	年代	籍贯	主要事迹	著作
	无瑕 名明通	嘉靖末年		为本空徒弟，嘉靖末年住持普陀。修德励行，寿登百龄，塔在达摩峰下。	
	真松	隆庆年间、万历年间		隆庆六年（1572），从五台山龙树寺迁住普陀山，修复宝陀寺，大倡宗风，复兴胜果。	
	一乘 名真表	万历年间	翁洲	十二岁入普陀山，师明增，誓志兴复普陀，重创殿宇。万历六年为住持。十四年，敕颁《藏经》到山，并赐金环紫袈裟，诣阙谢恩。结庵五十三处。	
	云峰 名真宰	万历年间	仁和	万历间，寺毁于火，同寂庵竭力兴建。万历二十六年（1598）为住持。十月，宝陀寺大火，兴建大殿五间，遭当局禁止，赴京募化，二十九年积劳成疾，圆寂于京师。	
	寂庵 名如迥	万历年间	兰溪	于普陀山阅藏，讽《华严》者十三年。万历二十九年三月，因真宰没于京，被举为住持。值敕造，内使络绎，朝夕拮据公务。三十二年冬，退居东堂。逾年夏，督造至，复授为住持，居东方丈，鼎新山寺。三十五年春，赐紫袈裟一袭。九月二十五日，进谢恩表。十月十五日，钦命赐紫，并给礼部札，付授僧录司右善世而还。塔在梅岑庵之左。	
	普光 名真遇	万历年间	翁洲	性质朴。值如迥让住持，众以其诚，遂共推之。	
	奇峰 名真才	万历年间	秀水	髫年入道，受法于普陀山住持无瑕。赋性温雅，才德兼备。为堂头首领，善调大众。吏部蒋公赠额曰"丛林调御"。司府给冠带为东方丈住持。	

类别	姓名	年代	籍贯	主要事迹	著作
	逊吾 名如让	万历年间	严州	万历三十三年(1605)敕建护国永寿普陀禅寺,往返京都,不辞劳苦。三十七年,奉礼部札,授僧录司右阐教,协理普陀建寺工程。三十八年告竣,复命赐紫衣一袭。	
	三藏 名真经	万历年间	翁洲	秉性沉默,举措无苟。督造张公随以师礼事之。万历三十九年(1611),众推举为住持。	
	万容 名如钦	万历年间	鄞	明万历间为普陀寺监寺。时遇敕建殿宇,殚力忘倦。寺成,辞事习静。众服其功,推举住持。	
	昱光 名如曜	万历年间	定海	刺血书经,上书朝廷,请敕建寺宇。上赐帑金、御制碑文、金襕紫袈裟。万历四十年(1612)为普陀寺住持。崇祯三年(1630),捐资修妙庄严路。	
	朗彻 名性珠	天启年间		昱光徒弟。苦行能文,天启七年(1627)修妙庄严路,绵亘五里,历四年而成。	《剖璞语集》
	文玉 名寂美	崇祯年间	鄞	戒行端严,日课《法华经》。崇祯年间先后住持普陀寺十三年,全山推重。	
海潮寺僧	大智 名真融 1524—1592	万历年间	麻城	万历八年(1580),渡海抵普陀山,叩礼金容。自谓托迹宝陀,哺糜吃菜,了此生矣。乃结茅于光熙峰下,额曰"海潮庵"(今法雨寺)。渐建殿宇,广开招待,郡守吴安国改额曰"海潮寺"。	
	天然 名如寿 俗姓桑 1538—1612	万历年间	永城	幼业儒,长投大智禅师剃度。万历八年随至普陀山,同创海潮庵。二十年继主海潮庵,增建殿堂,扩庵为寺。二十四年退居禅那庵。四十年圆寂。	

类别	姓名	年代	籍贯	主要事迹	著作
镇海寺住持	宝莲 名如光	万历年间	仁和	万历三十三年（1605）为住持。行业昭著，善信归心。三十五年（1607），御马监太监党礼请于朝，敕赐"镇海寺"额（即旧海潮）。随赐《北藏》《南藏》经各一藏，护藏敕一道。诣阙谢恩，奏对称旨，赐紫衣一袭。给礼部札，付授僧录司右觉义。塔建于千步沙。	
	寂住	崇祯年间		为镇海寺住持。崇祯二年（1629），建梵音洞庵，为退居之所。	
	文元秀 ？—1645	崇祯年间	成都	崇祯十三年（1640），为镇海寺住持。十六年，大殿毁于火，退居潮音洞庵。	
普陀山出家僧	密藏 名道开	万历年间	南昌	少年出家普陀山，后师事紫柏。与陆光祖、冯梦祯、瞿汝稷等共刻《大藏经》方册，即嘉兴藏。万历十七年（1589）创刻于五台，后移至杭州续刻。	
	宝峰	万历年间		万历年间出家普陀山，与妙峰同建餐霞庵。励志静守，不缘外务，唯受眉公一家供养。	
	宝光 名如灯	万历年间	襄阳	万历三十四年（1606）任镇海寺都管兼库司。与如璧、如珂等皆明代镇海寺执事有功者。	
	玉田 名如璧	万历年间	楚	万历年间镇海寺监寺，备极勤劳。	
	玉堂 名如珂	万历年间	嵊县	万历中至普陀，大智禅师徒弟，为镇海寺协理。修砌几宝岭至镇海寺路五里许，因名其路曰"玉堂街"。后于天台山建修隐庵，颇为缙素所重。	
	履端 名海观	天启年间		天启年间至普陀山，依朗彻禅师出家，后于前山建林樾庵，被称为诗僧。	《林樾集》

类别	姓名	年代	籍贯	主要事迹	著作
	道山 名永闿 俗姓孙 1596—1642	天启年间、崇祯年间	武林	少年出家普陀之静室。性爽朗，善诙谐，谨身节用，孤峻少合。甘淡薄，守枯寂。凛凛乎若冰雪之寒，矫矫乎若云外之鹤。	《永闿诗稿》
	普陀僧			佚其名，焚修有年。一日语众曰："在山多年，今将归去。"众问："归何处？"僧曰："有来则有去。"	
王连胜志书所载而王亨彦未载的明代僧人	无念 名性空	万历年间		万历三十四年（1606）任普陀寺住持。时逢赐帑建寺，竣工后，随督造太监谢恩，有人诬告张随，力辩之，被监禁，入狱病逝。后其弟子荣光将其归葬普陀。	
	无边 名性海	万历年间、崇祯年间	鄞县	万历四十二年（1614）任普陀寺住持，后退居磐陀庵。崇祯三年（1630）捐资修妙庄严路。	
	弘礼，字具德，俗姓张 1600—1667	崇祯年间、明末清初	会稽	因读《楞严经》有悟，于普陀山宝华庵出家。崇祯八年（1635）赴杭州安隐寺，顺治六年（1649）住持杭州灵隐寺。	《语录》三十卷
	清矾，名寂滨	天启年间、明末清初	松江	天启年间九岁入山，常课《法华》。年九十八，清癯古秀，矍铄善步。与之言遗事，娓娓不倦。	
	通贤 名浮石 1593—1667	万历年间、崇祯年间、明末清初	当湖	万历三十九年（1611）十九岁离家至普陀山，礼绍宗出家，后驻锡多处道场，康熙六年（1667）示寂。	《语录》

类别	姓名	年代	籍贯	主要事迹	著作
	正明,名养拙,俗姓常? —1649	明末清初	蒲坂	生禀异姿,澹怀世网。年逾志学,独怀幽趣。二十岁出家于普陀山,参学金粟、黄檗,后嗣法五峰。清顺治六年(1649)春圆寂。	
	无凡,名行诚,俗名汝应元	明末清初	华亭	清顺治六年,鲁王驻舟山,聘张肯堂为国相。时清兵渡海,势危急,肯堂抚孙子茂滋谓无凡曰:"我大臣宜死国,一线之寄,其在君乎!"无凡谨受命,遂为僧。舟山破,张公阖门死之,独命茂滋出亡。闻茂滋羁鄞狱,无凡请之当事,多次出茂滋,茂滋乃得放归华亭。数年,茂滋病卒。无凡终身守张公之墓,老死于补陀山。	

　　以上所录三十八位僧人中,"玉田"和"普陀僧"源于王亨彦志,并未被王连胜志所录;"无念""无边"和"弘礼"等僧源于王连胜志,而未被王亨彦志所录。"清矶""通贤""正明""无凡"等四位僧人虽同时被两志所录,但王亨彦志将其列入"本山出家"中的"清代"僧人中,而王连胜志将其列入"明代"。几位僧人应当均是明末清初人,故在归属上有不同。

　　上表虽未详载普陀山的全部僧人,但其资料来源,一部是古志中最全的志书,一部是当代修的志书,均记载了明代僧人的重要信息,是可以反映明代普陀山僧人的特点的。首先,从年代上看,洪武年间一人,永乐年间一人,正德年间二人,嘉靖年间二人,万历年间二十人,天启年间二人,崇祯年间四人,明末清初五人,另有一人不详,可以看出万历年间僧人数量是最多的。可见,万历时期是明代普陀山佛教发展的分水岭,在其之前的洪武到嘉靖年间僧人数量虽在增长，但是不多；在此之后的僧人数量多于之前的僧人，这说明了晚明佛教在普陀山的复兴。第二，从籍贯上看，来自浙江本地的僧人最多，有十九人，另有十人籍贯不明，其余僧人中，分别来自湖北麻城、四川成都、江西南昌、湖北襄阳、江苏华亭、楚等南方各地。需要指出的是，还有两位来自北方地区，即山西永济和河南永城，这说明此一时期普陀山在北方已经有了影响。第三，从事迹上看，他们大多是来普陀山建寺，且与政府关系密切，多数寺院此前已被严重毁坏，故需重建。第四，从著作上看，仅有六位僧人留有著作，这说明明代普陀山僧人不太重视理论，相对更重实践。

此外，别古崖、象先、蕴空、真可、守庵、妙峰、无能等明代高僧也曾泛舟南海礼普陀，这也是普陀山朝山信仰的重要组成部分，将于本章第六节"明代的普陀山朝山信仰"中详细讨论。

三、明代重要高僧的贡献

明代普陀山高僧中有代表性的是真松、一乘、大智、寂庵、朗彻、道山等。他们均对普陀山佛教做出了重要的贡献，下面一一详述。

真松的资料，见载于明代周应宾的《重修普陀山志》和王亨彦的《普陀洛迦新志》。嘉靖三十二年（1553），普陀山被倭寇据为巢穴，"轩构摧圮，缁锡解散"。敕赐的多通碑文也"俱断裂仆海中"，"所仅存者独圣寿寺琉璃、无量等殿"[1]，使普陀山数年梵音虚寂、鼎蒙尘芜。同时，地方官又"不许一船一人登山樵采及倡为耕种，

---

[1] ［明］周应宾：《重修普陀山志》卷四《事略》，杜洁祥主编：《中国佛寺史志汇刊》第1辑，台北：明文书局，1980年，第9册，第363页。

复生事端。如违,本犯照例充军"。① 为昌隆佛法,"隆庆六年,五台僧真松来山,稍为修复"。② 他又北上京师,将普陀山佛教情况汇报给礼部,得大学士严讷支持,命郡侯吴太恒、总戎刘草堂"相与协赞规划",恢复寺院。真松"而演律仪",被认为是"明代普陀山佛教律宗之开始"。③ 时有御马监太监马松庵,景慕普陀名山,起心发愿,范金成佛,绣彩结幡,供奉至普陀山。礼部侍郎汪镗为此而撰《重修补陀山宝陀禅寺记》④,收于《重修普陀山志》《普陀洛迦新志》等,其中有云:

> 缥缈灵山,嵯峨迹石。回抱沧溟,吞吐潮汐。石洞峭深,琼泉滴沥。爽气飞扬,嚣尘断隔。佛祖坛场,天神窟宅。昔我观音,来自五台。睹兹灵境,息驾徘徊。梵宫夜敞,宝刹朝开。金容璀璨,广乐喧豗。星繁电琇,倏往忽来。自昔称奇,于今为烈。贝影扶疏,兰缸明灭。百千万人,无论愚哲。向山归礼,噢水致洁。蠢尔丑夷,据为巢穴。几席荒凉,栋宇摧裂。道无终否,感则必通。卿士协吉,上下和同。垂增云构,弘阐佛风。燕还旧垒,僧依故宫。光复盛美,伊谁之功。维我观音,慈悲成性。我愿众生,咸归清净。圣寿绵延,帝图昌盛。默佑阴扶,永绥吉庆。胜水名山,万年辉映。小子颛蒙,

① 万历二年《普陀禁约》,原文参见王连胜主编:《普陀洛迦山志》,上海:上海古籍出版社,1999年,第170页。
② [明]周应宾:《重修普陀山志》卷二《建置》,杜洁祥主编:《中国佛寺史志汇刊》第1辑,台北:明文书局,1980年,第9册,第139页。
③ 王连胜主编:《普陀洛迦山志》,上海:上海古籍出版社,1999年,第462页。
④ [明]周应宾:《重修普陀山志》卷四《事略》,杜洁祥主编:《中国佛寺史志汇刊》第1辑,台北:明文书局,1980年,第9册,第358—368页。

稽首歌咏。①

　　一乘,名真表,翁洲(今浙江舟山)人,十二岁入普陀山,拜明增为师。长大后,矢志复兴名山。万历六年(1578)任宝陀寺住持,创建天王殿、云会堂等。万历八年(1580),协助大智禅师创建海潮庵(今法雨寺)。万历十四年(1586),皇太后遣内官太监张本、御用太监孟定安赍《藏经》到山,并赐予真表金环紫袈裟。真表进京谢恩,又受赐延寿寺茶饭及香金五十两、缁衣禅帽各一件。真表进京时路过山东,拜谒鲁王府,鲁王朱颐坦敬其德行,施粮饭僧,又命工匠铸一尊三十六石重的佛像,供奉于宝陀寺大殿。万历十五年(1587)冬,真表为立《万历鲁王补陀山碑》,由朱颐坦撰书。真表"性刚直,有戒行",敬礼十方贤衲,于普陀山结庵五十三处,"以应五十三参"②,"以故名僧皆归之"。当时山上祠宇殿堂,僧房静室,"日则满山棋布,夜则燃火星罗,总计二百有奇"。③ 聊城傅光宅赠诗云:"海山深处有高僧,妙法曾参第一乘。方寸自能清似水,浮云底事爱还憎。"④ 塔建于千步沙西资庵前。

　　大智(1524—1592),名真融,湖北麻城人,幼有慧性,十五岁出家于定慧寺,潜心教典。后"涉历名山,所至随处结缘"。嘉靖二十六年(1547)抵建康(今南京),参访牛首山,次年参燕京崇国

---

①[明]周应宾:《重修普陀山志》卷四《事略》,杜洁祥主编:《中国佛寺史志汇刊》第1辑,台北:明文书局,1980年,第9册,第366—368页。

②"立静室五十三处,以应五十三参。"详参[明]周应宾:《重修普陀山志》卷二《建置》,杜洁祥主编:《中国佛寺史志汇刊》第1辑,台北:明文书局,1980年,第9册,第140页。

③王连胜主编:《普陀洛迦山志》,上海:上海古籍出版社,1999年,第463页。

④王亨彦:《普陀洛迦新志》卷六《禅德门》,杜洁祥主编:《中国佛寺史志汇刊》第1辑,台北:明文书局,1980年,第10册,第352—352页。

寺,诵《法华经》。数月后,至万寿山受具足戒,后又入五台山修行五年,道愈精进。所以侯继高在《游补陀洛迦山记》中云:"有僧大智,自五台山来,卓锡于此,结庵以居,曰海潮。庵有楼,开牖视之,则沧溟灝漾,近在几席。"①嘉靖三十三年(1554),又往伏牛山龟背石修行三年,持行益苦。三十六年(1557),回湖北会城龙华寺读经。次年入蜀,往峨眉山修行十二年,建藏阁,名净土庵,接纳云水。万历二年(1574)止蓥华山,夷石为址,伐木为材,建大刹金莲庵,复修千佛阁。既而复念:"天下三大道场,五台峨眉,已获朝参,独普陀山,乃观世音示化之地,可弗至乎?"万历八年(1580)大智渡海抵普陀,欲复兴道场,于是祈祷于潮音、梵音二洞,谓:"若此地宜奉香火,大士当赐指授。"晚课后,于千步沙见潮汐涌来一大竹根,认为是观音有感应,谓:"此大士授我也。"②自谓"哺糜吃菜,了余生足矣","乃于宝陀寺之左曰千步沙迤逦而东,沙尽处有山,曰光熙峰。师结庵其麓,前为楼俨然,观沧海日出,后为大士精舍,其余方丈香积,靡不翼翼然饰矣,庵成,命之曰海潮"。③渐建殿宇,广开招待。郡守吴安国改额为"海潮寺",即今法雨寺之前身。大智持戒精严,涵泳教海,深入三昧,"一味真实,捍忍勤苦,划灭情识",无论贤愚少长,皆以慈眼视之。他"于佛氏之教,少而习焉,长而悟焉,老而笃焉,而于苦空无著之旨,非惟知之,亦

①侯继高:《游补陀洛迦山记》,王亨彦:《普陀洛迦新志》卷二《形胜门》,杜洁祥主编:《中国佛寺史志汇刊》第1辑,台北:明文书局,1980年,第10册,第131页。
②王亨彦:《普陀洛迦新志》卷三《灵异门》,杜洁祥主编:《中国佛寺史志汇刊》第1辑,台北:明文书局,1980年,第10册,第182页。
③[明]明河:《补续高僧传》卷二二,《卍新续藏》第77册,第514页中—下。

允蹈之"①,与云栖、憨山、紫柏等高僧同时杰出,人皆"以为现在肉身大士,丛林相传"。②屠隆《补陀海潮寺开山大智禅师碑》对其赞赏有加:"补陀海潮寺住持大智禅师,灵心朗哲,戒德孤高。披精进铠,熏修翘勤于六时;建勇猛幢,功行加持于三宝。"③傅光宅《过海潮赠大智禅师》云:"宝地新开大海边,法坛长日拥诸天。慈光会满三千界,苦行先经六十年。五岳烟霞孤锡迥,万川水月一灯悬。不知再见应何日,一片心依智者禅。"④刑部郎中袁福征《赠大智禅师》云:"慧灯西竺发,分向海中悬。入定浑无相,出关觉有缘。经翻龙净钵,禅就鹤开筵。我适天然趣,圆通亦复然。"布政使黎民寰《赠大智禅师》云:"偶来双树下,依止远公房。蒼卜飘香气,娑罗露月光。风幡如暂解,云水自相忘。欲证无生义,惟须遍十方。"⑤临海举人王立程《赠大智禅师》诗云:"谁识空门不易修,羡君末劫早回头。披来布衲峨眉雪,坐处蒲团沧海秋。龙象上方开佛土,金银下界见阎浮。却留紫竹林间影,五十三参何日休。"万历二十年(1592)五月三日,大智预知时至,告众说:"兹地乃大士现灵之所。老僧开此道场,庄严香火。以事方肇造,未

① 王亨彦:《普陀洛迦新志》卷六《禅德门》,杜洁祥主编:《中国佛寺史志汇刊》第1辑,台北:明文书局,1980年,第10册,第375页。
② [明]明河:《补续高僧传》卷二二,《卍新续藏》第77册,第514页下。
③ [明]周应宾:《重修普陀山志》卷三《艺文》,杜洁祥主编:《中国佛寺史志汇刊》第1辑,台北:明文书局,1980年,第9册,第263—268页。
④ [明]周应宾:《重修普陀山志》卷六《诗类》,杜洁祥主编:《中国佛寺史志汇刊》第1辑,台北:明文书局,1980年,第9册,第506页。
⑤ [明]周应宾:《重修普陀山志》卷六《诗类》,杜洁祥主编:《中国佛寺史志汇刊》第1辑,台北:明文书局,1980年,第9册,第498—499页。

能极尽规模。今已矣,待百年后,再来重兴耳,汝等记之。"① 趺坐
而逝,世寿六十九岁,僧腊五十年。次年,皇太后命使赍金币、香
旗供殿,并造大智塔坟于雪浪山麓,名士屠隆撰《补陀海潮寺开山
大智禅师碑》。山上"开智庵"②也塑有大智禅师像。陆宝《游补
陀记》载:"礼大士毕,僧徒导入西堂,有大智禅师像,清满具足。
读十大愿碑。因思智师以行脚到山,初无一椽盖顶。不十年,而
榛棘瓦砾之区,创为庄严佛国。至勤中使降香、宰官听法,岂非灵
心定力,为如来之所印可者哉?"③

寂庵,名如迥,浙江兰溪人。幼投普陀山僧真学为师,尝受戒
于金山和尚、听法于万松法师。后回普陀山阅《大藏经》,并讽诵
《华严经》十三年。万历二十九年(1601)普陀山僧真宰于京圆寂,
寂庵被众人推举为住持。次年,朝廷敕建普陀禅寺,他"朝夕拮据
公务"。万历三十二年(1604)冬,退居东堂。逾年夏,督造张随至
普陀山,复授寂庵为住持,居东方丈,继续修复山寺。万历三十五
年(1607)春,钦命赐紫袈裟一袭,九月二十五日进京谢恩。十月
十五日,"再次赐紫"④,命礼部付授僧录司右善世职,荣归普陀。
对此,屠隆写有《赠寂庵法师》:"戒德都无缺,冥心久闭关。佛长

① 性统:《智祖残碑重现记》,王亨彦:《普陀洛迦新志》卷六《禅德门》,杜洁祥
主编:《中国佛寺史志汇刊》第1辑,台北:明文书局,1980年,第10册,第
375页。
② "法雨寺僧通勖等建,内供大智像。"王亨彦:《普陀洛迦新志》卷五《梵刹门》,
杜洁祥主编:《中国佛寺史志汇刊》第1辑,台北:明文书局,1980年,第10
册,第333页。
③ 王亨彦:《普陀洛迦新志》卷二《形胜门》,杜洁祥主编:《中国佛寺史志汇刊》
第1辑,台北:明文书局,1980年,第139页。
④ 王亨彦:《普陀洛迦新志》卷六《禅德门》,杜洁祥主编:《中国佛寺史志汇刊》
第1辑,台北:明文书局,1980年,第10册,第353—354页。

临法席,帝许住名山。定水红莲夕,磐陀紫竹斑。近闻中使出,圣主布金还。"① 吏部侍郎周应宾《普陀山寺鼎新迥公爰拜右善世之命赋此为赠》诗云:"绀宫崒嵂海中开,更有东林大辩才。祇舍界分成净土,昆池劫尽识余灰。钟声远振鼋鼍窟,幢影高悬日月台。何幸圣皇知宿德,紫衣降自九重来。"② 鄞县司丞沈泰鸿《送寂庵上人归普陀》诗有"瓶屦随缘上国游,禅心不系返翁洲"等句。王一鹗《赠寂庵上人》云:"空水潮音护法居,禅心不动自如如。金山宝刹曾飞锡,碧海洪涛止折芦。紫竹绀光通寂照,万松清梵悟玄虚。羡公永作迦维主,一片云林带月锄。"③

朗彻,名性珠,天启、崇祯年间人,为普陀山高僧昱光高弟,曾任普陀寺住持。当时道头至普陀寺山路崎岖,"雨虐风号之夕,步步歌《行路难》矣"。他感叹说:"昔雪山布发掩泥,持地以身负土,古圣贤皆然。而区区一贫衲,敢不负锸先之乎?"于是发愿募资修路,"捐钵资,剃草莱,刊土石"。天启七年(1627)开始集十七名石工,十三名土工,修妙庄严路,崇祯三年(1630)修成,"路长四五里","自道头茶庵至白华庵西,路阔二丈,阶高三丈,庵前平坡十余丈"。④ 朗彻为普陀山香道建设作出了重要贡献,董其昌撰《普陀山修路碑记》记载了修路过程。此外,他还著有《剖璞语集》。

---

① [明]周应宾:《重修普陀山志》卷六《诗类》,杜洁祥主编:《中国佛寺史志汇刊》第1辑,台北:明文书局,1980年,第9册,第519—520页。

② [明]周应宾:《重修普陀山志》卷六《诗类》,杜洁祥主编:《中国佛寺史志汇刊》第1辑,台北:明文书局,1980年,第9册,第576—577页。

③ [明]周应宾:《重修普陀山志》卷六《诗类》,杜洁祥主编:《中国佛寺史志汇刊》第1辑,台北:明文书局,1980年,第9册,第577—578页。

④ 王亨彦:《普陀洛迦新志》卷七《营建门》,杜洁祥主编:《中国佛寺史志汇刊》第1辑,台北:明文书局,1980年,第10册,第486—488页。

朗彻在文人士大夫和僧人中颇有影响,徐如翰、李楏、林士雅、释来向均与他有交往,并有赠诗,如宁波府通判林士雅《白华庵赠朗彻上人》诗:

> 清磬孤悬最上岑,兴阑薄暮偶追寻。闲窥摩诘诗中画,欲结皎然物外情。几度沧溟桑变海,依然花白玉成林。石尤漫说迷归路,不遇石尤不赏音。①

上虞副使徐如翰《游白华庵赠朗彻禅兄二首》:

> 几转层楹倚翠微,目规心构出天机。碧垣曲曲藏幽径,紫竹深深护短扉。林罅海光遥入座,窗前花影故侵衣。县知一觉禅床梦,又听潮声去复归。
>
> 幽居难得雅人怜,处处玲珑处处偏。洸出云根青欲染,移来丹树碧于烟。笠瓢窝里藏春坞,罨画图中默照禅。我欲与师供先钵,只愁无福借余椽。②

鄞司马李楏《白华庵方丈落成赠朗彻上人》:

> 孤屿嵌空落,飞涛逐岸平。慈悲普弘愿,宝筏如毛轻。白华擅其胜,扼要扬其名。乃有禅悦侣,矢志学无生。利根称鹙子,闻复良已精。方丈扩十笏,秋杪烦经营。土垣借鬼筑,鸠工疑神成。崔嵬切云入,宏敞丽日晴。佛灯涵树影,梵语杂潮声。说法人共集,施食鸟众鸣。遐迩获随喜,功德流嘉声③。

---

①[明]周应宾:《重修普陀山志》卷六《诗类》,杜洁祥主编:《中国佛寺史志汇刊》第1辑,台北:明文书局,1980年,第9册,第557页。

②[明]周应宾:《重修普陀山志》卷六《诗类》,杜洁祥主编:《中国佛寺史志汇刊》第1辑,台北:明文书局,1980年,第9册,第552—554页。

③[明]周应宾:《重修普陀山志》卷六《诗类》,杜洁祥主编:《中国佛寺史志汇刊》第1辑,台北:明文书局,1980年,第9册,第556页。

释来向《宿白华庵访赠朗彻禅师》：

> 未觐慈颜到白华，白华林里道人家。峭崖凿透千年石，
> 古树锄开万丈霞。舌卷潮音谈妙义，尘挥云影笑空花。相逢
> 洗我风尘色，夜静烧铛雪煮茶①。

道山（1596—1642），名永闳，字灵隐，俗姓孙，武林（今杭州）
人。出家于普陀山。天启年间，随武林净名庵抱璞莲法师修习，
兼从龙池习禅，其间和影渠"同堂相聚，盟世外金兰"，从此形影相
随二十余年。后又听古德之教。古德法师是明末四大高僧之一
蕅益智旭的得戒大和尚。崇祯八年（1635）冬，获阅《法华玄义》及
《摩诃止观》，"大悔见此二书之晚"，"知台宗圆顿法门，直指人心，
见性成佛，诚不异单传正印，而《六即》简滥，尤足救末世狂禅之失
也"。永闳于净名堂中修学，"每叹诸方禅学，展转讹伪，无可并
谭"，于是寄情诗句，与名宿雪峤、秋潭等相互酬唱。永闳性爽朗，
多诙谐，谨身节用，孤峻少合，"甘淡薄，守枯寂。凛凛乎若冰雪之
寒，矫矫乎若云外之鹤"，"一与之交，则道谊最切，每令人念之不
忘"。②崇祯十五年（1642）九月二十五日圆寂，享年四十有七。
生前度有两名徒弟，一名福具，字戒心，一名福定，字止林，皆督梓
《永闳诗稿》，不遗余力。灵峰蕅益撰有《影渠道山二师合传》，云：
"檇李缁素，每追慕其高风，诚末世优昙华也。何俟登坛竖拂，方
名人天师范哉？"③

①［明］周应宾：《重修普陀山志》卷六《诗类》，杜洁祥主编：《中国佛寺史志汇
　刊》第1辑，台北：明文书局，1980年，第9册，第559页。
②王亨彦：《普陀洛迦新志》卷六《禅德门》，杜洁祥主编：《中国佛寺史志汇刊》
　第1辑，台北：明文书局，1980年，第10册，第392—393页。
③［明］智旭著：《灵峰蕅益大师宗论》卷八，《嘉兴藏》第36册，第391页下。

第四节 明代普陀山山志

一、明代的佛教方志

中国佛教典籍种类多样，内容丰富，是研究中国佛教的重要文献。佛教方志因视角独特又成为区域佛教史的重要资料。明代侯继高指出："夫邑里山川之有志传，犹家之有乘，国之有史，所以纪兴废、考沿革，将昭往以嗣来者也。"[1] 民国时持松指出："一寺之志亦犹一国之史，为不可少者。"[2] 杜洁祥则认为它"是研究佛教史的重要史料，也是以某地或某山、某寺为范围的佛教史籍"。[3] 他们均指出了佛教方志的重要性。赖永海认为：佛教地理志"是以记叙佛教发源地和流布地的地理环境、人文历史、名胜古迹（尤其是寺塔）、人物传说和佛教状况为主，兼及其他的一类佛教典籍。佛教中的地理类著作，既具有一般地理志的性质，又有佛教内涵，它们更着力于反映佛教的历史文化"。[4] 但在研究过程中对山志要详加考辨。冯国栋指出："山寺志书由于收录了

---

[1] ［明］侯继高：《补陀洛伽山志后序》，［明］屠隆：《补陀洛伽山志》卷六《艺文》，武锋点校：《普陀山历代山志》，杭州：浙江古籍出版社，2014年，上册，第108页。

[2] 持松：《虞山兴福寺志·跋》，［明］程嘉燧辑：《虞山兴福寺志》，1919年常熟开文社铅印本。转引自曹刚华：《明代佛教方志文献研究概述》，《中国地方志》2007年第10期。

[3] 杜洁祥：《中国佛寺史志丛刊·序言》，台北：丹青图书公司，1985年。转引自曹刚华：《明代佛教方志文献研究概述》，《中国地方志》2007年第10期。

[4] 赖永海主编：《中国佛教百科全书·经典卷》，上海：上海古籍出版社，2000年，第378页。

寺院中所藏名人墨迹及山、寺中的碑铭题记,具有甚高的文献价值,可用于诗文集之辑佚与校雠。同时,由于山寺志书所据又常为辗转传抄的二手材料,纰谬疏失所在多有,故而使用山寺志文献必须严加考辨,以免以讹传讹。"①

致力于明代佛教方志文献研究的曹刚华对佛教方志有独到的看法,他认为:"中国佛教方志的理解可以从狭义、广义两方面来考虑。狭义的佛教方志是指由佛教僧人或居士撰写有一定文献体裁的关于佛教地理环境、人文环境、名胜古迹的文献,如佛教寺志、佛教山志、精舍志、塔院志、佛教名山寺院游记等。广义的佛教方志,则包括所有关于佛教地理环境、人文环境、名胜古迹的文献记载,无藏内、藏外之分。如《魏书》《旧唐书》《宋史》等正史与传记、别史、碑铭、文集等关于佛教名山、寺院的记载等。就其属性而言,佛教方志具有宗教性、历史性与文献性、地域性四种属性。宗教性指它是中国佛教发展的产物之一,与中国佛教的形成、存在和发展有着十分重要的互动影响。史学性指佛教方志记载的佛教发展史、佛教人物事迹等内容,都具有相当重要的史料、文化价值。文献性指它是以某种材料为载体,靠编撰、复制而传播的一种文献。地域性是指具有一定的区域空间范围,大可至全国,小可至一个寺院。"其中不仅指出佛教方志有广狭之分,而且有宗教性、历史性、文献性、地域性等属性,因此,"概而言之,佛教方志就是指记述佛教地理环境与人文环境发展情况的史志,是一种区域性的佛教历史地理著作和资料的总汇"。② 这是对"佛教

①冯国栋:《山寺志文学文献的价值与局限——从山寺志书所载王安石佚诗说起》,《社会科学战线》2012年第8期。
②曹刚华:《明代佛教方志文献研究概述》,《中国地方志》2007年第10期。

方志"较为全面的定义。

　　明代佛教方志有八十多部,重要的如《武林梵志》《泉州开元寺志》《破山兴福寺志》《径山志》等,不仅数量多,而且体例完备。其结构布局、撰述意识均已成熟规范,后代佛教方志史家也多沿用其观点,因此,"明代是中国佛教方志发展的定型时期"。① 但学术界一直以来不太重视明代佛教方志,如《四库全书总目提要》编者认为《径山集》"原刻校雠不精,僧方一序,谓其鲁鱼亥豕叠出,为白璧蝇玷云"②;评判《金陵梵刹志》"编次颇伤芜杂"③;批评《径山志》"盖增补宗净旧志而成","殊多猥琐","冗沓宜矣"④;认为《上天竺山志》"附会舛讹"⑤。清人翁方纲评《灵山寺志》时甚至明确指出"明人修志之陋如此"。⑥ 但明代的佛教方志,虽有神秘内容,其材料来源,或取自碑刻铭文,或经过仔细考证,"史料可信度还是较高"。⑦ 循此,曹刚华对明代佛教方志进行了研究,既探讨了明代佛教方志的编纂、传播及其史料价值⑧,也探讨了明

---

① 曹刚华:《融合中的变化:传统史学与中国佛教方志的发展》,《世界宗教研究》2008年第4期。

② [清]纪昀总纂:《四库全书总目提要》卷七七,石家庄:河北人民出版社,2000年,第2册,第2034页。

③ [清]纪昀总纂:《四库全书总目提要》卷七七,石家庄:河北人民出版社,2000年,第2册,第2036页。

④ [清]纪昀总纂:《四库全书总目提要》卷七七,石家庄:河北人民出版社,2000年,第2册,第2036页。

⑤ [清]纪昀总纂:《四库全书总目提要》卷七七,石家庄:河北人民出版社,2000年,第2册,第2013—2014页。

⑥ [清]翁方纲等:《四库提要分纂稿》,上海:上海书店出版社,2006年,第150页。

⑦ 曹刚华:《明代佛教方志与明代诏敕研究》,《明史研究论丛》第八辑,2010年,第153页。

⑧ 曹刚华:《明代佛教方志文献研究概述》,《中国地方志》2007年第10期。

代寺院供奉民间俗神的种类、空间分布,分析了明代佛教寺院僧众从内心上接受民间俗神的真正原因。① 在此基础上,其专著《明代佛教方志研究》②运用文献整理与学术研究相结合的方法,以近百种珍贵的明代佛教方志为研究对象,在文献研读、整理的基础上,对明代佛教方志繁盛的原因、编撰刊刻,以及它的学术价值作综合性研究,对中国佛教史以及明史研究有诸多新见解。

明代佛教方志中,有两部和普陀山相关的山志,一是屠隆的《补陀洛伽山志》,二是周应宾的《重修普陀山志》,两部山志均成稿于万历年间,且各有其独到的体例、内容和特点。

二、屠隆和《补陀洛伽山志》

屠隆(1543—1605),字长卿,又字纬真,号赤水、由拳山人、一衲道人、蓬莱仙客、戣光居士、鸿苞居士等,书斋名栖真馆、娑罗馆、绛雪楼等。鄞县(今浙江宁波)人。是晚明重要诗人、文学家、戏剧家、书画家和哲学家。其生平事迹被载入《鄞县志》《雍正宁波府志》等地方志,《明史》也为其立传。此外王世贞《屠丹溪公墓志铭》、何三畏《青浦令赤水屠侯传》、杨德周《明故文林郎礼部仪制司主事赤水屠公墓志铭》、虞淳熙《祭屠纬真先生文》、费元禄《屠仪部纬真先生诔并序》也是记述其生平的重要资料。屠隆为万历五年(1577)进士,历任颍上、青浦知县,礼部主事。他不拘小节,自称"仙令",万历十二年(1584)被诬劾"淫纵",削职罢官。回鄞县后,潜心戏曲诗词。晚年家贫,仍潜心禅宗,沉湎道术,生

---

① 曹刚华:《融合中的变化:传统史学与中国佛教方志的发展》,《世界宗教研究》2008年第4期。
② 曹刚华:《明代佛教方志研究》,北京:中国人民大学出版社,2011年。

活困顿，终以潦倒卒。与胡应麟、李维桢、魏允中、赵用贤等合称"明末五子"，又与汤显祖、袁宏道、冯梦祯等交游甚深。

屠隆博学多才，虞淳熙《祭屠纬真先生文》谓："（屠隆）名满海寓，文高斗山，侠烈信于天下，坦衷孚于友朋。"① 其诗文、戏曲、书画造诣颇深。作诗重性情，常谓"诗由性情生"，"只求自得，不必袭古"。擅作长诗，谈笑间数百言脱口而出。其戏曲主张是"针线连络，血脉贯通"，"不用隐僻学问，艰深字眼"。《明史》载其"生有异才，尝学诗于明臣（沈明臣），落笔数千言立就"，"诗文率不经意，一挥数纸。尝戏命两人对案拈二题，各赋百韵，咄嗟之间二章并就，又与人对弈，口诵诗文，命人书之，书不逮诵也"。② 屠隆著作等身，著有《由拳集》《白榆集》《栖真馆集》《鸿苞集》《观音考》等诗文集。又有《考槃余事》四卷，囊括书笺、帖笺、画笺、纸笺、墨笺、笔笺、砚笺、琴笺及起居器服笺等内容，还有《彩毫记》《修文记》《昙花记》等戏曲作品。其"戏曲作品思想结构完善，情节丰富多彩，语言清新华丽且富有韵味，尤其是人物形象刻画生动传神、多姿多彩，具有很高的可读性和研究价值"。③ 徐美洁曾整理屠隆诗歌约1013首（不包括未编年部分），撰成博士论文《屠隆诗编年笺注》，对其三个诗文合集中的诗歌部分进行编年整理，以求厘清生平、交游；再对诗中涉及人物、史实、典章及与诗意关涉较切之典故予以笺释，以求知人论世，更准确地理解诗中的思想内

---

① ［明］虞淳熙：《祭屠纬真先生文》，虞淳熙：《虞德园先生集》卷一六《祭文》，明刻本，第2页。

② ［清］张廷玉等：《明史》卷二八八《文苑传》，北京：中华书局：1974年，第7388—7389页。

③ 石岩冰：《屠隆戏曲研究》，闽南师范大学硕士学位论文，2014年，摘要第1页。

容。①浙江古籍出版社出版有《屠隆集》②，收录诗文集《屠长卿集》《由拳集》《白榆集》《栖真馆集》，杂著笔记《娑罗馆清言》《娑罗馆续清言》《娑罗馆逸稿》《佛法金汤》《鸿苞》，戏曲《彩毫记》《修文记》《昙花记》等，另附辑佚、传记、评论资料和屠隆简谱。作为首次全面系统整理的屠隆作品集，本书对于了解晚明文人和文化有重要意义。

屠隆的佛学造诣颇深，这可以从他晚年生活困顿时给友人邢侗的信中看出来："二六时中，从苦海时时返照，时时悔咎。缘去稍清，缘来复罥。四大业落苦海，前浪推之，后浪叠之，遂无一刻不是纷罥境。倏照倏迷，乍离乍合。一日十二时，有万天堂，有万地狱。焚心痛骨，真无可奈何。每一念至，便思身挂衲衣，手提应器，飘飘舍卫，栖遁丛林。"③可以看到他用的佛教词汇有"二六时中""苦海""天堂""地狱"，等等，因此，他希望通过佛教获得解脱。他自己也说过着"萧寥闲寂，屏居无营。辟地栽名花，焚香读异书。佛奴道民，烟朋霞友，冷然独畅，逍遥人外"④的生活。

他还撰有《重刻法宝坛经序》《重修育王寺募缘疏》《重修育王寺舍利殿募缘序》《募方册藏经疏》《明慧广缘禅师传》《天台山方外志序》《新建天台祖庭记》《佛法金汤》等。万历三十年（1602）春"补陀山"西岩谷沙门真一为《佛法金汤》作序，对屠隆评价颇高：

①徐美洁：《屠隆诗编年笺注》，华东师范大学博士学位论文，2011年，摘要第1页。
②[明]屠隆著，汪超宏主编：《屠隆集》，杭州：浙江古籍出版社，2012年。
③[明]屠隆著，汪超宏主编：《屠隆集·白榆集》卷一四《与邢子愿》，杭州：浙江古籍出版社，2012年，第479页。
④[明]屠隆著，汪超宏主编：《屠隆集·白榆集》卷一三《答李玄白》，杭州：浙江古籍出版社，2012年，第463页。

"余虽未敢诹鸿苞居士皆悟后之谈,然其融通教乘,称性排答,发新知而非为臆说,循旧论而不病耳餐,亦一代时教之宗工,护持佛法之大匠也。或具有信智者,得因是编,获其本心,归命大觉,则鸿苞居士之功,当不在张无尽、杨大年诸尊宿辈下矣。"[①]其中所言鸿苞居士即屠隆,他说虽不敢说屠隆所言是悟后之谈,但他融通教乘,为"一代时教之宗工",读此书若有所感,皆是屠隆之功,且其贡献堪比宋代护法宰相张商英、宋代翰林大学士杨亿[②],足见真一对其评价之高。

屠隆对普陀山的重要贡献是他编著的《补陀洛伽山志》。该书于明万历十七年(1589)由侯继高刊刻,共六卷。现收录于《普陀山历代山志》,其中缺第一卷,仅录有第二到六卷[③]。但在王亨彦的《普陀洛迦新志》中收录有侯继高、屠隆、刘尚志、龙德孚的《序》以及邵辅忠的《重镌补陀志序》[④],其中侯继高《序》在屠隆志卷六中标为《补陀洛伽山志后序》,且屠志所录内容更全,除此

---

① [明]真一:《佛法金汤序》,收于[明]屠隆:《佛法金汤》卷一,《大藏经补编》第28册,第366页上—中。

② 杨亿(974—1020),字大年,建州浦城(今福建浦城)人,北宋文学家。宋真宗年间《景德传灯录》编成之后,道原诣阙奉进,宋真宗命杨亿等人加以勘定,并敕准编入大藏流通。

③ 宋金芹指出:"北京图书馆存有万历十七年初刊二到六卷本,虽《普陀山典籍·补陀洛迦山志》(2007年版)注明是屠隆纂,但学界因本志是侯继高积极促成,故认定他是主要编纂者。板式左右双边,单鱼尾,半页8行,行16字;后序板式左右双边,单鱼尾,半页5行,行12字;志序板式四周单边,单鱼尾,半页6行,行11字,日本内阁文库藏有万历二十六年海潮寺的重刊本。"详参宋金芹:《普陀山志整理、研究与编撰之管见》,《浙江海洋大学学报》(人文科学版)2017年第4期。

④ 王亨彦:《普陀洛迦新志》卷一二《叙录门》,杜洁祥主编:《中国佛寺史志汇刊》第1辑,台北:明文书局,1980年,第10册,第594—600页。

之外，其余《序》似应为第一卷的内容之一。卷二之"考上""考中""考下"实为盛熙明志书内容，仅前后次序略有调整，包括盛熙明的"题辞"，刘仁本的"序""自在功德品""应感祥瑞品""洞宇封域品""兴建沿革品"以及盛志中的"附录"等。难能可贵的是，该书完整保存了盛志的资料。卷三"艺文"收有元吴莱的《甬东山水古迹记》、明侯继高的《游补陀洛伽山记》、明屠隆的《补陀洛伽山记》、元刘赓的《昌国州宝陀寺记》、汪镗的《重修普陀山宝陀禅寺记》、梅魁的《南海普陀山观音大士传》、古娄发僧羼提居士的《大智禅师传》、屠隆的《补陀山灵应传》、龙德孚的《疏》以及孙枝的《送观音大士像归普陀岩序》等十篇"记""传""疏""序"。卷四"艺文"收有唐王勃《观音大士赞》、宋史浩《留题宝陀禅寺碑》、明侯继高《吴道子画观音大士像赞》等五篇"赞"，收有宋濂的《清净亭铭》一篇"铭"，收有屠隆的《补陀观音大士颂》一篇"颂"，收有明代性彻的《普陀山观音偈》等五篇"偈"。卷五"艺文"收有元吴莱的《海东磐陀石观日赋》一篇"赋"，收有赵孟頫、刘仁本、王守仁等人的诗约一百六十首。卷六"艺文"收有诗歌近百首，此外还有侯继高的《补陀洛伽山志后序》、汪应泰的《补陀洛伽山志序》以及王一部的《跋补陀志后》。宋金芹认为"此志文采卓越，新增图绘山海岩洞殿宇形胜和补陀十二景，集古今名贤诗咏艺文，内容丰富，为后代志书奠定了基础"。①

屠隆志的体例与内容情况是：第一卷缺，第二卷为盛熙明志书内容，第三到第六卷全部为"艺文"，其文体以"记""赞""偈""诗"为主，其中诗歌最多，有二百多首。可以看出，屠隆志不同于一般

---

①宋金芹：《普陀山志整理、研究与编撰之管见》，《浙江海洋大学学报》（人文科学版）2017年第4期。

的志书体例,除收录前朝内容外,较少涉及普陀山地理、沿革、高僧、感应等专题内容,几乎是以"艺文"为主,因此,他编订的志书,似应被称作"普陀山艺文志",此为屠隆志书最大的特点。另外,"普陀山十二景"也因屠隆志书而广为人知。其志所录诗歌中关于"普陀山十二景"的诗有五种,每种均有十二首诗,一种未著录作者,两种著录作者为"前人",一种著录为"王世科",一种著录为"阳明王守仁"。王阳明是明代心学创始人,但有人不认同他撰有此诗,"志载阳明先生十二诗,大非先生口吻,疑解事痴儿借先生以传。德孚漫借其目咏之,得无后人复笑后人也"。①"普陀山十二景"指梅湾春晓、茶山夙雾、古洞潮音、龟潭寒碧、天门清梵、磐陀晓日、千步金沙、莲洋午渡、香炉翠霭、钵盂鸿灏、洛迦灯火、静室茶烟。

　　屠隆编《补陀洛迦山志》,是受侯继高所邀。侯继高,字龙泉,金山卫(今上海松江)人,《四库全书总目》中将其名写为"侯继国"。②明万历十四年(1586)侯继高任宁绍参将,督镇两浙海防,为明代后期抗倭将领。万历十五年(1587)春他经定海,过沈家门,于宝陀寺参谒观音,"实慰平生之愿"。十六年(1588)季春,再访普陀,撰《游补陀洛伽山记》,谓"少小时闻长老言,辄心慕之"③,于寺旁建玉音亭、御制藏经序碑亭、应制经赞序碑亭等,且在宝陀寺前殿立唐吴道子、阎立本所绘两块观音像碑。十七年

----

① [明]屠隆:《补陀洛伽山志》卷五《艺文》,武锋点校:《普陀山历代山志》,杭州:浙江古籍出版社,2014年,上册,第72页。
② 胡露、周录祥对此进行了详细勘误。参胡露、周录祥:《〈四库全书总目〉存目补正十二则》,《图书馆杂志》2007年第8期。
③ [明]侯继高:《游补陀洛伽山记》,[明]屠隆:《补陀洛伽山志》卷三《艺文》,武锋点校:《普陀山历代山志》,杭州:浙江古籍出版社,2014年,上册,第36—37页。

（1589）仲春，他"督哨海洋，舟过补陀"，再次"肃谒大士"。① 他还在普陀山书有"海天佛国""白华山""磐陀石"等大型摩崖石刻，笔力遒劲，苍劲雄奇，为世人所称道，保存至今。

在《补陀洛伽山志后序》中，侯继高详细记述了邀屠隆编《补陀洛伽山志》的缘起和经过：

> 胜国时，盛熙明氏以西域之裔，深通秘密之典，乃著《补陀洛迦山传》，分为四品。由是菩萨之功德，山川之奇胜，与夫历代祈吁祝釐之虔，应感灵瑞之异，彰较著矣！然而卷帙陋小，流传未布，使天下通都大邑，道里辽旷，向慕而不可至者，卒弗获一展卷而卧游焉。岂不为达官善士，顶礼如来，与夫幽人异客，探奇好事者之所遗憾哉？且今之丛林，自往季倭乱之后，废而复兴，已非昔日之旧，其沿革又不可以无志也。余不佞，承乏来浙，涉历海洋，首谒大士于补陀。周览之余，问之寺僧："山有志乎？"始出熙明著《传》，则纸敝墨濡，几成蠹简矣。盖熙明至今已二百三十余季，其四品所载，亦大都尔。入我明来，香火益崇，著述益富，迄今无有绍熙明而为之传者。余喟然曰："名山福地，既不可无载述以示于后。况今尧舜御极，夔龙满朝，内安外攘，南北粢宁，佛日朗耀，灵贶布昭，正当耆煜之辰，恭遇圣母慈圣皇太后刊印藏经，而我皇上纯孝承志，敕遣内使，赍经降香，来锡普陀。一时宠命，梅岑昭崇而高，沧海濬而深。余既勒之贞珉，与兹山并峙矣。夫纪载之志，则在今日，不可已也。"于是谋之海宪潜山

---

① ［明］侯继高：《补陀洛伽山志后序》，［明］屠隆：《补陀洛伽山志》卷六《艺文》，武锋点校：《普陀山历代山志》，杭州：浙江古籍出版社，2014年，上册，第109页。

刘公,公以属之郡大夫武陵龙公,曰:"必仪部屠长卿先生也任是役者尔。"乃就长卿先生而请业焉。先生固作者,不数时汇次成帙,以授侯生继高,高付之梓焉。继高不佞,辄复申一言于末简。①

上文中,侯继高对元代盛熙明的《补陀洛迦山传》进行了评介,又申明普陀山多次因倭乱废而复兴,其沿革应有志书记载。而当寺僧给他拿出二百三十余年之前的盛熙明志书时,"纸敝墨濡,几成蠹简"。明代以后,尤其是万历以降,普陀山"香火益崇,著述益富",可惜无志书记载,几多周折,"楼船东下,岛屿遥临,慈航所经,神奇遍录,访土著之耆英,收尘湮之瑞迹。得诗文若干篇,缀而为补陀志"②,于是请屠隆编撰"普陀山志",遂成《补陀洛伽山志》。

三、周应宾和《重修普陀山志》

周应宾(1554—1626),字嘉甫,号寅所,初号西园,浙江鄞县人,万历十一年(1583)中进士,并改庶吉士③。廷试中,考官余有丁因避同里之嫌,置为二甲。《甬上耆旧诗》载:"周文穆公应宾……初中进士,廷试已拟第一人,内阁余文敏公以同里引嫌,

---

① [明]侯继高:《补陀洛伽山志后序》,[明]屠隆:《补陀洛伽山志》卷六《艺文》,武锋点校:《普陀山历代山志》,杭州:浙江古籍出版社,2014年,上册,第108页。
② [明]王一郜:《跋补陀志后》,[明]屠隆:《补陀洛伽山志》卷六《艺文》,武锋点校:《普陀山历代山志》,杭州:浙江古籍出版社,2014年,上册,第111页。
③ 《明熹宗实录》卷六八"天启六年二月庚寅"条,台北:"中央研究院"历史语言研究所,1962年,第3253页。

置二甲,选庶吉士,授翰林院编修。"① 乾隆《鄞县志》② 及《鄞志稿》③ 对此也有记载。他一生历神宗、光宗、熹宗三朝,但《明史》无传。万历十三年(1585),授翰林院编修④;万历二十年(1592)上疏神宗立太子事,擢国子司业摄监事;1593年升国子监司业⑤;1594年改司业为右中允兼编修⑥,典应天乡试⑦;万历二十三年(1595)六月由右春坊右中允升右谕德,掌南京翰林院事⑧;1597年升右庶子兼翰林院侍读,并充任纂修官⑨;1600年升詹事府少詹事,掌南京翰林院事⑩;1601年升詹事;1603年四月升礼部右

①[清]胡文学:《甬上耆旧诗》卷二六《周文穆公应宾》,宁波:宁波出版社,2002年,第528页。

②[清]钱维乔、钱大昕修纂:(乾隆)《鄞县志》卷一六《人物》"周应宾"条,杭州:浙江古籍出版社,2015年,第五册,第48页。

③[清]蒋学镛:《鄞志稿》卷九《列传九·周应宾》,四明丛书约园刊本,第33页。

④《明神宗实录》卷一六六"万历十三年闰九月戊午"条,台北:"中央研究院"历史语言研究所,1962年,第3014页。

⑤《明神宗实录》卷二六三"万历二十一年八月丙午"条,台北:"中央研究院"历史语言研究所,1962年,第4891页。

⑥《明神宗实录》卷二七四"万历二十二年六月丙寅"条,台北:"中央研究院"历史语言研究所,1962年,第5081页。

⑦《明神宗实录》卷二七五"万历二十二年七月辛巳"条,台北:"中央研究院"历史语言研究所,1962年,第5088页。

⑧《明神宗实录》卷二八六"万历二十三年六月乙丑"条,台北:"中央研究院"历史语言研究所,1962年,第5310页。

⑨《明神宗实录》卷三一一"万历二十五年六月丙寅"条,台北:"中央研究院"历史语言研究所,1962年,第5806页。

⑩《明神宗实录》卷三五一"万历二十八年九月庚午"条,台北:"中央研究院"历史语言研究所,1962年,第6585页。

侍郎兼翰林院侍读学士,掌翰林院事①,十一月充东宫侍班②,十二月改吏部右侍郎兼侍读学士③;1604年以原官协理詹事府事教习庶吉士④;1605年复以丁忧事归,居家十六年。⑤又谓天启二年(1622)八月改礼部尚书兼翰林院学士,掌詹事府印。⑥天启三年(1623)九月加太子太保致仕。⑦天启六年(1626)二月十七日卒⑧。赠少保,谥文穆。周应宾为官四十余年,位极人臣,尊荣显贵,但为人谦恭宽和、勤俭自律,常与布衣交好,死后余财仅与中人相埒,不愧是具有高风亮节之人。

　　周应宾著有《月湖草》《九经考异》《普陀山志》《旧京词林志》《同姓名录补》等。《旧京词林志》撰写于万历二十三年(1595)六月至二十五年六月以右谕德掌南京翰林院事期间,"采遗珠于沧海,抡美材于邓林",是明代唯一一部专门记载南京翰林院相关史

①《明神宗实录》卷三八三"万历三十一年四月戊子"条,台北:"中央研究院"历史语言研究所,1962年,第7201页。

②《明神宗实录》卷三九〇"万历三十一年十一月戊寅"条,台北:"中央研究院"历史语言研究所,1962年,第7361页。

③《明神宗实录》卷三九一"万历三十一年十二月丁酉"条,台北:"中央研究院"历史语言研究所,1962年,第7382页。

④《明神宗实录》卷三九九"万历三十二年八月乙酉"条,台北:"中央研究院"历史语言研究所,1962年,第7490页。

⑤《明熹宗实录》卷六八"天启六年二月庚寅"条,台北:"中央研究院"历史语言研究所,1962年,第3253页。

⑥《明熹宗实录》卷二五"天启二年八月癸未"条,台北:"中央研究院"历史语言研究所,1962年,第1270—1271页。

⑦《明熹宗实录》卷三八"天启三年九月丁未"条,台北:"中央研究院"历史语言研究所,1962年,第1980页。

⑧《明熹宗实录》卷六八"天启六年二月庚寅"条,台北:"中央研究院"历史语言研究所,1962年,第3253页。

实与典章制度的史书,为明代南京的官署志之一。《四库全书总目》曰:"洪武初,建翰林国史院于皇城内,赐扁曰词林。洪武十四年(1381)改翰林国史院为翰林院,又别建廨舍,非故地矣。独词林之称,自洪武以后皆沿之,故应宾取以为名焉。"①该书汇集了自明太祖洪武朝以降的南京翰林院的逸闻轶事及典章制度。《旧京词林志》的记载,体现了作者保留文献的强烈意识,突出了翰林院的政治依附地位,成为后代笔记取资的重要来源,"对于考证历史、征实故事起到了资借和补充的作用,虽然是志书的体例,但也可以当作信史来看待,对研究明代政治对文化的影响、翰林院制度的变迁以及明代的书籍史具有比较重要的意义"。周应宾也因此在中国文献编撰史上"具有了一席之位"。②

　　万历三十五年(1607),敕建的护国永寿普陀禅寺竣工后,周应宾撰写《普陀寺碑记》,对普陀山赞赏有加。"盖闻震旦之国,名刹有三:文殊治五台,普贤治峨眉,观音治东海。而东海灵应尤异,以是皇上特垂意焉。"③不久,又应督造张随之请再修普陀山志书。在《重修普陀志叙》中,周应宾指出了编修志书的意义:"普陀故有志,兹载辑者何?重鼎新也。志者,所以彰往示来也。惟是山川式灵,又重之以王命,其再造也,将必有废兴之迹焉,虽再辑之可也。"④关于修志的宗旨,他说:"前志重在山,要以显佛灵;

①[清]永瑢等:《四库全书总目》卷八〇,北京:中华书局,1965年,第691页。
②吴娱:《〈旧京词林志〉著者及文献价值述略》,《宁波广播电视大学学报》2012年第4期。
③[明]周应宾:《重修普陀山志》卷四《事略》,杜洁祥主编:《中国佛寺史志汇刊》第1辑,台北:明文书局,1980年,第9册,第381—382页。
④[明]周应宾:《重修普陀志叙》,《重修普陀山志》卷首,杜洁祥主编:《中国佛寺史志汇刊》第1辑,台北:明文书局,1980年,第9册,第3页。

今志重在寺，要以尊君贶。是是编之大指也。"① 在此基础上，他纂修《重修普陀山志》六卷十七门，以寺院兴废为重点，目的在于"尊君贶"。关于其版本，宋金芹指出："此志有明万历三十五年太监张随初刊本，今存崇祯十四年后重刊本，台湾北平图书馆、南京大学、杭州文澜阁、日本东洋文库均有重刊本。《普陀山典籍·重修普陀山志》正文板式四周单边，半页8行，行16字；志序板式四周单边，半页6行，行11、15或16字不等。"②

《重修普陀山志》共六卷，开篇为周应宾的《重修普陀志叙》、樊王家的《补陀山志序》、邵辅忠的《重锓补陀志序》，卷一"宸翰"，包括"敕谕三通"，时间分别为万历十四年（1586）、二十七年（1599）、二十七年；"万历十四年御制佛藏经序文二首"（包括《御制圣母印施佛藏经序》和《御制新刊续入藏经序》），"万历三十五年《御制重建普陀寺碑文》"。卷二"图考""山水""殿宇""规制""建置""灵异""颁赐""命使""释子（仙附）""高道""物产"。"图考"包括普陀寺殿图二幅，普陀山图二十七幅。第一幅普陀寺殿图可以看出普陀寺的布局，山门刻有"大明敕建护国永寿普陀禅寺"，沿中轴线依次布局有天王殿、圆通大殿、藏经宝殿等，天王殿两边为钟、鼓楼。"山水"部分有山、峰、岩、洞、岭、石、礁、岙、沙、地、洋、港、池、道头、泉、潭、境、街等；"殿宇"包括敕建护国永寿普陀禅寺、御制藏经序碑亭、敕赐护国镇海禅寺、敕赐祝延圣寿磐陀禅院、茶山静室、千步沙静室、磐陀石静室等；"规制"包括寺基、山门、天王殿、圆通大殿、藏经宝殿、景命殿、伽蓝、祖师、弥勒、

──────────

① ［明］周应宾：《重修普陀志叙》，《重修普陀山志》卷首，杜洁祥主编：《中国佛寺史志汇刊》第1辑，台北：明文书局，1980年，第9册，第5—6页。

② 详参宋金芹：《普陀山志整理、研究与编撰之管见》，《浙江海洋大学学报》（人文科学版）2017年第4期。

地藏四配殿、配殿廊房、天王殿左右廊房、藏经殿左右廊房、景命殿左右厢房、景命殿左右群房、仪门前左右廊房、仪门内露顶、钟鼓楼二座等大殿房屋的尺寸；"建置"包括后梁贞明二年（916）到明万历三十五年（1607）的普陀山历史建置；"灵异"记载了从唐文宗时期到万历十八年（1590）的普陀山观音感应事迹；"颁赐"记载了宋嘉定间到明万历三十九年（1611）的皇室颁赐情况；"命使"记载了从宋内侍王贵到明万历三十三年（1605）御马监太监张然奉旨降香币、诣山祝釐的情况；"释子（仙附）"记载了从梁惠锷到明性贤等数位高僧；"高道"记载了秦安期生、元王天助等四位高道；"物产"记载有谷、菜、木、果、竹、花、药、鸟、兽、鱼、龟、蛇等。卷三"艺文"，收录有唐王勃《观音大士赞》、宋史浩《留题宝陀禅寺碑偈》、中峰祖师《观世音菩萨补陀岩示现偈》、吴莱《磐陀石观日赋》、宋濂《清净境亭铭》、释性彻《补陀山观音偈》、王世贞《吴郡康时万等捐赀造印〈妙法莲华经〉二十四部送南海补陀山宝陀禅寺供奉》、申时行《圣母印施藏经赞》、沈一贯《印〈法华经〉歌》、屠隆《恭遇皇上奉圣母敕命赐南海宝陀寺藏经颂》、屠隆《补陀观音大士颂》、屠隆《普陀寺募缘疏》、傅光宅《普陀山太子塔下藏零牙志》、释传灯《礼普陀大士偈》、屠隆《补陀海潮寺开山大智禅师碑》、释真一《二大士传》等。卷四"事略"，收有盛熙明《补陀洛迦山考》和盛熙明志书中的"自在功德品""洞宇封域品""应感祥瑞品""兴建沿革品"以及屠隆志书中的四篇序言，此外还收有吴莱的《甬东山水古迹记》、刘赓的《昌国州宝陀寺记》《皇明鲁王补陀山碑记》、汪镗的《重修普陀山宝陀禅寺记》、屠隆的《补陀洛伽山记》、尹应元的《渡海记事》、周应宾的《普陀寺碑记》等。卷五、卷六"诗类"收有多首有关普陀山诗歌。

宋金芹指出："两志间隔二十年，因是重锓，故内容大同小异。"①其"两志"指的是屠隆的《补陀洛伽山志》和周应宾的《重修普陀山志》。屠志编纂于万年历十七年（1589），周志编纂于万历三十五年（1607），前后相差十八年。宋说"内容大同小异"，其实不然，二者虽有相同之处，但还是有重要区别的。相同之处在于，两志都收录了盛熙明的志书内容，屠志收于第二卷，周志收于卷四"事略"，且周志的卷三"艺文"、卷五"诗类"多收有屠志的内容。不同之处在于，周志的卷一"宸翰"和卷二的诸多内容体现出了自己的特色，卷二的"图考""山水""殿宇""规制""建置""灵异""颁赐""命使""释子（仙附）""高道""物产"分别从自然、人文等角度对普陀山进行了介绍，卷一的"宸翰"也是屠志所没有的。宸翰指皇帝的墨迹。宋赵彦卫《云麓漫钞》卷一云："渊圣皇帝居东宫日，亲洒宸翰，画唐十八学士，并书姓名序赞，以赐宫僚张公叔夜。"②明代方志中为何要设置宸翰？明初，下令各地编修地方志，"凡隶于职方者，咸令以其志上之，盖将纪远近，考古今，审沿革，校异同，以周知夫四方之政"③。永乐十年（1412）和永乐十六年（1418）还制定了统一的《撰修志书凡例》。但在永乐十年的《撰修志书凡例》中，其诗文类并没有诏敕、宸翰等编排，仅规定"自前代至国朝词人题咏山川、景物、有关风俗人事者，并收录之"。④而

---

① 详参宋金芹：《普陀山志整理、研究与编撰之管见》，《浙江海洋大学学报》（人文科学版）2017年第4期。

② [宋]赵彦卫撰，傅根清点校：《云麓漫钞》卷一，北京：中华书局，1996年，第2页。

③ [明]姚涞：《明山先生存集》卷三《任丘志序》，《北京图书馆古籍珍本丛刊》，北京：书目文献出版社据明嘉靖三十六年姚稽刻本影印，1988年，第5页。

④ [明]李思悦修，洪一整纂，李世芳续修，易文续纂：《重修寿昌县志》卷首，万历十四年刻、顺治七年补刻，国家图书馆地方志和家谱文献中心编：《明代孤本方志选》，北京：中华全国图书馆文献缩微复制中心，2000年，第30页。

在永乐十六年《撰修志书凡例》诗文类中，明确规定"先以圣朝制诰别汇为一卷，所以尊崇也。其次，古今名公诗篇、记叙之类，其有关于政教风俗、题咏山川者，并收录之"。① 嘉靖时《六合县志》卷六《艺文志》解释设置制命类时指出："乃当世之荣，而人情之所同也。然恩不滥及，人不可幸致，故志诰敕以彰吾人重君命云。"这也就明白了为什么周应宾在谈及编写志书的宗旨时所说"前志重在山，要以显佛灵；今志重在寺，要以尊君贶。是是编之大指也"② 的意思了，因此，周志将宸翰置于卷首，并收录诏敕四通，御制序文二首，这些内容，均为明神宗撰写。

最后需要指出的是，这两部志书，均成书于万历年间，足见明神宗对普陀山佛教的重视和支持。

第五节　明代普陀山神圣空间的继续建构

在第二章我们提到，最迟自晚唐开始，普陀山逐渐被神圣化，并在后来的宋代、元代涌出越来越多的圣迹或神迹，"层层叠加或累积"，使普陀山一步步建构为"神圣空间"。明代继续这一建构过程，尤其到了万历年间，更是加速了建构的进程。其神圣空间建构内容分为三部分："自然景观的神圣化""神圣性的人文景观"和"神圣化的普陀圣山"。

---

① [明]王琛修，吴宗器纂，杨鹄重修：《莘县志》卷首，正德十年原刻，嘉靖二十七年增刻，上海：上海古籍书店据天一阁藏本影印，1965年。转引自胡孝忠：《明清香山县地方志研究》，山东大学博士学位论文，2011年，105—106页。

② [明]周应宾：《重修普陀志叙》，《重修普陀山志》卷首，杜洁祥主编：《中国佛寺史志汇刊》第1辑，台北：明文书局，1980年，第9册，第5—6页。

一、圣迹：自然景观的神圣化

普陀山的神圣化，最初是从自然景观开始的。"自然的形式和力量乃是宗教情感所依附的最初对象：它们是最早被神圣化了的事物。"① 被神圣化的自然景观成为圣物或圣迹。宋元时期，潮音洞一直是最著名的圣迹之一，此外善财洞等也常出现在普陀山的神圣事迹中。如元代盛熙明的志书《补陀洛迦山传》"洞宇封域品"中记载了潮音洞、善财洞、盘陀石、三摩地、无畏石、正趣峰、灵鹫峰、观音峰等自然圣迹。② 到了明代被神圣化的自然景观迅速增多，且出现更多的神迹。周应宾《重修普陀山志》卷二中专门列有"山水"和"物产"，从神圣性角度记载了普陀山的自然景观。现将《重修普陀山志》卷二记载的"山水"③ 和"物产"④ 列表统计（见表三）。

表三：明代普陀山自然景观

类别		名称	位置
山水	山	补陀洛伽山	在昌国东海中，今属定海县，去郡城约三百里，去县二百余里。
		梵山	寺南案山也。堪舆者以为龙首不宜践伤。
		金钵盂山	在寺西莲花洋中。
		香炉花瓶山	在寺东大洋中，以似得名。
		茶山	在寺东方岩北。

---

① [法]爱弥尔·涂尔干著，渠东、汲喆译：《宗教生活的基本形式》，上海：上海人民出版社，2006年，第70页。
② [元]盛熙明：《补陀洛迦山传》卷一《洞宇封域品》，武锋点校：《普陀山历代山志》，杭州：浙江古籍出版社，2014年，上册，第6—7页。
③ [明]周应宾：《重修普陀山志》卷二《山水》，杜洁祥主编：《中国佛寺史志汇刊》第1辑，台北：明文书局，1980年，第9册，第103—112页。
④ [明]周应宾：《重修普陀山志》卷二《物产》，杜洁祥主编：《中国佛寺史志汇刊》第1辑，台北：明文书局，1980年，第9册，第185—189页。

类别		名称	位置
山水	峰	金刚峰	在白华岭西。
		正趣峰	在太子塔右。
		弥陀峰	在塔子峰西。
		塔子峰	在西天门下。
		达摩峰	在西天门上,一名"罗汉石",元赵孟頫题曰"瀛洲界石"。
		灵鹫峰	在妙应峰西。
		妙应峰	在白衣峰西。
		白衣峰	在东天门上。
		观音峰	在无畏石后。
		菩萨顶	在茶山上,诸峰之最高者。
		炼丹峰	在饥饱岭,梅福尝炼丹于此,有"梅公鼎"。
		白华峰	在三官堂左,督造张随题"复承□上"。
		光熙峰	在镇海寺后。
		会仙峰	在育恩院前,勾章钱维翰题。
	岩	狮子岩	在寺南,太子塔前。
		鹰嘴岩	在摩尼洞北。
		东方岩	在茶山前。
		象岩	在无畏石前。
		佛手岩	在观音峰下。
		虎岩	在东天门东。
		圆通岩	在司基湾东。
		玲珑岩	在金刚窟西。
		西方岩	在圆通岩西。

续表

类别		名称	位置
山水	洞	潮音洞	在东大洋海西,西大洋海南,菩萨尝显见处,四顾无畔,岸上有穴可俯而观,名"天窗"。
		龙女洞	在潮音洞,亦神通所现。外有石壁立,中窅不可测。
		金刚窟	在寺西幽静湾上,有洞如室,冬温夏凉。
		法华洞	在寺东,上有高峰,总兵李应诏题"东南天柱"。
		摩尼洞	在天篦东。
	岭	白华岭	在玉趣峰下。
		栴檀岭	在寺东南。
		饥饱岭	在寺左。
		圆通岭	在灵鹫峰下。
		青鼓岭	在镇海寺东。
		笑天狮子岭	在青鼓岭北。
	石	磐陀石	一名"金刚石",在西天门西,相传大士说法处。旧有二龟至石下听法,遂化为石,其形尚存。又有石五十三块环向磐陀,今呼为"五十三参石"。磐陀之上最平广,可容百余人。下临大海,东望扶桑,烛龙将驾,天光烂然,须臾红轮从海底涌出。
		无畏石	在佛手岩。突然一石,其形方广而险峻,若倾不可陟。
		天篦石	在摩尼洞西。
		送子石	在佛手岩南。
		毛跳石	在求现台东。
		求现台	在潮音洞前,有阶可登,亦人瞻礼之地。
		观音跳石	在龙女洞西。
		佛牙石	在寺西。
		香炉石	在圆通岩后。
		不二石	在磐陀东,郡人沈一本题。
		真歇石	在寺东深处,旧有庵,相传真歇了禅师修道于此。

续表

类别	名称		位置
山水	石	巫山石	在寺后,少卿涂杰题。
		西天门石	在金刚窟西,总兵李承勖题"振衣濯足"。
		东天门	在白衣峰南。
		海天佛国石	在镇海寺东北,总兵侯继高题写。
	礁	新螺礁	在石牛港口大洋。
		善财礁	在潮音洞前大洋,相传为善财参大士处。
	岙	捣饭岙	在观音跳石西。
		飞沙岙	在镇海寺东。
	沙滩	千步沙	自饥饱岭循山而行为千步沙,潮声吼激,喷雪连山,耳目奇甚。
		金沙	在紫竹林太子塔前,路皆黄沙,如金沙布地,故名。亦大士显现处也。
	地	三摩地	在寺西。
	洋	莲花洋	即山西海也。倭奴入贡,见观音灵异,欲载还国,满海生铁莲花,舟不能行,倭惧而还之,洋之得名以此。
		东大洋	在山东。
	港	石牛港	在莲花洋西,宋中官王贵等诣山礼佛,心未敬信,辞归,满海阻铁莲花。贵望山叩谢,有白牛浮至,尽食其花,舟始移,白牛还立水次,乃一白石如牛,故名。
		白沙港	在小洛伽山南。
		箭港	在光熙峰北。
	池	莲花池	在寺前。上有桥,即莲花桥。旧植莲,兴革不常,多淤涨。万历十四年(1586),忽产红莲数朵。是年十一月,钦赐瑞莲观音相至,咸谓应斯兆焉。三十年(1602),督造张随浚治,植白莲,香风远袭。
		放生池	在寺东。嘉靖间,僧普贤买一金鲤放池,俄黑云起,随化黄龙飞海。年久淤涨,万历三十年(1602),督造张随浚治。

续表

类别		名称	位置
山水	池	光明池	在潮音洞，旧名"甘露潭"。正德间，太后遣使祷取以疗目疾，赐名。
	道头	短姑道头	在山西南隅，莲花洋达岸处。相传大士显灵筑砌，巨浪冲激不坏，航海者维舟于此。自此，由白华岭至普陀寺，路约三里许，旧湫隘不堪行，督造张随开拓平广。
	泉	菩萨泉	在寺左，久旱不竭，丛林大众皆仰汲于此。
		慧泉	在龙女洞，人祷取以疗目疾。
		灵一泉	在育恩院西平石上，都督杨宗业题。
	潭	龙潭	在潮音洞口，旧传娑竭罗龙居此。
		龟潭	在茶山下。
	井	葛洪井	在烟霞馆后，今废。太史陶望龄同宪副周汝登镌石。
		仙人井	在饥饱岭，今竭。上有石，参将陈九思题"登彼岸"。
		金沙井	在圆通殿右，俗名"龙井"，久旱不竭。每遇寺僧有不祥，辄变黑色。
	境	清净境	在三摩地，木秀泉清，怪石攒列。上有亭，学士宋濂作铭，今废。
		空有境	在真歇庵左，大学士吕本题。原名"三一岩"，大学士徐阶、礼部尚书陆树声题。又"海天春晓"，副使刘翾题。
		西方境	在西方严，宁绍参将刘炳文题"中流砥石"。
		藤萝境	在磐陀石东，山迂萦回，奇岩壁立，上多藤萝旋绕。总镇虞都杨宗业捐俸，属寺僧性能创禅院一所于此，题曰"三天法界"。
	街	玉堂街	在寺东。饥饱岭至镇海寺路，旧有沙径湿隘，不便行止；镇海寺僧如珂募甃石道，众皆德之。会稽陶望龄题曰"玉堂街"。

类别		名称
物产	谷	黍、豆、蚕豆、芝麻、荞麦。
	菜	油菜(春至开花,独先他处)、白菜、芥菜、菠薐、莙荙、苋菜、伽蓝菜(长一尺,叶有毛,自三月食至五月)、胡萝卜、白萝卜、王瓜、丝瓜、冬瓜、茄、扁豆、带豆、葫芦、紫菜(生海岩)、笋、鬼头芋(形似得名)、番苕。
	木	松、柏、梓、梧桐、柳、槐、杉、柏、棕榈、水杨、茶、木犀、榆、娑罗(从郡东育王寺分植)、罗汉松、枇杷、椿。
	果	梅、桃、莲、藕、橘、柑、橙、白枣、地栗、蕨、蜜橘。
	竹	紫竹、乌竹、猫竹、淡竹、龙须竹、箭竹、箬竹、凤尾竹、南竹。
	花	白花(春月遍开,甚香,山之得名"小白华"以此)、水仙(亦遍开,清香异常,移种外方辄少开者)、紫苏葵、萱花、玉簪、金盏、鸡冠、虎刺、凤仙、荷、芙蓉、丹桂、木槿、山丹、石菊、山茶(树高数丈,丹葩满枝,如珊瑚林)、苎麻、西番菊、白瑞香、蕾卜。
	药	天门冬、半夏、百合、沙参、天南星、何首乌、木贼草、山栀、艾、蔓荆子、风藤、玄参。
	鸟	频迦(上下和鸣,如呼佛号)、鹍鹎(低飞乱鸣)、鹦鹉(偶现不常)、鹈鸪、山鹊、灵鹊(二月十九日聚鸣)、青雀、紫燕、乌鸦(聚即香客至,又就手接食)、海鸥、黄鹂、百舌、鹡鸰、鹰、白头公。
	兽	鹿、麂、野猫、猿、狸。
	鱼	鲤、鲫、鳗、鳝、螺(以上皆督造张随畜放生池)、虾。
	龟	绿毛龟(遍莲花池皆是,其毛不及蕲州茸细)。
	蛇	乌扑蛇(大如斗)、金色蛇、白蛇。(以上遍山皆是,并不伤人。)

以上所列自然景观中,分为"山水"和"物产"。其山水,共有五处山、十四座峰、九处岩石、五处洞、六座岭、十五处石、二处礁、二处呑、二座沙滩、一处地、二处洋、三座港、三处池、一处道头、三处泉、二处潭、三处井、四处境、一条街,其多数都是被神圣化的自然圣迹。这从其名称即可看出,如梵山、金钵盂山、金刚峰、弥陀峰、达摩峰、灵鹫峰、佛手岩、圆通岩、西方岩、观音跳石、三

摩地、空有境、西方境等均是打上佛教烙印的名字。对此,周应宾云:"夫以孤绝之区,涤荡云日,斯已奇矣,况仙释之所栖灵乎!顾瞻南询处,石巇如环,遥望大洋,缥缈桑壶在焉,可不谓另一天界哉?读《山海经》,惜乎其未广也。"①认为普陀山的山水"涤荡云日",可谓"另一天界",非常神奇。其物产,有部分也颇具佛教色彩,如伽蓝菜、娑罗树、频迦鸟等,而频迦鸟"上下和鸣,如呼佛号"②,其中的白花是"春月遍开,甚香",而普陀山以此得名"小白华山"。③因此周应宾又云:"洛伽不生虎豹,蛇不噬人,大士之灵昭然,岂无宣泄挺生与紫竹、白鹦鹉争奇者乎?若其种种海物,非从山产者,不复采。"④认为普陀山没有猛兽,蛇也不咬人,是观音显灵。明代张岱则描述普陀山的海外诸山和石牛港、短姑道头等皆为神圣之化现,或是"拜向补陀者",或如"彼岸","见海外诸山,火焰直竖,如百千骈指,合掌念阿弥陀佛拜向补陀者。过金钵盂山,进石牛港短姑道头,则恍如身到彼岸矣"。⑤

普陀山的自然景观之所以被神圣化,主要是因为某些特定的景观会激发人的相同的感受,如虔诚、敬仰、赞叹等。诚如澳大利亚学者保罗·塔森(PaulS.C.Taon)所指出的:从世界各地的民族

① [明]周应宾:《重修普陀山志》卷二《山水》,杜洁祥主编:《中国佛寺史志汇刊》第1辑,台北:明文书局,1980年,第9册,第103页。
② [明]周应宾:《重修普陀山志》卷二《物产》,杜洁祥主编:《中国佛寺史志汇刊》第1辑,台北:明文书局,1980年,第9册,第188页。
③ [明]周应宾:《重修普陀山志》卷二《物产》,杜洁祥主编:《中国佛寺史志汇刊》第1辑,台北:明文书局,1980年,第9册,第187页。
④ [明]周应宾:《重修普陀山志》卷二《物产》,杜洁祥主编:《中国佛寺史志汇刊》第1辑,台北:明文书局,1980年,第9册,第185页。
⑤ [明]张岱撰,云告点校:《琅嬛文集》卷二《海志》,长沙:岳麓书社,1985年,第78页。

志和历史记录中我们可知一些特定的景观会激起人们相同的感情，如敬畏、力量、雄伟肃穆之美，而这些对于景观的感受，往往产生于以下四种情形之中：一是可以看到巨大的自然景观转换的位置，如山脊、火山、峡谷、陡坡等。二是在地形、水文和植被的转换地带或三者交界处，如突然变换的高地、瀑布，或雨林和植被的交界处。三是独特的景观，如突出的山峰、岩洞地洞等。四是能够俯瞰全景的位置。"（岩石）上的一切创造其本身都以某种方式与精神世界相联系。"[1] 普陀山独特的自然景观是具备以上特点的，因而成为重要的圣迹。

　　普陀山自然景观神圣化的过程，又有其特定的阶段。学界认为，一般的景观神圣化共分为五个阶段：1.命名：根据景观的特点、价值、意义给予恰当的命名并区别于其他同类事物；2.框限和提升：框限即确定旅游吸引物的范围和规模，一种方式是扩建，另一种方式是限制；提升即提高旅游吸引物的知名度，完善旅游服务功能；3.神圣化：实现神圣化一方面依靠自然特点、形态学，另一方面凭借社会历史活动、传说故事；4.机械复制：通过文字、印刷等途径形成资料、图片等，使旅游吸引物得到广泛传播、扩散；5.社会复制：旅游吸引物名称被大众熟知，并成为周边城镇、街道、社区的标志。[2] 明代普陀山的圣迹在形成过程中，一方面是通过命名实现了"自然"向"神圣"的转换，另一方面又通过社会活

---

[1] Lewis-Williams, David James, "Three-dimensional puzzles: Southern African and Upper Palaeolithic rock art," *Ethnos*. 2002. 67（2），P256. 转引自张嘉馨：《岩画的空间环境及其神圣性研究》，《民族论坛》2019年第4期。

[2] 席建超等：《符号吸引理论与旅游资源发展模式的实证分析——以雍和宫为例》，《资源科学》2006年第3期。

动、历史记载、传说故事而完成了重要的转换。而与自然景观神圣化过程相对应的是,人们也构建了具有神圣性特点的普陀山人文景观。

二、神圣性的人文景观

普陀山具有神圣性的人文景观,以佛教建筑为主,主要包括寺院、殿宇、碑亭、佛塔、庵、馆、阁、桥等。人文景观与自然景观相得益彰,共同构筑了普陀山的圣山环境或神圣空间。在元代盛熙明的志书《补陀洛迦山传》"洞宇封域品"中仅记载有宝陀寺和真歇庵①两处人文景观。而在明代周应宾《重修普陀山志》中种类和数量则迅速增多。卷二"殿宇"中,分别记载有敕建护国永寿普陀禅寺、御制藏经序碑亭、敕赐护国镇海禅寺、敕赐祝延圣寿磐陀禅院、茶山静室、千步沙静室、磐陀石静室等。其中分布有各种具神圣性的殿、庵、塔、碑、阁、桥等。故周应宾说:"琼宫绀宇,布满名区,咸以藏殊妙之相,辟空寂之门。若海天万里,风涛激射,金碧丹青,屹如鳌柱,与海屋争奇,此固不可二三见也。"②琼宫绀宇、殊妙之相皆是形容其各种人文景观之神圣。明代朱国祯(1558—1613)在《普陀游记》中云:"大约山劈为前后二支,支各峰峦十余。前结正龙,即普陀寺。转后为托,即海潮寺。二大寺外,依山为庵者,五百余所。皆窈窕可爱,环山而转。"③指出普

---

① [元]盛熙明:《补陀洛迦山传》卷一《洞宇封域品》,武锋点校:《普陀山历代山志》,杭州:浙江古籍出版社,2014年,上册,第6—7页。
② [明]周应宾:《重修普陀山志》卷二《殿宇》,杜洁祥主编:《中国佛寺史志汇刊》第1辑,台北:明文书局,1980年,第9册,第113页。
③ [明]朱国祯:《涌幢小品》卷二六《普陀(十七则)》,《续修四库全书》,上海:上海古籍出版社,2002年,第1173册,第359页。

陀山有两大寺院和五百余所庵。现将《重修普陀山志》卷二"殿宇"①记载的内容列表统计（见表四）。

表四：明代普陀山人文景观

类别	名称	
敕建护国永寿普陀禅寺	普陀寺内景观	殿：圆通大殿、藏经宝殿、景命殿、天王殿、四配殿（祀弥陀、地藏、伽蓝、祖师）、山门； 堂：云会堂（俗名"十方堂"）、华严堂、海会堂、资有堂、净业堂、涅槃堂（俗名"安乐堂"）； 楼：钟楼、鼓楼、水陆楼、斋楼； 馆：烟霞馆、白华馆； 其他：东西方丈、香积厨、不二阁。 以上诸殿、堂、楼、阁等俱在普陀寺。
	普陀寺外景观	怀阙亭、渡海纪事碑亭、着衣亭、劝人莫要舍身亭、柏子庵、太子塔、金刚塔、普同塔、一乘塔、关圣祠、天妃祠、娑竭龙祠、三官堂、三圣堂、莲花桥、智度桥。
	已废景观	演法堂（旧在普陀寺，明万历年间废）；御制藏经序碑亭、玉音亭、应制经赞碑序（以上三亭俱在普陀寺，总兵侯继高建，明万历年间废）；铁瓦殿、无梁殿、琉璃殿（俱在潮音洞，明万历年间废）；大士桥（在潮音洞上，宋绍兴间僧德韶建，明万历年间废）；梵王宫（在潮音洞上，嘉靖间鲁府建，明万历年间废）；龙章阁（宋嘉定间建，明万历年间废）。
敕赐护国镇海禅寺		殿：圆通殿、天王殿、伽蓝殿、祖师殿、山门； 阁：千佛阁、龙藏阁、止阁； 堂：景命堂、华严堂、大觉堂、净业堂、龙王堂、土地堂、延寿堂； 楼：水月楼、白华楼、智食楼、钟楼、鼓楼、东西厢楼； 塔：华严铜塔、千佛塔、大智塔； 其他：方丈、香积厨、观亭。另有聚沙庵（在镇海寺西，即边公窣堵波院）。

①［明］周应宾：《重修普陀山志》卷二《殿宇》，杜洁祥主编：《中国佛寺史志汇刊》第1辑，台北：明文书局，1980年，第9册，第113—134页。

类别	名称
敕赐祝延圣寿磐陀禅院	在普陀寺西约半里许。向有古室数楹,年远颓圮;海宪方应明捐俸重建,恢拓基址,殿宇巨丽,实寺之附庸也。大宗伯周应宾题曰"应身宝殿"。崇祯八年(1635)二月,承乾宫皇贵妃遣官进香,复命铸渗金佛像一尊,紫袈裟二袭,请赐今额。十四年,内官田戚畹奉旨进香到院,又捐资请方册佛经一藏,永镇山门,以垂不朽。院之西,会稽大方伯陶崇道倡缘筑堤捍海,垦田数十余亩,以充祝圣饭僧之需。皆老衲无边苦行精修所感之力也。
茶山静室	朝阳庵、慧济庵、圆觉庵、吉祥庵、方广庵、琉璃庵、法喜庵、观音庵、梵音庵、崇德庵、涌泉庵、华严庵、弘觉庵、智胜庵、圆应庵、灵瑞庵、雨华庵。
千步沙静室	禅那庵、慧日庵、金粟庵、杨枝庵、龙树庵、智度庵、月印庵、圆信庵、摩尼庵、双泉庵、雪浪庵、伴云庵、甘露庵、栴檀庵、般若庵、资福庵、回龙庵、大悲庵、盘龙庵、清凉庵、海曙庵。
磐陀石静室	圆通庵、真歇庵(岁久倾废。万历三十年(1602),督造张随改额"栖真庵")、海云庵、总静室、永胜庵、宝函室、修竹庵、白云庵、娑罗庵、莲华庵、海印庵、慈云庵、灵石庵、大觉庵、大慈庵、灵芝庵、清籁庵、法华庵、西资庵、金刚庵、育恩院、白华庵、梅福庵、盼鹤庵、白象庵、净土庵、积善庵、韦驮宝殿、显圣庵、三元殿、隐秀庵。

以上所列人文景观中,主要有寺院、庵、殿堂、塔、阁、楼、堂、馆等,寺院有普陀寺、镇海寺和磐陀禅院等,寺院及其周围分布有诸多人文景观,庵主要分布于茶山、千步沙和磐陀石三大区域。各种不同类型的人文景观星罗棋布,分布于不同区域,其最重要的景观是寺院和殿宇。普陀山寺院,虽有兴废,但被废之后,总是能兴起,诚如周应宾所言:"盖补陀古刹也,兴而废、废而兴者数矣。是举也,其锠发诸内帑,其工督诸内遣,维坛宇依如,维名与

制焕如,是废兴一大际会也。"① 明代的寺院建设,对寺基、山门、天王殿、圆通大殿、藏经宝殿、景命殿等各大殿的规制也进行了详细记载,如寺基"面阔七十八丈,进深五十三丈二尺"②,藏经殿左右廊房"各七间七架,每间阔一丈四尺,进深三丈六尺,高二丈四尺"。③ 卷二"建置"中,又详载了洪武二十年(1387)、正德十年(1515)、嘉靖六年(1527)、隆庆六年(1572)以及万历年间的寺院和大殿建设与修复情况。其中万历年间的建设情况如下:"万历六年(1578),僧真表创天王殿、云会堂。十四年(1586),建藏经殿,奉圣母颁赐藏经,立静室五十三处,以应五十三参。十五年(1587),总兵官侯继高建碑亭三座。二十六年(1598)火,金石尽烁,惟大士宝躯俨然独存,而关真君须髯不为烈焰所坏。是时四方善信益加敬仰,施舍木石,一朝毕集;而当事者禁,不得复创。乡绅绅力为之请,始建藏经殿,俾僧守奉如初。二十七年(1599),上颁藏经到山,寺毁藏隘,不堪安奉,内使以闻。三十年(1602),上发帑金一千两,遣太监张随更建藏殿。三十一年(1603)五月,督抚尹应元视师海上,建渡海纪事碑亭。七月,张随令西域僧本陀难陀建普同塔于龙湾。三十三年(1605)正月,上复发帑金二千两,仍遣张随重建圆通等殿,赐额为'护国永寿普陀禅寺'。三十五年(1607)正月,上复发帑金一千两,遣御马监太监党礼建御制

①[明]周应宾:《重修普陀志叙》,《重修普陀山志》卷首,杜洁祥主编:《中国佛寺史志汇刊》第1辑,台北:明文书局,1980年,第9册,第4—5页。
②[明]周应宾:《重修普陀山志》卷二《规制》,杜洁祥主编:《中国佛寺史志汇刊》第1辑,台北:明文书局,1980年,第9册,第127页。
③[明]周应宾:《重修普陀山志》卷二《规制》,杜洁祥主编:《中国佛寺史志汇刊》第1辑,台北:明文书局,1980年,第9册,第132页。

碑亭。"①

　　寺院作为最重要的神圣表征，一方面提供了一个实存的具体的物理神圣空间；另一方面，其殿堂中的造像和壁画又提供了一种图像神圣空间。"神圣空间之所以'神圣'，不仅在于它不同于一般建筑空间（特别是民房）的外在形态，更在于其内部结构与装饰效果的崇高性，而空间内秩序排列的图像恰是这种表象的直接反映。"②除物理神圣空间和图像神圣空间这种看得见的神圣空间之外，寺院举行仪式时还存在有暂时性的抽象神圣空间，也就是看不见的仪式神圣空间，他们共同构筑了普陀山人文景观中的神圣空间。在殿堂这种物理神圣空间基础上所展现的图像或仪式的神圣性是共同起作用的。"图像在呈现叙事内容的同时，还负载着极其显著的神圣性，而这种'神圣'的产生不仅来自图像本身，更来自仪式主持者的'神祇召唤'，以及参与者（受众）对这种行为及其结果的接受与认可。虽然以图像为象征主体的'降神'仪式多种多样，但不可否认的是，这类行为的目的只有一个——在信仰对象的辅助下完成既定的演述计划（活动）。信仰对象无疑是一种虚拟存在，同他们所生活的世界一样，是不可能真实出现于人类社会的一种想象。然而，这种表现于心理层面的社会现象，也是伴随人类发展而发展的现实存在。因此，即便信仰对象是'看不见'的，但它们却能完整映射于族群成员的脑海，并在族群成员的口头演述和相应图像的刻绘中，形成固定印象。其实，这种'不可见'的形象就是我们所说的'不在场'因素，它从心理或精

---

①［明］周应宾：《重修普陀山志》卷二《建置》，杜洁祥主编：《中国佛寺史志汇刊》第1辑，台北：明文书局，1980年，第9册，第140—142页。

②孟令法：《"不在场的在场"：图像叙事及其对空间神圣性的确定》，《云南师范大学学报》（哲学社会科学版）2020年第3期。

神层面不仅'掌控'着口头演述人的行为,同时也在一定程度上影响了口头传统和图像叙事在内容上的临场表现。田野研究表明,我国大多数民族都是多神信仰,而其所信仰对象究竟有多少会出现在仪式场域,并为图像所表现,不仅有赖于族群成员的自我解说,还需从特定的仪式语境中获取相关内涵。"① 这也是普陀山寺院人文景观的神圣所在。

三、圣山:普陀山之神圣空间

被神圣化的自然景观和具神圣性的人文景观相得益彰,使得普陀山成为一座具有神圣性的圣山或圣地,成为名副其实的神圣空间。在明代文献的记载中,处处可以见到对这一神圣空间的神圣描述。如樊王家在《补陀山志序》中所言:"其山僻在穷岛,海天万里,吞吐日月,出没鱼龙。每一骋望,则扶叶若木,近在几席间。琳宫梵宇,金碧辉煌,宝座法身,灵异桴鼓,普门示现,皈依者遍遐荒焉。"②《皇明鲁王补陀山碑记》云:"洛伽独在东南巨海中,为观音大士现真圣界。鸿波怒涛,万里极目。裹中自垂髻黄发,赤须白足,罔不担蹑聚粮,梯危绝徼,奔走香火者。"③屠隆《补陀洛伽山记》云:"东海补陀洛伽山者,震旦中国第一大道场也。释言'海

---

① 孟令法:《"不在场的在场":图像叙事及其对空间神圣性的确定》,《云南师范大学学报》(哲学社会科学版)2020年第3期。
② [明]樊王家:《补陀山志序》,[明]周应宾:《重修普陀山志》卷首,杜洁祥主编:《中国佛寺史志汇刊》第1辑,台北:明文书局,1980年,第9册,第8—9页。
③ 《皇明鲁王补陀山碑记》,[明]周应宾:《重修普陀山志》卷四《事略》,杜洁祥主编:《中国佛寺史志汇刊》第1辑,台北:明文书局,1980年,第9册,第354—355页。

岸孤绝之地',又言'东大洋海西紫竹栴林'。"① 又汪镗《重修补陀山宝陀禅寺记》云:"明郡当溟渤之会,其东属邑曰定海。补陀山在定海外二百余里,远望沧茫杳霭,隐见明灭,如鸢凫帖帖伏水中。佛书称'补陀洛伽山,海岸孤绝处'是也。或云'梅岑山',即子真炼药处,因以名焉。今皆不可考矣。自山东行,西折为潮音洞,乃观音大士现化之地。石壁中裂,旁罅两歧。又西为善财洞,石齿齿不容足。缘崖泉渗滴,若垂缨不断。前入海数寻有礁,突起如瓶炉状。又自山北转,得盘石岩。顶上有窦,可以下瞰。海天孤阔,洞府幽深;波涛际空,茫无畔岸;烟雾昼冥,四景若一;倒影凌虚,排云御风。诚上圣之窟宅,而非尘寰俗界所可仿佛者也。"②

以上描述中,可以看出普陀山神圣空间的两大特点:第一,山海环境。普陀山不同于内陆的山岳,而是居于海洋中的山脉,既有山的神圣性,也有海洋的神圣性,所以文献中说普陀山"海天万里,吞吐日月,出没鱼龙","独在东南巨海中","海天孤阔","鸿波怒涛,万里极目","波涛际空"。实际上,在中国古代宗教中,"山"常被认为是宇宙的中心或者具有通天之功能。"通过民族志资料可知,在萨满教中,山被认为是通天柱或通天的'通道',可以沟通三界,这一通道使一种存在方式通过另一种存在方式的本体论的转换成为可能,因此空间中神圣性的展示便有了一种宇宙的起源。如在阿尔冈琴语系(Algonquian)中,山被认为是宇宙的

---

① [明]屠隆:《补陀洛伽山记》,[明]周应宾:《重修普陀山志》卷四《事略》,杜洁祥主编:《中国佛寺史志汇刊》第1辑,台北:明文书局,1980年,第9册,第368—369页。

② [明]汪镗:《重修补陀山宝陀禅寺记》,[明]周应宾:《重修普陀山志》卷四《事略》,杜洁祥主编:《中国佛寺史志汇刊》第1辑,台北:明文书局,1980年,第9册,第358—360页。

入口,从山洞或裂隙中可以进入到另外的世界。"①实际上,不仅仅是萨满教,道教、佛教中的圣山崇拜也具有这样的特征。第二,圣主观音菩萨。普陀山之所以能成为神圣空间,离不开观音菩萨。普陀山或"普门示现",或"为观音大士现真圣界","诚上圣之窟宅,而非尘寰俗界所可仿佛者也",这其实都是在说普陀山是观音菩萨道场,于是在朝山中有很多感应事迹,"然汤公和舟至沈家门,犹见浮一金钵盂也。所传闻一二,若永乐二十一年十月十九日,潮音洞现白衣大士,龙王、龙女、长者大权从之"。②也有时"居士至心悲仰,立见圣相圆光"。③在此基础上,也就形成了圣地。这一"圣地",犹如葛兰言(Marcel Granet)所言,是一种由拥有神圣性和权威性的人、物、环境以及相应的宗教情感所组合而成的综合体的抽象概念。

　　明代普陀山神圣空间的建构,也离不开俗文学的书写。明代的戏剧中有很多观音菩萨的形象,如明代杂剧《鱼儿佛》劝善,《蕉帕记》请观音降雪,《长命缕》描述观音帮助贞女,《贞文记》描述观音送子,《四美记》描述观音化银造桥,其中也涉及了普陀山、观音菩萨乃至"南海观音",如《四美记》:"【象牙床】(旦上)普陀岩,南海岸,紫竹林,水月天,白莲台,青莲座,尽是俺的法坛,更有那善

①Eliade,M.*Shamanism*:*archaic techniques of ecstasy*,Princeton University Press.2004,PP.259—260。转引自张嘉馨:《岩画的空间环境及其神圣性研究》,《民族论坛》2019年第4期。

②[明]周应宾:《重修普陀山志》卷二《灵异》,杜洁祥主编:《中国佛寺史志汇刊》第1辑,台北:明文书局,1980年,第9册,第153—154页。

③[明]屠隆:《补陀观音大士颂序》,[明]周应宾:《重修普陀山志》卷三《艺文》,杜洁祥主编:《中国佛寺史志汇刊》第1辑,台北:明文书局,1980年,第9册,第245页。

财龙女参佛禅。一念儿大舍慈悲，慈悲度众生，离了轮回九天……
吾乃是南海观音是也，观见状元蔡端明因还旧愿，今奉圣旨起造洛阳
桥，我想功程浩大，独力难成，钱粮欠缺，焉能得就大功。我今化作凡
间女子，善才化为梢子，龙女扮为丫环，驾舟一只，满载妆奁。"①

　　此外还有以"普陀山"命名的观音宝卷，全称《普陀山观音宝
卷》，简称《普陀宝卷》。故事的主人翁是王有金、王有银兄弟二
人，前者为建造普陀山观音殿，不惜万贯家财，终得善报；后者厌
恶佛教，终受恶报，后经观音点化，于普陀山出家。对此，于君方
指出，16世纪时，普陀山在万历皇帝及其母后李氏的护持下再度
兴起，成为主要的朝山圣地。"在这处圣地的重建过程中，地方官
员与贤能的住持密切合作。'宝卷'这种文类也在此时出现，这些
新文献就如同新造像的创造，或许是为了推广普陀山而做的。"②

　　而在明代的俗文学作品中，影响最大的是章回本《西游记》，
其成功塑造了"南海观音"的形象，其中也有多处描写到普陀山。
在《西游记》中，"观音"全称"南海普陀洛伽山大慈大悲救苦救难
灵感观世音菩萨"。③第八回"我佛造经传极乐，观音奉旨上长安"
中描写观音菩萨：

　　　　理圆四德，智满金身。璎珞垂珠翠，香环结宝明。乌云
　　巧叠盘龙髻，绣带轻飘彩凤翎。碧玉纽，素罗袍，祥光笼罩；
　　锦绒裙，金落索，瑞气遮迎。眉如小月，眼似双星。玉面天生

---

① [明]佚名：《四美记》卷下《第三十九出》，郑振铎主编：《古本戏曲丛刊二集》，
　　上海：商务印书馆，1955年，第30—31页。
② 于君方著，陈怀宇、姚崇新、林佩莹译：《观音——菩萨中国化的演变》，台北：
　　法鼓文化事业有限公司，2009年，第476页。
③ [明]吴承恩：《西游记》第六回"观音赴会问原因，小圣施威降大圣"，北京：
　　人民文学出版社，1980年，第61页。

喜,朱唇一点红。净瓶甘露年年盛,斜插垂杨岁岁青。解八
难,度群生,大慈悯:故镇太山,居南海,救苦寻声,万称万应,
千圣千灵。兰心欣紫竹,蕙性爱香藤。他是落伽山上慈悲
主,潮音洞里活观音。①

　　文中观音是"落伽山上慈悲主,潮音洞里活观音",因居"南
海",因而常被称为"南海观音",又称"普陀观音"或"南海普陀观
音"。之所以被称为"南海观音",布施玉森认为,实是因为中国历
代首都位于北方,相对而言,普陀山位于南方,因而就被称为"南
海观音"。②《西游记》中的"南海"形象是什么样的?第十七回"孙
行者大闹黑风山,观世音收伏熊罴怪"中,孙行者须臾间就到了南
海,停云观看,但见那:

　　　汪洋海远,水势连天。祥光笼宇宙,瑞气照山川。千层
　　雪浪吼青霄,万叠烟波滔白昼。水飞四野,浪滚周遭。水飞
　　四野振轰雷,浪滚周遭鸣霹雳。休言水势,且看中间。五色
　　朦胧宝叠山,红黄紫皂绿和蓝。才见观音真胜境,试看南海
　　落伽山。好去处!山峰高耸,顶透虚空。中间有千样奇花,
　　百般瑞草。风摇宝树,日映金莲。观音殿瓦盖琉璃,潮音洞
　　门铺玳瑁。绿杨影里语鹦哥,紫竹林中啼孔雀。罗纹石上,
　　护法威严;玛瑙滩前,木叉雄壮。③

　　南海观音居住于普陀山,因此,第五十七回"真行者落伽山诉

①[明]吴承恩:《西游记》第八回"我佛造经传极乐,观音奉旨上长安",北京:
　人民文学出版社,1980年,第85—86页。
②参见[日]布施玉森:《中国佛教四大圣山》,东京:雏忠会馆株式会社出版
　部,1991年,第58—77页。
③[明]吴承恩:《西游记》第十七回"孙行者大闹黑风山,观世音收伏熊罴怪",
　北京:人民文学出版社,1980年,第211页。

苦,假猴王水帘洞眷文"中,沙僧一驾云离了东海,行经一昼夜,到了南海。正行时,早见落伽山不远,急至前,低停云雾观看。好去处! 果然是:

> 包乾之奥,括坤之区。会百川而浴日滔星,归众流而生风漾月。潮发腾凌大鲲化,波翻浩荡巨鳌游。水通西北海,浪合正东洋。四海相连同地脉,仙方洲岛各仙宫。休言满地蓬莱,且看普陀云洞。好景致! 山头霞彩壮元精,岩下祥风漾月晶。紫竹林中飞孔雀,绿杨枝上语灵鹦。琪花瑶草年年秀,宝树金莲岁岁生。白鹤几番朝顶上,素鸾数次到山亭。游鱼也解修真性,跃浪穿波听讲经。①

可以看到文字中对普陀山环境的神圣书写。后来,在万历年间,朱鼎臣又融合《香山宝卷》和《西游记》撰写了小说《南海观音菩萨出身修行传》,在情节上更是大加发挥,如增加了观音菩萨点化善财和龙女的情节,其中一大特点,就是观音修道的地点发生了变化,不再是香山,而是南海普陀山,全书结尾,妙善被封为"大慈大悲救苦救难广大灵感观世音菩萨,用作南海普陀岩道场之主"。

戏剧、宝卷、小说等俗文学的发展,促进了对普陀山神圣性的描述,使普陀山真正变为"普陀圣境",也使得普陀山继续被构建为中国佛教圣地中具有代表性的神圣空间之一。

第六节　明代普陀山朝山信仰

建构普陀山神圣空间的同时,普陀山朝山信仰也随之再兴。

①[明]吴承恩:《西游记》第五十七回"真行者落伽山诉苦,假猴王水帘洞眷文",北京:人民文学出版社,1980年,第699页。

帝室的崇奉、官员的朝拜、士绅的推崇、僧人的礼拜、香客的朝山共同推动了"普陀香汛"和朝山信仰的蓬勃发展，大大促进了朝山香道的建设。朝拜过程中，出现了很多瑞相或感应，更增强了普陀山的神圣性，同时也巩固了朝山信仰。而朝山信仰的发展，是与中国佛教名山的蓬勃发展这个大背景同时进行的。

一、从"三大名山信仰"到"四大名山信仰"[1]

明代佛教名山信仰的兴起是需要关注的一大社会现象，如云南的鸡足山信仰兴起于明代[2]，又如徽州的仰山崛起于明代。[3]

中国佛教"三大名山"也是在明代开始才固定下来，如明王世贞《弇州四部稿》中有诗《赠僧参方一绝》："落迦南浸胜蓬莱，西有峨眉北五台。寄语圆通三大士，可能端为一僧来。"[4]其中落迦即普陀山。可见，明中期普陀山开始与峨眉山、五台山并称。胡应麟《三大士殿》曰："普贤肇峨眉，示迹惟西方。文殊现五台，台殿俱清凉。猗与观世音，普陀实吾乡。胡为三大士，鼎足偕兹

①景天星：《汉传佛教四大菩萨及其应化道场演变考述》，《世界宗教研究》2019年第4期。
②张庆松：《印中鸡足山考辨——以是否为迦叶入定之所为中心的研究》，《云南社会科学》2015年第2期。
③仰山作为徽州休宁县一座并不知名的山峰，在明代以前几乎没有多少佛教史迹可寻。明朝建立以后，特别是进入明中期，在地方社会的努力下，包括在文献上嫁接江西仰山相关佛教史实而成《仰山乘》、地方僧俗对于仰山佛教景观的营造等，仰山逐渐发展成为一座具有相当区域影响力的佛教名山。详参王开队、宗晓垠：《谁的空间：明代徽州仰山佛教神圣空间的营造》，《徽学》2018年第2期。
④[明]王世贞：《弇州续稿》卷二五《诗部》，文渊阁《四库全书》，台北：台湾商务印书馆，1986年，第1282册，第341页。

堂。"①其中明确指出"三大士"及其居住道场,即普贤肇峨眉、文殊现五台、观世音在普陀。明樊王家在《补陀山志序》中说:"补怛洛伽山与峨眉、五台鼎峙寰宇,而灵秀之气,尤钟于洛伽。"②《皇明鲁王补陀山碑记》云:"神州之内有三大山,为震旦佛国,曰峨眉,曰五台,曰洛伽。"③明末的云栖袾宏是首先使用"三山"一词并将其特指五台、峨眉、普陀的人。他在《三山不受三灾》中云:"或谓五台、峨眉、普陀三山,劫坏不坏,游者能免三灾,此讹也。"④憨山德清是历史上首次运用"三大名山"一词的人,他在《高邮州北海台庵接待十方常住记》中说:"惟三大士现身十方,普度众生,无处不遍。在我震旦国中,以三大名山,为法身常住道场,而峨眉僻处西蜀,远在一隅。唯五台、普陀,对峙南北,为十方众僧之所归宿,往来道路,不绝如缕。"⑤此处的三大名山就是三大士道场,即峨眉、五台、普陀。他不仅首次提到"三大名山",而且还多次提到,如《敕建五台山大护国圣光寺妙峰登禅师传》云:

---

①[明]胡应麟:《少室山房集》卷一四《五言古诗二十首》,文渊阁《四库全书》,台北:台湾商务印书馆,1986年,第1290册,第86页。

②[明]樊王家:《补陀山志序》,[明]周应宾:《重修普陀山志》卷首,杜洁祥主编:《中国佛寺史志汇刊》第1辑,台北:明文书局,1980年,第9册,第7—9页。

③《皇明鲁王补陀山碑记》,[明]周应宾:《重修普陀山志》卷四《事略》,杜洁祥主编:《中国佛寺史志汇刊》第1辑,台北:明文书局,1980年,第9册,第354—355页。

④[明]袾宏辑:《云栖法汇(选录)》卷一五,《嘉兴藏》第33册,第76页下—77页上。

⑤[明]憨山德清述,福善日录、通炯编:《憨山老人梦游集》卷二六,《卍新续藏》第73册,第651页下。

"师素愿范渗金三大土像,造铜殿三座,送三大名山。"①此三大名山即五台、峨眉与普陀。

明末"三大名山"兴起之时,"四大名山"也几乎同时出现。圣凯法师认为,明代"出现三大名山",即五台山、普陀山、峨眉山,"到了康熙年间(1662—1722),逐渐出现四大名山的说法"。②明代的明河在《补续高僧传》中记载了"夜台"的事迹,他"薙发受戒,辞师至终南、伏牛。又至五台多服水斋,日则静坐,夜则游台,人因呼为夜台"。"岁癸卯,入京师,慈圣太后赐钵杖及紫襕袈裟一袭。师先于塔院寺设千盘会,于龙泉寺设龙华会,皆四十九日。""又于峨眉、五台,各铸幽冥钟一口,重万三千斤;于普陀、峨眉,请藏经二部;又于九华,设水陆道场,其余锱粟,分施静室及诸贫僧,铢两尺寸,不入私。故久而缁素益信之,师往反四大名山,精神尪顿。"后圆寂于"万历庚戌十月二十五日"。③按此说法,万历三十一年癸卯(1603)夜台入京,后不久往返于峨眉、五台、普陀、九华之"四大名山",或铸钟,或请藏经,或设水陆道场。但这只是开始,"四大名山"之概念尚未在当时的社会普及,很多人还不知道。明代鲍应鳌的《瑞芝山房集》中收录有《募造南海观音大士脱沙丈六金身题辞》,其中一名僧人太空提到了"四大名山",但他竟不知"云何",其中载曰:

　　万历戊申(1608),南海僧太空持友人沈武选书来谒,曰:"将为震旦四大名山造阎浮提,四大菩萨往镇焉。"询所谓四大云何? 曰:"吾欲以观音大士表南海,文殊菩萨表五台,普

①[明]憨山德清述,福善日录、通炯编:《憨山老人梦游集》卷三〇,《卍新续藏》第73册,第675页下。

②圣凯:《明清佛教"四大名山"信仰的形成》,《宗教学研究》2011年第3期。

③[明]明河:《补续高僧传》卷二〇,《卍新续藏》第77册,第508页下—509页中。

贤菩萨表峨眉,地藏菩萨表九华也。"余讶其阔远,而以方解兰入燕未暇,与作缘。去之五年,还里。又三年所,太空复持同年邵虞部书来谒。余问四大名山之愿毕乎,曰:"未也。然闽中已有文殊缘矣,吴下已有普贤地藏缘矣,地藏已庄严,今偕缙绅某公送九华矣,独观音大士缘在新安,未臻厥成。"①

文中,释太空告诉他,想要以观音大士表南海,文殊菩萨表五台,普贤菩萨表峨眉,地藏菩萨表九华,这是历史上首次提到四大菩萨匹配四大道场的文献,在四大菩萨道场信仰发展史上颇有意义。从中可以看到,太空似乎认为这是自己的发明,而鲍应鳌还"讶其阔远"。此后不久,就看到了"四大名山"的称呼,《憨山老人梦游集》卷二六所录《武昌府双峰接待寺大光月公道行碑记》云:"楚为汉南一大都会,当天下之冲,方外瓶锡,往来四大名山之所必由。向无息景之地,则长途困顿,风雨饥寒,孰得而问焉?"②结合文献信息,其中提到的最后时间为"丙辰"(1616),说明他写此文的时间不会早于1616年。又明崇祯己巳(二年,1629),顾元镜《九华志》撰成,其中录有范铸的诗云:"四大名山此第一,二三朋好喜同来。俱从忙世偷闲趣,竟得浮生到化台。法物搜看衣钵古(寺遗地藏衣钵),诵经暮听鼓钟催。清灯高卧层楼上,花雨霏微逐梦回。"③其中直接说九华山是四大名山中的"第一"。这说明,在明末,四大名山的名称已正式确立。

----

① [明]鲍应鳌:《瑞芝山房集》卷三,《四库禁毁书丛刊》集部,北京:北京出版社,2000年,第141册,第96页。
② [明]憨山德清述,福善日录、通炯编:《憨山老人梦游集》卷二六,《卍新续藏》第73册,第649页中。
③ [明]顾元镜:《九华志》卷六,《四库全书存目丛书·史部》,济南:齐鲁书社,1996年,第234册,第360页。

二、各阶层的朝山信仰

明代普陀山几经兴衰,朝山信仰也几经周折,但随着佛教民俗化的继续推进和佛教名山信仰的继续发展,尤其是到了晚明时期,其朝山信仰迅速崛起,并在岛上蓬勃发展,这离不开帝室的崇奉、官员的支持和士绅的推崇,以及僧人和香客的朝山。士绅的推崇中,屠隆和周应宾就是非常重要的代表,他们撰写的志书记载有朝山信仰的内容,其本身也是普陀山朝山信仰的"文本建构",因在本章第四节内容作了介绍,此处不再赘述。香客朝山信仰与普陀香汛直接相关,也是普陀山朝山信仰的重要组成部分,将于下一部分展开。下面主要研究帝室、官员与僧人的朝山信仰。

明代帝室崇奉普陀山,以万历皇帝为主,在王亨彦的《普陀洛迦新志》卷四"檀施门"①详载有明代皇室及官员布施普陀山的内容,现将其列表统计(见表五)。

表五:明代皇室及官员布施普陀山情况

时间	布施人	遣送人	内容
嘉靖六年(1527)	河南王	不详	赐琉璃瓦三万,鼎新无量殿。
嘉靖间	鲁王	不详	建琉璃殿、梵王宫。
万历十四年(1586)	皇太后	内官监太监张本、御用监太监孟廷安	赍赐皇太后刊印《续入藏经》四十一函、旧刊藏经六百三十七函;裹经绣袱六百七十八件;观音金像一尊,善财龙女各一尊;金紫袈裟一袭。于宝陀寺立静室五十三处。

---

① 王亨彦:《普陀洛迦新志》卷四《檀施门》,杜洁祥主编:《中国佛寺史志汇刊》第1辑,台北:明文书局,1980年,第10册,第209—216页。

时间	布施人	遣送人	内容
万历二十七年 （1599）	明神宗	汉经厂掌坛御马监太监赵永、曹奉	赍赐《大藏经》六百七十八函、《华严经》一部、《诸品经》二部、渗金观音像一尊。
万历三十年 （1602）	明神宗	御用监太监张随、内官监太监王臣	赍赐帑金千两督造藏殿、饭僧银千八百两、诵礼《观音经》银三百两、《观音经》一藏。
万历三十三年 （1605）	明神宗 太后	张随、御马监太监党礼、张然	赍赐帑金二千两，督造普陀禅寺。又僧斋银三百两，及织纟工幡幢、金花丹药等物、《金刚般若经》一藏、《观音普门品经》一藏，赐额"护国永寿普陀禅寺"。太后又赐建寺银三千两。
万历三十四年 （1606）	明神宗	党礼	普陀寺工竣，复命，复特遣中贵赐玉带以镇山门。准御马监太监党礼之请，赐海潮寺额，为"护国镇海禅寺"。
万历三十五年 （1607）	明神宗	党礼	赍赐帑金千两，建御制碑亭，祝釐饭僧。
万历三十七年 （1609）	明神宗	张随	遣赍赐帑金千两，到山饭僧，延僧检阅藏经三年。并五彩织金龙缎四十匹，及长幡经袱桌衣等。
万历三十九年 （1611）	明神宗	张随、党礼	赍赐帑金千两，祝釐饭僧。赍赐镇海禅寺《大藏经》。
万历年间	鲁王		岁致米饭大众。赐赤金像一座，重三十斤，并造新殿。
天启七年 （1627）	崇王由樻		捐资重建药师殿，书"法门龙象"额，赐千佛衣。
天启七年 （1627）	皇贵妃		承乾宫皇贵妃遣官进香，并制渗金佛像一尊。

时间	布施人	遣送人	内容
天启七年（1627）	陶崇道		会稽人，官方伯。于磐陀庵西，倡缘筑堤，垦田数十亩，以充香积。又捐资建药师殿。
崇祯十四年（1641）		田弘遇	辛巳，上以天步方艰，物多疵疠，命国戚田弘遇捧御香，祈福普陀大士。
崇祯年间	苏若霖		崇祯朝内官。捐己资千余，庄严净土。
明代	梁文明		官定海都司。因祈嗣有感，捐资创白华庵。
明代	方应明		官海宪。捐俸重建磐陀庵，殿宇巨丽。

从上表可以看出，明代供奉或布施普陀山最多的朝代是万历时期。万历时期，皇家人员中供奉次数最多的是万历皇帝。他虽然没有直接去朝山，但是他和皇太后先后九次敕赐普陀山，赐金赍银，修复寺院，供奉藏经。皇帝重视普陀山，极大影响了藩王大臣、内廷宦官、文人士绅等。上文中的河南王、鲁王、崇王、皇贵妃、陶崇道、苏若霖、梁文明、方应明就是比较重要的代表。

皇帝赍赐名山，往往派遣内官太监前往，所以宦官也是普陀山朝山信仰中非常重要的一支力量。其中对普陀山贡献最大的，除了上表中提及的张随、党礼之外，还有马谦。"明万历间，寺僧建内官三公祠于山后，以祀督造御用监太监张随、御马监太监党礼、内官监太监马谦。"[1] 张公名随，顺天之文安县人；党公名礼，陕西华阳人；马公名谦，真定深州人。周应宾《明万历新建内官三公祠碑》对其记载甚详。党礼最为重要的贡献是促成朝廷给海潮寺赐额"护国镇海禅寺"，并且于万历三十九年（1611），奉旨"赍

---

① 王亨彦：《普陀洛迦新志》卷七《营建门》，杜洁祥主编：《中国佛寺史志汇刊》第1辑，台北：明文书局，1980年，第10册，第462页。

赐镇海禅寺《大藏经》"。马谦的资料比较少，应是帮助张随和党礼完成计划的重要助手。三人之中，以张随事迹最显著。张随，字亚泉，涉猎经史，精通书法，万历三十年（1602），奉命赍帑金千两，莅普陀山建藏经楼。三十二年（1604）三月，殿成报命，绘图以献，乃赐一品服。"逾年，复赍金二千两"修建寺院，亲自监工，一直到万历三十四年（1606）秋竣工。除奉旨颁赐经藏外，还主导寺院布局与建设，"拮据经理，区画尽善。性俭约，一蔬一饭外，无所需"。在寺院筹建与恢复过程中起到了非常重要的作用。除完成朝廷任务外，他还积极整顿山中积弊，"山中无义之徒，每有谋私利以坠戒律"，损害佛门清规者，张随都会到山上积极处理，"若辈远遁，山寺为之一清"，使普陀山成为清净道场。而且万历三十五年（1607）两大寺院竣工后，又邀请周应宾编辑《普陀山志》，即"鼎新之后，又博求儒绅，辑为志乘"。①万历三十七年（1609），他又到普陀山斋僧，请僧阅藏三年。万历三十九年（1611），张随于普陀山启建报答佛恩灵佑圣体万安法会，法会圆满后，斋施普陀山全山僧众。从万历三十年（1602）开始，在普陀山前后大约八年时间，张随五次奉诏入山，圆满完成了万历皇帝复兴普陀山的任务，对普陀山朝山信仰贡献巨大。

明朝朝礼普陀山的僧人也有很多。《普陀洛迦新志》记载有七位"十方寄寓"僧人：别古崖、象先、蕴空、达观、守庵、妙峰、无能，其中有几位是在晚明佛教中有影响的高僧，如达观即紫柏真可、妙峰即妙峰福登等。象先"二十五从宝珠礼普陀"，蕴空"泛南海，礼补陀"，真可对普陀山贡献甚大，"凡普陀敕建殿阁，皆其启奏之

---

① 王亨彦：《普陀洛迦新志》卷九《流寓门》，杜洁祥主编：《中国佛寺史志汇刊》第1辑，台北：明文书局，1980年，第10册，第527—528页。

力"。守庵"遍礼名山,参访知识。若普陀、五台、伏牛、少室诸大
道场"。无能"万历丙辰冬,谒洛迦,见远来朝礼大士者多露宿,
因于渊德观左建海云庵,以接游僧"。①其中妙峰法师为山西人,
俗姓续,为春秋时续鞠居之裔,生秉奇姿,唇掀、齿露、鼻昂,修学
过程中遍参善知识并参访名山。据《金台龙华寺第八代住山瑞庵
祯公塔铭》载:"丁丑(万历五年,1577)春,妙师(妙峰法师)与予
隐居清凉。师倾心慕之,游五顶,搜访于冰雪中。居无何,杖锡南
游,礼普陀大士。"②《敕建五台山大护国圣光寺妙峰登禅师传》也
记载,妙峰法师"单瓢只杖南询,遍参知识,至南海礼普陀"。③他
从小生活在北方干燥的环境中,"及到南方,朝普陀,因受潮湿,遍
身生疖",于是"发愿造渗金文殊、普贤、观音三大士像并铜殿,送
五台、峨眉、普陀,以永供养"。遗憾的是,给普陀山造的铜殿并未
送达。《敕建五台山大护国圣光寺妙峰登禅师传》详细记载了这一
过程:"师素愿范渗金三大士像,造铜殿三座,送三大名山。己亥
春,杖锡潞安,谒沈王,王适造渗金普贤大士送峨眉,师言铜殿事,
王问费几何? 师曰:每座须万金。王欣然愿造峨眉者,即具辎重,
送师至荆州,听自监制,用取足于王。殿高广丈余,渗金雕镂诸佛
菩萨像,精妙绝伦,世所未有。殿成,送至峨眉,大中丞霁宇王公
抚蜀,闻师至,请见,问心要有契。公即愿助南海者,乃采铜于蜀,
就匠氏于荆门。工成,载至龙江时,普陀僧力拒之,不果往,遂卜

---

①王亨彦:《普陀洛迦新志》卷六《禅德门》,杜洁祥主编:《中国佛寺史志汇刊》
　　第1辑,台北:明文书局,1980年,第10册,第408—419页。
②[明]憨山德清述,福善日录、通炯编:《憨山老人梦游集》卷二九,《卍新续藏》
　　第73册,第669页上。
③[明]憨山德清述,福善日录、通炯编:《憨山老人梦游集》卷三○,《卍新续藏》
　　第73册,第675页上。

地于南都之华山。"① 据载,妙峰朝礼经宁波时,染病几乎死亡,旅宿时又滴水难求,于是以手掬浴盆中之水,饮之而甘。第二天见到肮脏的水而呕吐,忽然大悟"饮之甚甘,视之甚秽;净秽由心,非关外物",于是通身发汗而愈。

除以上所记载之僧人朝山外,其他文献中也记载有很多僧人朝礼普陀山。如《慈慧寺无瑕玉和尚塔铭》载无瑕玉和尚"万历初,谒普陀。过金陵,至都下,游履五台,寓三塔寺,礼《华严经》"。② 又万历年间北京大觉寺慈舟方念禅师南谒普陀。"(禅师)时年二十八岁,遂入五台掩关。昼则一食,夜则孤坐。后赴东台请,偶双目失盲。师曰:'幻身非有,病从何来。'习定七日,双目复明。南谒普陀,归次越之大善寺,众请止风涂说法。"③ 又天启元年(1621),苏州玄墓山老僧秋月"别山中道侣,朝南海,从莲华洋,忽起至船头礼拜,高声称佛名,即奋身下水,众急出扳挽,已无及矣。时风浪大作,师出没浪间,犹合掌称佛声。舟渐远乃失"。④ 又崇祯元年(1628)明松陵鉴空宁禅师"游普陀"。⑤ 而贤平湖赵氏子灯更是"将亲迎而逃于普陀剃染",明崇祯十一年(1638),"浮石贤和尚住青莲,贤平湖赵氏子,父母为娶室,将亲迎而逃于普陀剃染,圆戒云栖。初参云门澄于东塔,谒悟和尚于金粟,付法。"⑥

---

①[明]憨山德清述,福善日录、通炯编:《憨山老人梦游集》卷三〇,《卍新续藏》第73册,第675页下—676页上。

②[明]憨山德清述,福善日录、通炯编:《憨山老人梦游集》卷二九,《卍新续藏》第73册,第671页上。

③[明]净柱辑:《五灯会元续略》卷一,《卍新续藏》第80册,第461页下。

④[明]明河:《补续高僧传》卷二〇,《卍新续藏》第77册,第509页上—中。

⑤[明]智旭:《灵峰蕅益大师宗论》卷八,《嘉兴藏》第36册,第388页上。

⑥[清]纪荫编纂:《宗统编年》卷三一,《卍新续藏》第86册,第299页中。

　　明末参礼普陀山的僧人中,也有人以普陀山为公案而晓以佛教义理者。"寂觉禅人,将东礼普陀,乞一语为行脚重。老人示之曰:'古人出家,特为生死大事,故操方行脚,参访善知识,登山涉水,必至发明彻悟而后已。今出家者,空负行脚之名,今年五台峨眉,明年普陀伏牛,口口为朝名山,随喜道场,其实不知名山为何物,道场为何事,且不知何人为善知识。只记山水之高深,丛林粥饭之精粗而已。走遍天下,更无一语归家山,可不悲哉?'"意思是说寂觉禅人将要朝礼普陀山,希望憨山德清能为其开示一二。憨山以名山而言佛理,言之恳切,并云:"南海无涯,乃生死苦海之波流也;普陀山色,乃大士法身常住也;海振潮音,乃大士普门说法也。禅人果能度生死海,睹大士于普门,听法音于海崖,返闻自性,不须出门一步。何必待至普陀而后见? 其或未然,悠悠道路,虚往虚来,即大士现在顶门,亦不能为汝拔生死业根也。禅人自定当看,若大士有何言句,归来当为举似老人,慎勿虚费草鞋钱也。"①

三、香道建设与普陀香汛

　　作为一座海岛,普陀山山路崎岖,晚明时期随着朝山信仰的日渐兴盛,修建进香之道成为当时的一大重要任务。晚明修建的进香之道主要有两条,一是万历时期的"玉堂街",二是天启到崇祯年间的"妙庄严路"。

　　玉堂街是一条从普陀禅寺(普济寺)到镇海禅寺(法雨寺)的香道。全长约五里,途经仙人井、悦岭庵、长生庵、禅那庵、逸云庵

---

①[明]憨山德清述,福善日录、通炯编:《憨山老人梦游集》卷四,《卍新续藏》
　　第73册,第488页上一中。

等,"一路带山映海,翠霭银涛,应接不暇"。①《重修普陀山志》
卷二"玉堂街"载曰:"在寺东饥饱岭至镇海寺路,旧有沙径湿隘,
不便行趾。镇海寺僧如珂募甃石道,众皆德之。会稽陶望龄题曰
'玉堂街'。"②香道因由僧人如珂玉堂倡建而名玉堂街。他"修砌
几宝岭至镇海寺路","因名其路曰'玉堂街',示不忘也"。③清代
释照机有诗云:"诛茅甃石见康庄,以字题名示不忘。从此脚跟归
正路,涛声山色转风光。"释照能亦有诗云:"地分世外傲羲皇,杖
履何缘步玉堂。花鸟文章泉石史,归来满院薜萝香。"④

　　"妙庄严路"于天启七年(1627)开始兴建,崇祯三年(1630)
建筑完成,由白华庵住持朗彻性珠倡建。此路从短姑道头开始,
经白华庵、茶亭,抵普陀禅寺。董其昌《普陀山修路碑记》对此记
载甚详:

　　　　普陀在大海中,开辟之始,即有灵山奇奥之区,未成坦
道。彼负好奇之癖,挟跻胜之具者,故自忘其跋涉之艰也。
其如赍香而皈命,兼膜拜以奔趋者何哉?嗟乎!惊魂甫定,
茧足为虞。彼岸方跻,故步恐失……亦足灰桃花源渔父再访
之心。白华庵主朗公,于是有修路之议。畚锸繁兴,众缘辐
辏。为石之工十有七,为土之工十有三。绵亘五里,星霜四

①王亨彦:《普陀洛迦新志》卷七《营建门》,杜洁祥主编:《中国佛寺史志汇刊》
　第1辑,台北:明文书局,1980年,第10册,第488页。
②[明]周应宾:《重修普陀山志》卷二《山水》,杜洁祥主编:《中国佛寺史志汇
　刊》第1辑,台北:明文书局,1980年,第9册,第112页。
③王亨彦:《普陀洛迦新志》卷六《禅德门》,杜洁祥主编:《中国佛寺史志汇刊》
　第1辑,台北:明文书局,1980年,第10册,第391页。
④王亨彦:《普陀洛迦新志》卷七《营建门》,杜洁祥主编:《中国佛寺史志汇刊》
　第1辑,台北:明文书局,1980年,第10册,第488页。

周。昔之荦确交加,荆榛翳塞者,皆已变为周行,夷然鲁荡。
竟不知布金之长者遇在何方,撤石之愚公劝者谁氏,犹之阳
春雪曲,属和更多。优昙钵花,开敷甚速。朗公曰:"大士加
被之力也,予何有焉。"佛氏门中,此为最胜矣⋯⋯。①

　　董其昌记载了修路的背景和经过,华亭陈继儒除记载修路背
景外,他还详述了朗彻的发愿以及香道上的景观,并对朗彻赞叹
有加。他说:

　　　　东南水中之胜,江有金焦,太湖有七十二峰,不敢与南海
普陀鼎立而三。非逊百谷王,以观音大士道场胜也。独舍舟
登岸,峣峢崎岖。雨虐风饕之夕,步步歌行路难矣。朗彻珠
公叹曰:"昔雪山布发掩泥,持地以身负土,古贤圣皆然。而
区区一贫衲,敢不负锸先之乎?"发誓愿,捐钵资,薙草莱,刊
土石。不募而闻声者,如鸟就巢;不召而乐趋者,如蚁垒垤。
经始于天启丁卯,落成于崇祯庚午。自道头茶庵至白华庵,
西路阔二丈,阶高三丈,庵前平坡十余丈。进山门,曲径竹
廊,至白衣真应殿。东达普陀寺,路长四五里。有茶亭、自度
亭可以憩,有两旁杂树可以荫,有台可以眺,有山田野花可以
玩,有石几可以坐。履道坦坦,比之泥滑滑者何如?掉臂而
入,比肩而出,不下车,不让畔,比之五步一踹、十步一蹶者何
如?至是而朗公之功德巨矣!②

　　从港口道头舍舟登岸后,山路峣峢崎岖,行路艰难,于是朗彻

---

① 董其昌:《普陀山修路碑记》,王亨彦:《普陀洛迦新志》卷七《营建门》,杜洁
　祥主编:《中国佛寺史志汇刊》第1辑,台北:明文书局,1980年,第10册,第
　485—486页。
② 王亨彦:《普陀洛迦新志》卷七《营建门》,杜洁祥主编:《中国佛寺史志汇刊》
　第1辑,台北:明文书局,1980年,第10册,第486—487页。

发愿修路,他刺血书《华严经》,募集资金和人力,终得石工十七人,土工十三人,修成五里长的进香道"妙庄严路",中间经过白华庵、茶亭、自度亭等。香道分成二段,西路从道头茶庵至白华庵,"路阔二丈,阶高三丈",东路从白华庵抵普陀禅寺,有茶亭、自度亭可以休息,更有山田野花可资观赏。除满足朝山需求外,也成为普陀山重要的观光步道。

　　"玉堂街"和"妙庄严路"两条香道的建设,不仅方便了香客朝山,而且将全山的寺庵连接起来,加强了全山寺庵的沟通与交流,尤其是加强了普陀寺与镇海寺对全山寺庵的节制和管理,为清代形成两寺管理全山的局面奠定了基础[1],也加快了普陀山的神圣空间建构进程。

　　随着进香道的建设,明代普陀香汛也逐渐兴起。万历十七年(1589),侯继高在《重修普陀山志序》中指出"入我明来,香火益崇,著述益富"[2],同一年,屠隆在《重修普陀山志序》中却指出:"吾乡士大夫顾反畏风波,罕登涉者。"[3]这说明当时的香汛还只是初兴。但到了万历二十五年(1597),这一情况就发生了重大变化,王士性在《广志绎》中写道:"补陀大士道场,亦防汛之地,在海

---

[1]依据《海岸梵香》载:"山中以普济、法雨两寺分疆管辖。无论精蓝、茅篷均受节制……香客给施茅篷、米粮、钱物者,则挂牌。其余精篮则贴帖。至时,各茅篷僧持牌去领。一茅篷只许住一僧,偶有二僧共住者,只领一分施物……"(王亨彦:《普陀洛迦新志》卷一一《志余门》,杜洁祥主编:《中国佛寺史志汇刊》第1辑,台北:明文书局,1980年,第10册,第559页)这说明在清代时期已完全形成了两寺分疆管辖全山的局面。

[2][明]周应宾:《重修普陀山志》卷四《事略》,杜洁祥主编:《中国佛寺史志汇刊》第1辑,台北:明文书局,1980年,第9册,第334—335页。

[3][明]周应宾:《重修普陀山志》卷四《事略》,杜洁祥主编:《中国佛寺史志汇刊》第1辑,台北:明文书局,1980年,第9册,第321页。

岸孤绝，与候涛山隔，且晚两潮。近日香火顿兴，飞楼杰阁，巍然胜地。春时进香人以巨万计，舍赀如山，一步一拜，即妇女亦多渡海而往者。"[1] 王士性所说的"近日"，指的应当是万历二十五年之前不久，春节上普陀山进香人数可达"巨万"。"这条记载非常重要。它鲜活地表明，普陀山的观音香汛是'近日'才'顿兴'的。"[2] 万历四十四年（1616），进香人数更是增多，无能禅师于是建海云庵，以接游僧。"万历丙辰冬，谒洛迦，见远来朝礼大士者多露宿，因于渊德观左建海云庵，以接游僧。"[3] 明末陈龙正指出："近观南海、上天竺焚香愈盛，一春不知费几何金谷布帛，几何男耕女织工夫。"且"秃辈之妄衍其教"。[4] 其中的"南海"即普陀山，可见作者对此颇有意见。崇祯十一年（1638）二月十九日观音诞辰，在张岱的笔下，可以看到更为崇隆的香汛盛况："至大殿，香烟可作五里雾，男女千人鳞次坐，自佛座下至殿庑内外，无立足地。是夜多比丘、比丘尼燃顶燃臂燃指，俗家闺秀亦有效之者。爇炙酷烈，惟朗诵经文，以不楚不痛不皱眉为信心，为功德。余谓菩萨慈悲，看人炮烙以为供养，谁谓大士作如是观？殿中訇轰之声，动摇山谷。是夕，寺僧亦无有睡者，百炬齐烧，对佛危坐，睡眼婆娑。有见佛动者，有见佛放大光明者，各举以为异，竟夜方散。"[5]

---

①［明］王士性著，吕景琳点校：《广志绎》卷四《江南诸省》，北京：中华书局，1981年，第72页。

②张伟然：《明清江南观音香汛的地域系统》，《地理研究》2019年第6期。

③王亨彦：《普陀洛迦新志》卷六《禅德门》，杜洁祥主编：《中国佛寺史志汇刊》第1辑，台北：明文书局，1980年，第10册，第418页。

④［明］陈龙正：《进香之愚》，《几亭外书》卷二《随处学问》，《续修四库全书》，上海：上海古籍出版社，2002年，第1133册，第259页。

⑤［明］张岱撰，云告点校：《琅嬛文集》卷二《海志》，长沙：岳麓书社，1985年，第79页。

　　明末除了本地外，也有很多外地香客赴普陀山进香，如张岱云："山东进香普陀者日至，嘉湖进香天竺者日至，至则与湖之人市焉，故曰香市。"①指出山东到普陀山进香的香客过境杭州。因之在杭州还建有"接待院"，以方便进香普陀山。《武林梵志》载："镇海禅院，在永昌门外仁和县会保四图。濒江为刹，俗称海潮寺。万历三十一年（1603）僧如德、性和、海仁建，地约五亩余。郡邑给帖，焚修接众。凡进香普陀者，必聚足于此，犹径山之有接待院也。"②在浙江绍兴也有一座接待院小能仁寺。寺建于宋开宝六年（973），为观察使钱仪所建，"寺在府西北二里"，以习禅持戒为主，"明季时，渡海谒普陀者，往反必一饱。当春日以百千计，乡人争担米助之，未尝缺也"。正因为如此，"小能仁接众之名，闻于四方丛林"。③明末《初刻拍案惊奇》卷八还以普陀山朝山进香为背景，描写了主人公陈大郎的普陀山进香故事。陈大郎是江苏人，他从苏州出发，首先是到杭州，"取路望杭州来"，之后"过了杭州钱塘江，下了海船，到普陀上岸。三步一拜，拜到大士殿前。……睡梦中见观音菩萨口授四句诗道：合浦珠还自有时，惊危目下且安之。姑苏一饭酬须重，人海茫茫信可期"。④此外，崇祯十四年（1641）田贵妃之兄田弘遇奉诏赴普陀山进香，"命歌儿

---

①[明]张岱撰，马兴荣点校：《陶庵梦忆》卷七《西湖香市》，上海：上海古籍出版社，1982年，第61页。

②[明]吴之鲸：《武林梵志》卷二，文渊阁《四库全书》，台北：台湾商务印书馆，1986年，第588册，第32页。

③《古今图书集成选辑（上）》卷一一〇，《大藏经补编》第15册，第569页中。

④[明]凌濛初编著：《初刻拍案惊奇》卷八《吴将军一饭必酬，陈大郎三人重会》，北京：中华书局，2009年，第83页。

舞女数百余人,礼币方物,载满数百余艘"。①

　　明末的普陀香汛不仅仅是朝山拜佛,而且变成一种重要的综合性的活动,如《初刻拍案惊奇》所说:"今月十九日是观音菩萨生日,何不到彼进香还愿? 一来祈求的观音报应;二来看些浙江景致,消遣闷怀。就便做些买卖。"②这说明佛教更加深入民间,进入了更为深层的民俗化阶段,而普陀山便是在这一潮流或背景中迅速崛起的。

四、朝山感应与瑞相

　　香客在朝山过程中,有人会有神圣感应。李心苑指出:"感应"是一种特别的宗教体验过程,必然涉及信仰者的众多现实背景、亲历之事、身心感受与最终结局等内涵,所以,感应必然是一个可以历史呈现的事件。这种感应之事,一般称之为"感应事迹""感应故事""灵应事件""应验故事"等。③王亨彦《普陀洛迦新志》卷三"灵异门"中,记载有近二十条明代感应事迹。其年代从洪武二年(1369)到泰昌元年(1620),几乎贯穿明朝始终。此外,在《大藏经》和明人的游记、小说中也有很多感应事迹。从这些感应事迹和神圣描述可以看出,普陀山的感应地点有所变化,其感应内容以救难居多,同时宣传因果报应,最为重要的是,在普陀山常能看到瑞相显现,这就吸引了更多的信仰者朝山礼佛。

---

①[明]张岱:《石匮书后集》卷六《戚畹世家》,北京:中华书局,1959年,第67页。
②[明]凌濛初编著:《初刻拍案惊奇》卷八《吴将军一饭必酬,陈大郎三人重会》,北京:中华书局,2009年,第83页。
③李心苑:《两晋南北朝观音经典感应信仰研究》,中央民族大学博士学位论文,2020年,第12页。

首先,感应地点略有变化。自宋代以降,普陀山的潮音洞一直是信仰者与观音菩萨感应道交的神圣之地,是一处重要的圣迹。明代初期,常有感应,但明末时略有转换,张岱自述他到潮音洞后"洞开颐颏拄水,石喙啮如獠牙,嚙海水漱盬,吞吐怒潮,作鱼龙吼啸声。天窗下瞰,外巉中裂,大石壁紫黑旁罅,而两歧乱石断圭积刀,齿齿相比。再前为善才礁、龙女洞,排列可厌"。同时问了潮音洞僧人一个问题:"志中言潮音洞大士现种种奇异,若住此,曾见乎?"僧人回答说:"向时菩萨住此,因万历年间龙风大,吹倒石梁,遂移去梵音洞住矣。"① 他说普陀山志书中常说潮音洞中有种种感应,问僧人曾见过否,僧人回答说万历年间因为风大,菩萨移到梵音洞去住了。这说明晚明时期作为感应地点之一的潮音洞地位开始有所下降,但这并不代表在潮音洞没有感应。如在万历八年(1580)时,大智融禅师朝礼普陀山,"见光熙幽胜,欲开梵宫,乃祷潮音、梵音二洞",希望"大士当赐指授"②。且到明代末年时,潮音洞还有关于感应的记载,如泰昌元年(1620)十月,宋珏游礼普陀山潮音洞,回去以后在梦中就见到了"眉目逼真"的"白衣大士"。③

其次,感应内容以救难居多,同时宣传因果报应。如明末有一位姓汪的昆山徽商,因虔诚朝山而免于火灾。他持斋三年后虔诚进香普陀,已往东门玉龙桥下船,忽然他的店旁起火,"急报促

① [明]张岱撰,云告点校:《琅嬛文集》卷二《海志》,长沙:岳麓书社,1985年,第79页。
② 王亨彦:《普陀洛迦新志》卷三《灵异门》,杜洁祥主编:《中国佛寺史志汇刊》第1辑,台北:明文书局,1980年,第10册,第182页。
③ 王亨彦:《普陀洛迦新志》卷三《灵异门》,杜洁祥主编:《中国佛寺史志汇刊》第1辑,台北:明文书局,1980年,第10册,第187—188页。

回",他说:"吾侪三年方赴南海,岂以一店易吾志乎?纵被毁,吾不归矣。"于是继续朝山,进香后回家,"见四面店廛及王氏阀阅大门都焚尽,汪店楼房独存,万人惊叹"。[1]又如万历三十九年(1611)苏州皋桥张叟带着他八岁的孙子"将诣南海补陀,瞻礼观世音"。抵达杭州准备乘船时,"其孙见满船人,悉被绳缚手足",张叟便下船登岸,更换第二艘船时,亦如此。于是更换第三艘船,且有二人立船首大呼:"勿乘彼而来此,此船甚安稳。"遂挟孙登船,上船坐稳后,呼唤他的人不见了。后来"前两船覆没,无一存者。张叟所附之船独全",他们认为这是"大士默佑也"。[2]这一则感应故事中,因为有所感应而避免了灾祸。还有的感应事迹,记载的是关于因果报应的内容。《观音经持验记》中记载了一则故事,说万历年间有一江阴小吏焦某升迁赴任时,碰到一位僧人,告诉他说:"贫僧有募金六百两,将往普陀,为观世音建幢树刹。"二人偕行数日,焦忽萌恶念,一夕将僧推入江中,夺六百金。而僧人倏见从空中降观世音菩萨,并遇渔艇得救,且又募六百余金,往普陀偿夙愿。返回途中,听说"焦病终不愈,数月卒",而焦的儿子"偶步于江,忽跃入浪中以死"。[3]

再次,普陀山常有瑞相显现。如洪武二年(1369)春,漕使孔信夫榷盐于昌国,四月返回时经过普陀山,于潮音洞礼大士,看到

---

① [明]戒显笔记:《现果随录》卷三,《卍新续藏》第88册,第44页中。
② 王亨彦:《普陀洛迦新志》卷三《灵异门》,杜洁祥主编:《中国佛寺史志汇刊》第1辑,台北:明文书局,1980年,第10册,第185页。
③ [清]周克复集:《观音经持验记》卷二,《卍新续藏》第78册,第103页下—104页上。

"慈相涌光,金色灿然;珠璎宝珞之庄严,天香霞气之芬郁"。① 这其中的"慈相",即是观音菩萨,其引来"大众仰观,莫不叹异"。如永乐二十一年(1423)十月十九日,"潮音洞现白衣大士,龙王、龙女、长者";宣宗宣德二年(1427)四月,"潮音洞内大士现,阎罗天子、二玉女随之";英宗正统二年(1437)二月十九日夜,"大士现宝珠于潮音洞,放大光明"。② 又神宗万历二年(1574),别传禅师渡海礼观音大士,看到云气中"涌出金莲白衣,冉冉示现"。③ 观音瑞相的显现,促进了普陀山朝山信仰的发展,进一步构建了普陀山神圣空间,同时,更加强化了普陀山的观音道场地位。

　　因有多种感应事迹,同时又多次显现瑞相,明末普陀山的观音菩萨被认为是非常灵验的,更加深入人心。如张岱在《海志》中所说:"村中夫妇说朝海,便菩萨与俱。偶失足一蹶,谓是菩萨推之;蹶而仆,又谓是菩萨掖之也。至舟中,失篙失楫,纤芥失错,必举以为菩萨祸福之验。故菩萨之应也如响。虽然,世人顽钝,护恶如痛,非斯佛法,孰与提撕?世人莫靳者囊橐,佛能出之;莫溺者贪淫,佛能除之;王法所不能至者妇女,佛能化之;圣贤所不能及者后世,佛能主之:故佛法大也。"④ 总之,明末时期,普陀山作为观音菩萨的重要道场这一观念已经深入人心,并和信众的生活

---

① 王亨彦:《普陀洛迦新志》卷三《灵异门》,杜洁祥主编:《中国佛寺史志汇刊》第1辑,台北:明文书局,1980年,第10册,第180—181页。

② 王亨彦:《普陀洛迦新志》卷三《灵异门》,杜洁祥主编:《中国佛寺史志汇刊》第1辑,台北:明文书局,1980年,第10册,第181页。

③ 王亨彦:《普陀洛迦新志》卷三《灵异门》,杜洁祥主编:《中国佛寺史志汇刊》第1辑,台北:明文书局,1980年,第10册,第181页。

④ [明]张岱撰,云告点校:《琅嬛文集》卷二《海志》,长沙:岳麓书社,1985年,第84—85页。

紧密联系在一起。当然,这也离不开观音感应事迹与观音瑞相的记载与宣传。

　　总之,帝室的崇奉、官员的朝拜、士绅的推崇、僧人的礼拜、香客的朝山及其感应事迹与瑞相相互交织,共同作用,推动了"普陀香汛"和朝山信仰的蓬勃发展,促进了普陀山神圣空间的继续建构。

第五章　清代普陀山佛教

第一节　清代佛教制度和世俗化进程

一、清代政权与佛教制度

从顺治元年（1644）到宣统三年（1911），清朝作为最后一个封建王朝，共统治中国二百六十七年。清代佛教几经兴衰，共经历以下四个阶段：入关前的奠基阶段、清初从顺治到乾隆的全盛阶段、嘉庆以后日益衰微阶段、清末光绪年间的复兴阶段。[①]

入关前，努尔哈赤确定以佛教护国的政策，兴建"七大庙"[②]，支持儒佛道三教和萨满教共同发展。努尔哈赤尤其崇奉喇嘛教，优待喇嘛，这成为贯穿清代的一大国策，天命六年（1621）努尔哈

---

① 赖永海主编：《中国佛教通史》（第13卷），南京：江苏人民出版社，2010年，第1页。

② 万历四十三年（1615）："夏四月丁丑朔，始建佛寺及玉皇诸庙于城东之阜，凡七大庙，三年乃成。"详参《太祖实录》卷四，《清实录》，北京：中华书局，1986年，第1册，第58页。其中的"城"即赫图阿拉城，"七大庙"即关帝庙（今普觉寺）、文庙（孔庙）、堂子、城隍庙、昭忠祠、玉皇庙（后改为显佑宫）和地藏寺。今俗称的皇寺，即为地藏寺与显佑宫之合称。

赤攻取辽东后，颁谕旨保护寺庙："任何人不得拆毁庙宇，不得于庙院内拴系马牛，不得于庙院内便溺。有违此言，拆毁庙宇、拴系马牛者，见即执而罪之。"[1]皇太极继承了努尔哈赤的政策，将喇嘛教看作是"驭藩之具"，迎请玛哈噶拉护法金身像，并建实胜寺供养。此外还新建弥陀禅寺、护国法轮寺等。他还被称为"曼殊师利大皇帝"，"曼殊师利"即文殊菩萨。崇德七年（1642），五世达赖喇嘛给皇太极的表册中云："太宗时崇德七年，达赖、班禅谓东土有圣人出，特贡方物，表称曼殊师利大皇帝。翌年遣使存问，称之为金刚力士。"[2]同时还称盛京为"莲花之城"。皇太极模仿明制，设置僧录司、道录司总管等僧道管理机构，并施行度牒制。

　　清初四帝支持佛教事业，振兴佛教，是清朝佛教的全盛时期。顺治皇帝"黜邪崇正"，崇儒重道；敦请达赖进京并接受册封，封其为"西天大自在佛"；一改仅仅崇奉喇嘛教的习惯，推崇禅宗，并亲近汉僧别山禅师、憨璞性聪、木陈道忞、茚溪行森等，封玉林通琇禅师为"大觉普济能仁国师"。同时，设置僧官道官，管理佛教二教。从中央到地方，设置有僧录司、僧纲司、僧正司、僧会司等机构。此外，他还被认为是"曼殊师利之大化身"，顺治四年（1647），来自西藏顾实汗方面的墨尔根济农上书顺治帝："最胜曼殊师利之大化身，夺取大明政权，皇帝您占领南家思国（nanggiyas，汉地）。而大慈大悲观世音菩萨化身察克拉瓦尔第（Cakravartin，

---

①中国第一历史档案馆、中国社会科学院历史研究所译注：《满文老档》，北京：中华书局，1990年，第267页。
②刘锦藻：《清朝续文献通考》卷八九，杭州：浙江古籍出版社，2000年，第8490页。

转轮王)诺门汗之政教土伯特国,则由我们可汗占领。"[①]康熙皇帝极力推崇和扶持佛教,不仅五次巡游佛教圣地五台山,而且六次南巡中,经常参访名山古刹。并在承德修建外八庙,多伦会盟时又建汇宗寺。他还封章嘉二世为"灌顶国师"。雍正皇帝崇信佛教,自号"圆明居士""破尘居士",编撰《御选语录》《经海一滴》《宗镜大纲》《拣魔辨异录》等。他用心参禅,"得大自在",发布取缔邪教令并取缔白莲教,同时加强对佛教寺庙的管理。晚年时期,尤其是最后三年,他致力于编纂语录、刊刻藏经、修建寺院等佛教事业。乾隆皇帝继续尊奉佛教,废除度牒制度,稽梵行,重律仪;完成《大清律例》;继续雍正以来的刻经事业,刻《龙藏》,并将汉文和藏文大藏经翻译为满文大藏经,刻满文、蒙文大藏经;把雍和宫改为全国藏传佛教管理中心;改革藏传佛教的活佛转世制度,实行金瓶掣签制度。

清中叶以后,清王朝盛极而衰,道光二十年(1840)鸦片战争爆发后,清王朝更是危机四伏。佛教更趋衰落,部分僧侣出家是为谋生而非寻求觉悟,僧团素质有所下降。居士佛教同时兴起。晚清的光绪年间,又有所复兴。

在管理制度方面,清代沿袭明代的僧官制度和僧籍制度。其

---

① 《墨尔根济农奏请圣安并献礼物书》,顺治四年十一月吉日,希都日古编译:《清内秘书院蒙古文档案汇编汉译》,北京:社会科学文献出版社,2015年,第131页。对应蒙古文原本见中国第一历史档案馆、内蒙古自治区档案馆、内蒙古大学蒙古学研究中心编,齐木德道尔吉、吴元丰、萨·那日松主编:《清内秘书院蒙古文档案汇编》第2辑,呼和浩特:内蒙古人民出版社,2003年,第417页。此处引文据蒙古文原本对希都日古汉译文作了修订。转引自安海燕:《作为"转轮王"和"文殊菩萨"的清帝——兼论乾隆帝与藏传佛教的关系》,《清史研究》2020年第2期。

僧官制度，自皇太极天聪六年（1632）设定后，顺治年间更明确沿
袭明制，从中央到地方设立寺僧衙门，所有僧官由礼部考选，吏部
任命，并定品级，其最高长官僧录司为正六品。康熙朝再定僧录
司为正六品衙门，隶属于礼部，下设左右善世、阐教、讲经、觉义
各二人，纳入礼部管理序列，注册备案，以此加强僧官行政制度建
设。乾隆时僧官制度多有调整，并趋于完善。不过清代的僧官制
度也有所创新，除了在盛京时期设立的掌印、僧录等职务外，还新
设正印、副印、八城协理等职务。掌印官是清代僧录司的实权者，
其设置一直持续到光绪年间。

　　僧籍制度，既是佛教政策的内容，也是佛教管理的具体体现。
对僧籍的管理，虽沿袭明制，但也有重大改革。最大的改革，便是
革新度牒。天聪时期（1627—1636），曾实行"官给度牒制"。崇
德五年（1640），更为"纳银度牒制"。顺治二年（1645），又改回
"官给度牒制"，官方颁发度牒，不再纳银。顺治六年（1649）又改
为"纳银度牒制"，纳银四两，便可领取度牒。顺治十七年（1660），
终止纳银给牒制，改为"无常给牒制"，仍由官方发给度牒。康熙、
雍正年间，继续实行官给度牒，这样可以根据度牒数量统计天下
僧尼与寺庙的数量。康熙六年（1667），据礼部统计，全国有僧众
110792人、尼众8615人，共计118907人。另外，全国有官建大
寺6073座、小寺6049座，私建大寺8458座、小寺58682座，共计
79262处。乾隆四年（1739），"礼部颁发各省度牒已三十余万张，
此领度牒之本僧，各准其招收生徒一人，合师徒计之，则六十余万
人矣"。① 这比康熙六年增加四倍有余。度牒在清初以纳银换牒
的方式进行，且清代废除了明代以考试取牒的政策，这样的度牒

————————

① 薛允升：《读例存疑重刊本》卷九，台北：文海出版社，1964年，第245页。

颁发方式并不能从根本上分辨僧人是真心皈依佛教还是因图佛之利而入教。乾隆认为，实施度牒制的初心是想清理佛教闲杂人等及奸匪类人员。"夫朕之酌复度牒，本以僧、道徒众太繁，贤愚混杂，其中多童稚孤贫，父母亲戚主张出家而非其所愿者；亦有托迹缁黄利其财产，仍然荡检逾闲者；甚至匪类作奸犯科，不得已而剃发道妆以避捕诘。藏垢纳污，无所不至。是以给发度牒，令有所稽考。亦如民间之有保甲，不至藏奸；贡监之有执照，不容假冒。果能奉行尽善，则教律整饬，而闾阎亦觉肃清，岂欲繁为法禁，苦累方外之民耶！"① 他说这样是为了保持佛教清净本来面貌。"是以酌复度牒之法，辨其熏莸，判其真伪，使有志梵修者永守清规，而市井无赖之徒不得窜入其中，以为佛老之玷。"② 而不是限制佛教的发展。因此，乾隆三十九年（1774），乾隆指示"僧道度牒本属无关紧要，而查办适以滋扰。所有礼部奏请发牒照之处着永远停止"。③ 并正式停止了自唐天宝年间开始已实施千余年的度牒制度。通行千余年的度牒制度被废弃后，管理僧道之制遂由度牒制变为保甲制度——州、县、城、乡，十户立一牌头，十牌立一甲头，十甲立一保长，户给印牌，书其姓名丁口，出则注其所往，入则稽其所来，面生可疑之人，非盘诘之确，不许容留；所有客店，亦各立一簿，登记寓客姓名、行李、牲口及往来何处，以备稽察——寺刹庵观，同样一体立籍。"每庙给门牌悬挂，同民户查点"；在籍僧

————————

① 中国第一历史档案馆编：《乾隆朝上谕档》，北京：档案出版社，1991年版，第162页。
② ［清］王先谦、朱寿朋：《东华录·东华续录》，上海：上海古籍出版社，2008年，第589页。
③ ［清］王先谦、朱寿朋：《东华录·东华续录》，上海：上海古籍出版社，2008年，第447页。

道,则完全按照保甲例制,逐名造册,颁给印牌,以稽其出入。①
这种管理,更加严格。

二、世俗化进程

一般而言,清代被认为是佛教的衰落期,这主要是就其理论
创新程度而言的。诚然,清代佛教的思想和理论创新程度确不
如前,其各大宗派如禅宗、净土宗、天台宗、华严宗、律宗、法相宗
等虽仍有传承,但除禅、净之外,其他各宗均无较大发展。禅、净
二宗之中,禅宗在清初有短暂复兴,但继之以衰落,因之净土宗
一跃而成为清代最大宗派,出现了行策、省庵、彻悟、印光等诸大
师。传统佛教积弊已久、日趋衰微之同时,居士佛教悄然兴起,明
末清初的方以智、黄宗羲等汲取佛教营养构建其理论体系。道光
以后,一些有识之士如魏源、康有为、谭嗣同、梁启超等也从佛教
中寻求救国良方。清初佛教居士中,著名的有宋文森、毕奇、周梦
颜、彭绍升等。清中期的有钱伊庵、裕恩、张师承等。清末的代表
人物是杨文会。杨文会的弟子有章太炎、欧阳竟无、梅光羲等。

与此同时,在商品经济影响下,承明代尤其是晚明以来的佛
教世俗化,清代佛教更是加快了世俗化进程,一方面佛教活动趋
于民俗化潮流,另一方面又呈现功利化特点。世俗化过程中,轻
视佛教义学而重视佛事活动,"随着社会各界对经典义理的越发
忽视,使得建立在佛教经典义理基础上发展起来的各种佛事活动
逐渐丧失了其本来的宗教意义,转而趋于民俗化、功利化、娱乐

---

① 参见《清高宗实录》卷八二〇"乾隆三十三年十月戊辰"条,北京:中华书
局,1986年,第1137页;又见《皇朝通志》卷八五,转引自周叔迦编撰,苏晋
仁、程恭让整理:《清代佛教史料辑稿》,台北:新文丰出版公司,2000年,第
171页。

化"①，其具体表现即是经忏佛事民间化、菩萨信仰民众化、民俗节日佛教化。

　　经忏佛事民间化指的是经忏佛事深入民间。寺院经济衰微之背景下，僧尼为生存而不得不把经忏佛事商业化。其仪式性内容更多受到中国民间信仰之影响，众多民间祠神被作为信仰对象而和睦相处，互融互补。经忏佛事的仪式性在强化了神圣性的同时，也满足了民间社会的佛教信仰需求。随之催生将佛事活动作为谋生方式的经忏群体，这在明代被称为"瑜伽僧"，又名"应赴僧"。明太祖洪武二十四年（1391），朱元璋颁发《申明佛教榜册》，将僧人分为三类：禅僧、讲僧、瑜伽僧。"瑜伽僧"，也称为"教僧"，即为人诵经礼忏的应赴僧，是专做佛事的僧人。清代的"应赴僧"，又叫"应佛僧"，已发展成为相当大的一个群体。如《红楼梦》第十四回有应佛僧开展佛事活动的描写："这日乃五七正五日上，那应佛僧正开方破狱，传灯照亡，参阎君，拘都鬼，延请地藏王，开金桥，引幢幡；那道士们正伏章申表，朝三清，叩玉帝；禅僧们行香，放焰口，拜水忏；又有十三众尼僧，搭绣衣，靸红鞋，在灵前默诵接引诸咒，十分热闹。"②应赴僧通过举办佛事活动而获取一定酬资。如《醒世姻缘传》中记载薛如卞因不满其姐薛素姐的恶毒行径，设计拿鹞鹰吓她，并骗说鹞鹰是来取她魂魄的，只有念诵一万卷《药师佛经》方可得救。薛素姐即找白姑子来念经。白姑子说："这经钱要是论经数也可，或是包日子也可。斋是你管，忏钱、灯斗、供献、香烛茶酒、拜忏、一条新手巾、一条新红毡、撒

①高新：《佛教与清代世情小说——以〈醒世姻缘传〉〈野叟曝言〉等为中心》，上海师范大学硕士学位论文，2019年，第70页。
②［清］曹雪芹、高鹗：《红楼梦》，上海：上海古籍出版社，2005年，第94页。

钹、六尺新布、画字的礼儿、发七遍文书的利市、迎佛送佛的喜钱、取回佛旨来的谢礼,这都在外。""这《药师经》可长,同不得《心经》短,一人尽力诵,一日诵不得十卷,诵这一卷,要一分五厘,十卷一钱五分,一百卷一两五钱,一千卷十五两,一万卷一百五十两银,又是一千卷,共该经钱一百六十五两。别项使用,就只取回佛旨来的谢礼,得四两也罢,五两更好看些。"①白姑子是典型的应赴僧。他不识文字却能从事佛教活动,这与明代是不同的。明代的应赴僧要经过三年的刻苦学习,并通过考试才能从事相关佛事活动,然后才能获取酬资。而清代已没有那样严格了,足见其世俗化程度之深。故乾隆有谕言:"盖僧道之中有应付、火居二种,借二氏之名而作奸犯科,肆无忌惮。"②指出了当时佛事活动的流弊乱象。

菩萨信仰民众化指的是菩萨信仰深入民众。在清代,"菩萨"一词的指称范围也越来越广,离其作为一位神祇的特征也越来越远,神圣性也越来越低。在普通民众的语境中,"菩萨"除了特指佛教神祇外,也被用来称呼生活中的热心肠的、有慈悲心的、乐于助人的人,有时求某人帮助时也会称对方为菩萨。如清代小说《醒世姻缘传》中的晁老夫人就常被称为"菩萨",因其广做好事,在灾荒之时捐给香岩寺的粮食救了很多人,因而被尊称为"菩萨",如"这夫人却是千百中一个女菩萨"③,"阿弥陀佛!真是女

---

① [清]西周生辑著:《醒世姻缘传》,济南:齐鲁书社,1980年,第834页。
② [清]王先谦、朱寿朋:《东华录·东华续录》,上海:上海古籍出版社,2008年,第589页。
③ [清]西周生辑著:《醒世姻缘传》,济南:齐鲁书社,1980年,第268页。

菩萨"①,"通是个菩萨,就是一千岁也叫你活不住"②等。文中类似表达颇多,一是赞扬晁老夫人的慈悲之心,二是表现称呼者的崇敬之心。与此同时,文殊信仰、普贤信仰、观音信仰和地藏信仰等四大菩萨信仰已完全深入人心。四大菩萨信仰中,文殊主智、观音表悲、普贤主行、地藏表愿,悲、智、愿、行,四位一体,共同构成一种完整人格,被认为是四德具足。其道场分别在五台山、普陀山、峨眉山和九华山,因此信众朝山礼佛已经变成了一种习惯,并成为一种非常重要的民俗活动,传承至今。

　　佛教节日民俗化指的是佛教节日和民俗活动结合在一起。清代佛教节日更加趋于民俗化,如佛菩萨的诞辰日,往往成为重要的民俗活动,最为典型的是四月初八的佛诞日,如《林兰香》第五十二回载:"却说轻轻到了四月八日,乔妆情服,带着胡婆知会过同伙信女,往法藏寺听经。胡念庵备下五香浴佛水,同着炼汞道士,知会过同伙善男,往法藏寺浴佛。是日满城内招提焕彩,兰若生辉。男迎八字佛,女祠九子母。"③又如《清嘉录》之《浴佛放生会》条记载:"(四月)八日为释迦文佛生日,僧尼香花灯烛,置铜佛于水盆,妇女争舍钱财,曰浴佛。居人持斋礼忏,结众为放生会。或小舟买龟、鱼、螺、蚌,口诵《往生咒》放之,竟日不绝。"④可以看到,佛诞日除浴佛之外,还有各种各样的活动,如迎佛、礼忏、布施、放生等,这种习俗延续至今,影响深远。除佛诞日外,还有菩萨诞、民间当地的重要佛教节日等。伴随着佛教节日的民俗

①[清]西周生辑著:《醒世姻缘传》,济南:齐鲁书社,1980年,第291页。

②[清]西周生辑著:《醒世姻缘传》,济南:齐鲁书社,1980年,第283页。

③[清]随缘下士编辑,丁植元校点:《林兰香》,沈阳:春风文艺出版社,1985年,第399页。

④[清]顾禄撰,来新夏校点:《清嘉录》,上海:上海古籍出版社,1986年,第73页。

化,庙会也逐渐融入其中并起到一定作用,如山西蒲县东岳庙的庙会始于明代,孝宗弘治十七年(1504)《重修东岳庙记》载:"每岁三月廿八日,邑之众社虔诚报□,然不特邑人,先期四方不分贵贱、商贾,远近香火,雾消云籍,肩摩踵接,不胜其多。"①清康熙七年(1668)《祝贺圣诞碑记》载:"三月廿八乃圣诞辰也,蒲之士女匍匐进香,竭诚享献,不独一岁为然。"②庙会将世俗活动带入寺院,削弱了佛教的神圣性,强化了其娱乐性和经济性,使寺院原本的宗教功能发生重大转向。这一转向使寺院具备宗教功能的同时,又具备了世俗功能,其实是更进一步的世俗化进程。

　　总之,世俗化的佛教以念佛宣卷、斋戒、聚会结社、荐亡、庙会等世俗性活动为主,活动中不需懂得艰深晦涩的佛法义理,不仅简单易行,而且能祈福修德,这就使得佛教信仰进一步在广大民众中传播。"蓬勃于民间的各种佛事活动就成了佛教精神化的宣教道场,为佛教立足中土提供了更广阔的、活动式的宗教文化氛围。"③因此,佛教通过世俗化活动深入民间生活,成为百姓生活中"日用而不知"的重要组成部分,构成了普罗大众的精神世界,最终促进了佛教文化的广泛传播和深入扎根。

①［清］姚玑:《重修东岳庙记》,王东全主编:《三晋石刻大全・临汾市蒲县卷》,太原:三晋出版社,2013年,第23页。
②［清］贺友范:《祝贺圣诞碑记》,王东全主编:《三晋石刻大全・临汾市蒲县卷》,太原:三晋出版社,2013年,第74页。
③俞晓红:《魏晋隋唐时期民间的佛教信仰论略》,《宿州教育学院学报》2009年第6期。

第二节　清代普陀山佛教兴衰

一、清初海寇与佛教再次衰落

清初,海寇仍活动于普陀山海域,如顺治初年"海寇阮俊与日本僧谋,欲将明赐《藏经》,载入日本。山僧照中率数百人,至舟山哀求不已"。[1] 文中所言照中,又名贯介,当时,因"海氛未靖,群议迁僧",照中"力求止之,众得安堵"。[2] 正因为如此,顺治六年(1649)仍有朝礼普陀山的记载,"顺治己丑,秣陵黄土山人刘某,生即茹素。同弟朝南海"。[3] 但海寇的侵袭依然不止。"康熙三年元旦,众僧见山中有白光如虹,从佛殿顶贯至小洛迦山。大士衣白衣,乘光而度。识者预知寺有难事作矣。"[4] 其中所说"难事",当是指康熙四年(1665)荷兰海盗侵山占寺的恶劣行径。

15世纪葡萄牙人和西班牙人开辟新航路以后,16世纪又在全球建立贸易网络。这引发了荷兰人对外扩张的野心。明神宗万历二十九年(1601),荷兰人抵达珠江口,期望与庞大的中国建立贸易往来。他们的通商请求不仅未获成功,而且遭到澳门葡萄

---

[1] 王亨彦:《普陀洛迦新志》卷三《灵异门》,杜洁祥主编:《中国佛寺史志汇刊》第1辑,台北:明文书局,1980年,第10册,第188页。

[2] 王亨彦:《普陀洛迦新志》卷六《禅德门》,杜洁祥主编:《中国佛寺史志汇刊》第1辑,台北:明文书局,1980年,第10册,第355页。

[3] 王亨彦:《普陀洛迦新志》卷三《灵异门》,杜洁祥主编:《中国佛寺史志汇刊》第1辑,台北:明文书局,1980年,第10册,第188页。

[4] 王亨彦:《普陀洛迦新志》卷三《灵异门》,杜洁祥主编:《中国佛寺史志汇刊》第1辑,台北:明文书局,1980年,第10册,第189页。

牙人的抵制。后来,他们侵占澎湖,袭扰福建沿海,试图用武力强行打开中国的自由贸易之门。《彭湖平夷功次残稿》记载:"狡夷犯顺,占据澎湖,名为求市,大肆焚劫。自天启二年发难以来,洋贩不通,海运梗塞,漳、泉诸郡已坐困矣,而又加以亡命啸聚,勾引向导,料罗、古雷各地方,夷实逼处,失事屡告,致厪庙堂南顾之忧,此全闽一大患害也。"[1] 荷兰海盗侵扰劫掠中国东南沿海,造成严重边患,如崇祯十年(1637)韩霖完成的《守圉全书》,其中评价荷兰称:"国家边患,率称南倭北虏,海寇红毛番自近年始也。其人无常业,劫掠为生。又假商贩之名,以济其奸,与吕宋香山澳夷大不同,南土隐忧,此其最巨者也。"[2] "南土隐忧,此其最巨者也",足见荷兰海盗行径之恶劣。明末清初,顾炎武就指出:"海夷有别种,号红毛番……发纯赤,强而多力,以船为家,于海岛诸港门贩鬻为生涯。其交易颇以信义,怒辄杀人,海岛中诸夷恒畏避之。"[3] 至清时,荷兰海盗的形象是"红毛鬼子枯株形,狞狰紫髯蛟龙腥"[4],更为狰狞可怖。

康熙四年(1665),荷兰海盗侵掠普陀山,使普陀山佛教遭受灭顶之灾,再次陷入衰落,史料记载:"清康熙四年乙巳,红毛以郑氏踞其巢窟,遂浮海劫掠。五月十三日,扬二艘抵山,须发皆红

---

① 中央研究院历史语言研究所编:《明清史料》戊编第一本《彭湖平夷功次残稿》,上海:商务印书馆,1936年,第13页。

② [明]韩霖:《守圉全书》卷五之一《协力篇》之韩霖按语,《四库禁毁书丛刊补编》,北京:北京出版社,2005年,第32册,第712页,

③ [清]顾炎武:《天下郡国利病书》第5册《福建备录·洋税考》,上海:上海古籍出版社,2012年,第3095页。

④ [清]邓显鹤:《沅湘耆旧集》卷八七《红毛鬼子歌》,《续修四库全书》,上海:上海古籍出版社,2002年影印清道光二十三年刻本,第1691册,第581页。

黄色。腰臂各缚短炮十余，用火石触之，随手辄放，百发百中。斧甚利，口上有钉。其他弓矢器械甚多。初至，向僧索荼，每手竖一食指，分顶上如角状；口复'团团'作声，盖云牛也。僧不敢忤，指坡间牛，令自取，即炮毙数头。次日佯言欲作好事，诱僧入舟索金宝。遂统众入寺，毁像，剖其中灵宝，及僧蓄、历代颁赐、金佛、银钵、玉环、玛瑙、珊瑚、如意、锦绣幡幢帷褥一空。已复斫厨，出御赐《藏经》，裬函袄，裂经，缠胫股。至船，则碎投于海而去。于是僧藏尽空，宝地残毁，不可言矣。八月复来，掠牛畜去。比三次至，僧众斩木揭竿，备与相斗，遂不登岸。大士道场，蹂躏至此，岂非厄运之逢哉！"①据此，仅在康熙四年（1665），荷兰海盗就来普陀山多达三次，除最后一次因僧众"斩木揭竿，备与相斗"未登岸之外，前两次均在普陀山抢掠毁坏，尤以第一次为最，当年五月，他们抢掠珠宝、入寺毁像，使"宝地残毁"。《普陀洛迦新志》又载曰："四年五月，红毛番人来普陀，住半月，尽取铸像幡幢等物。"后来他们将此运往日本"贸易，得金二十余万"，但是在快要回到荷兰时，"船忽自焚，番人俱溺海死"②。此外，他们还盗走法雨寺一口钟。此钟为明代大智法师手铸，《普陀洛迦新志》对此记载甚详："康熙四年，遭红毛蹂躏。法雨寺大钟，为大智手铸者，亦被载去。至咬𠺕吧国③门，钟顿重，不可昇，遂置城外。雍正元年，其地忽有声如雷，昼夜不绝吼。众异，掘之，而钟出焉。或以告监

---

① 王亨彦：《普陀洛迦新志》卷一一《志余门》，杜洁祥主编：《中国佛寺史志汇刊》第1辑，台北：明文书局，1980年，第10册，第570—571页。

② 王亨彦：《普陀洛迦新志》卷三《灵异门》，杜洁祥主编：《中国佛寺史志汇刊》第1辑，台北：明文书局，1980年，第10册，第189页。

③ 咬𠺕吧国，今印尼雅加达，或作咬𠺕吧、咖嚼吧，为Kelapa之译名，当时中国文书译为噶喇吧，该国最早是芝利翁河口的小渔村，建立于15世纪。

寺法泽,泽闽人,谋于所熟洋商,请归。六年至南澳,时泽族兄许良彬总镇于澳,许为载回。适九年春,发帑修建,泽为寺住持,彬升授闽水师提督。乃转托粤浙封疆诸大吏,宛转浮运。至十一年钦工告竣,众僧于十月三十万寿日 ① 开场祝圣,而钟适以是日至。盖沉埋外夷沙土中者六十余年矣。" ② 后普陀山高僧能仑撰有《法雨寺重铸铜钟记》 ③ ,也追述了这一经历。

　　此后,普陀山寇乱时断时续。康熙八年(1669),镇海寺在寇乱中被毁,唯存塔刹。康熙十年(1671),又徙僧至浙江宁波、慈溪等地,然"土寇以火熔普陀圆通大殿金范大士像,像熔,延烧及殿"。康熙十四年(1675),普陀寺在大火中被焚毁,庵院同时荒废。

----

① 雍正皇帝生于康熙十七年十月三十日卯时,故"十月三十"为万寿日。而雍正十一年的十月只到二十九,即公历1733年12月05日,故当月并无三十。
② 王亨彦:《普陀洛迦新志》卷一一《志余门》,杜洁祥主编:《中国佛寺史志汇刊》第1辑,台北:明文书局,1980年,第10册,第571页。
③ 《法雨寺重铸铜钟记》云:"法雨寺肇自前明,而钟则成于万历初年。至国朝康熙四年,遭红夷蹂躏,钟被载去。仗佛之灵,钟至彼国城门,顿然加重;异之不动,乃弃城外。土湮尘积,无人知识。雍正十一年,忽于彼处放光,昼夜作雷音吼。众异而掘之,视款识,知为普陀故物。乃托洋商请归。统计钟自明迄今,盖二百四十五年于兹矣。物久必坏,势所固然。以故钟虽犹是,而声则不扬。道光五年,圣参上人主是席,有重新之志,拟出山募缘。适有姚江周巷镇徐公君望,来山进香。至法雨寺,过钟楼下,见所悬铜钟已破,特发愿许重铸。越明年,徐公果兴工铸造。三易炉火,才得成功。及装运归寺,众缘辐辏,护送过洋。迄今钟声宏亮,声闻数十里。徐公之大功德与圣师之得缘法,皆大士之灵有以感通之。"详参王亨彦:《普陀洛迦新志》卷五《梵刹门》,杜洁祥主编:《中国佛寺史志汇刊》第1辑,台北:明文书局,1980年,第10册,第274—275页。

二、康熙朝的普陀山佛教

清初，普陀山虽有海禁，且佛教衰落，但"康熙二十三年(1684)，海宇荡平，澎湖、台湾尽入版图，大弛海禁，寺僧复归故业"①，后康熙南巡时又遣使重修，使普陀山再度辉煌。

康熙初年，国家尚未统一，更多关注的是政权巩固与国家安全。康熙帝延续顺治"崇儒重道"的政策而不重佛教、"不好仙佛"，这在《康熙起居注》中有明确表述，如康熙十一年(1672)："朕亲政以来，此等求赐观庙名号者，概不准行。况自古人主好释老之教者，无益有损。"②康熙十二年(1673)："朕生来不好仙佛，所以向来尔讲辟异端，崇正学，朕一闻便信，更无摇惑。"③由此可见康熙初期对佛教的态度，加之寇乱不止，普陀山的佛教仍处于衰微状态。但过了康熙二十二年(1683)，康熙的政策和态度皆有所转变，他认为宗教有抚慰、劝化人心的功能。"人生于世，最要者惟行善。圣人经书所遗如许言语，惟欲人之善；神佛之教，亦惟以善引人。后世之学，每每各向一偏，固尔彼此如仇敌也。有自谓道学，入神佛寺庙而不拜，自以为得真传正道，此皆学未至，而心有偏。以正理度之，神佛者皆古之至人，我等礼之敬之，乃理之当

① [清]秦耀曾：《重修南海普陀山志》卷二《建置》，武锋点校：《普陀山历代山志》，杭州：浙江古籍出版社，2014年，下册，第1137页。
② 中国第一历史档案馆整理：《康熙起居注》，康熙十一年壬子二月二十八日甲辰条，北京：中华书局，1984年，第1册，第24页。
③ 中国第一历史档案馆整理：《康熙起居注》，康熙十二年癸丑十月初二戊戌条，北京：中华书局，1984年，第1册，第125页。

然尔。"①康熙二十年(1681)平定三藩,二十二年(1683)收复台湾后,清朝政局基本稳定,康熙开始北巡和南巡。北巡的主要目的地之一是文殊道场五台山。康熙二十二年,首次巡游五台山,从二月十二日至三月初六日,共计二十五天。其间他还朝礼五座台顶,从南台开始,依次朝礼东台、北台、中台和西台。此后,总共五次巡游五台山,不仅御书寺额、碑文、诗歌,而且支持续修山志,为太皇太后、皇太后祈寿以及他本人祈福,同时用以绥服信仰喇嘛教之蒙古,意在调适满、蒙、藏、汉四者的关系,"建构满汉蒙藏多元一体国家形态"。②

康熙南巡旨在宣扬一统天下开始新的统治。③康熙二十三(1684)年,首次南巡,当年十月,开放海禁,僧众归普陀山。此后,又南巡五次。康熙二十八年(1689),第二次南巡至杭州时,康熙准定海总兵黄大来启奏普陀废坠状,后命一等侍卫万尔达、二等侍卫吴格、礼部掌印郎中观音保,"赍赐帑金千两,建盖山寺",被性统赞为"瓦砾生光彩,皇恩为布金","当朝逢圣主,万代奉慈尊"。④因黄大来启奏有功,后人特在普陀山建黄公祠以纪念。清慈溪郑梁《黄公祠碑》载有其上奏过程:"公镇定海三年,忠于其职,今皇帝实眷依之。二十八年,帝南巡,公护驾行在,帝从容问公舟山缘海事宜。公辄慷慨陈地方兵民利弊甚悉,帝嘉纳之。公

①清世宗编:《圣祖仁皇帝庭训格言》,文渊阁《四库全书》,台北:台湾商务印书馆,1986年,第717册,第632—633页。
②详参常建华:《祈福:康熙帝巡游五台山新探》,《历史研究》2016年第2期。
③常建华:《新纪元:康熙帝首次南巡起因泰山巡狩说》,《文史哲》2010年第2期。
④王亨彦:《普陀洛迦新志》卷四《檀施门》,杜洁祥主编:《中国佛寺史志汇刊》第1辑,台北:明文书局,1980年,第10册,第217页。

平时信道而敬佛，尝悯普陀为大士演法道场，即今闽疆展辟、海宇荡平，天下名山皆被嘉赖；而大士现灵之区，反录录墨墨。……适帝召问，遂乘间为帝陈之。于是帝可其议，帑金有赐，卫臣有遣，而普陀焕然重建焉！公方欲多方培护，广建名蓝；越明年，而公以疾没于官。"①黄大来是当地海防官员，由他来上奏，康熙皇帝准奏，说明中央与地方共同支持普陀山佛教的发展，奠定了普陀山繁荣发展的政治基础，这和明万历年间皇帝支持而地方官员不支持的态度是有所不同的。康熙四十三年（1704），康熙皇帝撰写了《御制补陀洛迦山普济禅寺碑记》，其中有言："自康熙二十二年，荡平台湾，海波永息。故游方衲子因旧基址，斩蓬蒿、刈藜藿而更新焉。朕时巡浙西，特遣专官，虔修净供；敬书题额，永镇山门；复发帑金，重修寺宇。务俾殿堂庑牖，丹碧华烨、棼橑焕美。而一木一石，悉出公家；一夫一役，不烦民力。上为慈闱延禧，下为苍生锡祉也。朕自弱龄诵读经史，以修齐治平为本，未暇览金经贝叶、空寂泡影之文，所以不能窥其堂奥。概而言之，元者，善之长也。佛者以善为本，推而扩之，大约无二。上天好生，化育万汇，大士慈悲，度尽众生，亦无二也。朕求治勤民，四十余载矣。今者，兵革已销，而民生未臻康阜；梗顽虽化，而民情未尽淳良。皆因水旱靡常，丰歉各异。此朕寤寐孳孳不能释也。以大士之力，庶几慈云法雨、甘露祥风，使岁稔人安、万姓仁寿，则普济之鸿功，实时雍之上理，是朕之心也夫！"②康熙皇帝自述"特遣专官，虔修净供；敬书题额，永镇山门；复发帑金，重修寺宇"，而且"一木一石，悉出

①王亨彦：《普陀洛迦新志》卷七《营建门》，杜洁祥主编：《中国佛寺史志汇刊》第1辑，台北：明文书局，1980年，第10册，第465—466页。
②王亨彦：《普陀洛迦新志》卷五《梵刹门》，杜洁祥主编：《中国佛寺史志汇刊》第1辑，台北：明文书局，1980年，第10册，第242—243页。

公家；一夫一役，不烦民力"，说明普陀山的修建都是集国家之财力，从中更可看到康熙皇帝对普陀山的态度。

实际上，从康熙二十八年（1689）赐金普陀山开始，一直到五十七年（1718），康熙皇帝有十余次关注普陀山，或敕建、或拨款、或进香、或书额、或免粮、或供粮等等，最终促进了普陀山佛教的发展。这在《普陀洛迦新志》记载甚详，移录如下：

康熙二十八年，驾巡杭州。赍赐帑金千两，建盖山寺。

康熙三十五年四月，命翰林宋大业赍御书《金刚经》两函，分赐前、后两寺。五月命释自戒赍内制五爪龙袍二袭，进香，祈保皇上西征，全师奏凯。

康熙三十六年，命使进香，赐五爪龙衣一袭、垫子两座、银五十两。

康熙三十八年三月，南巡杭州。二十七日于行在，差乾清宫太监提督顾问行、内务府广储司郎中丁皂保、太监马士恩等，赍金千两，分赐两寺，到山进香。四月初四日至寺，传旨：山中乃朝廷香火，所有未完之功，以是帑金为之领袖，务令天下臣民，共种福田。住持须竭力图成，勿孤上意。太后、六宫、公主，各赐金有差。并御书《金刚经》二卷，分赐两寺。书"普济群灵"及"潮音洞"额赐前寺。书"天花法雨"及"梵音洞"额赐后寺。书"皓月禅心"额，赐普济住持明志。书"修持净业"额，赐法雨住持性统。夏六月临五十七字，赐明志、性统。又赐性统念珠一串，供大士。又准两寺住持奏请，发金陵城内琉璃瓦一十二万，改盖两寺大殿。

康熙四十二年二月，驾巡杭州。命侍卫翁戤立、都统官保、中官首领王璋进香。赍赐住持心明御书《心经》一卷、帑金二百两。命住持性统题《苏台雨景》诗，即御书赐之。复书

"大圆通殿""狮子窟""寿峰"三额,赐心明;"振宗禅寺""妙光""圣因"三额,赐性统。分挂普陀、治平、径山接待诸处。书"添筹"二字,赐性统母。又准直郡王奏,六品官阿尔发同官保到山,送龙袍银两。

康熙四十三年,御制碑文各一道赐法雨寺和普济寺。书赐"宣布声闻""藏经阁""永寿寺"额三道。命性统赋诗,赐瀚海石砚一方、丰泽园墨二锭。

康熙四十四年,命浙江织造敕福合赍送御制碑文;鸿胪寺序班朱圭奉敕镌碑。四月,赐性统御书《心经》二部、《心经》塔一轴;赐心明御书《心经》一部、《心经》塔一轴。

康熙四十六年,驾巡苏州。赐性统人参一斤及瓜果等物。又书"栴檀林"三字额赐心明。

康熙四十七年闰三月,命浙江孙文成、江南曹寅、苏州李旭三织造,赍送内造自在观音、救度佛母二相,分给普济、法雨两寺。

四十八年二月,命内务府员外郎噶达浑降香,赍送帑金二百两。并诏杭州织造孙文成,查明僧众人数,许运米石出海,永为定例。七月,皇太子奏准,差中官邓镇、赵柱、皇姑寺住持广博,赍赐帑金五百两、内造大士珠宝金相一尊,供法雨寺。又帑金三百两、金幡一对、数珠二挂、内造渗金佛三尊、黄蟒袍一袭、银制吉庆阿哥一位,供普济寺。

康熙四十九年,赐宝印一颗,并赐前寺《大藏经》。

康熙五十二年正月,赐普陀山性统、心明紫衣各一袭,侍僧五人红衣各一袭,及蜜饯珍果等物。二月,复各赐人参及丸药等物。

康熙五十五年正月,命使到山,赐性统蜜饯珍果等物。

　　康熙五十六年，恩准性统、心明奏请，蠲免普陀山僧人开
垦田地钱粮。①

　　此外，受康熙皇帝影响，从康熙二十六年（1687）开始，一直到
康熙五十二年（1713），和硕裕亲王、皇太后及六宫、公主、多罗直
郡王、和硕庄亲王、和硕显亲王、皇太子、直郡王、和硕诚亲王、端
静三公主、皇三子、皇四子雍亲王等皇室成员也给普陀山施紫袈
裟、法被、戒衣、香包，供佛像、锦幡、龙幡、念珠，赐匾额、书法、炉
瓶、金银等。除皇亲外，雍正年间，俞茂甫、魏承祖等人还捐金为
法雨寺置田百余亩。

三、雍正朝的普陀山佛教

　　雍正皇帝虽崇信佛教，自号居士，用心参禅，但其宗教政策比
较严格，他认为"为僧无清静行，行凶顽事，则其非僧也必矣"，"若
是真僧必不犯法，犯法必非真僧"，因此"国家劝惩之法，亦不可忽
也"。②与此同时，他"黜异端以崇正学"，在《圣谕广训》中，他指
出："朕惟欲厚风俗，先正人心，欲正人心，先端学术。夫人受天
地之中以生，惟此伦常日用之道，为智愚之所共由。索隐行怪，圣
贤不取。《易》言蒙以养正，圣功……自古三教流传，儒宗而外，厥
有仙、释。朱子曰：'释氏之教，都不管天地四方，只是理会一个
心；老氏之教，只是要存得一个神气。'此朱子持平之言，可知释、

---

① 详参王亨彦：《普陀洛迦新志》卷四《檀施门》，杜洁祥主编：《中国佛寺史志汇
刊》第1辑，台北：明文书局，1980年，第10册，第217—224页。

② 见中国第一历史档案馆整理：《雍正起居注》，雍正三年四月初九丙子奉朱笔
上谕，北京：中华书局，1984年，第471—472页。

道之本指矣。"①他引用朱熹评论佛教和道教的话,指出佛之根本在"心",而道之根本在"神"。而佛"不管天地四方",又似指出其负面倾向。或受此影响,雍正朝对普陀山佛教的贡献远不如康熙大。《普陀洛迦新志》卷四关于雍正与普陀山的关系仅记载有两条:"雍正九年(1731)三月,准浙江总督李卫奏请,赐帑金七万两,重建前、后二寺殿宇。命前苏州巡抚、原任户部左侍郎王玑监督工程。十二年(1734)正月,赐前、后二寺御制碑文各一道。"②虽是雍正九年和十二年各有一记载,但这两件事其实是前后相连的。雍正九年赐金重建普济寺和法雨寺,雍正十一年"工成"后,于雍正十二年正月为两座寺院各写一道碑文。

雍正《御制普陀普济寺碑文》如下:

> 普陀洛迦山,为观音大士示现之地,历征灵应。自梁贞明中,始立佛寺。宋元以来,代有修葺。我皇考圣祖仁皇帝巡行浙西,遣官兴建殿宇,上为皇太后祝禧。御题赐额,勒文丰碑,以纪其事。山灵拥护,圣迹丕昭。朕缵绍鸿基,于兹十载。念兹山为古圣道场,瑞相神光,灵异显著。重以圣祖皇帝宸翰留贻,尤宜敬谨崇奉。爰特发帑金,重加修饰,专官往董其役。经始于雍正辛亥年九月,越雍正癸丑年六月工成。朕惟天下名山大川,皆扶舆积厚之气,磅礴而融结。普陀秀峙海壖,迥立于天风紫涛浩汗无际之中,尤灵秀所萃聚,宜其为仙真之所栖息。况大士以慈悲济物为心,随声赴感,无所往而不在。其示现在一时,实无时而不示现。神通感应,

---

① 清圣祖颁谕,清世宗绎释:《圣谕广训》,文渊阁《四库全书》,台北:台湾商务印书馆,1986年,第717册,第599页。

② 王亨彦:《普陀洛迦新志》卷四《檀施门》,杜洁祥主编:《中国佛寺史志汇刊》第1辑,台北:明文书局,1980年,第10册,第227页。

不可思议。即示现与不示现,举可不论也。今夫佛法广大无边,大海包含无际。亿万百千里,不足以测海之广,而一勺未尝非海也;亿万百千法,不足以尽佛之相,而一法无往非佛也。今以大海视普陀,一拳石耳。而菩萨现相之场,善众皈依之地。泛慈航于彼岸,结宝筏于迷津。证普度之慈缘,显宏深之愿力。珠宫在望,香界重新。宁不与鹫峰鹿苑均为净域之名区也欤!用为斯记,镌诸翠珉,以志灵山之胜概。雍正十二年正月十五日。①

雍正《御制普陀法雨寺碑文》如下:

　　法雨寺者,普陀山大士之别院也。皇考圣祖仁皇帝既修建普济寺,上为慈圣祝禧;复念兹寺为海氛所震荡,发帑重新,俾僧徒有所栖止。赐额立碑,增辉瀛峤,历今已数十载,宜加崇饰。朕特遣专官,赍内帑,庀材鸠工,不劳民力。香林梵宇,丹艧焕然。与普济寺大工同时告竣。督臣请摘文勒石以纪。夫大士以慈缘普济,度尽众生为愿。朕尝绎"法雨"之义,为济物之普遍者莫如雨。当夫慈云布濩,甘澍滂沱,高下远近,一时沾足。陵霄耸壑之乔柯、句萌甲坼之微卉,华葩果窳,无不濡被润泽,发荣滋长,畅茂条达,各遂其性而不自知。假使物物而雨之,朝朝而溉之,将不胜其勤,而终不足以遍给。惟本大慈悲,现大神力,周遍一切,在在具足。所谓天降时雨,山川出云,肤寸而合,不崇朝而遍夫天下者,济物之功,莫大于是。神山宝刹,缁侣云集,自当有被时雨之化,证心印而传法乳,普利生之实用,以不负大士随缘接引之慈恩,而副

---

①王亨彦:《普陀洛迦新志》卷五《梵刹门》,杜洁祥主编:《中国佛寺史志汇刊》第1辑,台北:明文书局,1980年,第10册,第244—245页。

朕宏振宗风、护持正觉之至意者,朕深有望焉。雍正十二年正月十五日。①

两篇碑文,均回溯普陀山历史,尤其回顾了康熙皇帝对普陀山的支持。普济寺碑文又特别指出普陀山"仙真之所栖息",并描述其神圣环境,又指出观音菩萨随声赴感,神通感应,不可思议;法雨寺碑文又以佛法解其寺名,认为"济物之普遍者莫如雨"。从中可以看出,虽然雍正对普陀山的支持逊于康熙,但他对普陀山仍倾仰有加。受他影响,雍正十二年(1734),和硕果亲王、和硕显亲王、和硕庄亲王分别在普陀山赐画"送子观音像",赐匾额"六度舟""慈云广覆""随心满愿""宅心清净""香云花雨"等,赐楹联"禅谈不二千江月,经契无言万派宗",还赐诗、丝绸等②,以支持普陀山佛教的发展。

四、乾隆朝的普陀山佛教

乾隆朝的宗教政策在清代诸帝中是最为明确的。林秋燕专门探讨了乾隆的"因俗而治"政策,指出他不仅遵循前朝政策"扶正斥邪",而且在宗教管理上倡"从宜从俗之道",即"因俗而治"③,使得不同种类、不同派别的宗教皆能得到正常发展。乾隆初期的普陀山佛教,在这一政策的影响下也获得一定发展,并受到官员和僧俗的关注。这从法雨寺的一场大火可以看出。乾隆三年(1738)

①王亨彦:《普陀洛迦新志》卷五《梵刹门》,杜洁祥主编:《中国佛寺史志汇刊》第1辑,台北:明文书局,1980年,第10册,第265—266页。
②王亨彦:《普陀洛迦新志》卷四《檀施门》,杜洁祥主编:《中国佛寺史志汇刊》第1辑,台北:明文书局,1980年,第10册,第230页。
③林秋燕:《盛清诸帝治蒙宗教政策之研究》,台湾师范大学硕士学位论文,2000年,第104—109页。

十月二十日，“以香灯僧不戒”，法雨寺鼓楼毁于大火。第二年，住持法泽将其上呈给总兵裴鉽、县令黄应熊，设簿广募。“闽之渔船数百艘，踊跃乐施。”法泽亲自到温州采料。宁台道王坦、温镇黄有才，“咸以原系钦工建造，免其税饷”，装运至山，后连日风浪大作，不能起卸。后“又有二十余只渔船”，停泊于千步沙，相互协力，浮水曳岸，“遂兴工修造，崇敞如昔”。①可以看到，当地政府官员、商人是非常支持普陀山佛教发展的。政府官员之所以免其税饷，是因为法雨寺“原系钦工建造”，这是指康熙、雍正皆曾修建普济寺和法雨寺。对此，乾隆四年（1739），许琰在《重修南海普陀山志》序言中有所说明，他说：

> 陟前、后两寺，则圣祖仁皇帝、世宗宪皇帝二圣御碑，穹窿摩云，金殿珠宫，辉煌夺目。自古梵宇壮丽之观，又无以逾此矣。夫惟神灵之所留遗，呵护其间，故海不扬波，山辉川媚。而列圣善与人同之量，神道设教，亦遂崇奉之至于斯也。……且雍正九年，发国帑，重修建，圣恩隆重，寺之规制，皆已改观。前志固未之及也。……间有一二宰官所作，释氏藉为檀护者，不能尽去。正恐后之视今，犹今视昔，其果可以观焉否耶？法泽为余族弟。少寓余业师梁村蔡先生里中之清泉岩，与师交游最密。后为普陀法雨寺住持，料理钦工，备极勤劳。戒行精严，缁素悦服。吾师在都时，尝以诗寄讯。盖真能志大士之志者，故于是志尤惓惓云。书成而序之如此。乾隆四年己未暑月之朔日。②

①王亨彦：《普陀洛迦新志》卷三《灵异门》，杜洁祥主编：《中国佛寺史志汇刊》第1辑，台北：明文书局，1980年，第10册，第196页。

②王亨彦：《普陀洛迦新志》卷一二《叙录门》，杜洁祥主编：《中国佛寺史志汇刊》第1辑，台北：明文书局，1980年，第10册，第616—618页。

　　许琰指出,康熙、雍正二帝非常重视普济、法雨前后两寺,且专门强调雍正九年(1731)皇帝拨款修建之事。受此影响,两座寺院的檀护也很多。他还说,法雨寺的住持法泽,是他的族弟,对法雨寺作出了重要的贡献。

　　据《普陀洛迦新志》卷四记载,乾隆直接赏赐普陀山的资料也仅有两条:"乾隆十六年春,驾幸杭州,赐源善紫衣一袭及珍果等物。三十七年九月,赐流金嵌宝曼丹一座,重三十三两,并哈达五色。"[1]第一条记载乾隆十六年(1751)南巡时为普陀山僧源善赐紫,第二条记载乾隆三十七年(1772)赐五色哈达。献哈达是藏传佛教礼节。乾隆向汉传佛教圣地普陀山僧人赐哈达,从侧面反映了他的宗教意向。清代诸帝中,乾隆应该是最尊崇藏传佛教的皇帝之一。乾隆皇帝有自己的上师和本尊,也修习密法,在位期间下旨修建很多高规格藏传佛教庙宇。他仿照西藏地区阿里古格托林黄金神殿在故宫建雨花阁,在其中建造了三座直径3.5米的掐丝珐琅坛城,主尊分别为密迹金刚、胜乐金刚和大威德金刚。除给自己修建佛堂外,还为太后、太妃重修慈宁宫佛堂。目前紫禁城共六十五处藏传佛教殿堂,其中大部分为乾隆时所建造、改建或修葺。他还将原雍亲王府改建为藏传佛教皇家寺院雍和宫,又在京外承德修建外八庙等。同时他还推动了满、蒙、汉、藏多种文字藏传佛教经典的翻译、整理与出版。因此,乾隆也被尊为"转轮王"和"文殊菩萨化身"[2],这两个称号"无疑可以在作为世俗君王的乾隆皇帝身上添加上富有魅力的宗教神性,表明他是一位超

---

①王亨彦:《普陀洛迦新志》卷四《檀施门》,杜洁祥主编:《中国佛寺史志汇刊》第1辑,台北:明文书局,1980年,第10册,第227页。

②详参安海燕:《作为"转轮王"和"文殊菩萨"的清帝——兼论乾隆帝与藏传佛教的关系》,《清史研究》2020年第2期。

越了世俗万有,具有统御十方、救度众生之智慧、方便和愿力的非凡的政治领袖"。① 因此,当时的画师还画有乾隆帝御容佛像,现存的七幅御容像曾分别悬挂于北京的雍和宫,承德的普乐寺、普宁寺、普陀宗乘之庙,以及拉萨的布达拉宫等处。但是,乾隆皇帝的藏传佛教信仰是非常理性的,"清朝君主在藏传佛教信徒面前依然是以皇帝的身份自居,而'文殊菩萨化身'等他称类型的名号实际上是作为皇帝的修辞语而使用。那种认为清帝是以一种与皇帝不同的文殊化身之类的教主形象呈现在蒙藏群体面前的观点可谓失于片面"。对于乾隆帝御容佛像唐卡,钟焓认为"应视为反映皇帝个人宗教观念的产物。也就是说,此类画中将乾隆帝描绘成文殊菩萨,并不属于皇帝想要在公开的国家政治生活领域中着力向外界尤其是其统治下的多数臣民展示的形象"。② 因此,"整体而言,乾隆帝对藏传佛教的崇信显得相对理性,他并未将自己的信仰带入治国的层面"。③ 而且他崇信藏传佛教,更多的是维护政治稳定和国家统一的需要。

乾隆皇帝更加眷顾藏传佛教,自然对作为汉传佛教圣地的普陀山有所忽视。但是普陀山佛教仍获得了较大发展,这一方面是僧人努力和官员支持的结果,另一方面是香客信众的崇信,当然这也离不开历史积淀的信仰传统以及民间信仰的蓬勃发展。

---

① 沈卫荣:《大元史与新清史——以元代和清代西藏和藏传佛教研究为中心》,上海:上海古籍出版社,2019年,第237页。
② 钟焓:《论清朝君主称谓的排序及其反映的君权意识——兼与"共时性君权"理论商榷》,《民族研究》2017年第4期。
③ 安海燕:《作为"转轮王"和"文殊菩萨"的清帝——兼论乾隆帝与藏传佛教的关系》,《清史研究》2020年第2期。

第三节　清代普陀山佛教宗派、宗风与高僧

一、佛教宗派与再次"易律为禅"

　　清代佛教宗派发展不平衡，以禅宗和净土宗为盛，又以雍正朝为转折点。雍正以前，禅宗发展仍保持万历以降的高发展势头，其中的临济宗和曹洞宗并行发展。雍正以后，因雍正编《拣魔辨异录》批判禅僧法藏师徒，禅宗地位迅速衰落，并被净土宗取代。但在普陀山仍以禅宗为主。其实，自宋代以来，普陀山佛教宗派一直以禅宗为主。王连胜《普陀洛迦山志》述其宗派时指出："本山佛教，历来以禅宗为主。"[①]"本山除禅宗外，或有师弘于律，或有师笃修净业，或有师教演天台，然皆为修习者众寡而已，从未形成宗派。"[②]据此，除禅宗外，其他宗派在普陀山并无明显的法脉传承，但也有其他宗派如净土、律宗、天台宗的僧人在普陀山修行。净土宗方面，清道光年间住持普济寺和慧济寺的定智退院后专念弥陀；昌茂（1766—1848）出家于普陀山积善堂，终身"供奉阿弥陀佛"；光绪十九年（1893）净土祖师印光大师迁居普陀山法雨寺精研佛学。律宗方面，康熙、雍正年间的通元照机、法泽明智戒修严邃，戒行严卓；光绪年间的慧源嗣铣精研律部；清末民初的开如德月持戒安禅，被奉为持律之楷模。天台宗方面，清末民初的天台宗大德晓柔、昱净、谛闲、静权等先后赴山讲经，弘扬天台。[③]

---

①王连胜主编：《普陀洛迦山志》，上海：上海古籍出版社，1999年，第203页。

②王连胜主编：《普陀洛迦山志》，上海：上海古籍出版社，1999年，第205页。

③王连胜主编：《普陀洛迦山志》，上海：上海古籍出版社，1999年，第205—209页。

需要指出的是，此处所说的佛教宗派，指的是其法脉之传承。"佛教宗派之'宗'，实际上并非'宗旨'之宗，而是'宗族'之宗、'宗法'之宗。宗族的核心是祖宗、世系、血脉，翻译成佛家用语，便是祖师、法亲（法子法孙）、法脉。其要有二：一是谱系须完整；二是法脉须正统。"①普陀山的禅宗法脉非常明晰，清初别庵性统、潮音通旭、绎堂心明、恒学能积、信真空修等大德皆是有禅宗传承的禅僧，且对普陀山佛教做出了重要贡献。据《宗教律诸宗演派》载，临济下二十五世（碧峰下第七世）突空智板禅师演派十六字："智慧清净，道德圆明。真如性海，寂照普通。"清末普济寺与五台、峨眉共同续演三十二字："心源广续，本觉昌隆。能仁圣果，常演宽宏。惟传法印，证悟会融。坚持戒定，永纪祖宗。"普陀后寺法雨寺又从突空下通字派接续演四十八字："湛然法界，方广严宏。弥满本觉，了悟心宗。惟灵廓彻，体用周隆。闻思修学，止观常融。传持妙理，继古贤公。信解行证，月朗天中。"②因此，普济寺和法雨寺均是临济宗法脉。

对于清代普陀山的禅宗传承，《普陀洛迦山志》还记载，康熙二十六年（1687）别庵性统住持镇海寺，"从此一改自万历来百年第习讲律之传为禅宗大乘之学，是为镇海寺禅宗开法始祖"；康熙二十九年，潮音通旭住持普陀寺，禅风大振，"使普陀山再次易律为禅"。③李桂红也指出："康熙二十三年，弛海禁。僧众归山。天童密云四世法裔潮音主持山事，宏开法席，再次易律为禅，重

---

① 张伟然：《中国佛教宗派形态的地域差异与地理环境》，明生主编：《禅和之声——2009广东禅宗六祖文化节学术研讨会论文集》，北京：宗教文化出版社，2010年，第174页。
② ［清］守一重编：《宗教律诸宗演派》卷一，《卍新续藏》第88册，第560页上。
③ 王连胜主编：《普陀洛迦山志》，上海：上海古籍出版社，1999年，第204页。

振禅宗。"①之所以说再次"易律为禅",是因为南宋高宗绍兴元年
(1131)普陀山就有易律为禅之事。两寺改律为禅之过程,据慈溪
姜宸英《普济法雨两寺蓝公生祠记》载:"明万历以前止普济一寺,
至后乃有法雨,然是时皆长老住持而已。展复来,别公以双径远
孙,提督陈公敦请主席后寺,先入山者三年。公至普陀,喟曰:'改
律为禅,后寺已然。洛伽名山,兹地又大士亲选道场,安可不延高
行大德阐宗风而登上乘者居之乎?'由是博咨广询,始得天童四世
孙潮音和尚于旃檀,迎之上堂。"②据此,定海总兵蓝理提出"改律
为禅",突出"为禅"之意义。鄞县人胡德迈在《法雨寺合建陈黄二
公祠记》中也表达了类似观点:"先是,寺之未建也,麇鹿满山,荆
榛蔽野。惟我别公和尚,远从东蜀访旧天童。陈公闻其名,俾主
法雨,弘度沙门。于是自万历来二百年第习讲律之传,一变而为
禅宗大乘之学。……不宁惟是,今元戎义山蓝公、聿继黄公来镇,
信道爱人,亦惟普门干城为任,谓改律为禅,义可师法。由是延
今潮音和尚,一如陈公之延别公。而普济、法雨,不减天童、雪窦、
五磊精严闳净矣。"③

　　对此次"易律为禅"事件,李伟进行了考证。他指出,明末至
清康熙间"普陀山两寺的世系乃临济宗剃度世系,而非律宗传法

①李桂红:《四大名山佛教文化及其现代意义》,四川大学博士学位论文,2003
　　年,第6页。
②[清]裘琏:《南海普陀山志》卷一二《国朝艺文》,武锋点校:《普陀山历代山
　　志》,杭州:浙江古籍出版社,2014年,上册,第413页。
③[清]裘琏:《南海普陀山志》卷一二《国朝艺文》,武锋点校:《普陀山历代山
　　志》,杭州:浙江古籍出版社,2014年,上册,第414—415页。

世系"。① 他强调,清初这种改律为禅的习以为常的认知,"是清初禅宗法脉入山后宗派意识凸显下的一种建构,此前该山并不属律宗。由于不属法统的原剃度派僧人仍在两寺之中,编修《普陀山志》的儒家士人需要考虑如何处理两者之间的关系,于是援引《宋史》中《道学》《儒林》两传分立的体例,将其谱系记载分为《法统》《释系》两部分,并确定了《法统》居于《释系》之上的基调。一般认为,儒家道统之说源自禅宗传灯观念,山志的处理办法反映的则是儒家对普陀山佛教的资源回馈。时过境迁,纂修山志的儒家士人对此已不甚明了"。② 这其中说的《法统》和《释系》是清代普陀山禅宗非常重要的内容。就普济寺而言,潮音入山后,分别编纂《普陀列祖录》和《百岁老祖宗谱》。《普陀列祖录》记载的是普济寺的禅宗法脉传承,其始于宋代真歇,终于清代潮音。这属于其"法统"。潮音同时还有普陀山剃度派之身份,所以又重修《百岁老祖宗谱》,此谱始修始于明嘉靖间,清初通元照机曾编有《重修宗谱》,潮音即在此基础上重编。此属于其"释系"。在康熙年间裘琏《普陀山志》中将这两种谱系"分明命名为《法统》和《释系》,以示区分"。③ 具体而言,"法统"指禅宗之法脉传承。裘琏《南海普陀山志》云:"释门之有法系,犹儒家之有道统。朱子云:'宁可架漏千年,不许汉文、唐太接统三代。'诚有见也。普陀自梁慧锷开山,代有闻人。至宋真歇,首倡宗风。自后自得祖芳,一灯

① 李伟:《清初普陀山的易律为禅与谱系书写》,《湖南大学学报》(社会科学版) 2019年第6期。
② 李伟:《清初普陀山的易律为禅与谱系书写》,《湖南大学学报》(社会科学版) 2019年第6期。
③ 李伟:《清初普陀山的易律为禅与谱系书写》,《湖南大学学报》(社会科学版) 2019年第6期。

递照。无何季叶，改禅为讲，法鼓无声。直至潮公、别公，续灯接宝，由是二寺英贤杰出，诚山中之盛遇。"①而"释系"记载的则是普陀山原有的剃度派僧人。"法统"之外又纂"释系"，是因为也有法统之外的僧人对普陀山做出了重要贡献。"其中多有创兴恢复，规模远大，功力彪炳者，亦未可轻量。犹夫孔子之门，政事、文学，英英济济，超轶古今而传道者第在，如愚鲁钝之贤，岂四科、十哲、七十、三千之徒遂可少乎哉？"②所以在强调"法统"的同时也强调"释系"。"《法统》《释系》各附于梵宫法产之末云。梵宫法产，虽曰攸关，实系规模久远。志家往往以事邻鄙琐，略而弗详，谬矣！兹备载之，所以昭法守，杜侵渔，示久远也。"③从根本上说，皆是为了禅宗的法脉传承。

二、清代临济禅僧与宗风

清代普陀山僧人多为禅宗法脉传承，该传承被认为是"薪传一脉，喜衣钵之相承；海会四河，庆箕裘之克绍"，故《普陀洛迦新志》卷六被命名为"禅德门"。"禅德门"共分四部分：一、普济住持，二、法雨住持，三、本山出家，四、十方寄寓。现将此四类中的清代僧人列表统计（见表六）。

①王亨彦:《普陀洛迦新志》卷一二《叙录门》，杜洁祥主编《中国佛寺史志汇刊》第1辑，台北:明文书局，1980年，第10册，第603—604页。
②[清]裘琏:《南海普陀山志》卷六《释系》，武锋点校《普陀山历代山志》，杭州:浙江古籍出版社，2014年，上册，第328页。
③王亨彦:《普陀洛迦新志》卷一二《叙录门》，杜洁祥主编《中国佛寺史志汇刊》第1辑，台北:明文书局，1980年，第10册，第604页。

表六：清代普陀山部分僧人一览表①

类别	姓名
普济住持	贯介、道衡、公闇、通元、潮音、古心、自修、绎堂、震六、中赞、鉴堂、梦兰、云中龙、承德、融通、月中桂、鸿昆、定智果、慧源、堃宝、广学、了余
法雨住持	明如德、明益、别庵、玉峰、洞彻、见红、乐道、法泽、远辉慧、超尘、海南性、立山、化闻、开如
普陀山出家僧	正明、无凡、智玉、海文、通贤、敬云、续章、明意、行悦、扣平、清矶、云启、通喆、普授、手量、通溟、大晓、恒学、在经、贤良、信真、净禅、德清、净守、觉道、仁光、开霁
十方寄寓僧	达本元、海宏、法幢、借庵、普周、流长、玉峰、晓柔、莲根、竹禅、通智、幻人、谛闲

除以上所列四类清代僧人外，卷末还列有《普济、法雨二寺住持表》，其时间始于后梁贞明二年（916）的慧锷，历经宋、元、明，一直到民国十二年（1923）的了信广裕，共千余年。其中清代的传承非常明晰，其部分住持在上表中的"普济住持"和"法雨住持"中已经罗列。遗憾的是，《普陀洛迦新志》卷六并未列慧济寺住持，王连胜在《普陀洛迦山志》中对其进行了补充，列有"慧济寺历代住持表"。② 除了其住持名单和上表"普陀山出家僧"中的恒学能积、信真空修等，还有登泉仁舟、顶顺、顶超圣光、源皓、静山、源顺、德化、文质、文正等。此外，信真空修的剃度师定育虽非住持，但也曾驻锡于佛顶山慧济寺；"普陀山出家僧"中的觉道也曾寓居慧济

---

① 王亨彦：《普陀洛迦新志》卷六《禅德门》，杜洁祥主编：《中国佛寺史志汇刊》第1辑，台北：明文书局，1980年，第10册，第339—448页。
② 王连胜主编：《普陀洛迦山志》，上海：上海古籍出版社，1999年，第512页。

寺,信真空修对其委以重任。"十方寄寓僧"中的玉峰也曾隐于慧济寺。此外,王连胜《普陀洛迦山志》中还列有清代"本山名僧"六十余人,清代"朝山名僧"十余人。

　　相较于明代,清代普陀山僧人籍贯虽仍以浙江本地为主,但外地僧人尤其是北方僧人明显增加,如别庵是四川高粱人,正音原为北京大佛堂住持,玉峰空怀为安徽歙县人,洞彻剃发于河南莲康山,正明养拙是山西永济人,乐道是河北巨鹿人,化闻是奉天(今沈阳)铁岭人,玉峰古昆为江西上饶人,净禅为山西平阳人。其中籍贯为北京、辽宁、山西、河北等地的僧人在清代以前是很少见的,这说明到了清代,普陀山在全国佛教界有了一定的影响,也吸引了北方的僧人前往驻锡。

　　清代普陀山禅僧,多有临济宗法脉。因此,这一时期的僧人,大多畅演临济宗风,代表性的禅僧有潮音通旭、别庵性统、恒学能积、法泽明智、绎堂心明、能仑鸿昆、正明养拙等。

　　潮音(1649—1698),名通旭,号昆霞,俗姓俞,江苏华亭(今上海松江)人,祖籍新安,清初临济宗天童密云四世法裔。童年时,父母觉其异于凡人,将其送至普陀山旃檀林剃发,受具足戒于白龙慧镜禅师。后遍参海内大德,随侍啸堂、寒泉二老,悉入堂奥。受天台万年寺无碍彻老人嘱咐,于慈溪寿峰寺、姚江圣寿寺开法。康熙二十九年(1690)回普陀省祖,时逢海禁既弛,康熙南巡,特赐普陀白金千两而重兴佛殿。定海总兵蓝理督造复建殿宇,感慨荆榛满目、山中无主,他于"瞻拜之下,见寺中大众济济云集,尽属雁行。而欲于其中觅一如来真子为人天眼目者,而究不可得,无乃法门一大缺陷耶? 爰是询之诸僧,访之郡荐绅先生,佥以潮音师对"。"而今又适得以洞名名其法号,岂非大士默相昭示,使宣扬大乘于千万世者乎?"且合山缁素皆推荐潮音,蓝理即请任普济寺住持。数年间,潮音恢复普济寺旧殿,新建或重修天王殿、圆通殿、藏经阁、钟楼、鼓楼、珠宝轩、先觉堂、土地祠、荷花池和正趣亭、大观庵、渡海纪事碑亭等二十余处,"凡所经营,必使坚固垂久","近革八十余年之陋习,远绍四十二祖之芳猷",有中兴普陀山之伟功,被类比为元代的普陀山中兴祖师孚中信禅师。其退居之室金刚窟息耒院内有一眼泉,饮之而甘,名为活眼泉。潮音"性恬退,恂恂若讷,同学辈喜与之交,而敬畏之",德业闻望,弘机伟辩,视众如己。其升堂说法,"如电掣,如云涌,如拈花微笑。深心宏愿,务使末法众生同归智海,诸方耆年不能不为避席"。如大士诞辰说戒,上堂云:"日日香花夜夜灯,春山泼黛雨还晴。戒珠朗润人人得,便是观音今日生。"大士成道日上堂云:"众流海为最,众星月为最,众圣佛为最。四大道场之中,此山为最。此山之中,以此位为最。千说万说,以此说为最,若如是说,名为佛说,不如此说,即同魔说。识得此说者,便可与普门大士,同证圆通。"他曾为慧锷题像赞曰:"亲从五台来,欲向日本去。普门名号遍十方,何必绘像图归计?忽然舟不行,菩萨应无住。听其止而休,此货已成滞。一山名胜待师开,天下群瞻两足地。"康熙三十七年(1698)潮音圆寂,世寿五十,僧腊三十四。塔在息耒院外。衣钵塔位于普贤塔后。潮音著有《潮音语录》《潮音随录》《普陀列祖录》《百岁老祖宗谱》等。其于《普陀列祖录》题辞云:"普陀一山卓越海涯,屹立巨浸,大经具载,乃普门示现之区,实列祖弘法之地,又不可以寻常形胜并论也。自宋至明,禅宗世出,真歇唱导于前,祖芳振兴于后,无何沧桑变易,甲乙风成,法鼓不鸣,百余年矣。"[①] 法嗣有明忞、明果、心明等。

---

① ［清］通旭集:《普陀列祖录》卷一,《卍新续藏》第86册,第652页上。

别庵（1662—1717），名性统，俗姓龙，四川高梁（今重庆梁平）人，原籍重庆安岳①，为临济宗大慧宗杲十七世孙。十二岁投高峰寺三山灯来禅师剃度，二十二岁受具足戒。康熙二十四年（1685）继席高峰，翌年抵宁波天童寺求法。二十六年（1687），提督陈世凯、给谏屠粹忠和旧住持明益一起请别庵住持镇海禅寺（今法雨寺）。当时镇海寺荆榛满目，瓦砾成丘，辟治三日，才有路可达。他薙草结茅，持律说戒，感召四方香客云集。首建藏经阁、东禅堂、三圣堂、三生堂、官厅、印寮等，第二年又建智食、教诫二楼。二十八年（1689），御赐帑金到山，别庵云："无为尊北极，万邦拱紫宸。"他统筹规划，十年之内，续建方丈、圆通、天王、大雄宝殿及留云、水月、松风、雨花等殿堂楼阁，是谓"十年之间，遂为圣朝兴建菩萨道场庄严之首"。三十八年（1699），康熙驾临杭州，再赐帑金，性统等赴杭州谢恩，康熙赐御书《金刚经》一卷，赐"天花法雨""潮音洞""修持净业"额，又赐他一串念珠。四十二年（1703），康熙南巡杭州，遣使到山进香。性统等随驾至苏州织造府。时值天雨，康熙命赋《苏台雨景》诗，性统即口占成句，康熙手书赐之，又赐性统"振宗禅寺""妙光""圣因"三额，分挂普陀、治平、径山接待诸处。康熙又书"添筹"二字，赐性统母亲。四十四年（1705），康熙赐性统御书《心经》二部、《心经》塔一轴。四十六年（1707）又赐性统人参一斤及瓜果等物。性统自谓"统自己巳办理钦工后，翠华巡幸，迎驾奏对，及进京祝釐，召见者八，进诗者

①黄夏年考证了性统禅师的籍贯及其对佛教的贡献，认为安岳应是性统的原籍，重庆梁平是他生长的地方，出家寺院是高梁崇圣寺。他所撰述的《续灯正统》一书，弥补了重庆紫云吹万一派的资料，并把四川境内的径山一派介绍到江南，成为一代宗师而为人所知。详参黄夏年：《普陀别庵性统禅师生平与著述考》，《宗教学研究》2014年第2期。

九,敷陈称旨。凡所启请,无不俞允。赐翰赐紫,佛地重光,为从古宠眷所未有。其间虽应仁和之永寿、钱塘之圣因、余杭之径山、无锡之慈云诸请,不过分化兼摄,未尝久离此山也"。别庵性统精修卓论,高步海隅,为人廓达而又有担当。与人交往,真诚剀挚。法雨寺自大智开创,如光再造以后,沦为沧桑。至性统首创殿楼,"改万历来百年第习讲律之传,为禅宗大乘之学。故于兹寺为中兴,于禅宗为开法第一祖"。因而他被尊为后寺中兴禅宗第一代祖师,"法雨禅宗开法第一代"。他圆寂于康熙五十六年(1717),世寿五十七,僧腊四十五。塔在莲花峰西,立公堂于寺内。其嗣法弟子有洞彻、翠厓、玉峰、见灯、乐道、在璇、文樵等。他著有《续灯正统》《别庵语录》《分集摘要录》《祖师正宗道影》《高峰宗旨纂要》《梅岑集》《径山录》《奏对录》等,还有《智祖残碑重现记》《蓝公留衣堂跋》《牡丹》《咏白莲》等诗文。《续灯正统》刊行于康熙三十年(1691),继《五灯》之后,辑录宋末至明代禅林耆宿之略传与机缘问答,共收录临济宗大鉴下第十六世至第三十五世、曹洞宗大鉴下第十六世至第三十七世,以及法系未详者,计两万三千余人,为清代禅宗名著,流传甚广。

　　恒学(1744—1801),名能积,俗姓王,浙江宁波人。他自幼勘破尘世,希求出世,壮年至普陀山礼东天门悦岭庵霖仓为师,受具足戒于怀中,得法于陵云,传临济正宗第三十八世。他一心向道,精进笃行,发愿兴修普陀山菩萨顶(即白华顶,亦名佛顶山)。山顶原有明代建筑,然兴废无常,仅存石亭供石佛。一日,能积发现一石刻,上刻"慧济禅林"四个大字,慨然以中兴为己任,誓愿修建寺院。他在黎里(今江苏吴江)结茅,募捐五年,得善信首助千金,后乐助者日众。乾隆五十八年(1793),他返回普陀山白华顶创建寺院,开工当天,于土中得一木雕僧首,面目清癯,酷似能积。

他的徒弟将其装金，和他的像一起供养于影堂。他也因此被认为是前朝得道和尚，今生来佛顶庵以了夙愿。他先后建有山门、地藏殿、上斋堂、禅堂、云水堂、钟楼、西楼、大悲阁、库房、大小厨房、田房、工人寮等。嘉庆元年（1796），慧济寺开钟板，挂单安众，缁素越来越多。恐僧食不给，他在朱家尖中和庙购置田产，以供四方朝山之需。在修行方面，他规定每日五堂功课，二粥二饭，戒律严格，使慧济寺名声大振，因此被尊奉为开山始祖。他于嘉庆六年（1801）圆寂，世寿五十八，塔在北天门东。他的徒弟有一泉，名仁源，越州人，登泉，名仁舟，山阴人，皆能恢宏法道，振作宗风。

法泽，名明智，俗姓许，福建漳平人。他的母亲沈氏曾梦到菩萨持一朵白莲相送。不久明智出生。他慧相丰满，幼即慕净。十五岁剃发于高隐寺，十九岁受具足戒，多处参访善知识。康熙五十八年（1793）至普陀，受法于别庵嫡嗣璇玑禅师，慧性圆明，顿超玄悟。因他戒行严卓，行事练达，应事咸当，雍正二年（1724）法雨住持见灯请其担任监寺。见灯拟让贤，推其任法雨寺住持，但明智愈怀谦退。后乐道空经（1662—1734）主席法雨寺，明智勤劳如初。雍正二年（1731），皇帝发帑七万两，重修前、后两寺。乐道自以不能胜任而告退，全山公举明智担任法雨寺住持。他勤理钦工，巨细毕举。在工诸员，无不敬重。定海知县黄应熊礼护尤笃，他说："续别庵一灯者，其在斯乎？"[1]三年以后，法雨寺焕然一新，他赴京谢恩，龙颜大悦，赏礼优渥。此外，雍正十二年（1734），和硕果亲王赐明智指画"送子观音像"一幅；又赐"六度舟""甘露洒心""慈云广覆"匾，并诗字一幅；又联云："禅谈不二千江月，

[1]王亨彦：《普陀洛迦新志》卷六《禅德门》，武锋点校：《普陀山历代山志》，杭州：浙江古籍出版社，2014年，下册，第1615页。

经契无言万派宗。"和硕显亲王赐明智"随心满愿"及"智门寺"各
匾。和硕庄亲王赐明智"川静波澄""莫因循""千光静住""宅心清
净""大海慈航""香云花雨""常乐我净""有情说法""十方同聚"各
匾。① 性率朴,遇事有决断,宣阐佛法时肫恳切挚,剖析精微,所
以远近悦服。明智撰有《法雨寺斋田碑记》,他还校订了乾隆四年
的《重修南海普陀山志》二十卷。寂后,塔于莲花峰下。②

　　绎堂,名心明,字珂月,俗姓邵,浙江宁波人。母名王方二,
梦白衣姥抱婴儿入室而孕。七岁能绘观音菩萨像。闻人诵经,辄
能暗诵。他少时读书,略解大意,及受嘱梵典,直抉指归。十三
岁至普陀山栴檀林,礼潮音为师。康熙十年(1671)因海氛不靖,
徙僧内地,其父控诸官府,督令归宗。未逾年母卒,其叔为疯狗所
伤毙,猛念身世无常,宿志加厉,至慈溪投奔师潮音,协创先觉、
圣寿二寺。住先觉寺时,他每夜必祷返回普陀山兴梵刹之愿。未
几海禁弛,他的师祖通元为普陀寺住持,而他佐之。康熙二十九
年(1690),其师潮音任住持,大振玄风。他也左提右挈、殚精竭
虑,撑拄门户,堵御外侮。临权达变,以智以勇。他办事常往来郡
邑,一次,行船时飓风大作,舟覆而溺,最终得救。康熙三十七年
(1698)冬,潮音示寂后,他被推为普济寺住持,他又逊让于其法兄
古心,协助其办理各项事务,"不怠不倦如初"。绎堂"为人刚外毅
中,不阿不茹,喜施而廉取,不苟安、不中辍"。四十二年(1703)
赴苏州陛见,奏请御碑镇山,圣谕进京,赐"大圆通殿"等额。四十
三年(1704)众请任普济寺住持。是年奉旨入京,御赐"宣布声闻"

① 王亨彦:《普陀洛迦新志》卷四《檀施门》,杜洁祥主编:《中国佛寺史志汇刊》
　第1辑,台北:明文书局,1980年,第10册,第230页。
② 王亨彦:《普陀洛迦新志》卷六《禅德门》,杜洁祥主编:《中国佛寺史志汇刊》
　第1辑,台北:明文书局,1980年,第10册,第385页。

额,皇长子赐"青莲宝筏"额。翌年驾临江南,再次陛见于苏州,诏令鸿胪寺序班摹勒御碑,送至普陀。四十八年(1709)陛见于热河。五十二年(1713)康熙六十寿辰,入京祝寿,钦赐紫衣袈裟、人参、珍果等。翌年仲夏,绎堂六旬大寿,虞山榜眼严虞惇为撰寿言,定海县令缪燧亦"长歌书祝"。雍正十二年(1734),大师八十大寿,四明翰苑史在甲作寿序,都察使邵基作《都门赠绎堂和尚》诗云:"仰止吾师定慧空,应身南海阐宗风。袈裟恩向九重上,道德光华六宇中。鹫岭云生铺地锦,扶桑日涌缀霞红。官箴瘝寐情方切,未得乘槎谒大雄。"①其中"应身南海阐宗风",是说他于普陀山弘扬临济宗风。圆寂后,塔于烟霞馆侧。他的徒弟有震六、中赞等。

鸿昆,名能仑,别号岩云,俗姓顾,华亭(今上海松江)人。他自幼入山,于普济监院谷馨剃发,受法于师祖住持泰清德安。他秉性颖悟,持躬温雅,通达儒佛典籍,工诗文,兼善书法,为一山之书记,众呼为"先生"。道光五年(1825),他任普济寺住持,修葺承恩堂,使其焕然一新。又虑僧徒乏食,置朱家尖香莲隩(土名清一堂)中陇田五十亩,以充香积。道光十九年(1839),助普济寺朱家尖白沙港、田地山场一隩,为寺内大众斋粮。又助朱家尖小洞隩田地六十亩。其花息由寺收,转给寺中无恒产之分房各庵。助法雨寺西荷花池,坟头山一则,添补大众斋粮。助慧济寺西荷花池,田二十亩添补斋粮。②以其余力,倾助婴堂,被认为是"以儒心而行佛法者矣"。嘉庆十年(1805)冬,普济寺藏于卫教堂的康

①王连胜主编:《普陀洛迦山志》,上海:上海古籍出版社,1999年,第479页。
②王亨彦:《普陀洛迦新志》卷四《檀施门》,杜洁祥主编:《中国佛寺史志汇刊》
　第1辑,台北:明文书局,1980年,第10册,第231—232页。

熙四十四年（1705）普陀山志板毁于大火。能仑恐寺中文献无征，以重锓山志为己任，他"恒以纂修山志为己任"。① 于是"考证废兴、网罗散佚，未敢一日懈"。道光十一年（1831）请定海县署幕宾秦耀曾修辑志书。秦删订成书，能仑鸿昆校订，遂有清道光十二年《重修南海普陀山志》（二十卷）。十三年（1833），他在普济寺传戒，撰《演戒序》。十四年（1834），知县事王鼎勋赠"净域檀那"额。十九年（1839），知县事陈殿阶赠"清心皓月"额。能仑在寺三十年，志行苦卓，戒律精严，教法淹通。韩廷锡《寄鸿昆上人》云："佛号古先生，与儒雅相属。释有儒风者，超然乃越俗。"撰有《法雨寺重铸铜钟记》《融通禅师记》《南海十二景》《双峰山》《光熙峰》《两洞潮声》《法华洞》等诗文。《双峰山》云："脱却恒河选佛场，一拳补怛峙南洋。峰峦叠翠迎朝旭，烟水苍茫送夕阳。特降慈云消蜃气，常施法雨现灵光。从教印作莲花主，石蠢林顽亦惹香。"②

第四节　清代普陀山山志

一、康熙朝的两部山志

康熙朝有两部普陀山山志。康熙三十七年（1698）普济、法雨二寺住持潮音和性统同请裘琏修志。志书编成后，法雨寺先行出版；后普济寺珂月又请朱谨、陈璿重新增删，新增康熙诏令续建前后两寺等内容，其内容与法雨寺所刻"小同大异"，延至六年后的

---

① 王亨彦：《普陀洛迦新志》卷一二《叙录门》，杜洁祥主编：《中国佛寺史志汇刊》第1辑，台北：明文书局，1980年，第10册，第625页。
② 王亨彦：《普陀洛迦新志》卷二《形胜门》，杜洁祥主编：《中国佛寺史志汇刊》第1辑，台北：明文书局，1980年，第10册，第84页。

康熙四十四年（1705）刊行。至雍正十三年（1735）又有重刊本，此本将两志资料融合，又增礼部侍郎邵基序。对此，许琰志书《凡例》云："康熙三十七年戊寅，普济、法雨两寺同请裘殷玉先修辑。稿成，法雨旋即授梓。普济又请朱、陈二公重加增削，至四十四年乙酉始梓，遂与法雨所刻小同大异，然胜境事迹则无不同也。"①此书收入《续修四库全书》，板式四周双边，单鱼尾，半页十行，行二十一字。下述主要编撰者和两部山志。

裘琏（1644—1729），字殷玉，号蔗村，别署废莪子，世称横山先生，浙江慈溪人。裘家乃诗书世家，其祖父兆锦、父亲永明皆为明室官员。裘氏玉湖楼为浙东著名藏书楼，地位仅次于天一阁。裘琏早慧，求学于清初著名思想家黄宗羲，以诗闻名，且县、府、院三试都成绩斐然。二十岁补弟子员，入太学，然数次参加乡试而未中，科场失意五十余年。康熙二十六年（1687），参与纂修《大清一统志》。徐乾学约请他编撰《三楚志》，阅十五日而成，既工且速。徐乾学览而称奇，云："昔人十六国春秋，安得如此整齐慎核乎？"康熙南巡时，他献有《迎銮赋》，康熙六十大寿时，又献《万寿升平乐府》，康熙阅后命近侍记名。七十二岁方为进士，授翰林院庶吉士。据其《恭记圣恩录》所记，古稀之年终得高中，缘于康熙之垂爱。旋以年老乞归，徜徉山水，专心著书，不问世事。雍正六年（1728）被捕入狱，次年卒于京城。

裘琏一生以坐馆修书为业，且多次参与地方志的编纂工作。他交友甚广，其朋友既有如黄宗羲、朱彝、薛士学、冯家桢、冯武水等以明朝遗民自居的文人士大夫，又有如姜宸英、徐乾学、高

---

① ［清］许琰：《重修南海普陀山志·凡例》，武锋点校：《普陀山历代山志》，杭州：浙江古籍出版社，2014年，中册，第823页。

士奇、高舆等清朝官员。且在少年时期,因在县试、院试中名列前茅,也受到王绣、张安茂、李如桂、周蓉湖、罗含章、胡亦堂等人的器重。他们常有诗文唱和。

裘琏立志以文章垂世,著述甚丰,惜多已亡佚,今存著述仅为其一小部分。他工乐府,擅戏曲,其著作有杂剧《昆明池》《集翠裘》《鉴湖隐》《旗亭馆》,合称"四韵事",也因此被认为是戏剧家。据清代裘姚崇《慈溪裘蔗村太史年谱》所载,他所见到的裘琏著作有《复古堂初集》《五经字类改》《诸史注解约》《天尺楼古文》《横山诗草》《玉湖诗余》《锦囊收》《百家姓史略》《见闻纪异》《废菼传奇》《四书讲意与知集》《毛诗讲义鼎颐》《性理抉微》《小学广编》《尔雅约》《经史勺》《三才藻异》《三才类绮》《文选注解辑韵》《宋元辽金四代史》《济廉集》《历代古文选》《古今名表选》《吾药集》《汇选名家行稿》《横山文钞》《易皆轩二集》《大题稿》《寸知集》《女昆仑传奇》等。①同时,裘琏还参与了(康熙)《大清一统志》、(康熙)《定海县志》、(康熙)《南海普陀山志》、(康熙)《钱塘县志》等志书编纂工作。因此,"称裘琏为全才,亦不为过,他在文学、历史、地理、经学、小学等方面都有所建树,因此,不应仅仅将裘琏定位为戏剧家,而是应更全面、多角度地看待他。裘琏的创作情真而辞切,治学广博而精深,是清代文人的优秀代表"。②故裘琏虽以诗文著称,以戏剧垂世,但他不仅仅是文学家,在史学、经学、小学等方面均有造诣。

裘琏写有多首和普陀山有关的诗歌,如《双峰山》:"海外奇峰翠入天,峰头朵朵削青莲。名山如此不肯去,成佛应居灵运

---

①[清]裘姚崇:《慈溪裘蔗村太史年谱》,北京图书馆编:《北京图书馆藏珍本年谱丛刊》,北京:北京图书馆出版社,1999年,第86册,第209—217页。
②毋丹:《裘琏研究》,浙江大学硕士学位论文,2012年,第2页。

前。"①《青玉洞》:"一洞泠泠澈底清,镜人心影得嘉名。谁言观海难为水,雨后飞泉十丈赢。"②又如《潮音洞》:"巨灵劈奇石,海岸豁深洞。中广如室房,其巅裂罅缝。下窥深以窅,勇者生奇恐。怒涛澎湃来,狂飙善激送。一触迅雷轰,再触巨钟从。天地殊晦冥,林樾相震动。巨浪倏吞吐,盈涧在操纵。来惊瀑布飞,回骇明珠弄。谁击冰壶碎,琼瑶错万钟。当其疾怒时,下拒乃上涌。乘窍泛跃腾,洒面成雾淞。不知涛作雨,惊身堕崖空。造化工幻戏,神圣假示众。哀哉洞口人,何时醒尘梦。"③再如《隐秀庵赠舜衷上人》:"幽谷精蓝满,行行隐秀遥。林深能做雨,峰转不闻潮。顽石生公点,丹泉仙尉招。到来尘路绝,清思对团瓢。"④此外,游阿育王寺时他还写诗赠送老和尚,如《游育王赠东堂法老和尚》:"阁雨山云湿不流,招寻古寺坐初秋。千峰树色香台绕,万里烟岚卧阁收。碑碣依然题魏晋,林泉何处问巢由。虎溪会有高人住,未卜他年白社休。"⑤

　　裘琏还写有《重盖大殿琉璃瓦记略》⑥、《法雨寺新铸大铜镬

①王亨彦:《普陀洛迦新志》卷二《形胜门》,杜洁祥主编:《中国佛寺史志汇刊》第1辑,台北:明文书局,1980年,第10册,第84页。

②王亨彦:《普陀洛迦新志》卷二《形胜门》,杜洁祥主编:《中国佛寺史志汇刊》第1辑,台北:明文书局,1980年,第10册,第119页。

③王亨彦:《普陀洛迦新志》卷二《形胜门》,杜洁祥主编:《中国佛寺史志汇刊》第1辑,台北:明文书局,1980年,第10册,第106页。

④王亨彦:《普陀洛迦新志》卷五《梵刹门》,杜洁祥主编:《中国佛寺史志汇刊》第1辑,台北:明文书局,1980年,第10册,第316页。

⑤[清]释畹荃:《明州阿育王山续志》卷一四,杜洁祥主编:《中国佛寺史志汇刊》第1辑,台北:明文书局,1980年,第12册,第807页。

⑥王亨彦:《普陀洛迦新志》卷五《梵刹门》,杜洁祥主编:《中国佛寺史志汇刊》第1辑,台北:明文书局,1980年,第10册,第248—249页。

序铭》①,并为别庵性统的《梅岑稿》作序。②

　　康熙三十七年(1698),五十五岁的裴琔修成《南海普陀山志》。据王亨彦《普陀洛迦新志》和王连胜《普陀洛迦山志》,其卷首有性统"山志成上堂法语",谓:"镇台蓝公,力肩斯事,厚币硕士,重志鼎新。得我殷玉裴公,腹饱珠玑,笔走霞雾,草创润色,一气呵成。顿令山川梵刹,规制人文,顽者秀,朴者华,拙者巧,没者存,只字片言,别开生面。上纂千年之坠绪,下启百代之鸿猷。仅寸朱豪,十方普润;一点墨水,两处成龙。"③追述了蓝理和裴琔的修志之功,尤其对裴的文采赞叹有加。然武锋点校的《普陀山历代山志》中未收此法语。武书所录裴琔撰《南海普陀山志》,为首都图书馆藏清康熙刻雍正增修本,收于"四库存目丛书"。其目录前收有康熙三十八年(1699)前寺住持潮音通旭和后寺住持别庵性统的《奏疏》、康熙四十年(1701)蓝理的《序》和康熙四十三年(1704)的《御制南海普陀山法雨禅寺碑文》《御制补陀洛迦山普济禅寺碑记》以及康熙五十七年(1718)的《圣恩宽免普陀钱粮碑记》。全书共十五卷,卷一山图、志例,卷二星野、形胜,卷三梵刹,卷四建置,卷五灵异、赞颂,卷六法统、释系,卷七颁赐(附命使)、古迹、流寓,卷八精蓝,卷九法产(附规制定约)、方物,卷十事略,卷十一艺文,卷十二国朝艺文,卷十三艺文(诗),卷十四本朝艺文(诗),卷十五艺文(僧诗、偈)。其中卷一志例由裴琔独自完成,其余由高士奇、姜宸英、万言鉴定,裴琔编辑,潮音、别庵校订。卷一中，"山图"为普济寺和法雨寺二图及"普陀十二景"。另有"志例"，是对其所修山志体例的说明，有非常重要的参考价值，其中他表明了修志的原则和增删之由。对编撰的基本原则，他说"是编非关切普陀信而有征者，概所不录"①，说明他客观理性而又严谨的态度。关于增删之由，他皆一一说明，如卷二"形胜"中，他先列"海"，再述"山"，是因为"舆地首重名山大川，有川如海，可谓大矣。旧志不入，陋之甚矣。今先海于山，山在海中也。若洋，若港，依类附焉，至于泉潭池井，则又另列云"。②卷五"灵异"之外又加"赞颂"，是因为观音、文殊、普贤三大士中，观音"较二圣尤溥。尤是禀奉皈向，倾动法界。然昙典云兴，儒言星落，稍因所见，辑扬微妙，故特于灵异之外，加赞颂一门"。③卷九又增加了"法产"，他说"梵宫法产，虽曰土木攸关，实系规模久远"，但是"志家往往以事邻鄙琐，略而弗详，谬矣"，故"种种备载，所以昭法守，杜侵渔，示久远也。"④针对旧志，裘琏提出许多新观点，如在卷十"事略"中，他认为明代屠隆志中提出的普陀十二景牵强附会，"不雅不真"，自述他在修志之余，登临探讨，择其最胜且切者重列十二景，即"佛指名山""短姑圣迹""两洞潮声""千步金沙""华顶云涛""梅岑仙井""朝阳涌日""磐陀夕照""法华灵洞""光熙雪

---

①［清］裘琏：《南海普陀山志》卷一《志例》，武锋点校：《普陀山历代山志》，杭州：浙江古籍出版社，2014年，上册，第271页。

②［清］裘琏：《南海普陀山志》卷一《志例》，武锋点校：《普陀山历代山志》，杭州：浙江古籍出版社，2014年，上册，第272页。

③［清］裘琏：《南海普陀山志》卷一《志例》，武锋点校：《普陀山历代山志》，杭州：浙江古籍出版社，2014年，上册，第271页。

④［清］裘琏：《南海普陀山志》卷一《志例》，武锋点校：《普陀山历代山志》，杭州：浙江古籍出版社，2014年，上册，第273页。

霁""宝塔闻钟""莲池夜月"。①裴琏文采横溢,故定海知县江阴缪燧在《增修普陀山旧志例》中说:"后志妍辞丽管,点染山林,自是骚坛一座。"②裴琏最后更述修志之不易,他说:"志难矣,志禅林更难。尊重失体,必将弟孔子于桑门;笔削过严,不烦作董狐于鹿苑。皆不可也。又况事文义类多异儒言,进班马而谈龙象,必变色而趋矣。"③修志虽难,但裴志是承上启下之作,一方面,他继承了周应宾志书的特点,另一方面,在此基础上又有所创新,如"其'形胜'卷用笔精到,描述生动,为乾隆、道光山志之范本"④,加之他在此前的四十八岁参与编写了《大清一统志》,又在五十一岁完成了《定海县志》,有丰富的纂修志书的经验,所以,他编纂的《南海普陀山志》体例更趋完善,其不仅是"乾隆、道光山志之范本",也是近代王亨彦山志的重要参考。

关于其版本,王亨彦《普陀洛迦新志》云:"稿成,法雨寺镌板行世。会康熙南巡,览其书而善之。命侍卫记其姓名籍贯以去(《句章征文》)。琏年谱称《南海志》,省去'普陀'二字也。道光时,秦耀曾修山志云:'《裴志》,紫竹林尚有一册,残缺不完,难资稽核。'知其时已少传本。今法雨寺退院开如和尚有是志。卷面题:'光绪十四年六月二十四日,即日本明治二十一年八月一日。于上海乐善堂寓楼,邂逅普陀山化闻大和尚,谈论经典甚惬。因

①[清]裴琏:《南海普陀山志》卷一〇《事略》,武锋点校:《普陀山历代山志》,杭州:浙江古籍出版社,2014年,上册,第369页。
②王亨彦:《普陀洛迦新志》卷一二《叙录门》,杜洁祥主编:《中国佛寺史志汇刊》第1辑,台北:明文书局,1980年,第10册,第615页。
③[清]裴琏:《南海普陀山志》卷一《志例》,武锋点校:《普陀山历代山志》,杭州:浙江古籍出版社,2014年,上册,第274页。
④王连胜主编:《普陀洛迦山志》,上海:上海古籍出版社,1999年,第1023页。

知《普陀山志》久已失传，即以此书持赠，并志数字。日本岸吟香合十。'下扣岸樱之印一颗。开如为化闻嫡嗣，故得而藏之长生禅林，亦幸事也。"①可见，此志至光绪年间已近失传，后被收入《续修四库全书》。今被上海图书馆、首都图书馆等多家图书馆收藏。

　　朱谨，自署吴地山人，江苏昆山人。康熙四十一年（1702）应普济寺之请增修《普陀山志》。他也写有多首与普陀山有关的诗歌，如《寓白华庵赠耆长老》："访古意何极，还窥真歇泉。鬖池涵远脉，见水忆真禅。人立高云下，山横旭日边。宗风多后起，一勺是心传。"②又如《梅岑庵》："入吴为健卒，泛海作仙人。抱节游于世，随方寄此身。大丹烹日月，小隐答君亲。留得崖前水，涓涓蓄万春。"③再如《寓仁德堂》："暮年犹蹈海，至此未还家。梦过如飘叶，春残又落花。客心憎笔砚，儒业羡袈裟。何似山头石，无情阅岁华。"④朱谨还撰有《大悲阁记》，谓："悲也者，慈之至也；慈也者，仁之端也；仁也者，性之至、善之长也。老氏言慈不言仁，孔子罕言仁，而慈与孝并举，曾子亦并举之；佛氏言慈复言悲，而其要归则曰能仁。世之崇奉大悲者，是必以佛之慈且悲，体而行之，以及于民物；非特求佛之慈且悲加乎我一人之身也。"⑤将佛家慈悲

①王亨彦：《普陀洛迦新志》卷一二《叙录门》，杜洁祥主编：《中国佛寺史志汇刊》第1辑，台北：明文书局，1980年，第10册，第607页。
②王亨彦：《普陀洛迦新志》卷五《梵刹门》，杜洁祥主编：《中国佛寺史志汇刊》第1辑，台北：明文书局，1980年，第10册，第321—322页。
③王亨彦：《普陀洛迦新志》卷五《梵刹门》，杜洁祥主编：《中国佛寺史志汇刊》第1辑，台北：明文书局，1980年，第10册，第324页。
④王亨彦：《普陀洛迦新志》卷五《梵刹门》，杜洁祥主编：《中国佛寺史志汇刊》第1辑，台北：明文书局，1980年，第10册，第331页。
⑤王亨彦：《普陀洛迦新志》卷五《梵刹门》，杜洁祥主编：《中国佛寺史志汇刊》第1辑，台北：明文书局，1980年，第10册，第319页。

理念和儒家仁孝思想融会贯通。

　　陈璿为长洲(今苏州,有说为岳州)人,有《祖印寺》诗:"翁洲第一古禅林,院宇俱芜佛仅存。沧海平时来破衲,遗黎归后理祇园。招邀素侣双荒径,尊重维摩一短轩。此去洛迦山不远,潮音日夜印心源。"①

　　朱谨、陈璿所编《南海普陀山志》,收于武锋《普陀山历代山志》,为雍正十三年(1735)刻本。朱志目录前有云间王鸿绪《增修南海普陀山志序》、古闽蓝理《南海普陀山志序》、定海总兵施世骠《增修普陀山志序》、襄平甘国璧《南海普陀山志序》,另外卷一中收有定海知县缪燧的《志例》。在雍正十三年的刻本中,还收有雍正十二年《御制普陀普济寺碑文》、雍正十三年鄞县邵基的《敕修普陀普济寺志序》以及《圣恩宽免普陀普济寺钱粮碑记》《普济寺监院克勤善上人总持普陀记》《特旨修建南海普陀山普济、法雨二寺记》等三篇《国朝敕谕》。全书共十五卷,卷一山图、志例,卷二星野、形胜,卷三梵刹、建置,卷四缘起、名号,卷五灵感、示现、经证,卷六法统、禅德,卷七朝典,卷八颁赐、古迹、流寓(附),卷九精蓝、方物,卷十法产(附规制定约)、事略,卷十一艺文,卷十二国朝艺文,卷十三艺文(诗),卷十四本朝艺文(诗),卷十五艺文(僧诗)。其编志的基本原则,缪燧在《志例》开头即有表述:"惟普陀片石孤悬海中,为普门胜地,觉迷拯溺,历有明征,为之说者亦其慎哉!吾是以志佛不敢旁及,志山不敢子虚,志事不敢齐谐,志辞不敢月旦,悉依旧闻,实以近事,盖此书之大凡也。"②说明他是非常谨慎的。从卷目看,

---

①[清]史致驯、黄以周等编纂,柳和勇、詹亚园校点:《定海厅志》卷二七"寺观·祖印寺"条,上海:上海古籍出版社,2011年,第771页。

②[清]朱谨、陈璿:《南海普陀山志》卷一《志例》,武锋点校:《普陀山历代山志》,杭州:浙江古籍出版社,2014年,中册,第537页。

其与裴志仅有少许不同，如"灵异"改为"灵感、示现"，又如"法统"之后的"释系"改为"禅德"，但在内容上却是"小同大异"。[①] 多数内容几乎重写，如"志例""星野""形胜"等，且新加了"缘起、名号"等。因此甘国璧在序言中说："伏见御书天藻之瑰丽，名公硕士题咏之清新，峰峦之森列，花木之珍奇，洋洋溢溢，如亲到名山、亲登佛地者矣。虽万里殊途，而灵山方寸，何尝间于毫末？"[②] 然朱志亦有不足之处，如《四库存目》云："是志所述，本末颇具，而叙事冗沓无法。"秦耀曾志《例言》云："是志每卷开载编辑姓氏，或列朱、陈、裴三人，或列陈、裴二人，或列朱一人。成之既非一时，订之亦非一手。体例不分，难免纰陋。"[③] 合诸说观之，其得失亦可知矣。

二、乾隆朝许琰《重修南海普陀山志》

许琰（1688—1755），字保生，号瑶州，福建金门人。据《珠浦许氏族谱》，许琰为金门珠浦许氏后人。珠浦许氏以儒业传家，故许氏家族中有很多科举中试者。他师从漳浦蔡世远，六岁能诗，雍正五年（1727）丁未科进士，授翰林院庶吉士，顺天乡试同考官。后改知县。随后辗转于燕、齐、楚、豫、吴、越间，自云："车尘马迹，欲求一江湖散人、烟波钓客，与之旗鼓相当，卒鲜同调。"[④] 晚年罢

① 王亨彦：《普陀洛迦新志》卷一二《叙录门》，杜洁祥主编：《中国佛寺史志汇刊》第1辑，台北：明文书局，1980年，第10册，第613页。
② ［清］朱谨、陈璿：《南海普陀山志·序》，武锋点校：《普陀山历代山志》，杭州：浙江古籍出版社，2014年，中册，第520页。
③ 王亨彦：《普陀洛迦新志》卷一二《叙录门》，杜洁祥主编：《中国佛寺史志汇刊》第1辑，台北：明文书局，1980年，第10册，第613页。
④ ［清］林焜熿：《金门志》卷一〇《人物列传》，孔昭明主编：《台湾文献史料丛刊》第2辑，台北：台湾大通书局，1984年，第38册，第232页。

职归家。据《同安县志》和《金门志》等资料,许琰著述有十一种,其中《瑶洲文集》《诗集》《森粹集》《诗余词调》《茌平县志》《寸知编》等已散佚,目前留存的仅有《宁我草堂诗钞》四册、《宁我草堂诗余》二卷、《齐河县志》十一卷(其中卷首一卷、正文十卷)、《重修南海普陀山志》二十一卷(卷首一卷、正文二十卷)、游记《普陀纪胜》一卷,共五种。① 其中《普陀纪胜》收录于《小方壶斋舆地丛钞》第四帙,《重修南海普陀山志》刊刻于乾隆五年(1740),收于《续修四库全书》第723册。许琰善诗文,今藏国家图书馆的乾隆刻本《宁我草堂集》为《宁我草堂诗钞》和《宁我草堂诗余》的合刻本,共十二卷,前二卷为《宁我草堂诗余》,收录词作七十九首,后十卷为《宁我草堂诗钞》,收录诗歌五百零九首。

　　许琰与有多首与普陀山有关的诗歌,如《潮音洞》:"佛选千年地,汪洋幻一沤。石连根尽啮,洞自顶俱浮。梵宇崇当代,灵光始此丘。我今犹不肯,临去再三留。"②《朝阳洞》:"洛伽分秀气,海岸一峰悬。建刹疑无地,穿楼别有天。白知潮欲响,红见日初然。心境两俱寂,真堪静者禅。"③《观音洞》:"地势磨旋海,岩形笠覆僧。路危侵叶过,岭峻挟云登。鸟向归龛佛,龟呼上岸朋。不因留圣迹,雕镂恐无能。"④《梵音洞》:"海岸穷危磴,悬梯俯石

---

① 刘晓青:《清代金门作家许琰研究》,福建师范大学硕士学位论文,2019年,第1页。
② 王亨彦:《普陀洛迦新志》卷二《形胜门》,杜洁祥主编:《中国佛寺史志汇刊》第1辑,台北:明文书局,1980年,第10册,第107页。
③ 王亨彦:《普陀洛迦新志》卷二《形胜门》,杜洁祥主编:《中国佛寺史志汇刊》第1辑,台北:明文书局,1980年,第10册,第110页。
④ 王亨彦:《普陀洛迦新志》卷二《形胜门》,杜洁祥主编:《中国佛寺史志汇刊》第1辑,台北:明文书局,1980年,第10册,第111页。

砠。洞从天半劈,潮向阁阴揿。浩月浮金钵,闲云宿宝幢。睇观
千百丈,真觉毒龙降。"①《游普陀》:"大壑悬崖古道场,石莲花顶
锦屏张。竹林人转肩挑雾,檀树僧归衲带香。绝壁当街通紫气,
平沙连海展金光。磬钟定后诸缘静,孤月圆明挂上方。"②此外,
他还写有《法泽和尚昙现寿序》《长生庵记》等。《长生庵记》记载
了普陀山的山、海、潮等景观,开篇即言:"环普陀之山皆海也。而
普陀之最可以观海者,莫奇于几宝山下之千步沙。"并记录了他和
法泽的对答,认为"泽公之言,通造化,了死生",希望泽公退休以
后,"更谒山灵,便当栖宿此庵,以并观日月之东生也"。③许琰
所说的泽公,既是他的族弟,又是法雨寺住持。许琰在《重修普陀
山志序》中说:"法泽为余族弟,少寓余业师梁村蔡先生里中之清
泉,岁与师交游最密。后为普陀法雨住持。"④因为许琰是法泽堂
兄,所以法泽便请许琰修普陀山志书。在黄应熊的《序》中,对此
记载甚详,他说法泽每念受皇恩深重,"思再辑山志以垂久远",而
又虑"纰漏潦草,只仍前志之失,则又无以为名山之光而志皇恩于
永久,迟而未轻举者数年"。恰好乾隆四年(1739)夏,许琰至普
陀山,黄应熊再问法泽修志之事,认为这是时机,"弗可失矣",乃
"聘住山中,取前志删芜订谬,补其未备。校辑既成,得卷二十,目

① 王亨彦:《普陀洛迦新志》卷二《形胜门》,杜洁祥主编:《中国佛寺史志汇刊》
　　第1辑,台北:明文书局,1980年,第10册,第112页。
② 王亨彦:《普陀洛迦新志》卷二《形胜门》,杜洁祥主编:《中国佛寺史志汇刊》
　　第1辑,台北:明文书局,1980年,第10册,第165页。
③ 王亨彦:《普陀洛迦新志》卷五《梵刹门》,杜洁祥主编:《中国佛寺史志汇刊》
　　第1辑,台北:明文书局,1980年,第10册,第285—286页。
④ [清]许琰:《重修南海普陀山志》,武锋点校:《普陀山历代山志》,杭州:浙江
　　古籍出版社,2014年,中册,第820页。

如其卷,一山之灵胜具焉。雨寺之规制详焉,不蔓不支"。① 故王鼎勋在给秦耀曾志书的序言中指出:"乾隆四年,后寺又请许琰重修,镌板行世。"② 其中的"后寺",指的就是法雨寺。

　　许琰对前朝的普陀山志书有自己的看法,他认为裴琔编的《南海普陀山志》"闳肆极矣,然而不免词费"③,可以看出,他在志书用词上是非常考究的。许琰又在其志书的《凡例》中概述并评价了康熙朝的两部志书:"康熙三十七年戊寅,普济、法雨两寺同请裴殷玉先修辑。稿成,法雨旋即授梓。普济又请朱、陈二公重加增削,至四十四年乙酉始梓,遂与法雨所刻小同大异,然胜境事迹则无不同也。"④ 在此基础上,许琰编著《重修南海普陀山志》。其目录前收有邵基的《敕建南海普陀重修山志序》、许琰的《重修普陀山志序》、黄应熊的《重修普陀山志序》、许琰的《凡例》。该书共二十一卷,卷首"天章"包括康熙和雍正的御制碑文,卷一"形胜"记载了普陀山的"海""山"等景观;卷二"建置"记载了历代普济寺和法雨寺的建设情况;卷三"梵刹"记载了普济寺和法雨寺的殿堂亭楼阁建造情况;卷四"颁赐"记载了历代皇帝颁赐情况;卷五"灵异"记载了自唐文宗到乾隆时期的灵异感应事迹;卷六"法统"记载了普济和法雨二寺的临济宗宗门之传承;卷七"禅德"记

①［清］许琰:《重修南海普陀山志》,武锋点校:《普陀山历代山志》,杭州:浙江古籍出版社,2014年,中册,第821页。
②王亨彦:《普陀洛迦新志》卷一二《叙录门》,杜洁祥主编:《中国佛寺史志汇刊》第1辑,台北:明文书局,1980年,第10册,第626页。
③王亨彦:《普陀洛迦新志》卷一二《叙录门》,杜洁祥主编:《中国佛寺史志汇刊》第1辑,台北:明文书局,1980年,第10册,第608页。
④［清］许琰:《重修南海普陀山志》,武锋点校:《普陀山历代山志》,杭州:浙江古籍出版社,2014年,中册,第823页。

载了普济和法雨二寺的禅宗大德,他们"皆不与于法统,不与于衣
之传,非不与于禅之德也"①,如普济寺慧锷、法雨寺大智真融等;
卷八"精蓝"记载了除普陀、法雨二寺之外的分布于茶山、千步沙、
磐陀石的庵院等;卷九"流寓"记载了在普陀山修炼的八位道士;
卷十"法产"记载了两寺的法产和规制、定约等;卷十一"方物"记
载了普陀山的谷、蔬、木、竹、花、果、药、鸟、兽、虫、鱼等;卷十二
"事略"记载了普陀山的重要事迹;卷十三"旧章"记载了明代的敕
谕序碑等;卷十四"历朝艺文"记载了自元代以降的碑记、游记、
序文等;卷十五"国朝艺文"记载了清代与普陀山相关的记、疏、
序等;卷十六"释氏艺文"记载了僧人撰写的文字;卷十七"历代诗
咏"记载了宋、元、明三代的普陀山诗歌;卷十八"国朝诗咏"记载
了清代的普陀山诗歌;卷十九"释氏诗咏"记载了僧人写的普陀山
诗歌;卷二十"赞偈"记载了与普陀山有关的重要赞、偈、颂等。

　　相比以前,许琰的志有不少变化,一是侧重对普陀山的描写
与宣传,如卷一"形胜"先述"海",再叙"普陀洛伽山",不同于前志
述"海"之后再言之"洋""港"。而之所以如此安排,其理由是"志
为普陀而修,先之以海者,所以位置普陀之山之在南海也。前志
'形胜'乃自海而及洋港,自普陀而及冈岭,一海一山并提而志,未
免主脑不清","庶阅者知此书之为普陀山志也"。②二是加强了
对"普陀山为观音道场"的宣传,如他所说,山以菩萨而闻名,"志
山实志菩萨",并明确提出"前志记普陀山,并不提出菩萨说法道

①［清］许琰:《重修南海普陀山志·凡例》,武锋点校:《普陀山历代山志》,杭
　州:浙江古籍出版社,2014年,中册,第886页。
②［清］许琰:《重修南海普陀山志·凡例》,武锋点校:《普陀山历代山志》,杭
　州:浙江古籍出版社,2014年,中册,第823页。

场", 这犹如看竹不问主人。① 三是分类更细, 如艺文、诗咏部分除分为历代和国朝外, 还将"释氏"艺文专门列出。

正因分类太细, 增删过多, 后人对《许志》评价褒贬不一, 如王亨彦说: "观其凡例, 似明《侯志》《周志》, 清《裘志》《朱志》, 其时俱获见之。择善而从, 宜高出诸志之上, 乃'建置''梵刹''精蓝', 可并而不并。'法统''禅德', 可合而不合。'艺文''诗咏'居全书之半, 可节而不节。'形胜门'沿《裘志》例, 先之以海, 谓所以位置普陀山之在南海, 其说更曲。惟云'山志本无事星土', 云'是山以菩萨而名, 是山皆迹, 是迹皆古', 云'菩萨不藉证而灵, 亦不藉证而后知为菩萨之山', 依旧志而删裘之'星野''古迹', 依《裘志》而删朱、陈志'缘起''经证'等门, 甚为有见。至'颁赐门', 有乾隆三十七年事; '法产门', 有三十八年李国梁序、宋如林序, 均后人续窜, 非原书之旧矣。"② 而宋金芹认为《许志》是继雍正间重刊《普陀山志》之后, 又一次较大规模的增补和重修。此志重整大纲, 卷首列凡例和天章, 分为十六门, 调整后的门目更加清晰, 即分类周全详备、归类明晰, 是后志之典范。③

三、道光朝的秦耀曾《重修南海普陀山志》

秦耀曾, 江苏南京人, 生于书香门第, 其家族为清代南京的科举世家。清代南京既是全国经济中心, 又是文化中心, 加之江

① [清]许琰:《重修南海普陀山志·凡例》卷七《禅德》, 武锋点校:《普陀山历代山志》, 杭州: 浙江古籍出版社, 2014年, 中册, 第824页。
② 王亨彦:《普陀洛迦新志》卷一二《叙录门》, 杜洁祥主编:《中国佛寺史志汇刊》第1辑, 台北: 明文书局, 1980年, 第10册, 第621—622页。
③ 宋金芹:《普陀山志整理、研究与编撰之管见》,《浙江海洋学院学报》(人文科学版)2017年第4期。

南贡院在士子中有很高地位,南京也成为科举重地。据范金民统计,清代南京共有进士311人,占江南地区的7.75%,其中状元3人。而秦氏家族是其中较为典型的科举世家,南京至今仍有"秦状元巷",即是因此而命名。秦耀曾的爷爷秦大士是乾隆十七年(1752)状元,能诗善书,又擅画,官至侍讲学士,负责教授皇子学问。乾隆二十七年(1762),秦大士担任福建壬午科乡试正考官,得士称盛。秦耀曾的父亲秦承恩为乾隆二十六年(1761)进士,选庶吉士。嘉庆十年(1805),秦承恩任左都御史,仍署江西巡抚。十一年五月,授工部尚书;六月,调刑部尚书;九月,署直隶总督。他还"精于考据,尤好地舆之学"。秦耀曾为兵部候补员外郎,是嘉庆年间举人,工诗文,著有《凤梨书屋文集》《铜鼓斋诗钞》《澹然居骈文》《冶城箫谱》《白门词略》《雪园词话》等。① 道光年间,秦耀曾和孙麟趾一起活跃于词坛,"江东词社倡和"始于道光二十五年(1845),废于道光二十六年(1846),在"江东词社"解散后,他们又组织了"青溪水榭倡和""秦淮枯柳倡和",实是"江东词社"唱和的延续。"江东词社"共有六人参与唱和,共唱和十五集,其中第一、第三、第四、第五、第九集首倡为孙麟趾,第六、第七、第八、第十、第十四集首倡为秦耀曾,可见,在参与倡和的六人当中,秦、孙二人均是核心。此外,"江东词社倡和"又可分为前后两部分,第一至第十集,参与者为孙麟趾、秦耀曾、孙廷、孙若霖四人。雷葆廉《江东词社词选序》即云:"如江东词社诸君,趁斑管之清才,占白门之胜地,人号四杰。"② 秦耀曾即是四杰之一。秦耀曾创作有

---

①孟义昭:《清代南京的文化世家》,《寻根》2014年第6期。

②[清]雷葆廉:《江东词社词选序》,[清]汤贻汾辑:《江东词社词选》,清道光二十六刻本。

很多词,如他和孙麟趾《疏影·寒柳》:"霜凝雾积。把大堤老柳,
皴上寒色。水驿山村,曾记长条,鹅黄乍染浓汁。藏莺掠燕无多
日,忽转眼、者般萧瑟。想个人、袖却葱尖,倚槛怕吹横笛。
偏有昏鸦数点,恰来暗影里,聊慰今夕。已过秋风,憔悴关河,难
觅旧时愁碧。斜阳红到阑干角,熨不暖、几丝凄恻。待好春、偷画
纤眉,只恨玉骢遥隔。"①

　　秦耀曾曾记有普陀山《锡麟堂》,追述了其名字之来历和神
圣,谓:"是知拈花微笑,去来早晤三生;树草忘忧,似续远延百世
矣。""每值扬屿波晴,单舟独访;光熙烟雾,双屐相寻。已公可与
谈诗,如满何妨结社?""余以辛卯暮春,敬诣名山,亲瞻胜境。香
室郁以华壮,梵宫朗而辉煌。要使长廊广殿,特增法界之基;谁云
智女圣男,不藉空王之庇?"②寥寥数语,彰显普陀山之神圣,足见
秦耀曾的词章之功。

　　道光年间,普济寺住持能仑请秦耀曾编修新志,名为《重修
南海普陀山志》。《普陀洛迦新志》卷六载,康熙四十四年(1705)
朱谨等人编的志书之志版,原藏于普济寺卫教堂,但是嘉庆十年
(1805)冬天的一场大火将志版烧为灰烬。"仑恐寺中文献无征,
以重锓山志为己任。考证废兴,网罗散佚,未敢一日懈。道光十一
年辛卯,会定海县署幕宾秦耀曾来山礼佛,嘱为修辑。将事迹可入
志者函寄署中,俾之删订成书。即今所行秦修《普陀山志》是也。"③
　　秦耀曾所修《重修南海普陀山志》也为二十卷,卷目前有王鼎

---

① 刘深:《孙麟趾的词学活动与"江东词社"唱和》,《名作欣赏》2013年第17期。
② 王亨彦:《普陀洛迦新志》卷五《梵刹门》,杜洁祥主编:《中国佛寺史志汇刊》
　 第1辑,台北:明文书局,1980年,第10册,第301—302页。
③ 王亨彦:《普陀洛迦新志》卷六《禅德门》,杜洁祥主编:《中国佛寺史志汇刊》
　 第1辑,台北:明文书局,1980年,第10册,第370页。

勋和陈殿阶分别赠给普济寺的题额"净域禅那"和"清心皓月"，
王鼎勋、陈桂生、秦耀曾分别撰写的《重修南海普陀山志序》，秦
耀曾的《凡例》，以及《普济修建处所》和《助山田碑记》等。卷之
首"天章"收录康熙的《补陀罗迦山普济禅寺碑记》和《南海补陀
法雨寺碑文》，雍正的《御制普陀普济寺碑文》。卷一"形胜"述普
陀山的山、峰、岭、岩、石、洞、境、桥、潭、涧、泉、井、池、礁等。卷
二"建置"记载了普济寺和法雨寺的历代敕建赐额等情况。卷三
"梵刹"主要记载了普陀和法雨两寺的殿堂楼阁的位置、尺寸和修
建情况，尤以普济寺为详。卷四"颁赐、施赐、命使"记载了历代帝
王、皇亲以及重要官员的布施情况。卷五"经证"摘录了《华严经》
《楞严经》《法华经》《藏教密乘经》等十余种显密经典所记载的观
音菩萨，其中将《华严经》记载"补怛洛迦"的资料列为第一。卷六
"灵异"记载普陀山的历代灵异感应事迹。卷七"法统"记载普济
寺和法雨寺的禅宗法脉传承和祖师塔。卷八"禅德"记载两寺"未
跻法座"的禅宗大德；卷九"精蓝"记载茶山、千步沙、磐陀石的庵
院。卷十"流寓"记载普陀山的道家仙侣。卷十一"法产"收有康
熙《御旨恩准载运米石出海文稿》《圣恩宽免普陀钱粮碑记》和普
济寺、法雨寺法产和定约等。卷十二"方物"记载普陀山的谷、蔬、
木、竹、花、果、药、鸟、兽、虫、鱼等。卷十三"事略"记载普陀山的
重要事迹，其以观音感应事迹为主。卷十四"旧章"收有《明神宗
皇帝赐藏经敕》《再赐藏经敕》《三赐全藏经敕》《御制圣母印施佛
藏经序》《御制新刻〈续入藏经〉序》《御制重建普陀寺碑》等。卷十
五"历朝艺文"收有历朝赞普陀山或观音菩萨的诗、偈、赋、记、考、
疏、碑、传等。卷十六"国朝文艺"记载了清代与普陀山有关的序、
表、记、疏、序、铭、传等。卷十七"释氏文艺"记载了明清僧人撰
写的传、序、碑、记等。卷十八"历朝诗咏"收录了历代的普陀山诗

歌。卷十九"国朝诗咏"收录了清代的普陀山诗歌。卷二十"释氏诗咏、赞偈"收录与普陀山和观音有关的诗歌、赞偈等,多为僧人撰写。

从卷目来看,《秦志》继承了《许志》的多数分类,除卷首外,同为二十卷。但仍有不同,如将《许志》中的"赞偈"收入"释氏诗咏",而再加"经证"一门。在内容编排方面,也有不同之处,如"形胜"直接从"普陀洛迦山"开始写起,不再记"海",究其原因,秦耀曾说:"旧志'形胜门'内山、海并提,固属主脑不清。《许志》先提'海'字铺张,再疏'普陀洛迦',明普陀之在南海也。然南海幅员甚广,篇中所引与普陀毫无干涉。今将'海'字一段删去,首载'普陀洛迦山'较为直捷。"① 又如"颁赐"中将颁赐、施赐和命使分开,这样分类更为详细;且"精蓝"又在《许志》基础上补充了平山洞、小山洞等庵十余处;"流寓"也在《许志》基础上补充了林增志、吴钟峦二人。总之,不论从卷目、体例还是内容来看,本志皆是既有继承又有突破,有一定的文献价值。如有人指出:"此志以《康熙志》《乾隆志》为蓝本,以普济寺事迹为主题,将原志中'赞偈门'移于'释氏艺文'之后,增补了寺院规制等内容,十五至二十卷几乎集中了历代志书所载艺文诗咏,具有较高的文献价值。"②

此志为普济寺住持能仑请秦耀曾编纂。志成后,也有不同意见,如王亨彦指出:"乾隆《许志》,为法雨寺所延修;道光《秦志》,为普济寺所延修。二志各有所祖,其比事属辞,往往详主寺而略

① [清]秦耀曾:《重修南海普陀山志·凡例》,武锋点校:《普陀山历代山志》,杭州:浙江古籍出版社,2014年,下册,第1108页。
② 宋金芹:《普陀山志整理、研究与编撰之管见》,《浙江海洋学院学报》(人文科学版)2017年第4期。

他寺，《秦志》尤甚。"①明确指出《秦志》详普济而略他寺。这从其内容也可看出。王亨彦还指出："是志门类卷数悉仍《许志》，惟并《许志》'赞偈'，附于'释氏艺文'，另添'经证'一门，为不同耳。然'经证'本于《朱志》，许已驳之，而仍沿之，未免去取失当。山志自裒辑后，两寺各自延修，往往详己略人。是志尤甚。虽出自住僧偏见，而秉笔者究难辞其咎也。至山图前后载有前寺修建处所，助田碑记，鸿昆扁音；核其年分，当为后来寺僧续窜，非耀曾原书所有也。"②此评价多数较为中肯，然其所说"经证""许已驳之"，指的是许琰曾说"经证"一门源于盛熙明的志书，后在朱志中专列，但"菩萨不藉证而灵，普陀亦不藉证而后知为菩萨之山也"。③在许琰驳后又列于其中，"未免去取失当"。但我们认为志书中加入佛经中非常重要的记载，是有必要的。比如，假如没有《华严经》关于"补怛洛迦山"的记载，"观音道场的中国化"很可能是另一种书写方式，"普陀山成为观音道场"也很可能是另一种建构方式，因此，在志书中加入"经证"是有必要的。

第五节　清代普陀山神圣空间的全面建构

在清代诸帝尤其是康熙、雍正、乾隆皇帝的大力支持下，在官员和士大夫的推崇下，在普陀山诸高僧的引领下，在清代四部志

---

① 王亨彦：《普陀洛迦新志》卷一《本迹门》，杜洁祥主编：《中国佛寺史志汇刊》第1辑，台北：明文书局，1980年，第10册，第23页。

② 王亨彦：《普陀洛迦新志》卷一二《叙录门》，杜洁祥主编：《中国佛寺史志汇刊》第1辑，台北：明文书局，1980年，第10册，第628页。

③ [清]许琰：《重修南海普陀山志·凡例》，武锋点校：《普陀山历代山志》，杭州：浙江古籍出版社，2014年，中册，第825—826页。

书的渲染下,加上中国佛教向世俗化的纵深发展,清代普陀山全面构建起了以观音菩萨为其精神核心的神圣空间。其中被神圣化的自然景观种类和数量更多,神圣性的人文景观也继续增多,与此同时,普陀山全山被神圣化为一座观音圣山。

一、自然景观之神圣

相对于明代,普陀山的自然景观不论是从种类还是数量上都在增多,尽管清代诸志书体例不同,但皆有对其自然景观之记载。其主要记载于"形胜"篇,另在"方物"篇中也有记载。清代最后一部志书——秦耀曾志书言:"震旦中国名山道场多矣,而山川形胜之奇,普陀为最。"① 清代普陀山的自然景观主要有山、峰、岩、石、洞、窟等,现据秦耀曾志书将其列表统计(见表七)。

表七:清代普陀山自然景观 ②

分类	名称
山	普陀洛迦山、白华顶、锦屏山、雪浪山、莲台山、青鼓山、茶山、伏龙山、天竺山、梵山、南山、毛跳山、六峤山、长短山、喇叭嘴山、塘头山、采花山、金盂山、小洛迦山、香炉花瓶山、朱家尖山、顺目涂山、桃花山、豁沙山、葫芦山、石牛山、箭港山、小山
峰	踞狮峰、圆应峰、象王峰、炼丹峰、白衣峰、妙应峰、观音峰、灵鹫峰、达磨峰、塔子峰、弥陀峰、梅岑峰、正趣峰、雨华峰、会仙峰、金刚峰

① [清]秦耀曾:《重修南海普陀山志》卷一《形胜》,武锋点校:《普陀山历代山志》,杭州:浙江古籍出版社,2014年,下册,第1122页。
② [清]秦耀曾:《重修南海普陀山志》卷1《形胜》、卷一二《方物》,武锋点校:《普陀山历代山志》,杭州:浙江古籍出版社,2014年,下册,第1122—1135页、第1206—1209页。

续表

分类	名称
岭	几宝岭、白华岭、旃檀岭、圆通岭、欢喜岭、葡萄岭、青鼓岭、笑天狮子岭、朝阳岭、东屏岭、孝顺岭
岩	八仙岩、东方岩、西方岩、玲珑岩、石浪岩、圆通岩、狮子岩、虎岩、象岩、兔岩、佛手岩、龙岩、狮象岩、文殊岩、鹰岩
石	磐陀石、说法台石、五十三参石、二龟听法石、柱空石、八卦石、马鞍石、云扶石、巫山石、不二石、一叶扁舟石、仙掌石、香炉石、佛牙石、鹦哥石、天篦石、水墨石、点头石、无畏石、叠子石、虾蟆石、真歇石、灵芝石、慈云石、鼓石
窟	金刚窟
洞	潮音洞、龙女洞、法华洞、朝阳洞、摩尼洞、金刚洞、宝塔洞、莲台洞、观音洞、梵音洞、洛迦洞、平天洞
岙	梵岙、雨华岙、吉祥岙、飞沙岙、后岙、虓虎岙
湾	龙湾、司基湾、幽静湾、青石湾、龙泉湾
地	三摩地
境	藤萝境、清净境、空有境、西方境
沙	金沙、千步沙、龙沙、塔前沙
洋	莲花洋、东大洋、王大洋
礁	新罗礁、善财礁
潭	龟潭、龙潭
涧	东涧、西涧、中涧、澄灵涧、青玉涧、雪浪涧
泉	菩萨泉、菩提泉、功德泉、真歇泉、三昧泉、活眼泉、八功德泉、涤心泉
塔	太子塔、金刚塔、华严铜塔、千佛塔

续表

分类	名称
桥	永寿桥、瑶池桥、大士桥、智度桥、雨瀑桥
井	葛洪井、仙人井、金沙井
池	海印池、放生池、光明池、翦鉴池
路	妙庄严路、玉堂街
门	东天门、西天门、杨屿门
方物	谷之属、蔬之属、木之属、竹之属、花之属、果之属、药之属、鸟之属、兽之属、虫之属、鱼之属

从上表可以看出,道光年间的《重修南海普陀山志》所记载的自然景观类别主要有山、峰、岭、岩、石、窟、洞、峁、湾、地、境、沙、洋、礁、潭、涧、泉、塔、桥、井、池、路、门等。其中"门"即"两山相夹谓之'门'",故列于自然景观;"桥、井、池、路"应属于自然与人文合一的景观;而"塔"似应属人文景观,但被列入"形胜"类,故列入上表。此外,"方物"类中的"谷之属、蔬之属、木之属、竹之属、花之属、果之属、药之属、鸟之属、兽之属、虫之属、鱼之属"也属自然景观,但多属于植被景观和动物景观。相比之下,"形胜"类中更多的是地质地貌景观。不论是地质地貌景观还是植被动物景观,其种类和数量均有所增加,如"泉"类中的"活眼泉"是清普济寺住持通旭"治退居之室,得泉,饮之而甘,故赐以名"。[1]此外,景观命名多数以佛教相关名词为主,如莲台洞、五十三参石等;有些名字原来并无佛教意义,到了清代又通过改名赋予神圣意义,如"峰"类中

---

[1]〔清〕秦耀曾:《重修南海普陀山志》卷一《形胜》,武锋点校:《普陀山历代山志》,杭州:浙江古籍出版社,2014年,下册,第1133页。

的"正趣峰",在梵山右,白石磷磷,如嵌珠璧,旧称玉趣峰,清代普济寺住持通旭将其改为"正趣峰"。他说:"以此地为大士说法道场。善财二十八参中,正趣菩萨从他方来示现说法,经载甚明,奈何讹'正'为'玉'耶?"[1] 是说正趣菩萨是《华严经》中善财童子五十三参时的第二十八参所参访到的大菩萨,故名正趣峰。通过这种命名方式,普陀山和《华严经》结合得更为紧密,也更具神圣性。

二、神圣人文景观之构建

人文景观中,除了上文言及的太子塔、金刚塔、华严铜塔、千佛塔等塔类景观外,最主要的就是寺、庵。清代普陀山佛寺有几次重大修建或恢复,其中最重要的是康熙和雍正年间对普济寺和法雨寺的修建。此外,慧济寺也在清代迅速崛起。与此同时,很多小庵也如雨后春笋般迅速涌起,共同构筑了普陀山的神圣空间。

清代,普济寺仍是当之无愧的普陀山首刹。康熙八年(1669),荷兰殖民者入侵普陀山。全山遭受重创,寺院几乎全毁,普济寺除大殿外荡然无存。"至康熙十年,定海县废,僧复内徙,寺院残毁,存者十无一二。"[2] 康熙二十八年(1689)南巡杭州,定海总兵黄大来汇报东南沿海海防情况时,趁机向康熙皇帝讲述了普陀山观音道场百废待兴之情况。康熙赐金千两建设前后两寺。此后,康熙皇帝数次赐金修建寺院。康熙三十八年(1699),赐额"普济群灵",始有"普济禅寺"之名,同时,准两寺住持奏请,发金陵城内琉璃瓦十二万,"改盖两寺大殿"。雍正九年(1731),赐帑金

---

[1]〔清〕秦耀曾:《重修南海普陀山志》卷一《形胜》,武锋点校:《普陀山历代山志》,杭州:浙江古籍出版社,2014年,下册,第1125页。

[2] 王亨彦:《普陀洛迦新志》卷一一《志余门》,杜洁祥主编:《中国佛寺史志汇刊》第1辑,台北:明文书局,1980年,第10册,第559页。

七万两修建前后两寺，扩建殿堂及用房。至道光年间，普济寺已颇具规模，寺基"南距北六十丈，东距西八十丈，规方共二百八十丈"。①大殿有天王殿、钟楼、鼓楼、伽蓝殿、大圆通殿、景命殿、藏经殿、祖师殿、白衣殿等；堂有法堂、斋堂、东禅堂、西禅堂、长生堂、净业堂、延寿堂等；亭有万寿亭、御碑亭等；楼有香积楼、庆云楼等。另有东寮、西寮，其中俱有堂、馆、亭、祠、阁等。法雨寺也几乎在同一时间得到康熙、乾隆皇帝拨款建设，康熙三十八年，赐额"天花法雨"，方有"法雨寺"之名。康熙四十三年（1704）《御制南海普陀山法雨禅寺碑文》载："兹法雨寺者，南海补陀山大士之别院也。"②法雨寺寺基"广六十九丈，进深六十二丈五尺，规方共二百六十丈"。③殿堂有钟楼、鼓楼、天王殿、大圆通殿、大雄宝殿、伏魔殿、准提殿、祖师堂、龙王堂、三圣堂等；左翼有东禅堂、东斋堂、雨花楼等；右翼有西禅堂、西戒堂、云水堂等；东寮有先觉楼、霞光堂、明德堂、文元堂等。

　　清代普陀山新兴寺院中最为突出的是慧济寺的崛起。慧济寺位于白华顶右，又称佛顶山寺。其寺院缘起于明代，传说明代僧人圆慧在佛顶山见到一块石头，上镌"慧济禅林"四字，于是创慧济庵。康熙年间，八世孙普顺重修。之后兴废无常。后临济传人能积法师，"偶蹑峰顶，复得石碣，慨然以中兴为己任"。乾隆五十八年（1719），他首建圆通、玉皇二殿，再建大悲楼、斋楼等，

①［清］秦耀曾：《重修南海普陀山志》卷三《梵刹》，武锋点校：《普陀山历代山志》，杭州：浙江古籍出版社，2014年，下册，第1142页。

②［清］裘琏：《南海普陀山志·序》，武锋点校：《普陀山历代山志》，杭州：浙江古籍出版社，2014年，上册，第260页。

③［清］秦耀曾：《重修南海普陀山志》卷三《梵刹》，武锋点校：《普陀山历代山志》，杭州：浙江古籍出版社，2014年，下册，第1148页。

不久又扩庵为寺。自乾隆中兴以后,慧济寺获得重大发展,"嘉庆元年,初开钟板,挂单安众。咸丰元年,始传戒。光绪三十三年(1907),僧德化请藏经贮于寺。德化是年寂。文质两次主法席,大加建造,遂成巨刹"。不久,慧济寺与普济、法雨二寺共同成为普陀山三足鼎立的寺院,"一切规制,与普济、法雨称鼎峙。自能积以来,虽云重兴,实开创也"。① 殿有天王殿、大雄宝殿、地藏殿、雷祖殿等;堂有云水堂、禅堂、下斋堂、上斋堂、客堂、功德堂、祖堂等;楼有阅藏楼、西楼、钟楼、玉皇楼等;阁有藏经阁、大悲阁等,另有各种室、房等。另外,法雨寺在朱家尖、洞隩庄、吴榭庄、芦花庄、白泉庄等处皆有寺产,有些是来自普济寺的捐赠。

此外,在历代发展的基础上,清代已涌现有数百处小庵,许琰云:"普陀两寺而外,结宇以奉大士者,无虑三四百家,沧桑展复,创废不一。"② 按许琰之说,乾隆年间,庵有三四百处,但他在其志书的"精蓝"部分载有二百余处。道光年间,秦耀曾又云:"普门自两寺而外,静宇小庵不下一百余。"③ 二者所述数量虽有较大差异,但其所载具体数量却差别很小,秦耀曾指出许琰"漏载十余处"④,包括平山洞庵、小山洞庵等,但他所载庵院也是二百余处。可见,清代庵院约为二百处,主要分布于茶山、千步沙和磐陀石。

①王亨彦:《普陀洛迦新志》卷五《梵刹门》,杜洁祥主编:《中国佛寺史志汇刊》第1辑,台北:明文书局,1980年,第10册,第281—282页。

②[清]许琰:《重修南海普陀山志》卷八《精蓝》,武锋点校:《普陀山历代山志》,杭州:浙江古籍出版社,2014年,中册,第893页。

③[清]秦耀曾:《重修南海普陀山志》卷九《精蓝》,武锋点校:《普陀山历代山志》,杭州:浙江古籍出版社,2014年,下册,第1185页。

④[清]秦耀曾:《重修南海普陀山志·凡例》,武锋点校:《普陀山历代山志》,杭州:浙江古籍出版社,2014年,下册,第1111页。

下面据秦耀曾志书列表统计（见表八）。

表八：清代普陀山人文景观之庵院①

类别	名称
茶山	朝阳庵、慧济庵、梵音庵、无垢庵、圆觉庵、吉祥庵、方广庵、琉璃庵、观音庵、崇德庵、涌泉庵、华严庵、宏觉庵、智胜庵、圆应庵、灵瑞庵、雨华庵、餐霞庵、大休庵、弥陀庵、宝称庵、天竺庵、竹林庵、慈音庵、中峰庵、金刚洞庵、至善庵、祇园庵、法华园庵、极乐庵、弘隐庵、竹石居、平天洞庵、小山洞庵、宜庵、菩提庵、芥光庵、法喜庵、宝华庵、海澄庵、功德林庵、华严庵、慈慧庵、金刚庵、德邻庵、定慧庵、欢乐庵、月峰庵、鸡足庵、憨山居、象中庵、万松庵、大慈庵
千步沙	禅那庵、旃檀庵、悦岭庵、方圆岭、妙旨庵、金粟庵、望槎庵、甘露庵、长生庵、福源庵、龙寿庵、秀莲庵、双泉庵、大智塔庵、伴山庵、清凉庵、积善庵、摩尼庵、西资庵、海曙庵、慧日庵、慈元庵、翠微庵、智度庵、弥勒庵、杨枝庵、瑞云庵、大中庵、资福庵、开志庵、南山庵、万佛庵、海云庵、龙树庵、金陵庵、金地庵、大悲庵、盘龙庵、月印庵、圆信庵、雪浪庵、回龙庵、般若庵、莲台洞庵、天王殿、万年庵、融彻室、大士庵、清净庵、梵音洞庵、金沙庵、楞伽庵、双隐庵、青莲庵、宁居庵、白衣庵、一草庵、别峰居、雪云庵、师子庵、地藏庵、龙兴庵、羼提庵、松云庵、逸云庵、堆云庵、弹指庵、水济庵、福幢庵、月光室、青鼓庵、智定庵、太平庵
盘陀石	圆通庵、真歇庵、梅岑庵、磐陀庵、白华庵、净土庵、海岸庵、隐秀庵、息来庵、朝阳洞庵、法华洞庵、弥勒洞庵、太子塔院、文昌阁、昙华庵、柏子庵、紫竹林、韦驮殿、海常庵、修竹庵、宝函室、白云庵、娑罗庵、普慧庵、正觉庵、龙珠庵、水月庵、普济庵、灵芝庵、莲花庵、慈云庵、灵石庵、大觉庵、大慈庵、青籁庵、金刚庵、文殊院、白象庵、育恩院、复喜庵、林樾庵、瑞胜庵、佛首庵、永福庵、普门庵、祖音庵、六明庵、普同塔院、观音洞庵、法善庵、龙泉庵、芥瓶庵、圣寿庵、镇龙庵、仙井庵、西方庵、勺庵、迎旭庵、龙沙庵、律堂、法华庵、大观庵、桂花庵、长寿庵、上方庵、弥勒室、树德庵、明净庵、离垢庵、寄余庵、福慧庵、圆通境庵、净胜庵、永胜庵、总静室、天妃宫、关圣祠、海印庵

---

① [清]秦耀曾：《重修南海普陀山志》卷九《精蓝》，武锋点校：《普陀山历代山志》，杭州：浙江古籍出版社，2014年，下册，第1185—1197页。

据以上信息,茶山分布有五十三处庵院、千步沙七十三处、盘陀石七十八处,共计二百零四处。这比明代志书中所记载的庵院数量要多。这说明清代普陀山佛教发展达到了一个新的高峰,其神圣空间的建构更为系统。

可见,清代以寺、庵为代表的神圣空间建构获得了重大发展。

三、形神合一之普陀圣山

清代,更多的神圣化的自然景观和具有神圣性的人文景观共同构成了普陀山这一圣山景观,使得普陀山更加神圣,成为名副其实的观音道场和更具影响力的神圣空间,可谓"蜿蜒吐纳之势""钟峦蕴秀之归"。① 这一神圣空间,是"神圣之所开辟,贤真之所栖止,灵迹殊迹往往藉以表现"。② 普陀因观音而灵,观音因普陀而显,二者相得益彰、形神合一,如车之双轮、鸟之两翼,缺一不可。

作为"形"的普陀山奠定了神圣空间的物质或地理基础。其"形"特点有二:一是居于海中,二是山形独特。清代四部山志中的"形胜"篇对此均有描述。如裘琏志书云:"山四面之海虽称大洋,然皆有近山罗列映带,望之恍如内地。西南角上小山尤多,惟正东面无山,从此扬帆,直至日本,汪洋浩渺,不可以道里计矣。"③ 裘琏志书又云:普陀洛迦山"在今御名定海县之东海中,距县百余里,孤峙水际,蜿蜒绵亘,纵横各十里许,周遭四十余里,或

---

① [清]裘琏:《南海普陀山志》卷二《形胜》,武锋点校:《普陀山历代山志》,杭州:浙江古籍出版社,2014年,上册,第275—276页。
② [清]裘琏:《南海普陀山志》卷二《形胜》,武锋点校:《普陀山历代山志》,杭州:浙江古籍出版社,2014年,上册,第276页。
③ [清]裘琏:《南海普陀山志》卷二《形胜》,武锋点校:《普陀山历代山志》,杭州:浙江古籍出版社,2014年,上册,第276页。

云百里也。东控日本,北接登莱,南亘闽粤,西通吴会,实海中之巨障"。① 在其基础上,朱谨志又继续说:"如白华顶(一名菩萨顶)、锦屏山、光熙峰、大小雪浪山、象王峰、梅岑峰、达磨峰、正趣峰,此杰出也。东尽青鼓磊(磊,一作"雷",一作"楼");西尽大小风洞嘴;南尽道头、杨梅跳;北尽伏龙山,此四境也。小洛迦山峙其东南,翁洲诸山绵其西北,月岙拱其南,霍山映其东北,此四望也。山之概东多而西少,水之概南深而北浅,外多平冈幽洞,内多崇严曲涧焉。"② 这都指出了普陀山独特的地理特征。这种地理景观与山间的寺庙殿宇相互映衬,相得益彰,被认为是"海天共梵宇齐雄",如康熙五十七年(1718)《圣恩宽免普陀普济寺钱粮碑记》云:"若普陀洛迦山者,标金树刹,原从鹿苑分来;布宝成池,直是龙宫筑就。惟兹佛国,叠受皇恩。宸翰高悬,笔墨与浮图并峻;慧居重建,海天共梵宇齐雄。"③ 又雍正十二年(1734)和硕果亲王允礼奉敕书《御制普陀普济寺碑文》云:"朕惟天下名山大川,皆扶舆积厚之气,磅礴而融结。普陀秀峙海壖,迥立于天风紫涛浩沔无际之中,尤灵秀所萃聚,宜其为仙真之所栖息。"④ 将普陀山的神圣地理环境描述得淋漓尽致。

　　作为"神"的观音菩萨奠定了神圣空间的义理基础。自普陀山

---

① [清]裴璉:《南海普陀山志》卷二《形胜》,武锋点校:《普陀山历代山志》,杭州:浙江古籍出版社,2014年,上册,第277页。

② [清]朱谨、陈璿:《南海普陀山志》卷二《形胜》,武锋点校:《普陀山历代山志》,杭州:浙江古籍出版社,2014年,中册,第541页。

③ [清]朱谨、陈璿:《南海普陀山志·国朝敕谕》,武锋点校:《普陀山历代山志》,杭州:浙江古籍出版社,2014年,中册,第524页。

④ 王亨彦:《普陀洛迦新志》卷五《梵刹门》,杜洁祥主编:《中国佛寺史志汇刊》第1辑,台北:明文书局,1980年,第10册,第244页。

开山,观音菩萨常示现于普陀山,延及清代,感应事迹增多,观音
"示现"也愈多。朱谨云:"示现亦灵感也。有感而不见者矣。未
有不感而现者也。"他比喻说:"大士如月,众人如水,人见大士如
水受月影。不可谓影即是月,又不可谓月即是影,又不可谓影非
月影,又不可谓月本无影。月之照人也,有目者即见月;月之照地
也,有水即有影。然而人之求现于大士,有见有不见者。何也?此
亦如水受月,清者受之,浊则不受矣。"① 他以水月之喻来形容观音
之"示现"。朱谨还首次在普陀山志中专列"经证",以经文或前人
的论述来印证观音示现于普陀山。他主要引用了《楞严经》中的观
音菩萨"三十二应身"来证明,同时引用盛熙明志书中的"应感祥
瑞品",并添加了明清时期的一种重要的观音示现案例,如康熙二
十九年(1690)六月二十九日,定海总兵蓝理在梵音洞"亲见大士
现身"。② 在此基础上,秦耀曾志书中更是专列"经证"一卷,"敬
辑雕谈,弘宣妙谛",从《华严经》《楞严经》《法华经》《观音三昧经》
《大悲经》《悲华经》《藏教密乘经》《千手千眼观世音菩萨大圆满无
碍大悲心陀罗尼经》《千手千眼观世音菩萨姥陀罗尼身经》《千眼千
臂观世音菩萨陀罗尼神咒经》《如意陀罗尼经》《十一面神咒心经》
等十余部经中论述"菩萨缘起"和"菩萨神功"。如在引用的《华严
经》资料中专门提到"菩萨缘起",指出"补怛洛迦"林树蓊郁,观音
菩萨在山中的金刚石上,"勇猛丈夫观自在,为度众生住此山"。③

①[清]朱谨、陈璿:《南海普陀山志》卷五《示现》,武锋点校:《普陀山历代山
　志》,杭州:浙江古籍出版社,2014年,中册,第576页。
②[清]朱谨、陈璿:《南海普陀山志》卷五《经证》,武锋点校:《普陀山历代山
　志》,杭州:浙江古籍出版社,2014年,中册,第581页。
③[清]秦耀曾:《重修南海普陀山志》卷五《经证》,武锋点校:《普陀山历代山
　志》,杭州:浙江古籍出版社,2014年,下册,第1156页。

其余经论皆论观音菩萨的神圣。

　　普陀山之"形"与观音菩萨之"神"合一，构成了这一神圣空间。普陀山因为观音菩萨而"灵"，观音菩萨因为普陀山而"显"。到了清代，"兹山为古圣道场，瑞相神光，灵异显著"①，二者更加融为一体，这从清代诸多记载中可以看出来，如蓝理在为裴琏志书的序中说："洛迦，海外名山也，为普门大士亲选道场。"③甘国璧在给朱谨的志书中写道："名山大川，在处有之，或因人而传，因地而著。仙客骚人，高蹈肥遁者，指不多屈。于是乎噪名宇宙，特书国乘者往往然矣。若夫普陀，则竺乾家栖托之名山也。自佛教入中土，圆通大士以耳根法门化导兹方，遂指此山为应身说法之地。"④邵基在朱谨的志书中写道："四明东南际大海，其灵异秀特耸峙于烟涛浩森中者，为普陀洛迦山，即《华严经》所称补怛洛迦山，普门大士示现地也。南溟隩区，灵迹卓著。"⑤朱谨更是直言："普陀因道场而显，道场不止于普陀片地，然普陀片地即已具足无边大千。"⑥"试观今日之普陀，与佛经所说有以异乎？今日之道场，与大菩萨围绕说法时有以异乎？有谓胜会不常，法筵难再，不无今昔之殊，圣凡之别。然则现前之花果树林，泉流池沼，独非圆

①〔清〕朱谨、陈璿：《南海普陀山志·国朝敕谕》，武锋点校：《普陀山历代山志》，杭州：浙江古籍出版社，2014年，中册，第522页。

③〔清〕裴琏：《南海普陀山志·序》，武锋点校：《普陀山历代山志》，杭州：浙江古籍出版社，2014年，上册，第259页。

④〔清〕朱谨、陈璿：《南海普陀山志·序》，武锋点校：《普陀山历代山志》，杭州：浙江古籍出版社，2014年，中册，第520页。

⑤〔清〕朱谨、陈璿：《南海普陀山志·序》，武锋点校：《普陀山历代山志》，杭州：浙江古籍出版社，2014年，中册，第521页。

⑥〔清〕朱谨、陈璿：《南海普陀山志》卷四《缘起》，武锋点校：《普陀山历代山志》，杭州：浙江古籍出版社，2014年，中册，第568页。

明境界乎？"①雍正十二年（1734）和硕果亲王允礼奉敕书《御制普
陀普济寺碑文》还将普陀山与灵鹫峰、鹿野苑相提并论，认为"均
为净域之名区"。"今以大海视普陀，一拳石耳。而菩萨现相之
场，善众皈依之地。泛慈航于彼岸，结宝筏于迷津。证普渡之慈
缘，显宏深之愿力。珠宫在望，香界重新。宁不与鹫峰、鹿苑均为
净域之名区也欤！"②许琰志也云：普陀洛迦山"一名'补陀'，《华
严经》又称'补怛洛伽山'，盖梵名也，犹华言'小白花'云。乃善财
第二十八参，观音菩萨说法处"。③秦耀曾志书更是将这一形神
合一的神圣景观描绘得淋漓尽致："自白华顶至翦鉴池诸景，大而
层峦叠巘，小而卷石、亩塘，合之皆为普陀一山之名胜。而莲花洋
以下，汪洋巨浸中，岛屿拱列，则本山眼界所及，大士灵迹之所寄
遗也。"④正因其形神合一，在名称上也出现了"普陀观音""南海观
音"等称呼，如《百丈清规证义记》载："元延祐间，高丽驸马沈王，
被旨礼普陀观音。"⑤《盘山了宗禅师语录》载，盘山了宗在开示时，
以拄杖指空中，云："看看，南海观音菩萨来也。"⑥这都说明，到了
清代，普陀山之"形"和观音菩萨之"神"已完全融合为一体。

①［清］朱谨、陈璿：《南海普陀山志》卷四《名号》，武锋点校：《普陀山历代山
志》，杭州：浙江古籍出版社，2014年，中册，第569页。
②［清］朱谨、陈璿：《南海普陀山志·序》，武锋点校：《普陀山历代山志》，杭
州：浙江古籍出版社，2014年，中册，第522页。
③［清］许琰：《重修南海普陀山志》卷一《形胜》，武锋点校：《普陀山历代山
志》，杭州：浙江古籍出版社，2014年，中册，第832页。
④［清］秦耀曾：《重修南海普陀山志》卷一《形胜》，武锋点校：《普陀山历代山
志》，杭州：浙江古籍出版社，2014年，下册，第1135页。
⑤［清］仪润说义：《百丈清规证义记》卷五，《卍新续藏》第63册，第424页上。
⑥［清］超见说，彻凡、心月等录：《盘山了宗禅师语录》卷二，《嘉兴藏》第40
册，第29页。

第六节 清代普陀山朝山信仰

一、四大名山信仰的定型

明代虽有四大名山之称,但尚未稳定。从清初开始,"四大名山"之名继续流传,杜濬(1622—1685)的《湄湖吟》载:"癸丑岁,于通湾广福寺遇梵云禅师,云'自二十岁发愿刺血写《华严经》四部,藏四大名山,已竟其二'报恩,玉林国师止之,仍刺血画佛像,甚工。乃为之偈。"① 之后不久,也出现了以四大类配四大名山和四大菩萨的情况,康熙三十七年(1698),裴琏于《南海普陀山志》云:"佛经称地藏、普贤、文殊、观音诸佛道场,曰地、水、火、风为四大结聚,九华地也,峨眉火也,五台风也,普陀水也。"② 其中认

① [清]杜濬:《湄湖吟》卷一〇《禅悦草》,《四库未收书辑刊》第7辑,北京:北京出版社,2000年,第22册,第364页。
② 参见裴琏:《南海普陀山志》卷二《形胜》,《四库全书存目丛书·史部》,济南:齐鲁书社,1996年,第239册,第18页。裴琏此说不知从何而来,但影响了以后山志的记载并引起了质疑,如朱谨志云:"佛经称地藏、普贤、文殊、观音诸佛道场曰:'地、水、火、风为四大结聚。九华,地也;峨眉,火也;五台,风也;普陀,水也。'"参见《南海普陀山志》卷二《形胜》,武锋点校:《普陀山历代山志》,杭州:浙江古籍出版社,2014年,下册,第541页。又,王亨彦对此进行了讨论并表示质疑,认为"不可为据",他说:"文殊、普贤、观音、地藏,皆久成佛道之法身大士,以度生心切,遍界现身。又欲众生投诚有地,故文殊示应迹于五台,普贤示应迹于峨眉,观音、地藏示应迹于普陀、九华也。世有以地、水、火、风分配四大名山者,乃不知地、水、火、风为四大之义,而以己见妄会之,不可为据。"王亨彦:《普陀洛迦新志》卷一一《志余门》,杜洁祥主编:《中国佛寺史志汇刊》第1辑,台北:明文书局,1980年,第10册,第558页。

为这是"妄会",不足为据。但在康熙四十年(1701),康熙皇帝还只提到了三大名山。当年的五月初三,他在《御制清凉山志序》中说:"宇内称灵山佛土最著者有三:峨眉、普陀,而五台为尤盛焉。"① 其中并没有提到九华山,这说明此时四大名山还没有完全流行并固定下来。

康熙年间,蓝理于《重兴普陀法雨寺圆通殿疏》中云:"夫海内名刹,不下数百千,居一方之胜,尚能竭一方之力,以极其巍焕。况普陀为四大名山之最,大士现身说法之场,登其地,恍入方丈蓬莱,尘念顿却。"② 其中提到四大名山,但只提到普陀为"最",其余皆未提及。另王鸿绪的《潮音和尚中兴普济寺记》记载:"西方圣人之教,虽不着一切色相,而必以名山灵境、庄严象设为四众起信。皈住之因又必得真参实证,堪为人天眼目者,演法其间,斯足以震耀中土。补陀洛伽,首四大名山,为普门大士示现应迹之地,较之清凉、峨眉尤为神异。"③ 这里提到了四大名山中的五台、峨眉和普陀,但也没有提到九华山。清代《南宋元明禅林僧宝传》之《磬山天隐修禅师》有云:"闻常多菩萨,出现于四大名山,神通广大。"④ 此

---

① 释印光:《清凉山志》卷首,杜洁祥主编:《中国佛寺史志汇刊》第2辑,台北:明文书局,1980年,第29册,第7页。

② [清]许琰《普陀山志》卷一五《艺文》,《续修四库全书》,上海:上海古籍出版社,2002年,第723册,第349页。

③ [清]许琰《普陀山志》卷一五《艺文》,《续修四库全书》,上海:上海古籍出版社,2002年,第723册,第364页。

④ [清]自融撰,性磊补辑:《南宋元明禅林僧宝传》卷一五,《卍新续藏》第79册,第653页中。

事在《五灯全书卷》①、《续指月录》②、《续灯存稿》③、《宗统编年》中④ 皆有记载。

　　同治十年（1871）冬，戒香在《净土极信录》自序中说："幸礼四大名山，参听开示。"⑤ 但没有说四大名山的名字。不过他的《参问息心》诗中有"周游南北与西东，参历名山古刹风"句，自注云："甲子（同治三年，1864）冬，上北五台，经峨山归，已庚午（同治九年，1870）春矣。"⑥ 此处"峨山"，即"峨眉山"。他在《看护沉疴助终往生诀》中又云："深愧出家年浅，学识全无，礼四山所经之地，每见各处同袍临终以及荼毗情形，多被健者存者惑以心识，而终后情迹，无异俗派，皆不相宜。"⑦ 此后，1878年，在乾陀重刊的仪润《百丈清规证义记》中，有两次出现了四大菩萨和四大名山的内容，其中的《普贤圣诞》中云："今之奉供圣像，并依智行为定位，则先文殊而后普贤也。是故域中四大名山，第一五台，文殊居之；第二峨眉，普贤居之；第三普陀，观音居之；第四九华，地藏居之。"⑧ 扣钟偈中又云："南无五台山大智文殊师利菩萨（十五椎），南无峨眉山大行普贤菩萨（十六椎），南无九华山大慈地藏王菩萨（十七

----

①［清］超永编辑：《五灯全书》卷六四，《卍新续藏》第82册，第293页中—295页上。

②［清］聂先编辑：《续指月录》卷一八，《卍新续藏》第84册，第127页中—128页中。

③［清］通问编定，施沛汇集：《续灯存稿》卷一〇，《卍新续藏》第84册，第773页上—774页中。

④［清］纪荫编纂：《宗统编年》卷三一，《卍新续藏》第86册，第295页中—下。

⑤［清］戒香述：《净土极信录》卷一，《卍新续藏》第62册，第531页上—中。

⑥［清］戒香述：《净土极信录》卷一，《卍新续藏》第62册，第536页上。

⑦［清］戒香述：《净土极信录》卷一，《卍新续藏》第62册，第544页中。

⑧［清］仪润说义：《百丈清规证义记》卷三，《卍新续藏》第63册，第400页中。

椎)，南无普陀山大悲观世音菩萨(十八椎)。"① 道昱据此认为"这四大名山的形成至今才百余年"。道昱的观点，我们基本赞同，但我们认为更准确的表述是四大名山的"完成"或"定型"至今才百余年。因为从万历时期的1603—1608年间，开始酝酿了"四大名山"，到1878年最终完成，其间经历了将近三百年。当然，如果从澄观于公元776年同时朝礼五台山和峨眉山开始算起的话，一直到四大名山的形成，其间历经大约一千一百多年。

二、朝山与感应

四大佛教名山中，独普陀山位居海中，既有山岳景观，又有海洋景观，故备受青睐。虽登山需渡海，但仍受到不同阶层的推崇，从帝王将相、王公贵族到文人士大夫，再到黎民百姓，均有人倾仰普陀，故裘琏云："独洛迦孤悬海外，可谓远且险矣。然历朝来，上自帝后妃主、王侯宰官，下逮善信男女、缁流羽衣，远近累累，无不函经捧香，搏颡茧足，梯山航海，云合电奔，来朝大士。"② 邵基在为朱谨志书作的序中也写道："普陀以名山净土，善信皈向，裹粮问津，扬帆径渡者，趾踵相属。"③ 许琰更是直接指出普陀山的殊胜，直言其为"极乐世界"："名山道场多矣，幽远清净无如兹土为最，数十里中无居民夹杂，则色空秒远，荤酶不闻，呼啼垢渀，尘哗都绝，一也。豚豕鹅鸭，概不畜养，杀机不作，腥膻永除，二也。香客

---

①［清］仪润说义:《百丈清规证义记》卷九，《卍新续藏》第63册，第515页下。

②［清］裘琏:《南海普陀山志》卷二《形胜》，武锋点校:《普陀山历代山志》，杭州:浙江古籍出版社，2014年，上册，第277—278页。

③［清］朱谨、陈璿:《南海普陀山志·序》，武锋点校:《普陀山历代山志》，杭州:浙江古籍出版社，2014年，中册，第521页。

到处,乞丐必多,独此隔远绝迹,真成极乐世界,三也。"①

清代朝拜普陀山的香客不再局限于浙江和南方地区,来自北方的香客也逐年增多,因此来自长江以北的香客被称为"北客"。许琰云:"香客到山,凡属北直、山西、陕西、山东、河南,自扬子江以北者,皆称'北客',此惟前后两寺均接,前代已然。展复来,百务草创,规制未定。康熙二十九年,镇府蓝公悯两寺殿工未成,出示将南客与房头静室通融其间,其北客立禁,永仍旧例"。②

清代的感应事迹也有很多。裘琏志书卷五"灵异"中,记载有顺治、康熙年间的十余则感应事迹。如康熙三年(1664)"大士白衣,乘光而度"。③康熙二十九年(1690),定海总兵蓝理于潮音洞亲见大士现身,大士"大眉赤面,富须髯,眼露青白光,鼻准微有白点,冠金圈大火焰,衣黄黑色,阔领方袍,微似达磨状,头顶俱见,后露一手"。④他还见到一尊小佛,赤脚立大士顶上。吴门江文乐《礼普陀自叙》略云:康熙三十七年(1698)正月,南濠善士陆德敷领众裹粮南海饭僧,邀他同往。二月初十,同析弟登普陀前寺。是夜二更时目现白光。第二天早上,他们一起朝礼梵音洞,见白面大士,白面龙女执拂,逮栖壁鹦鹉,"观音青螺须髻,寿星高帽苍髯","仙人科头跣足,身倚碧桃。诸佛或大或小,或坐或卧,或行

① [清]许琰:《重修南海普陀山志》卷一二《事略》,武锋点校:《普陀山历代山志》,杭州:浙江古籍出版社,2014年,中册,第923页。

② [清]许琰:《重修南海普陀山志》卷一〇《法产》,武锋点校:《普陀山历代山志》,杭州:浙江古籍出版社,2014年,中册,第915页。

③ [清]裘琏:《南海普陀山志》卷五《灵异》,武锋点校:《普陀山历代山志》,杭州:浙江古籍出版社,2014年,上册,第309页。

④ [清]裘琏:《南海普陀山志》卷五《灵异》,武锋点校:《普陀山历代山志》,杭州:浙江古籍出版社,2014年,上册,第309页。

或立,层叠不可胜计"。德敷见到大士、韦驮、善才、龙女等。十二日又见到关圣、金面大士等。① 康熙五十年(1711),知府马柱石"感大士放金色大圆光于清凉山冈"。② 许琰志记载,乾隆三年(1738)法雨寺鼓楼因香灯僧不戒,毁于大火,又逢大风,将延及水月楼等,"忽现神灵示现","风旋向外,诸楼无恙"。③

其感应事迹以灵验为显著特征,故秦耀曾云:"迹著神灵,允堪同殿膜拜;十方供养,钦瑞气之遥临;白玉庄严,仰荣光之共睹。"④ 这一灵验是"有感必通",故裘琏指出:"仰见普门大慈悲,有感必通,故能使四方之人香灯礼拜,往来航海者不绝。"⑤ 此种情况在民间信仰中尤其突出,诚如法国学者谢和耐所言:"在平民中,支持一种宗教的最好的论据就是其神效。此外,如果这种宗教表现得有好处和容易实施,那么它就能赢得所有人的赞成。所以那些批评外来宗教的人考虑的也是其灵验的功效。"⑥ 亦如顾伟康所言:"人格神和神谱绝对是中国民俗佛教的中心,它成为教义的中心和依据;礼仪和戒律的根据和目的;宗教感情的源泉和

---

① [清]裘琏:《南海普陀山志》卷五《灵异》,武锋点校:《普陀山历代山志》,杭州:浙江古籍出版社,2014年,上册,第311页。
② [清]裘琏:《南海普陀山志》卷五《灵异》,武锋点校:《普陀山历代山志》,杭州:浙江古籍出版社,2014年,上册,第311页。
③ [清]许琰:《重修南海普陀山志》卷五《灵异》,武锋点校:《普陀山历代山志》,杭州:浙江古籍出版社,2014年,中册,第876页。
④ [清]秦耀曾:《重修南海普陀山志》卷六《灵异》,武锋点校:《普陀山历代山志》,杭州:浙江古籍出版社,2014年,下册,第1161页。
⑤ [清]裘琏:《南海普陀山志》卷五《灵异》,武锋点校:《普陀山历代山志》,杭州:浙江古籍出版社,2014年,上册,第310页。
⑥ [法]谢和耐著、耿昇译:《中国和基督教:中国和欧洲文化之比较》,上海:上海古籍出版社,1991年,第150页。

归宿。经过千年流传,中国民俗佛教的神谱形成系统,并格局化为中国寺院的基本布局……对绝大多数的崇信佛教的老百姓来说,他们接受佛教的课堂是神殿而不是藏经楼;他们的宗教感情源于对佛祖的皈依而不是对教义的理解;他们的宗教知识限于神的故事而不是对经典的研读;他们的宗教实践就是有形的烧香磕头、布施持戒、礼敬三宝而不是无形的勘破一切。"①

　　"普陀山的观音非常灵验",其实是历史积淀的结果,也是社会渲染的结果。美国学者韩森指出:"确定哪位神祇最为灵验是一个社会性的过程。"②因此,应将观音菩萨之"灵验"放到社会动态发展的过程来看。唐忠毛等指出,"佛教灵验叙事建构信仰"由两大过程组成:其一,灵验通过叙事的过程在"佛教故事原型""集体无意识""当下的现实生活境遇"与个体之间形成共鸣,使得灵验成为一种真实的体验方式;其二,通过将久远的灵验故事与身边的事件或人物、地点形成连接,最终促使灵验叙事的在地化与落地生根。因此,"灵验叙事"不仅要建构"灵验性",还要将虚无的、久远的灵验故事"在地化"与"落地生根"。从叙事结构的本身特点来看,它往往在虚实之间找到"落地"的可能。③因为"灵验性、地方文化传统、信仰建构方式、民间信仰精英是民间信仰的主要认同要素,灵验性与地方文化传统一般可被不同的信仰行动者

①顾伟康:《论中国民俗佛教》,《上海社会科学院学术季刊》1993年第3期。
②〔美〕韩森著,包伟民译:《变迁之神:南宋时期的民间信仰》,杭州:浙江人民出版社,1999年,第44页。
③唐忠毛、乐晶:《试论佛教中国化的民俗化向度》,《西南民族大学学报》(人文社会科学版)2019年第11期。

所共享"。① 正因为如此,观音信仰通过"灵验叙事"在普陀山实现了"在地化"和"落地生根",并融入地方文化传统之中,形成了独特的普陀山信仰。但是,也有人对这种感应进行了反思,如朱谨说:"故凡求现得见者,大抵明察之人少,庸众之人多,以其智虑鲜也。道之流行于天地间也,大圣大贤而外,惟赤子之心与夫妇之愚庶几近之。故曰:'百姓日用而不知。'即其不知之顷,恰与赤子之心同其浑穆。"② 他认为希望求见菩萨的人并非"明察之人",而是"庸众之人"。

三、香道与香汛

清代普陀山的主要寺院,除普济寺和法雨寺外,还有新崛起的慧济寺。慧济寺位于佛顶山。因上山的路"樵蹊陡峻,有碍脚跟",光绪三十年(1904),在慧济寺住持文正和监院庆祥的倡导下,定海的韩之鹏、徐陈氏等善信捐银币二千九百余元修建了一条香道,"砌石累级,旁扶铁栏,举趾者始无缘木扳萝之苦"。此香道"高长二百余丈",其间有亭,额曰"香云",因以名路,故此香道云"香云路"。香云路上有"半路亭",为嘉庆、道光年间的僧人顶顺所建。文质曾写有《造铁栏杆碑记》,记载了香云路建设的具体情况:

> 圆通大士誓愿宏深,法界有情等蒙摄受。一切处普门示现,真智无方;东南海补怛名山,应迹有在。无方故逐形随类,施同体之慈悲;有在故航海梯山,报罔极之恩德。由是历

---

① 张晓艺、李向平:《信仰认同及其"认同半径"的建构——基于津、闽、粤三地妈祖信仰的比较研究》,《东南学术》2016年第6期。

② [清]朱谨、陈璿:《南海普陀山志》卷五《示现》,武锋点校:《普陀山历代山志》,杭州:浙江古籍出版社,2014年,中册,第577页。

朝钦敬,举世尊崇。无非欲祝同康以翼郅治,消灾厉以福黎元。因兹三寺鼎立,众庵棋布。各宏祖道,共阐佛心。惟慧济一寺,基踞山巅,名曰"佛顶"。纡屈数里,路由顽石以砌地;盘桓千仞,人若历梯而登天。每至香期,来往绎络。足履滑石,甚属危险。前住持文正,募诸檀信,铺以石条;即彼险道,变作康庄。虽仍巍巍陡峻,而复步步坦平。但以旁无遮护,回避犹觉惴惴。大护法大椿祝公,宿植德本,笃信佛乘。秉居廛为政之权,行即俗修真之道。适来进香,睹此景象,遂发大心,遍竖铁栏;普令来者登圆通场,行安稳道。得大无畏,不劳每步看脚下;获大总持,了知佛阶在个中。由金绳路,逢左右源。自下地宛转扶掖,一直至山穷水尽。从兹入于佛慧,亲见观音。如斯功德,直与普门施无畏力,同体相用。当必由斯顿超十地,圆满三觉。岂止身心安泰,吉祥萃于厥躬;瓜瓞绵延,余庆罩于后裔而已哉?①

据文质所载,旧路以顽石砌地,每至香期,香客足履滑石,甚属危险。后住持文正募款修路,将顽石更换为条石,遂步步坦平,可惜路旁没有遮护。祝大椿上山进香时看到此种景象,"遂发大心,遍竖铁栏;普令来者登圆通场,行安稳道。得大无畏,不劳每步看脚下;获大总持,了知佛阶在个中",使香道建设更加完善。

普陀山香汛开始于明代。民间认为农历二月十九是观音菩萨的诞辰,六月十九是观音菩萨成道日,九月十九是观音菩萨出家日,三个时间分别在春天、夏天、秋天。与此相应,一年之中,有春、夏、秋三个朝拜普陀观音的汛期。盛况最大的是春汛,而夏、

---

① 王亨彦:《普陀洛迦新志》卷七《营建门》,杜洁祥主编:《中国佛寺史志汇刊》第1辑,台北:明文书局,1980年,第10册,第489—490页。

秋两汛与春汛不可比。清代以后，普陀山的香汛已成为约定俗成的重要节日，并稳定延续。如清中期周庄方志《贞丰拟乘》有一段文字记载甚详："此间男女最崇香信，远则越海而至普陀，不避风波之险。外此如武当、三茅、九华、天竺等处，亦岁必至焉。若虎丘、元墓，附近名山，不过资游览计耳。再或村姑里老，无力出乡，仅在马现庄、落霞浦野庙中，和南膜拜，作竟日之游，亦以为了却一年心事也。"① 由此可见，朝山进香成为当地人必当了却的"一年心事"。张伟然指出，根据其经济状况，进香目标明显分化为三个空间层级：居于顶端的是南海普陀，以及杭州天竺等地；其次则是苏州虎丘、玄墓等近距离名山；层次最低的是附近一些所谓"野庙"。总之，"岁必至焉"，否则这个以年为时间周期的生命段落中便缺少了一个重要的支点。② 可见，南海普陀在所有观音道场中地位最为重要。

　　普陀山孤悬海中，其香汛受到地理、交通等区位限制，只能通过轮船登岛。进香线路以杭州湾为主，北边的长江口、南边的温州、台州均有出海口。张伟然曾考证出四条线路：

　　第一条，取道大运河从杭州下海。"道光二十七年（1847）三月，苏松各地结伴进香普陀者，路过杭州，渡钱塘江，中流遭风，一舟六十余人皆溺"。③ 这些香客来自"苏松各地"，可见该线路对于太湖流域也有极为重要的作用。

　　第二条，从杭州湾北岸及长江口下海。清中叶苏、松进香普陀有不少人取道杭州，但松江以东地区则有不少人就近出海。乾

---

① ［清］章腾龙撰，陈勰增辑：《贞丰拟乘》，《中国地方志集成》（乡镇志专辑6），
　　南京：江苏古籍出版社，1992年，第404页。
② 张伟然：《明清江南观音香汛的地域系统》，《地理研究》2019年第6期。
③ ［清］郑光祖：《一斑录》，北京：中国书店，1990年。

隆《金山县志》著录当地海口要道，其一为裴家巷，谓"正月初，乡民往普陀进香，悉于此出口焉"①，由此径达普陀显然比经由杭州近便许多。光绪《川沙厅志》也记载，清初"里中陶氏子乘海舶进香普陀，遇飓风昼夜不息，舟人惶惧，随风漂至一岛"②，可见有从长江口出海至普陀的航路。

第三条，从杭州湾南岸下海。从杭州湾南岸出海至普陀，最近便的当然是镇海。不仅当地香客，也有一些内地香客来此出海。乾隆二十七年（1762）就有河南商丘的进香者二十余人取道镇海。③但最大的港口，无疑是宁波。1886年《申报》上一则《甬事汇纪》称："宁人素以侫佛为事。日来江东等处乡船咸往普陀山进香，经过城外，络绎如梭。"④

第四条，从温州、台州下海。此地往普陀进香的风俗也相当发达，又与江南地域邻接，未便置之不理。传统史料中对此缺乏记载。1897年《申报》有一则关于温州的报道称："普陀进香，脍炙人口，香船驶往，历届均有常期。今年筮吉于本月初四日辰刻开行。侫佛者流咸于初三日早，手爇心香一瓣，由北门出城。善男信女，以数百计。"⑤从所谓"历届均有常期"，可知这一习俗由来已久。到1905年，还出现了"近来台、温二郡香客，咸绕道甬郡，以便赴普陀进香"的局面。⑥1906年，有报道称："温郡每值春初，

①（乾隆）《金山县志》，台北：成文出版社，1983年。
②（光绪）《川沙厅志》，光绪五年刊本。
③［清］郭善邻：《春山先生文集》，乾隆五十六年刻本。
④《申报》1886年4月9日，第2版。
⑤《申报》1897年3月17日，第2版。
⑥《申报》1905年4月2日，第11版。

有等佞佛者流,雇船赴普陀山进香。"①而其以南的台州,从1897年就开通了与宁波之间经停镇海、定海、普陀的轮船②,该地前往普陀进香较之温州更为便捷。可知上引1905年《申报》报道称台温香客取道宁波前往普陀进香确实属于"绕道"。

清末民初,由于新的交通工具的发展,进香道路更趋繁忙。如1912年《申报》的广告指出:"近年虽世界开通,文明渐进,而每年春季,朝山进香之船,衔尾于苏浙之河,帆影相接。六月中航海赴普陀者,往返如梭,可谓盛矣。"③这无疑反映了观音香汛发展的总体趋势。其中一个非常重要的因素是近代交通方式的改进。轮船、火车等新型交通工具的使用,使朝山进香活动更为便捷。据《申报》广告,光绪元年(1875)六月大有公司开通了上海至宁波的航线,每周三班,中间停靠普陀④;旋即,旗昌洋行也开通了上海至宁波、普陀山的航线。⑤总之,随着经济和科技的发展,清代的进香线路和交通工具日趋呈现多样化,这都推动了普陀香汛的蓬勃发展。⑥

①《申报》1906年4月9日,第9版。
②《申报》1897年1月28日,第6版。
③《申报》1912年1月27日,第1版。
④《申报》1875年7月5日,第6版。
⑤《申报》1875年7月12日,第5版。
⑥以上香汛内容参见张伟然:《明清江南观音香汛的地域系统》,《地理研究》2019年第6期。

第六章　民国普陀山佛教

第一节　民国佛教政策和普陀山佛教

一、民国佛教政策的演变

1911年,辛亥革命爆发,推翻了统治中国几千年的君主专制制度,成立中华民国,建立共和政体,中国政治体制随之发生根本变化。政治体制的巨大变革促进了宗教管理的近代化,佛教作为传播广泛、影响深远的宗教成为政府管理的重点。

其实,清末时期,佛教已危机重重,诚如释东初所言:"三十年来,一迫于戊戌维新,再挫于辛亥革命,三排于外教,四斥于新潮。若无方便护持,将归天演淘汰。"[1] 相较之下,晚清以降的庙产兴学运动成为当时佛教界面临的生死攸关的重大问题。晚清,由于缺乏教育经费,有人提出"庙产兴学"之主张。湖广总督张之洞指出:"今天下寺观何止数万,都会百余区,大县数十,小县十余,皆有田产,其物业皆由布施而来,若改作学堂,则屋宇田产悉

---

① 释东初:《民国肇兴与佛教新生》,张曼涛主编:《现代佛教学术丛刊》之《民国佛教篇》,台北:大乘文化出版社,1978年,第50页。

具,此亦权宜而简易之策也。"①其具体实施办法是:"大率每一县之寺观什之七以改学堂,留什之三以处僧道,其改学堂之田产,学堂用其七,僧道仍食其三。计其田产所值,奏明朝廷族奖,僧道不愿奖者,移奖其亲族以官职,如此则万学可一朝而起也。"②受此影响,辛亥革命爆发后,侵占庙产、驱逐僧尼之事时有发生。随着新文化运动之兴起,民主与科学思潮之盛行,佛教被视为迷信,再次兴起庙产兴学运动。1928年,在首次全国教育大会上,内政部长薛笃弼提议没收寺庙财产充作教育基金,并改寺院为学校。中央大学教授邰爽秋等人发表《庙产兴学运动宣言》,主张"打倒一切罪恶之本的特殊阶级僧阀;解放在僧阀之下受苦的僧众;没收僧阀所有的庙产,以此充作教育事业经费"。③1930年,邰爽秋等人再次发表《庙产兴学促进会宣言》。中国佛教会呈请内政部,要求保护佛教。内政部批文表示:庙产兴学促进会所发表的宣言,佛教界大可置之不理,国内寺庙的住持只需要依据《监督寺庙条例》即可。④但1935年全国教育会议通过了将全国寺产充作教育基金,所有寺庙改为学校的提议,并提交内政部备案。此后,庙产兴学运动波及全国。为平息不同意见,1935年底内政部议定了三项处理办法:"(一)各省市政府在监督寺庙条例公布施行前,所有业经拨充教育经费之庙产,均应照旧维持,似应由教部饬令各省教厅,将推翻原案不照旧维持之详细数目,查明具报,以凭

①张之洞:《劝学篇·外篇第三》,上海:上海古籍书店,2002年,第40—41页。
②张之洞:《劝学篇·外篇第三》,上海:上海古籍书店,2002年,第40—41页。
③王雷泉:《对中国近代两次庙产兴学风潮的反思》,《法音》1994年第12期。
④《政府对于庙产兴学之表示》,《威音》1931年第27期,黄夏年主编:《民国佛教期刊文献集成》第33卷,北京:全国图书馆文献缩微复制中心,2006年,第583页。

核办；(二)凡在监督寺庙条例公布后迄未登记之寺产，因教育而占用者，于登记后，应一律认为租用，庶于寺庙产权及地方教育，得双方兼筹并顾。(三)各寺庙充办公益事业之经费，应依佛教寺庙与兴办慈善公益事业规则，讯饬佛教会，关于民教事项切实举办。"①实际上，这一办法仍损害了佛教界利益。庙产兴学运动在一定程度上解决了学校校舍不足、教育经费不足等问题，对普及教育有一定的积极作用，但也使佛教陷入生死存亡之危机，以至于寺院所藏之文物也难逃厄运。由此可见，民国政府一方面顺应世界潮流宣告宗教自由和平等，但同时却因自身的财政压力使其对佛教的寺产时存觊觎之心。辛亥革命以后，在中国历史上实行了千余年的僧官制度彻底废止，转而以法律形式加强对宗教事务的管理。②

尽管困难重重，但不论是孙中山主持的南京临时政府，还是北洋政府，乃至南京国民政府，都在积极推进宗教管理政策的法制化和现代化。民国建立后，先后颁布《寺院管理暂行规则》《寺庙登记条例》《神祠存废标准》《监督寺庙条例》《寺庙兴办公益慈善事业实施办法》等数十项法规，中央政府对佛教的管理逐步走向法制化。

孙中山主持的南京临时政府将信教自由写入《中华民国临时约法》，从法理上肯定了公民信教之自由。③1912年3月11日，颁布《中华民国临时约法》，其中第二章第五条规定："中华民国人民，一律平等，无种族、阶级、宗教之区别。"第六条第七款规定：

①《庙产兴学案内政部议定办法三项》，《佛教日报》1936年1月8日。
②纪华传：《民国初期的佛教政策及寺院财产管理》，《世界宗教研究》2018年第6期。
③吴宗慈：《中华民国临时约法及其缘起》，台北：正中书局，1978年，第29页。

"人民有信教之自由。"①这是中国政府首次明确提出宗教信仰自由，在中国宗教政策史上具有划时代的意义。这一规定在其后被继承下来，如1931年6月公布的《中华民国训政时期约法》第十一条规定："人民有信仰宗教之自由。"1947年12月25日施行的《中华民国宪法》第七条规定："中华民国人民，无分男女、宗教、种族、阶级、党派，在法律上一律平等。"第十三条规定："人民有信仰宗教的自由。"孙中山推行三民主义，主张自由、平等，并对佛教有深入认识，他指出："佛教乃救世之仁，佛教是哲学之母，研究佛学可佐科学之偏。国民不可无宗教思想，盖教有辅政之功，政有护教之力；政以治身，教以治心，相得益彰，并行不悖。"

　　辛亥革命后不久，袁世凯窃取政权。他死后，虽军阀混战，但表面上还有一个统一政府，即北洋政府。北洋政府延续了庙产兴学的政策，也出台了一系列保护与管理寺庙的例令。如《关于保护佛教僧众及寺庙财产的令文》(1912年11月—1914年1月)、《内务部公布寺院管理暂行规则令》(1913年6月)、《内务部请明令保护佛教庙产致大总统呈》(1915年8月7日)、《内务部请饬属保护寺院各省巡按使、都统咨》(1915年8月20日)、《大总统公布修正管理寺庙条例令》(1921年5月20日)、《内务部制定著名寺庙特别保护通则致国务院法制局公函》(1921年11月)等。其中1913年6月颁布的《寺院管理暂行规则》内容仅有七条，主要是关于庙产的规定。其规定有关寺院财产的管理，由住持司之；本院住持及关系者不得有将财产变卖、抵押或赠与等行为，任何人

---

①中国第二历史档案馆编：《中华民国史档案资料汇编》第2辑，南京：江苏古籍出版社，1991年，第106—107页。

亦不得强占寺院之财产。①1915年10月29日,北洋政府公布了更为详细的《管理寺庙条例》,增加到三十一条。其主要内容有:取消中华佛教总会;寺产由住持管理,不得抵押或处分,但遇有公益事业之必要及得地方官之许可不在此限;住持违反管理义务,不遵守僧道清规,可由地方官训诫和撤换。②此条例不仅取消了全国性的佛教组织中华佛教总会,而且将寺产处置权交给地方长官。但北洋政府在逢难时又依靠佛教,如1925年2月,北洋政府以"痛惜战争未息,水旱频仍,民不聊生,国将不国,非提倡慈悲主义不足以救人心而挽劫运",派专车至郑州请太虚法师在北京中央公园社稷坛建设"仁王护国般若经法会"。③

南京国民政府的寺院管理条例,体现出从管理到监督的特点。南京国民政府对寺庙的管理分两部分:一是对一般地区由僧道住持或居住的坛庙、寺院、庵院,归内政部及省县地方政权管理;二是对西藏、西康、蒙古、青海、新疆等地的喇嘛寺院,归蒙藏委员会管理。从1929年到1949年的二十年间,其对宗教人员及寺庙的监督管理,颁布有二十多个法规。④1928年,南京政府为破除迷信,颁布《神祠存废标准》,划定应废止的迷信庙宇及应保存的正规庙宇。1928年9月,南京国民政府正式公布实施《寺庙

①释东初:《中国佛教近代史》(上册),台北:东初出版社,1974年,第105页。
②赖永海主编:《中国佛教通史》(第15卷),南京:江苏人民出版社,2010年,第32页。
③《北京政府请太虚法师在中央公园社稷坛建设护国般若经法会》,《海潮音》1925年第5期,黄夏年主编:《民国佛教期刊文献集成》第162卷,北京:全国图书馆文献缩微复制中心,2006年,第437页。
④赖永海主编:《中国佛教通史》(第15卷),南京:江苏人民出版社,2010年,第33—34页。

登记条例》,该条例规定所有寺庙均应向地方政府主管部门登记。该条例分为十八条,登记内容范围包括"凡是僧道住持或居住之一切公建、募建或私家独建之坛、庙、寺、院、庵、观"。登记内容分三项:人口登记、不动产登记和法物登记。1929年1月,南京国民政府出台《寺庙管理条例》。1931年5月,内政部、军政部分别下令:各地坛庙不得驻兵。颁布新的《中华民国训政时期约法》,其第二章第六条:"中华民国国民,无男女、种族、宗教、阶级之区别,在法律上一律平等。"第十一条:"人民有信仰宗教之自由。"1935年12月,颁行《管理喇嘛寺庙条例》。1936年"农历四月初八'佛诞日'这一天的中国佛教大会上,行政院社会部在发布训词中,申明中华民国实行宗教信仰自由,政府对佛教会的看法,和各种社会团体一样,没有区别;这一届的中国佛教会,经过行政院社会部和内政部的整理,有了很大进步"。[1]1946年5月,国民政府军事委员会委员长蒋介石及行政院院长宋子文发布训令:"查人民有信仰宗教之自由,其财产非依法律不得查封或没收,业经约法明文规定,并迭经通令保护有案。兹查各地机关及各部队,仍有非法拆庙、毁像、夺产、逐僧情事,殊属非是。兹特重申前令,嗣后无论机关部队,均不得违法侵害寺庙权利。"[2]

　　此外,随着庙产兴学运动的开展,还出现了与寺院相关的捐税,如迷信税、香烛特税、箔类特税,另外还有经忏捐、筵席捐等。经忏捐是指寺院或僧人的佛事收入所缴的税,用来支持教育经

----

[1] 刘思辰:《民国政府佛教管理政策研究(1912—1949)》,四川师范大学硕士学位论文,2013年,第11—12页。

[2] 《关于保护寺庙财产及僧侣自由一案令仰遵照由》,《佛音》1946年第8、9期合刊,黄夏年主编:《民国佛教期刊文献集成》第145卷,北京:全国图书馆文献缩微复制中心,2006年,第244页。

费。如1928年，杭州市政府拟定《杭州市征收经忏捐章程》，向水陆道场和打七两项佛事活动收取百分之十的税款；寺庙承办水陆道场或打七活动前，须先向杭州市政府报告斋主姓名、承办寺庙所在地及名称和住持姓名、经忏的种类、价格、日期等，并且先行交纳"经忏捐"，若有故意隐匿，或虚伪报告，必须缴纳捐款十倍的罚款。①

二、民国政要与普陀山

民国政要中，孙中山和蒋介石虽不信仰佛教，但对佛教文化皆有了解。此外，熊希龄、段祺瑞、曹锟、吴佩孚、孙传芳、徐世昌、林森、戴季陶、居正、吴忠信、唐继尧、陈铭枢、朱子桥、施肇曾等皆为居士，如中华民国第一任民选国务总理熊希龄，曾任中华佛教总会会长。他1919年与欧阳竟无、章炳麟、梁启超等人发起成立支那内学院，以"阐扬佛法，育材利世"为宗旨。又如，曾任中华民国政府主席的林森热心佛教，与圆瑛、虚云、九世班禅都有交往，九世班禅曾送林森一尊汉白玉佛像，上刻"林主席大护法供养""佛化大同""普门行者慈航敬送"等。再如，国民党元老戴季陶致力于以佛教来振兴国家，1930年，礼请班禅大师说法。1931年8月，为长江流域严重水灾启建水陆道场。同年11月因"九一八事变"，启建仁王护国法会，作十大愿文回向法界众生。1932年，在河南佛学社讲演《振兴中国与振兴佛教》。次年，于中央广播电台讲《中国之宗教改革与救国事业》，针对政府对佛教的政策、

①《杭州市政府拟定征收经忏捐章程》，《弘法社刊》1928年第4期，黄夏年主编：《民国佛教期刊文献集成》第144卷，北京：全国图书馆文献缩微复制中心，2006年，第91页。

对蒙藏等边疆地区的宗教措施,提出五大根本问题的主张,对当时中央决策的考虑,颇具启迪之功。1933年启建药师佛七法会。1934年启建时轮金刚法会,并为日本大阪风灾死伤儿童启建大悲忏法会。翌年,修建护国息灾法会四十九日。1942年,为连年兵灾,领导全国佛教徒启建护国息灾大悲道场。1945年因日本投降,劝请全国佛教团体虔诚修法以报佛恩等。另外,朱子桥在担任中东铁路护路总司令及地方长官期间,积极兴建寺庙,创办佛学院,振兴东北佛教。他抗战期间在陕西资助佛学讲所,兴办兴善寺佛学养成所,复兴古刹丛林,重修唐玄奘舍利塔及窥基、圆测二师之塔,设置佛化社会事业,发现及影印宋版藏经《碛砂藏》《赵城藏》,对于振兴西北佛教贡献巨大。①

1916年八月二十五日,孙中山至普陀山视察。因在佛顶山慧济寺看到奇异景象,遂写《游普陀志奇》:

> 余因察看象山、舟山军港,顺道趣游普陀山。同行者为胡君汉民、邓君孟硕、周君佩箴、朱君卓文及浙江民政厅秘书陈君去病,所乘之建康舰,舰长则任君光宇也。抵普陀山,骄阳已斜,相率登岸,逢北京法源寺沙门道阶,引至普济寺小住。由寺主了余唤笋舆,将出行一眺,灵岩怪石,疏林平沙,若络绎迎送于道者。纡回升降者久之,已登临佛顶山天灯台。凭高放览,独迟迟徘徊。已而旋赴慧济寺,才一遥瞩,奇观现矣!则见寺前恍蠢立一伟丽之牌楼,仙葩组锦,宝幡舞风,而奇僧数十,窥厥状,似乎来迎客者。殊讶其仪观之盛,备举之捷,转行转近,益了然。见其中有一大圆轮,盘旋极

①刘思辰:《民国政府佛教管理政策研究(1912—1949)》,四川师范大学硕士学位论文,2013年,第7—8页。

速,莫识其成以何质,运以何力。方感想间,忽杳然无迹,则
已过其处矣。既入慧济寺,亟询之同游者,均无所睹,遂诧以
为奇不已。余脑藏中素无神异思想,竟不知是何灵境。然当
环眺乎佛顶台时,俯仰间大有宇宙在乎手之概。而空碧涛白,
烟螺数点,觉生平所经,无似此清胜者。耳吻潮音,心涵海印,
身境澄然如影,亦既形化而意消。乌乎,此神明之所以内通
已。下佛顶山,经法雨寺,钟鼓铿鞳声中急向梵音洞而驰。暮
色沉沉,乃归至普济寺。晚餐。了余、道阶精宣佛理,与之谈,
令人悠然意远矣。民国五年八月二十五日孙文志。①

但有人认为,此文非孙中山所写,故真伪难辨。王自夫结合
印顺法师、煮云法师、陈去病、邓孟硕、周佩箴等人的资料,认为
其内容属实。如周佩箴珍藏有孙中山与他在普陀山的合影,他在
照片上记述了中山先生在普陀山见到佛像仙境的情景:"余追随
国父,偶侍出游,民国五年同往普陀,登山入寺。国父忽言,若有
奇观在前,所谓牌楼涌立,伟丽逾恒,仙葩组锦,宝幡舞风,奇僧数
十,似来迓客,复有圆轮盘旋不已者。皆国父举以相告之语,余因
未见,即胡、邓诸公亦无所睹。国父不作妄语,又奉基督教綦虔,不
言神异,故可信也。至于国父何以独见,余于无睹,则以不闲内典,
殊难妄测。顷无量我先生,出示此记,忽忽已三十余载,余亦老矣,
追念旧事,感怆曷已。民国三十七年七月吴兴周佩箴跋墨。"②

---

① 孙文:《游普陀志奇》,《佛学半月刊》1937年7月1日,第154期,黄夏年主编:
《民国佛教期刊文献集成》第54卷,北京:全国图书馆文献缩微复制中心,
2006年,第184页。

② 详参王自夫:《孙中山〈游普陀志奇〉内容属实》,《舟山日报》2012年5月1
日,第2版。其中周佩箴之文详参《周佩箴先生文集》,沈云龙主编:《近代中
国史料丛刊续编》第62辑,台北:文海出版社,1974年,第29页。

　　蒋介石出生于佛教家庭,他在《先妣王太夫人事略》中写道:
"先妣长斋礼佛,二十余年,其所信仰,老而弥笃。人尝谓先妣清
素坚贞之操,险难不足累其心者,盖得力于释氏为多。先妣于《楞
严》《维摩》《金刚》《观音》诸经,皆能背诵注释,尤复深明宗派。中
正回里时,先妣必为之谆谆讲解,教授精详。近年来中正尝治宋
儒性理家言,而略究于佛学者,实先妣之所感化也。"①20世纪20
年代,蒋介石常读佛经,多有感想:"1922年9月9日,出寺门步
幽,作解脱尘缘之想。1923年2月3日,看《心经》,甚觉虚空之理
不误也,以后拟多看佛经。1928年2月26日,余与三妹尝谈,余终
久必为僧也。"②蒋介石与普陀山也甚有因缘。他曾多次登普陀
山,如1921年3月17日,他"随母王太夫人上普陀山,施千僧斋,
参观新衲受戒式,病其仪法繁酷,慨然有改革佛教之志"。③

　　此外,1919年,黎元洪、冯国璋、徐世昌等政要也给普陀山施
银,以建造多宝佛塔。《普陀洛迦新志》卷四载:"冯大总统八年间
施予银币一千圆,建造多宝佛塔;黎大总统八年间施予银币一百
圆,建造多宝佛塔;徐大总统八年间施予银币五百圆,建造多宝佛
塔。陈性良,字锡周,安徽无为人。八年间,助款三万四千一百三
十圆,创建道头牌坊,重建多宝佛塔。并募集简照南及各信施银

---

①蒋介石:《先妣王太夫人事略》,曾景忠编注:《蒋介石家书日记文墨选录》,北
　京:团结出版社,2010年,第286页。
②黄道炫、陈铁健:《蒋介石:一个力行者的思想资源》,太原:山西人民出版社,
　2012年,第338页。
③中国第二历史档案馆编:《蒋介石年谱初稿》,北京:档案出版社,1992年,第
　63页。

币一万五千六百七十圆,以竟厥工。"① 总统徐世昌还向印光法师赐匾"悟彻圆明"。

三、普陀山佛教组织机构

民国时期,为适应宗教管理的法制化和制度化建设,普陀山相继成立一些佛教组织机构,以服务于佛教的发展。清光绪三十四年(1908)成立"僧教育会"。1913年改为普陀山佛教会,开如任会长。1934年,普陀山佛教会改名为定海佛教会,10月6日举行第四届会员大会,莹照老和尚、普济寺方丈珍道、法雨寺方丈学海任常务执行委员,另有七名执行委员,悟修、觉梵等四名候补执行委员,还有监察委员、候补监察委员等。1935年秋,定海佛教会改组为普陀山佛教分会,莹照任筹备会主任,原理事和监事任筹备委员。11月28日召开成立大会,推选原七位执行委员为理事,原五位监事改为理事,莹照为理事长,珍道、万松、开雨为常务理事,次年3月18日召开改选大会。1938年9月25日,举行第六次会员大会,改选职员,于10月15日正式就职。1945年,抗战结束后,12月25日,普陀山佛教分会改名为中国佛教会浙江省定海县佛教支会。1945年,中国佛教会决议设立全国名山区佛教会,次年委派乐观法师为指导员,共有会员五百余人,6月5日在普济寺举行会员大会,后接定海县政府通知,暂缓成立。1948年6月,组织成立"中国佛教会普陀山直属支会",善余、清岩相继为理事长。解放前夕,"会务中辍"。② 这些机构的成立,完善了民国普陀山

① 王亨彦:《普陀洛迦新志》卷四《檀施门》,杜洁祥主编:《中国佛寺史志汇刊》第1辑,台北:明文书局,1980年,第10册,第232页。
② 王连胜主编:《普陀洛迦山志》,上海:上海古籍出版社,1999年,第229—230页。

的佛教管理制度,为普陀山佛教的发展提供了有力的制度和组织保障。

第二节　民国普陀山高僧与宗风

一、民国普陀山僧人及其贡献

民国是中国社会的剧变时期,一方面,西方列强的殖民主义和日本的军国主义改变了亚洲乃至国际的格局和秩序;另一方面,俄国十月革命的成功掀起了亚洲民族解放运动的高潮。两次世界大战更是对中国产生了深远影响。在这一大背景下的民国佛教,迎来复兴之迹象,"主要表现于全国性佛教组织的创设和佛教文化教育事业的开展,以及世界佛教的新运动等方面"。[①]这一时期的江苏、浙江等地佛教发展迅速,民国佛教领袖也大多出自这些地区。民国时期也出现了一批杰出的佛教领袖和社会活动家,如太虚法师等,另外成立了一些佛教团体,最著名的是1912年成立的中华佛教总会。佛教高僧大德倡导诸宗兼容、八宗平等。佛教界积极创办各种刊物、兴办佛学院,包括支那内学院、武昌佛学院、闽南佛学院以及汉藏教理院等,促进了佛教的传播。此外,以欧阳竟无为代表的唯识学研究、以太虚大师为代表的人生佛学研究,重视日本和欧美现代佛学研究方法的运用,是民国佛教中的新潮流,代表了民国佛教发展的新方向。民国时期,僧团人数"约为80万到100多万",他们经常开展多种多样的活动,

---

①赖永海主编:《中国佛教通史》(第15卷),南京:江苏人民出版社,2010年,第1页。

如演讲会、佛经研究会、举办暑期学校等，也从事社会救济、社会慈善工作，并在战时组织僧侣救护队，还特别为在战场上阵亡的将士念经祈祷或做水陆道场超度等。

民国时期普陀山的僧人或修复寺院，或呼吁编修山志，或维护寺产，或精进修行，或著书立说，或培养僧才，或弘法利生，为普陀山佛教乃至中国佛教的发展做出了重要贡献。王连胜《普陀洛迦山志》中列有十八位主要僧人，现列表统计（见表九）。

表九：民国普陀山佛教僧人一览①

姓名	籍贯	主要事迹
开如，名德月，俗姓叶	江苏南汇	二十岁至普陀山伴山庵依化闻长老剃度，于天童寺受具足戒。光绪二十七年（1901）任法雨寺住持。光绪三十四年自创"普陀山僧教育会"，任会长。宣统元年（1909）协同创立普陀山化雨小学校。1922年，与印光等发起编纂《普陀洛迦新志》。
了余 1864—1924	浙江余姚	名广导，光绪十四年（1888）出家于普陀山锡麟堂，于普济寺受具足戒。在他的努力下，普陀山延续了清朝的免粮、免税政策。1915年任普济寺住持。1916年8月，陪孙中山视察普陀山。
印光 1861—1940	陕西合阳	名圣量，俗名赵绍伊。二十一岁出家于终南山莲花洞。光绪十九年至普陀山法雨寺主理藏经；二十三年于普陀山开讲《弥陀便蒙钞》，秋末于藏经楼闭关，长达六年。1922年，聘请王亨彦编纂《普陀洛迦新志》。驻锡普陀山共三十八年，为普陀山各寺、庵所作的记、序、疏等三十余篇。
昱山 ？—1936		光绪末年出家于普陀山普慧庵。云游数年后，宣统三年（1911）回普陀山，于般若精舍闭关。生平与太虚最契，太虚说他："真挚高纯，为平生第一益友。"1917年出关。1936年圆寂。

①资料来源：王连胜主编：《普陀洛迦山志》，上海：上海古籍出版社，1999年，第492—503页。

续表

姓名	籍贯	主要事迹
太虚 1889— 1947	祖籍浙江崇德，生于海宁	名唯心，俗姓吕，乳名淦森，学名沛林，号昧庵。光绪二十四年(1898)随外祖母朝普陀山，后任普陀山化雨小学校佛学教员。宣统三年(1911)访普陀山。1914年再上普陀山，闭关普陀，1917年出关。
广通 1865— 1934		光绪末年出家于鹤鸣庵。先后两次出国，至暹罗、安南、缅甸、印度等，弘法海外。曾任普济寺住持、槟榔屿龙利庵住持。
真达 1870— 1947		名惟通，号体范，一号逸人，以字行。光绪十四年(1888)出家，次年于宁波白云寺受戒。光绪二十九年(1903)与了余共建普陀山慧莲蓬，供印光法师静修。
莹照		光绪末年出家于普陀山报本堂。1919年接管息来禅院。1930年任普济寺住持，后任普陀山佛教会常务执行委员、普陀山佛教分会理事长。
善余 1872— 1960		早年从军，任燕京学堂教官、东京军事学校教官。1930年于普陀山慧济寺出家。1935年，任慧济寺住持。同年十月任中国佛教会普陀山分会执行委员。抗战期间解救被日本逮捕的普陀山僧众百余人。1944年任普济寺住持，后任中国佛教会普陀山直属支会理事长，统辖全山事宜。
珍道		普陀山悦岭庵当家，1921年重修悦岭庵，1933年任普济寺住持，1934年为定海佛教会常务执行委员，1945年11月任普陀山佛教分会常任理事，1948年任中国佛教会普陀山直属支会常务监事。
化珣 1889— 1951	浙江温州	名文奎。十八岁出家于普陀山药师殿。1945年任中国佛教会普陀山直属支会理事。后任普济寺方丈。
尘空 1908— 1979	湖北荆门	法名演林，以字行，俗名王宗舜，又名宗义。1918年出家于当阳玉泉寺。1935年于五台山参访能海大师。1948年于普陀山双泉庵闭关，编撰《普陀山小志》。后任中国佛教协会理事。

姓名	籍贯	主要事迹
印顺 1906— 2005	浙江海宁	俗名张鹿芹。1930年于普陀山福泉庵出家。1936年于慧济寺阅完《大藏经》,著有《妙云集》等。
根造		出家于普陀山常乐庵,后任庵主。1948年和密显法师一起赴西康学法,发愿"为佛教前途计,为普陀前途计,一心求法,不惜身命"。前后三年,参访名师,1951年回上海。1993年在美国圆寂。
深日 1903— 1981	福建福鼎	名觉照,俗名杨澹涌。七岁出家,十七岁礼圆瑛法师为师,1947年随圆瑛法师赴新加坡弘法。1953年6月至普陀山如意蓬闭关。
圆照 1893— 1990	浙江鄞县	名宽仁。十九岁礼普陀山洪筏堂瑞旭出家,二十岁在普济寺受具足戒。1923年出国参学,至槟榔屿、缅甸、新加坡等。后任洪筏禅院监院。
宣化 1922— 1995	黑龙江双城	原名度轮。1946年在普陀山受具足戒,并在普陀山精研三藏。后赴美国弘扬佛法。
性海	浙江鄞县	俗名杨旦华。九岁披剃于普陀山磐陀庵。1939年住定海复喜庵,1943年到普陀山求法,1944年于法雨寺受具足戒。1950年随慧济寺住持庆规赴台湾弘法,并一同创观音道场。

以上僧人虽仅有十八位,但皆具有代表性,从中可以看出:第一,普陀山僧人仍以江浙籍为主,来自北方的僧人不多,仅有印光大师和宣化上人。第二,民国时期已有普陀山僧人开展海外弘法活动,如广通、圆照等。第三,民国时期普陀山有僧人到藏地求法,如根造去西康学法,对汉藏文化交流做出了一定贡献。第四,民国普陀山佛教团体增多,比如,开如、莹照、善余、珍道、化珣等都是佛教团体的领导组成人员,这说明民国普陀山佛教管理也渐

渐走向制度化。第五,民国普陀山涌现出一批高僧,如印光法师、太虚法师、印顺法师等。

二、印光法师著书立说、弘扬宗风

　　印光(1861—1940),法讳圣量,别号继庐行者,自署常惭愧僧,俗名赵丹桂,字绍伊,号子任①,陕西合阳人。他少治儒学,力辟佛教,"十余岁时,见韩、欧辟佛之文颇喜,兼欲学理学,故于时文俱不愿为"。②虽习韩愈、欧阳修等儒家学者之思想,仍不满足,"幸得病数年,时复深长思。古今圣贤众,岂皆无所知?彼既悉尊奉,我何敢毁訾。虽圣有不知,韩欧焉足师?"③此后"遍思古今,详绎经书,始知韩欧程朱之作此说者,全属门庭知见,绝不计及堂奥中事之所致也。乃于弱冠之次年,出家为僧,专修净业"。④可见,他因对儒学不满,后转向佛学,出家为僧。光绪七年(1881),大师前往终南山南五台莲华洞寺,依道纯长老剃度出家。光绪八年(1882)于湖北竹溪莲华寺得读残本《龙舒净土文》,知念佛法门。光绪十二年(1886)前往北京红螺资福寺,以庐山慧远为先范,故自号继庐行者。翌年正月朝五台山,后返回资福寺。光绪十六年(1890)至北京龙泉寺为行堂,翌年又住圆广寺。后驻锡普陀山。1922年以后,印光法师常居上海太平寺。1930年二月,移

①沈去疾:《印光法师年谱》,成都:天地出版社,1998年,第37、42页。
②印光:《复卓立君居士书一》,《印光法师文钞三编》(下),苏州:灵岩山寺弘化社,2010年,第1008页。
③印光:《嘉言录题词》,《增广印光法师文钞》(下),苏州:灵岩山寺弘化社,2010年,第54页。
④印光:《嘉言录题词并序》,《印光法师文钞续编》(下),苏州:灵岩山寺弘化社,2010年,第119页。

居苏州报国寺闭关,专修念佛法门。闭关期间,完成了普陀山、五台山、峨眉山、九华山四大名山志的编纂。1937年抗日战争全面爆发后,避居灵岩寺,指导兴建了苏州灵岩山寺,使之成为十方专修净土道场,且大力主持创办弘化社,刻印流通广大善书,使其成为佛教公益事业的楷模。1940年十一月初四晨,印光法师于大众念佛声中安详而逝,世寿七十九。荼毗后,得五色舍利无数。印光法师是净土宗中兴的重要人物,并为中国近代佛教复兴做出了卓越贡献,是净土宗的集大成者,被尊为净土宗第十三代祖师。"他通过对净土经典的抉择、净土宗专修道场的确立以及对净土宗祖师问题的厘定,凸显了近代净土宗的宗派意识。在他的佛学思想中,通过对禅净两宗优劣的辨析以及儒佛的会通,突出了净土念佛法门的殊胜,同时也扩大了净土宗的社会影响。"①印光法师一生著述甚丰,遗著有《印光法师文钞》四卷、续编《文钞》二卷、《增广印光法师文钞》等。印光法师与虚云和尚、弘一大师、太虚大师合称民国四大高僧。

印光大师与普陀山的因缘,始于光绪十九年(1893)。自1893年驻锡普陀山,至1929年离开普陀山赴上海校印各书时止,他驻锡普陀山长达三十六年。在此期间他常住法雨寺藏经楼,阅藏、著述、念佛、修行,力倡净土,弘扬宗风,为民国佛教做出了重要贡献。

光绪十九年(1893),浙江普陀山法雨寺方丈化闻入京请藏经,并寻觅藏经管理者,僧众因印光法师做事谨慎而一致推荐他。化闻见其道行高卓,遂请其一同南下,居法雨寺藏经楼。"寺众见师励志精修,咸深钦佩"。光绪二十三年(1897)夏,众人坚

①纪华传、李继武:《印光法师与近代净土宗》,《人文杂志》2019年第11期。

请印光法师讲经,法师推辞不掉,于是开讲《弥陀便蒙钞》。讲经结束后,他闭关六年,其间学修并进。出关后,僧人了余与真达为他修建莲篷,与谛闲法师先后居住于此。不久,仍被迎请回法雨寺。光绪二十九年(1903),真达和锡麟堂了余建慧莲篷,供法师静修。光绪三十年(1904),因谛闲为温州头陀寺请藏经,又请他陪同入京,事毕南归,仍住法雨寺藏经楼。[①] 宣统元年(1909)秋,太虚出任普陀山化雨小学校教员,也亲近印光法师,写有《酬印光法师》二首。1913年秋,高鹤年至普陀山拜望印光法师,将其所著论文《宗教不宜混滥论》《佛教以孝为本论》《如来随机利生浅近论》等携至上海,次年刊于上海《佛学丛报》第10期,前一篇和后两篇分别署名为释常惭和普陀僧。自此之后,印光法师以文字弘扬净土,始为世人关注。1917年,徐蔚如居士得印光法师与其友三书,以《印光法师信稿》为书名印行。第二年又搜寻印光法师文章二十余篇,以《印光法师文钞》书名刊印于北京。后又先后搜集书稿,铅印于商务印书馆,木刻于扬州藏经院。1922至1926年间,迭次增广,复于中华书局印行,题曰《增广印光法师文钞》。《文钞》印行以后,广受缁素两界重视,印光法师由此名震遐迩。1922年,印光法师发起并聘请王亨彦编修《普陀洛迦新志》,由前后两寺长老了余、开如协助采访,耗时十六个月方才定稿。然印光法师和王亨彦在内容编排上发生分歧,印光法师认为佛教元素不足,不能凸显名山地位,而王亨彦坚持以以往惯用志例修撰,后取折中之法,由印光法师完成卷一《本迹》部分,余下依王亨彦所撰,交由定海县知事陶镛鉴定。1924年刊印发行时,陶镛呈请总统徐

① 真达、妙真、了然、德森等:《中兴净宗印光法师行业记》,《印光法师文钞三编》(下)"附录",苏州:灵岩山寺弘化社,2010年,第1132—1133页。

世昌颁赐印光法师"悟彻圆明"一匾,以示尊崇。

驻锡普陀山三十六年,奠定了印光法师净土思想的基础。在此期间,他完成了《净土决疑论》《净土普被三根论》《宗教不宜混滥论》等三部论述,并为全山各大丛林撰碑作序拟疏题跋及写传记三十余篇。碑有《砌普陀山仙人井功德碑》《常明庵万年念佛会碑》《佛顶山香云路造铁栏杆碑》《陈性良居士建海岸牌坊功德碑》《龙寿庵助田功德碑》《加修码头碑》《无著老人创建常明庵缘起碑》《普济寺如意寮开念佛堂功德碑》。序有《普济寺打交盘万年簿序》《法雨寺万年簿序》《圆通庵万年簿序》《三圣堂万年簿序》《永悟和尚公堂自序》《眠云公堂序》《立山老人派下子孙公堂序》《化闻老人公堂序》《别庵统祖新公堂序》《通智法师公堂序》《白华庵法谱序》《香积会斋僧规约序》《普陀体仁施棺会缘起序》《观世音菩萨本迹感应颂序》《募设千僧斋序》。跋有《清世宗御制普陀法雨寺碑文跋》《六度室跋》。记有《释迦如来真身舍利来仪记》《书〈华严经〉讼过记》《镇海李太夫人燃灯照海记》。疏有《伴山庵募修大殿疏》《法雨寺募修天王殿及鼓楼疏》《法雨寺罗汉装金募缘疏》《法雨寺建如意寮募缘疏》《普济寺浚莲花池募缘疏》《息末禅院募修大殿疏》《建普陀轮船码头疏》等。

三、太虚法师在普陀山酝酿人间佛教思想

太虚(1889—1947),法名唯心,字太虚,号昧庵,别号悲华,俗姓吕,乳名淦森,学名沛林,原籍浙江崇德(今浙江桐乡),生于浙江海宁。他十六岁时入苏州小九华寺剃度为僧,法名唯心,同年受戒于宁波天童寺,师从寄禅法师,习《法华》《楞严》诸经。光绪三十三年(1907)经圆瑛法师推荐于慈溪西方寺阅《大藏经》。1909年,随寄禅抵南京,随杨文会学习《楞严》,从苏曼殊学英语。

1922年创办武昌佛学院,之后历游英、法、德、美等诸国,宣扬佛教。1946年元旦,国民政府授其"宗教领袖胜利勋章"。1947年病逝于上海玉佛寺,年五十九。太虚大师在《我的佛教改进运动略史》中,将自己的改进佛教运动分为四个时期:光绪三十四年(1908)至1914年是第一个时期,是他接受新思想、顺应时代潮流而兴起改革佛教思想的时期。1914年至1928年是第二个时期,是他整理形成自己佛教革新理论的时期,像《整理僧伽制度论》这样纲领性的文章就形成于这一时期。1928年至1938年是第三个时期。他深感在中国社会动荡、政局不稳的形势下谈论佛教改革是不可能的,所以他深切感受到佛法与国运的依存关系,只有国运兴,才能佛法兴。这一时期,他的主要精力就是围绕"世界佛教运动"也就是"佛法救世运动"来展开的。1938年以后,太虚大师的改革进入第四个时期。他经过对东南亚各国佛教的考察,明确了改革的路径与方式,主张以入世性、现代化作为中国佛教改革的方向。①太虚大师是中国近代佛教的改革家,在中国近代佛教发展中起着非常重要的作用。他提出"教理革命""教制革命""教产革命"之佛教三大革命以改革佛教;提出"人生佛教",倡导以大乘佛教"舍己利人""饶益有情"的精神去改进社会和群众,建立完善的人格、僧格;在其佛教改革事业中,僧教育是颇具开创性的,有功于学术、文化、政治、社会。太虚大师不仅致力于改革佛教,筹办佛学院,培育僧才,还讲经说法,弘扬佛学。在台湾宣讲《真常之人生》《佛法两大要素》;在苏州象坊桥观音寺讲《维摩诘经》《大乘起信论》;在南京讲《普门品》;在杭州讲《唯识二十论》《华严

---

① 温金玉:《演绎大乘遍南天:从太虚大师到法舫法师》,《宝鸡文理学院学报》(社会科学版)2020年第3期。

经》；在北京讲《法华经》《因明论》《金刚经》《阿弥陀经》；在庐山
开暑期讲演会；又发起召开世界佛教联合会，邀请日、德、美、芬
兰等国佛学家参加盛会。他还于1925年率领中国佛教代表团出
席在东京召开的东亚佛教大会。1926年遍访南洋各地。1927年
被德国朗福特大学中国学院聘为院董。1928年秋赴英、法、德、
荷、比、美等国宣讲佛学；应法国学者建议，在巴黎筹组世界佛
学苑。

　　太虚大师与普陀山有很深因缘，他九岁时随外祖母去普陀山
进香，十六岁时拟往普陀山出家，不知乘错船，背道而行，遂出家
于苏州。1909年，他任普陀山化雨小学校佛学教员。次年赴广东，
任白云山双溪寺住持。1911年他又回普陀山，寓锡麟堂，于般若
精舍访其戒兄昱山，并和印光大师相晤，印光大师曾作二偈相赠：

　　　　太虚大无边，何物能相掩。白云偶尔栖，当处便黮闇。
吹以浩荡风，毕业了无点。庶可见近者，莫由骋驳贬。

　　　　太虚无形段，何处能著染。红尘蓦地起，直下亡清湛。
洒以滂沱雨，彻底尽收敛。方知从本来，原自无增减。①

　　1912年他应寄禅之召往上海筹创"中国佛教总会"，1913年
五月太虚主编《佛教月报》创刊，同年八月《佛教月报》停刊，大师
离职。1914年八月，大师再回普陀访昱山，辑定《毗陵集》并作跋，
又与了余商谈闭关事宜。了余乃将锡麟堂后院辟为太虚大师关
室，十月，太虚大师正式掩关，赋《闭关普陀》四律，题关室曰"遁
无闷庐"，自号"昧盦"。闭关期间，太虚大师坐禅、礼佛、阅读、著
述，撰《破神执论》《震旦佛教衰落原因论》。1915年，沪上闻人王

---

① 释印顺：《太虚大师年谱》，《印顺法师佛学著作全集》第六卷，北京：中华书
　　局，2009年。

震到普陀山,访大师于关室,以诗相酬。他又继续写《佛法导论》《教育新见》《哲学正观》《辨严译》《订天演》《论荀子》《论周易》《论韩愈》《论百法明门论的宇宙观》等。1915年春,了余任普济寺住持,太虚大师常为其撰稿,当年太虚大师还著《整理僧伽制度论》。1916年他著有《受楞严经摄论》《成大乘论》《法界论》《三明论》《王阳明格竹衍论》《夏朝自题》等。八月二十五日,孙中山游普陀,息普济寺,了余陪同游山,孙中山亦访太虚,为其诗集手题"昧庵诗录",署名于右。太虚赋《中山先生游普陀作此即呈道正》一律。1917年春,太虚出关,摄影题诗留念。闭关期间,太虚大师因读《大般若经》而开悟,对此,煮云法师说:

> 大家都晓得的,大师在普陀闭关,看六百卷《大般若经》开悟,得入文字般若。那是一天晚上,大师坐养息香,听到前寺撞钟开大禁,忽然不知不觉的直坐到第二天早上,前寺上早殿撞大钟的时间,他在禅定之中,只有很短很短的时间,他还以为前寺仍然在开大禁,钟还没有撞好呢。再仔细看壁上的挂钟,已经是早晨四点多钟了。因此他随即就信口说出几句诗来,以述定中境界:"刹那无尽即千年,应笑长生久视仙。世相本空离寿夭,人心积妄计方圆。圣尧盗跖名希择,白骨红颜色并鲜,万物虽然齐粉碎,一椎今亦不须怜。"大师能够学贯中西,著述千余万言者,皆得力于此定中证悟出来的智慧,这不是用意识妄想,由外边学而知的妄觉的邪智慧,所以我说大师与普陀山有很殊胜的因缘。①

①煮云法师:《南海普陀山传奇异闻录》,台北:财团法人佛陀教育基金会,2000年,第105—106页。

太虚大师出关后，偕昱山赴宁波观宗寺拜谒其师公谛老，又访同参圆瑛于接待寺，数月后又回普陀山。1918年，太虚出任普济寺知众。1919年，巴黎和会后，北洋政府欲将德国战俘迁置普陀山，引起全山哗然，了余请印光法师撰文反对，太虚亦撰《普陀为德侨收容所之反对》，陈性良又及时出面，疏通政府，方免此祸。1932年，太虚返回普陀山度春节，指导成立南海佛学苑，普陀山禅那庵被公认为太虚卓锡处，名曰"太虚兰若"。因在普陀山期间写有大量论著，有人认为普陀山是太虚大师人间佛教思想的酝酿地，如太虚1915年在关房中完成了《佛法导论》一书。此书分为七部分：一、绪言，二、小乘，三、大乘，四、小乘与大乘之关系，五、佛法与人世间之关系，六、佛法与中国之关系，七、中国佛教之整建与发扬。其以"了生死为因，离贪爱为根本，灭尽为究竟"概括早期部派佛教，以"菩提心为因，大慈悲为根本，方便为究竟"总摄大乘佛法，其中蕴含有人间佛教之萌芽。1915年十二月太虚针对当时政府公布管理寺庙条例三十一条，有限制僧众和侵害庙产之危机，欲据教理教史以树立佛教改进运动，乃作《整理僧伽制度论》，从中可以看出太虚大师人间佛教思想的酝酿形成。

四、印顺法师潜心著述、阐扬宗风

印顺（1906—2005），俗名张鹿芹，浙江海宁人。二十五岁于普陀山福泉庵依清念披剃出家，法号印顺，内号盛正。不久，就读于闽南佛学院，一学期后，因学殖优异，被升为教师。1936年赴普陀山慧济寺阅藏。其后四处游学、授课，先后驻锡于武昌佛学院、四川合江县法王佛学院、汉藏教理院等处。1942年撰《青年佛教与佛教青年》《印度佛教初章》。1947年和续明于奉化雪窦寺编《太虚大师全集》。1949年至1952年夏驻锡香港，讲经说法、著书立说,编成《太虚大师年谱》和《佛法概论》等。1952年秋至台湾。
初任善导寺导师、住持以及《海潮音》杂志社社长等职。后创福严
精舍、慧日讲堂、新竹女众佛学院等。1964年掩关于嘉义,潜心著
述。1973年,以《中国禅宗史》一书,获日本大正大学文学博士学
位。为中国汉传佛教僧人中以论文而获日本博士学位之第一人。
1994年,在八十九岁时,写完自传体学术著作《平凡的一生》,后不
再著述。当年9月,他再回普陀山,在福泉庵为学僧开示。印顺法
师著作等身,所曾刊行成书者,共计四十种,另编书四种。其《妙
云集》二十四种为佛学巨著,另有《说一切有部为主的论书与论师
之研究》(1967),《原始佛教圣典之集成》(1971),《中国禅宗史》
(1971),《初期大乘佛教之起源与开展》(1981),《如来藏之研究》
(1981),《辨法性论讲记》(1982),《杂阿含经论会编》(1983)等。
其撰述一改此前中国传统佛教界之宗派偏见,而以释尊之本怀为
依归。他还继承太虚大师"人生佛教"之思想,提倡"人间佛教"。
在《我的根本信念与看法》中,他指出:"中国佛教,一般专重死与
鬼,太虚大师特提示'人生佛教'以为对治。然佛法以人为本,也
不应天化、神化。不是鬼教,不是神教,非鬼化非(天)神化的人间
佛教,才能阐明佛法的真意义。"从中可以看出他对人间佛教思想
的继承与发展。

第三节　民国普陀山志书

一、民国普陀山佛教文献

　　民国时期的普陀山,作为观音菩萨应化道场、中国佛教四大
名山之一,吸引了上海、杭州、宁波等地的香客信众、文人墨客,其

影响也波及海外。这一时期,关于普陀山的文献迅速增多,有人曾统计了1912—1948年的一百三十一种报纸杂志,搜寻民国时期游览、吟咏普陀山的相关日记、游记、小说、散文、杂文共一百零五篇,诗词共一百零六首,并对其分类整理①,足见其文献数量之多。民国时期的藏书家项元勋(1887—1959)著有《普陀游草》,收录有《望洛迦山》《雨夜待舶短姑道头》《金莲屿》《长生庵》《清凉井》《佛顶山》《法雨寺》《寻文殊普贤二洞》等五十余首古体诗。项元勋曾任职于浙江图书馆。浙江图书馆现藏有七种与普陀山有关的著作,即蒋维乔的《普陀山》②、盛叔型的《普陀山游览指南》③、胡去非的《普陀山指南》④、赖云章的《普陀名胜指南》⑤、裘珠如的《普陀名胜集》⑥、周醒余的《普陀游览指南》⑦、释尘空的《普陀山小志》⑧等,多是具有旅游性质的小册子,不超过一百页,图文并茂,语言通俗,简短明了,且小巧玲珑便于携带。如裘珠如的《普陀名胜集》共六十页,载有普济寺、法雨寺、慧济寺、短姑道头等十幅照片,介绍了普陀山的香期、轮船、上岸、住宿、肩舆、店铺、游程等交通、商业及民俗概况,此外还有沿革考、名胜

---

① 黄昊:《普陀山民国文献整理及其旅游推广应用研究》,浙江海洋大学硕士学位论文,2017年,第4—5页。
② 蒋维乔编:《普陀山》,上海:商务印书馆,1914年刻本。
③ 盛叔型:《普陀山游览指南》,上海:乐天诗文社,1918年。
④ 胡去非编:《普陀山指南》,上海:商务印书馆,1926年。
⑤ 赖云章:《普陀名胜指南》,象山鸣社,1926年刻本。
⑥ 裘珠如编纂:《普陀名胜集》,兢业社,1927年。
⑦ 周醒余:《普陀游览指南》,上海:大东书局,1930年刻本。
⑧ 释尘空:《普陀山小志》,普陀山佛教会,1948年刻本。

志、灵异记等。① 需要指出的是,蒋维乔还和教育家庄俞(1876—
1940)、袁希涛(1866—1930)、摄影家吕颐寿合作,在原《普陀山》
基础上编纂了图文并茂的《中国名胜第三种:普陀山》,蒋维乔撰
写弁言。其中附图二十九幅,包括普陀登岸处、妙庄严路、白华
山、白华山前森林、普济寺前海印池及御碑亭、普济寺前永宁桥梁
及凉亭、普济寺大圆通殿、太子塔、千步沙、磐陀庵内甘露池、磐
陀庵门前、西天法界、梅岑峰及梅福庵、灵石庵内磐陀石、观音古
洞、二龟听法石、潮音洞、紫竹林门前、南天门、仙人井、朝阳洞、长
生禅院门前、雪浪山、法雨寺海会桥及荷池、法雨寺大圆通殿、自
法雨寺侧仰望佛顶山、云扶石、佛顶山俯视莲花洋、梵音洞。② 此
外,民国前后还出版有德文版《普陀山》,总计百余页,收有图片二
百零八幅,文章三十余篇。其内页上中文书写有"普陀山"和"观
音",并有"普陀山——神圣的岛屿""观音——仁慈的女神"等汉
字。该书"是1911年德国出版的一本普陀山的图文介绍著作"③,
这说明普陀山当时在欧洲已有影响。

　　以上文献中,释尘空的《普陀山小志》是具有代表性的普陀
山志书。此外,王亨彦的《普陀洛迦新志》是民国时期非常重要的
"体例最优"的一部普陀山志书。

---

① 沈金芬、刘霏霏:《浙江图书馆馆藏舟山地方文献资料(清—民国)初探》,《浙
　　江国际海运职业技术学院学报》2015年第2期。
② 庄俞、袁希涛、蒋维乔、吕颐寿编纂:《中国名胜第三种:普陀山》,上海:商务
　　印书馆,1925年。
③ 汪国华:《闲话旧时普陀旅游书册与普陀旅游》,《舟山日报》2018年11月13
　　日"海潮人文版"。

二、王亨彦和《普陀洛迦新志》

王亨彦(1859—1930),字雅三,号寄翁,定海马岙人,光绪三十年(1904)贡生。他为人谨严,品粹学纯。王亨彦曾在家乡办私塾。光绪三十一年(1905)废科举,改学制。他顺应形势,将私塾改为"养正私小学",家塾遂成学堂。光绪三十三年(1907),王亨彦编有《定海乡土教科书》,由上海鸿文书局刊印出版,这是舟山现存第一部乡土教材,汇集定海历史、地理、气象、岩石、岛屿、图说等各类乡土知识。该书分上、下两册,用章节体编写,全书分历史、总述、厅治、村庄、东境悬山、东南境悬山、南境悬山、西南境悬山、西境悬山、西北境悬山、北境悬山、东北境悬山十二章,每章根据内容安排设二至十余小节。该书"交通篇"中,王亨彦指出:"定海悬居海中,往来动由航路,行驶舟楫,惟由南道头达上海、宁波,设有轮舶,较为便利……渡海来城,船皆用帆,或阻风潮,不能自由。旅行者多病之。岱衢长涂地广人稠,日用品皆由城运往,其路线须历叉河、马岙诸庄,而至三江埠问津。山岭崎岖,跋涉尤艰,非有要举,相戒裹足,能于其间,开通铁道,济渡轮舟,既可获利,又普公益,是亦宜研究之问题也。"这被认为是"最早提出要在舟山海岛开通铁路的文字记录了"。王亨彦认为舟山交通不发达,通行多靠木帆船,若能开通铁路,不仅能获利,而且是一项公益事业,可见其思想十分超前,视野也很开阔。此外,王亨彦还参与编纂有《定海厅志补校》《定海厅续志》《定海县续志》《定海县新志》等志书。①

不过,王亨彦对普陀山最大的贡献,是编纂了《普陀洛迦新志》。

编纂《普陀洛迦新志》,要从印光大师说起。早在光绪十二、

---

①陈瑶:《晚清梦想家王亨彦》,《浙江工人日报》2016年5月28日,第3版。

三年间(1886—1887),印光大师就萌发编撰山志之念,当时他年仅二十七岁,于红螺山资福寺修行。因要朝礼五台山,出发前去北京琉璃厂购买《清凉山志》,仅寻得一部。他于是"有意重修,广为流通"。①1893年,他三十三岁时住普陀山法雨寺,又见普陀旧志所记载皆是道场兴废及一般寻常之事,对于观音大士往劫本迹之事理,以及在此地之感应因缘等,悉皆阙略。②因此,"有意遍阅群籍,详悉会萃,以重新辑录该志"。③1917年,王采臣、周孝怀、陈锡周到普陀山拜访印光法师,提及山志久未修订,如果印光法师愿意重修,陈锡周将付刊刻之资,于是印光法师应允。此时修撰的因缘大致成熟,但印光法师认为自己因宿业关系,罹患眼疾,须先忏悔十二年,待业消智朗、障尽目明时才能着手进行。如果业重而未能进行,希望陈锡周另请江西黎端甫代为了此公案。后黎氏不幸于1919年去世,致使先前与陈锡周商议之事,皆成空谈。1922年春,定海县县长陶镛至普陀山拜访印光法师,谈及山志流通可令人改恶迁善,实为挽回世道人心之根本要务,所以急宜重修。印光法师以陶公护法心切,救世情殷,即令普济、法雨两寺主人,恳请陶公亲自担任修订主编。陶公以公事无暇,于是请前清举人孙尔瓒编修。孙尔瓒则推荐王亨彦,认为他为人谨严,定能胜任编志工作。陶镛认为王亨彦1921年主修县志,并在修县志时留心普陀山志,聘他最为合宜,且王亨彦亦自言早在宣统元年

---

① 释广定编:《印光大师全集》第3册上《复陈伯达居士书》,台北:佛教书局,1991年,第125页。

② 释广定编:《印光大师全集》第2册《普陀洛迦新志序》,台北:佛教书局,1991年,第1173页。

③ 释广定编:《印光大师全集》第3册上《丁福保居士书》,台北:佛教书局,1991年,第83页。

（1909）已有意要重修该志，于是委任王亨彦为山志编纂主任，另聘请三人协助王亨彦搜集、整理资料。一切事宜，外有陶公，山有开如、退居，商酌料理。

　　在修撰过程中，对于志书的体例，有不同的意见。印光法师曾对陈锡周说：

　　　　此事颇不容易，若照旧例，则文人皆能为之。若将大士往劫本迹修证，及此方感应事迹，一一略叙大端，令阅者咸知大士恩周沙界、慈济无疆。从兹发起正信，身心归依，近获人天之福，远证菩提之果者，非遍阅大藏、备考群籍不可。若不发挥大士本迹感应诸理，则成遗主志宾、舍本逐末，与寻常山经水志何异！何以显普陀为大士应化道场，又何以显大士为法界众生之大慈悲父母，而与娑婆众生因缘最深也？①

　　印光法师认为，山志的主体应当是观音菩萨，观音大士应为山志之核心。陶镛也同意此观点，但他担心只辑录感应等事迹恐会成为"观音世家"，而非山志。于是与王亨彦商议提出将山志分为内外两篇，他曾致信会稽道尹黄庆澜说："印光法师佛学精深，而于修订体例，与镛见尚未臻密合。"②但他又致信王亨彦说："窃维志普陀以观音为主，自属言之成理，与各门编纂，事不相妨。"③这说明他采取了折中的方法。因此王亨彦在回复陶镛的信中说及："印师身入空门，导扬宗风。修山志以观音为主体，亦固其所。

①王亨彦：《普陀洛迦新志》卷首《序》，杜洁祥主编：《中国佛寺史志汇刊》第1辑，台北：明文书局，1980年，第10册，第11页。

②王亨彦：《普陀洛迦新志》卷一二《叙录门》，杜洁祥主编：《中国佛寺史志汇刊》第1辑，台北：明文书局，1980年，第10册，第633页。

③王亨彦：《普陀洛迦新志》卷一二《叙录门》，杜洁祥主编：《中国佛寺史志汇刊》第1辑，台北：明文书局，1980年，第10册，第630页。

但既名为志，将以显山川之名胜，表创造之功勋，以及建革之由、中兴之业，自应详为罗列，俾无遗憾。我公（指陶镛）答以折衷办法，分内外两篇，始有志例可言。"①王亨彦之说，正符合陶镛的思想，故他回复王亨彦云："印光佛学极深，而著述似非所长。然为人坦白，肯受商量。志之体例，因徇其观音为主之义，略分内外篇，即弟（指陶镛）所拟。将来即照此意做去，但仍宜随时与渠（指印光）商之。"②印光法师也因此心生不悦，对此志书的修撰工作"绝不过问"。

印光法师虽然未参与修撰工作，但该志修成时，印光法师仍为之作序，名为《普陀洛迦新志序》。1924年，王亨彦完成了《普陀洛迦山志》的修订，为印光法师也作一传，大师"极斥其非"。1928年，《普陀洛迦山志》刻印出版。大师要求王亨彦所录印光之书并名者，通通删去，故此书绝无印光法师的名字。1930年掩关报国寺后，印光法师得暇对王亨彦所修的《普陀洛迦山志》重新修撰，更名为《普陀洛迦新志》。他回忆说："《普陀志》，从前系请一不知佛法、不信佛者所修。而且为光亦作一传以附之。光极斥其非。后以一二事，彼不依光，光遂完全辞之不过问。及彼修好，交与法雨（寺）退居（法师），放大半年，才求光鉴订。光以无暇，故迟几年。故此书绝无光之名字，以彼所录光之书并名者，通去之不存。"③德森法师在九华山志新编后跋中指出："老人全不露

①王亨彦：《普陀洛迦新志》卷一二《叙录门》，杜洁祥主编：《中国佛寺史志汇刊》第1辑，台北：明文书局，1980年，第10册，第631页。

②王亨彦：《普陀洛迦新志》卷一二《叙录门》，杜洁祥主编：《中国佛寺史志汇刊》第1辑，台北：明文书局，1980年，第10册，第635—636页。

③参释广定编，《印光大师全集》第3册上《复邵慧圆居士书一》，台北：佛教书局，1991年，第317页。

有改正之迹。"该版本卷一署名"彭泽许止净敬述,古翁山王亨彦辑",其他卷署"古会稽陶镛鉴定,古翁山王亨彦辑"。印光未将自己名字列入。对此,陈剑锽指出:"实则应再加上'释印光修订',才符合原来的创作情形。仅署名王亨彦,与事实不符。"①1931年五月,《普陀洛迦新志》由上海国光印书局梓行,国光印书局、弘化社、普陀山同和号和锦泰号流通。

王亨彦编纂《普陀洛迦新志》被认为体例最优,其编纂特色,武锋已有详细研究,认为"此书信史结合,持论公允,体例得当,考证精审,既有保存史料之功,又有辨析提炼之能,传统与时代贴合密切,在历代普陀山山志的编纂上可以称为范例"。②其内容,卷首有李根源《序一》;许止净《序二》,专说"撰本迹颂之缘起";黄庆澜《序三》,专说"大士之深恩重德,兼示净土为一切凡圣同修之道";印光《序四》,"虽为流通单行本颂文而作,实于修志、撰颂各缘起言之綦详"。另收有印光大师的《石印普陀山志序》《南五台山观音菩萨示迹记》、许止净的《礼观世音菩萨疏》以及王亨彦的《普陀洛迦新志例目》。具体而言,卷一"本迹",即《观世音菩萨本迹感应颂》;卷二"形胜",主要介绍普陀山的地理景观;卷三"灵异",主要记载观音菩萨在普陀山的感应与化现;卷四"檀施",主要记载普陀山历代护法,其中多以王公贵族为主;卷五"梵刹",主要记载普陀山的寺院建设;卷六"禅德",主要记载各大寺院的住持与名僧;卷七"营建",主要记载祠、坊、塔、路、桥等;卷八"规制",主要记载普陀山佛教的共住规约、法令等;卷九"流寓",主要

①陈剑锽:《"四大名山志"的修撰过程及其宗教意义》,《普门学报》2003年第15期。在本文中陈剑锽教授对《普陀洛迦新志》的修撰过程讨论甚详。
②参见武锋、林陈薇:《〈普陀洛迦新志〉的编纂特色》,《浙江海洋学院学报》(人文科学版)2014年第6期。

记载普陀山名人十三人；卷十"艺文"，主要罗列了普陀山高僧的著述及其提要，"山僧著述，仿《汉书·艺文志》例，详载书名，并录序文，以见作书之大意。故兹编'艺文'一门，与旧志所云艺文者迥异"。①卷十一"志余"，记载其他各卷未收之内容，"凡各门所未收，汇此门而无漏"②，共三十八条。卷十二"叙录"，是关于普陀山历代山志之内容提要："详载各山志纂修姓氏、序文、例目，以存梗概，而以此次新修缘起往来函件殿焉。"③

王亨彦志书考证详细，不仅有文献研究，也运用田野调查之方法，并多有创新，可谓是关于普陀山及其佛教文化研究的一部学术专著。关于田野考察方法，1921年陶镛、印光已经考虑编志书时进行采访。1923年，王亨彦等人商定了采访门类，并设采访主任，"督促采访主任依照所定门类详确采访。宁滥毋简，以便斟酌去取，分别甄录"。④据统计，其采访资料超过一百八十条。⑤

就主题而言，虽分十二，实则为三，其一是观音菩萨之记载，包括本迹；其二是普陀山及其佛教之记载，包括形胜、檀施、梵刹、禅德、营建、规制、流寓等；其三是观音菩萨在普陀山的感应记载，主要包括灵异、艺文、志余、叙录等。这从其编撰思想中亦可看

---

① 王亨彦：《普陀洛迦新志》卷首，杜洁祥主编：《中国佛寺史志汇刊》第1辑，台北：明文书局，1980年，第10册，第28页。

② 王亨彦：《普陀洛迦新志》卷一一《志余门》，杜洁祥主编：《中国佛寺史志汇刊》第1辑，台北：明文书局，1980年，第10册，第557页。

③ 王亨彦：《普陀洛迦新志》卷首，杜洁祥主编：《中国佛寺史志汇刊》第1辑，台北：明文书局，1980年，第10册，第29页。

④ 王亨彦：《普陀洛迦新志》卷一二《叙录门》，杜洁祥主编：《中国佛寺史志汇刊》第1辑，台北：明文书局，1980年，第10册，第635页。

⑤ 武锋、林陈薇：《〈普陀洛迦新志〉的编纂特色》，《浙江海洋学院学报》（人文科学版）2014年第6期，第43页。

出："普陀之名，原由大士而著，实以大士为主体。今辑山志，应
先从大士本迹感应叙起。故将许止净居士所撰之《观世音菩萨本
迹感应颂》列于第一，名'本迹门'，为一卷，是为内篇。其下'形
胜''灵异'等十一门，各为一卷，是为外篇，内、外共十二卷。则
佛恩之洪深，道场之原委，均可悉知矣。"①其中既有观音，又述普
陀，分内外两篇，而观音显化于普陀，亦载于其中。

三、尘空法师和《普陀山小志》

尘空（1908—1979），法名演林，俗名王宗禹，湖北荆门人。
1918年，十一岁时于湖北当阳玉泉寺依福惠法师剃度出家。1925
年，十八岁时于沙市章华寺受具足戒。1929年负笈武昌，入武昌
佛学院学习。1930年武昌佛学院研究部并入北平（北京）柏林教
理院，他赴北京继续学习。1931年"九一八"事变后，柏林教理院
宣告停办。1932年，他随法舫法师回武昌，成立世界佛学苑图书
馆，任研究员。1933年，赴河南开封河南佛学院任教。1934年回
武昌，参与《海潮音》的编辑工作。1935年夏随太虚法师至重庆，
协助法尊法师处理汉藏教理院院务，其间协助法尊法师出版译著
《菩提道次第广论》。受《广论》影响，向往密宗。1936年于五台
山依能海法师修学密宗。1938年参加重庆"僧侣救护队"，支援抗
战。1939年，随太虚大师赴云南，驻锡云南省佛教会，协助大师
处理省佛教会会务，筹组"云南僧伽救护队"，筹备"慈济医院"。
1942年，他在汉藏教理院任教之余，编纂《缙云山志》一书。1945
年，主编《海潮音》月刊。1946年，太虚大师驻锡南京毗卢寺，成立

①王亨彦：《普陀洛迦新志》卷首，杜洁祥主编：《中国佛寺史志汇刊》第1辑，台
北：明文书局，1980年，第10册，第24页。

"中国佛教整理委员会",尘空担任整理委员会秘书。1947年,太虚法师圆寂,尘空撰写了《虚大师病室日记》《恸失导师》《太虚大师行略》《奉骨入仙记》等文章,刊于《海潮音》;是年五月,中国佛教会召开抗战胜利后的第一届全国代表大会,尘空当选为中佛会驻京常务监事。

　　1948年,尘空在南京辞去一切职务,到普陀山双泉庵闭关。此时煮云法师也在双泉庵挂单,并成为尘空的护关者。他说尘空法师"精研戒律,追随佛教领袖太虚大师前后达20年,曾任汉藏教理院教务主任,数度主编《海潮音》,是大师门下的穷弟子,一个安贫乐道者"。当时闭关于普陀山的,还有百子堂的寿冶法师、妙峰庵的妙善法师,三人被称为"西方三圣"。1949年,北京的德源也到梅福庵闭关。1949年解放前后,尘空留在普陀山,对妙善法师说:"你和我本无家产,两袖清风,没有甚么可牵挂的,就是解放了,也要搞佛教,不如就在此地弘法,比在外面实际。一个出家人,并不需要锦绣前程。"于是,他和妙善法师等人仍留在山上。当年舟山群岛解放,10月中华人民共和国成立,次年定海县成立人民政府,普陀山隶属定海,尘空在普陀山协助地方人民政府,给当地僧尼分发救济粮,并带领全山僧侣,开荒种植,农禅并重,后他被推为普陀山全山方丈。1957年,任杭州灵隐寺方丈,杭州佛教协会副会长,中国佛教协会第一届理事和常务理事,同时兼任天竺寺住持。1962年赴北京出席中国佛教协会第三届全国代表大会,会后留中国佛学院开展佛学研究,着手编写《中国佛教史》初稿。1978年再抵杭州,任浙江省文史研究馆馆员。1979年于杭州圆寂,世寿七十二,僧腊六十二,戒腊五十四。

　　尘空法师在普陀山期间,编撰有《普陀山小志》,1948年6月由上海大法轮书局出版发行。该书内容不多,可能这也是被称为

"小志"的原因。此书目录前有图录,包括普陀山全图、潮音古洞、佛顶山大殿、二龟听法石、多宝塔、金刚石、千步沙、短姑古迹、道头牌坊、法雨寺前海会桥、普济寺前永寿桥、法雨大寺殿、普济大寺殿、普陀山圣境全图等。紧随其后编排有孙中山的《游普陀志奇》。《普陀山小志》内容包括概说、梵刹、名胜、灵异、文史等五部分。"概说"包括普陀山地理概况、佛教历史、僧制管理、朝山进香、观音道场、观音圣德等。"梵刹"包括普济寺、法雨寺、慧济寺简介以及八十余所庵堂及其所在地。"名胜"包括山、峰、岭、石、岩、门、洞、沙、隩、泉、井、池、桥、海岸、牌坊等。"灵异"节选了历朝志书上的感应事迹十余条,并增加了民国的几则代表性事迹,如孙中山的感应事迹,章嘉大师的朝山事迹等。"文史"收录了李根源的《普陀洛迦新志序》,黄庆澜的《序二》,释了余的《普济寺万年簿序》,释开如的《法雨寺万年簿序》,明屠隆的《补陀洛伽山记》以及宋王安石的《游洛迦山诗》,元赵孟頫的《游普陀诗》,明释道贞的《礼普陀诗》,清通旭的《山中四威仪诗》,释太虚的《闭关普陀》,汤浚的《普陀纪游诗》等。文后又附《导游》一篇,记述普陀山朝山盛况和进香线路,详述"主要寺庵景物名目及线路,用作导游",并设计了三天的游程,以普济寺为中心,分普济寺线路、法雨寺线路和洛迦山线路,是非常详细的朝山指南。

　　相比前志,尘空的《普陀山小志》内容小,体例亦不甚完备,但也保存了一些资料,如"灵异"中记载,1944年7月,日寇七八千人驻普陀山各寺庵,每日在山中宰杀牛羊鸡鸭,"血污名山","一夕在善财礁外,发现红灯",以为有军舰来攻,于是开炮射击,"不料一炮开后,一灯变成无数红灯,向千步沙营地而来,其灯渐明,照见岸上人面了然,但不至岸","日人知是菩萨显化,均向灯拜祷,三日后即撤兵他往矣"。① 此外,作为一个旅游性质的小册子,该书对香客信众来说还是有一定意义的。尤其文后所附的《导游》,以普济寺、法雨寺和洛迦山为中心,规划了详细的朝山线路、时间和地点,反映了民国时期普陀山的朝山盛况,保存了民国时期普陀山的朝山资料,有重要的文献价值和意义。

第四节　民国普陀山的神圣空间与朝山信仰

一、日渐完备的神圣空间

　　民国时期,普陀山的神圣景观引人赞叹。蒋维乔在《中国名胜第三种:普陀山》弁言中说:"山与水二者,不易并美。以山而兼湖之胜,则推浙之西湖;以山而兼海之胜,当推定海普陀。"② 这是就其自然景观而言的。实际上,民国时期的普陀山已渐被构建为完备的神圣空间,不论是从自然景观还是从人文景观来看,均完成了"神圣性转换"或"神圣性建构"。普陀山自然景观的神圣性转换,集中体现于王亨彦的《普陀洛迦新志》中第二卷"形胜门",现将其列表统计(见表十)。

---

① 尘空:《普陀山小志》,武锋点校:《普陀山历代山志》,杭州:浙江古籍出版社,2014年,下册,第1782页。
② 庄俞、袁希涛、蒋维乔、吕颐寿等编纂:《中国名胜第三种:普陀山》,上海:商务印书馆,1925年,第1页。

表十：民国时期普陀山自然景观①

景观归属	类别	数量	名称
山岳景观	山	24	普陀洛迦山、双峰山、佛顶山(又名白华顶、菩萨顶)、雪浪山、锦屏山、莲台山、青鼓山、茶山、伏龙山、天竺山、梵山、南山、观音眺山、毛跳山、六峤山、长短山、喇叭嘴山、洛迦山、朱家尖山、顺母涂山、桃花山、葫芦山、金盂山、石牛山
	峰	18	光熙峰、踞狮峰、圆应峰、翔凤峰、象王峰、烟墩峰、炼丹峰、妙应峰、观音峰、灵鹫峰、达摩峰、塔子峰、弥陀峰、梅岑峰、正趣峰、雨华峰、会仙峰、金刚峰
	岭	12	几宝岭、白华岭、栴檀岭、圆通岭、欢喜岭、葡萄岭、青鼓岭、啸天狮子岭、朝阳岭、东屏岭、孝顺岭、香云岭
石沙景观	岩	15	八仙岩、东方岩、西方岩、玲珑岩、石浪岩、圆通岩、狮子岩、虎岩、象岩、兔岩、龙岩、鹰岩、狮象岩、佛手岩、文殊岩
	石	30	磐陀石、说法台石、五十三参石、二龟听法石、柱空石、八卦石、云扶石、巫山石、不二石、一叶扁舟石、仙掌石、佛牙石、鹦哥石、水墨石、马鞍石、天篑石、点头石、无畏石、虾蟆石、香炉石、真歇石、灵芝石、慈云石、迭子石、鼓石、紫竹石、紫云屏石、白马石、蟠桃石、狮子石
	石门	3	东天门、南天门、西天门
	沙	4	金沙、千步沙、塔前沙、龙沙
洞窟景观	洞	17	潮音洞、善财龙女洞、法华洞、朝阳洞、摩尼洞、白云洞、金刚洞、宝塔洞、观音洞、莲台洞、梵音洞、洛迦洞、平天洞、古佛洞、弥勒洞、灵佑洞、小山洞

①王亨彦:《普陀洛迦新志》卷二《形胜门》,杜洁祥主编:《中国佛寺史志汇刊》第1辑,台北:明文书局,1980年,第10册,第81—170页。

续表

景观归属	类别	数量	名称
水文景观	陬	6	飞沙陬、梵陬、雨华陬、吉祥陬、后陬、虓虎陬
	湾	5	龙湾、司基湾、幽静湾、青石湾、梅湾
	涧	6	东涧、西涧、中涧、青玉涧、澄灵涧、雪浪涧
	泉	10	龙泉、菩萨泉、菩提泉、真歇泉、三昧泉、活眼泉、八功德泉、涤心泉、灵一泉、功德泉
	潭	2	龙潭、龟潭
	井	4	葛洪井、仙人井、梅福井、金沙井
	池	7	海印池、光明池、覼鉴池、莲池、月印池、洗心池、育龙池
	洋	1	莲花洋
	礁	2	新罗礁、善财礁
其他景观	境	4	清净境、藤萝境、空有境、西方境

该书对民国普陀山的山、峰、岭、岩、石、门、洞、沙、陬、湾、涧、泉、潭、井、池、境等均有系统介绍，其中既有山岳景观、石沙景观，还有洞窟景观、水文景观等。从其名称，可以看出其"神圣性转换"。不论哪一种类型自然景观，其绝大多数名字来源于佛教。(1)有一部分来源于佛经，如普陀洛迦山、洛迦山、白华岭、磐陀石、说法台石、五十三参石、善财龙女洞、善财礁等来源于华严类经典；法华洞来源于法华类经典；弥陀峰、西方岩、八功德泉等来源于净土类经典。(2)有一部分源于佛菩萨的名字，如观音眺山、观音峰、观音洞、菩萨泉、古佛洞、弥勒洞等。(3)有一部分源于佛

教中的护法或瑞兽名字,如踞狮峰、翔凤峰、象王峰、啸天狮子岭、狮子岩、虎岩、象岩、兔岩、龙岩、鹰岩、狮象岩、白马石、狮子石等。(4)有一部分源于印度的地名,如灵鹫峰。(5)有一部分是具有佛教象征意义的名字,如光熙峰、妙应峰、圆通岭、欢喜岭、吉祥隩、三昧泉、光明池、蕑鉴池、洗心池、清净境等。(6)有一部分名字是以著名高僧的名字来命名的,如达摩峰、真歇石、真歇泉等。这样,通过命名,自然景观便具有了更为神圣的意义,置身其中,每闻其名,便会觉得进入清净之圣境。

在上表所列的"其他景观"中,恰好就有"清净境"。何为"清净境"?《普陀洛迦新志》云:"即指全山而言,非另有特别之一区。详观宋文宪公《清净境亭铭序》,自宝陀寺,叙至潮音洞;由潮音洞,至磐陀石;又西折为狮子峰、象岩、佛手峰、三摩地,历叙其岩、山、洞、石等种种形状,盖指所游之全境而言。"①据此,"清净境"即是普陀山的全山之境。以"清净境"来命名全山之境,恰好是对其自然景观神圣化的一大总结与概括。

需要指出的是,不少已经被神圣化的自然景观,还附有诸多传说故事、感应故事以及诗歌赞颂等,流传的过程中,这些地方便会变为圣迹,后人总是慕名前来,顶礼膜拜,如潮音洞、梵音洞等。总之,自然景观的神圣化为普陀山神圣空间的建构提供了极为重要的基础。

除了自然景观的"神圣性转换"外,还有人文景观的"神圣性建构"。人文景观中,以佛教景观为主,佛教景观中最主要的是寺院。据王亨彦《普陀洛迦新志》,民国时期,普陀山的佛寺形成了

---

① 王亨彦:《普陀洛迦新志》卷二《形胜门》,杜洁祥主编:《中国佛寺史志汇刊》第1辑,台北:明文书局,1980年,第10册,第126—127页。

"三大寺、八十八庵院、一百二十八茅棚"的景观格局,现列表统计
(见表十一)。

表十一:民国时期普陀山佛寺景观[①]

格局	名称	类别	数量	具体概况
三大寺	普济禅寺	门	3	中山门、东山门、西山门
		殿	10	天王殿、大圆通殿、藏经殿、景命殿、伽蓝殿、祖师殿、绣佛殿、白衣殿、灵应殿、关帝殿
		堂	17	东罗汉堂、西罗汉堂、法堂、全彰堂、先觉堂、崇德堂、梅曙堂、斋堂、东禅堂、西禅堂、客堂、云会堂、长生堂、净业堂、云水堂、延寿堂、功绩堂
		楼	12	钟楼、鼓楼、千人楼、瑞日楼、庆云楼、宾日楼、白云楼、得月楼、览翠楼、香积楼、南楼、东西楼
		轩	4	东壁轩、挹爽轩、翠竹轩、宝珠轩
		方丈	1	方丈
		亭	1	柏香亭
		寮	1	匠作寮
		下院	5	本山下院、定海下院、宁波下院、松江下院、台州下院
	法雨禅寺	门	2	左右山门
		殿	7	天王殿、大圆通殿、大雄宝殿、伏魔殿、准提殿、伽蓝殿、珠宝观音殿
		堂	13	三圣堂、正续堂、祖堂、东禅堂、东斋堂、留云堂、后斋堂、三生堂、西禅堂、西戒堂、客堂、安乐堂、云水堂

①王亨彦:《普陀洛迦新志》卷五《梵刹门》,杜洁祥主编:《中国佛寺史志汇刊》
第1辑,台北:明文书局,1980年,第10册,第233—337页。

续表

格局	名称	类别	数量	具体概况
		阁	4	三官阁、藏经阁、松风阁、天后阁
		楼	10	钟楼、鼓楼、芋香楼、雨华楼、水月楼、白华楼、智食楼、西客楼、先觉楼、拜经楼
		轩	2	无隐轩、挹翠轩
		室	3	龙井室、怡情室、锦屏丈室
		厅	2	斋戒厅、官厅
		居	1	鹤烟居
		厨	1	香积厨
		方丈	1	方丈
		寮	4	印寮、牧生寮、列职寮、如意寮
		院	1	仓院
		下院	6	道头下院、定海下院、宁波下院、杭州下院、温州下院、上海下院
	慧济禅寺	门	1	山门
		殿	4	大雄宝殿、天王殿、地藏殿、雷祖殿
		堂	7	祖堂、功德堂、客堂、上斋堂、下斋堂、禅堂、云水堂
		楼	4	玉皇楼、钟楼、西楼、阅藏楼
		阁	2	藏经阁、大悲阁
		室	1	方丈室
		房	4	库房、大小厨房、柴房、田房
		寮	2	工人寮、如意寮
		厂	1	地厂
		下院	1	道头下院
		篷	1	后山篷

续表

格局	名称	类别	数量	具体概况
八十八庵院				妙峰庵、朝阳洞庵、悦岭庵、香林庵、妙智庵、鹤鸣庵、金粟庵、常乐庵、大乘庵、长生庵、雨华庵、下清凉庵、禅那庵、龙寿庵、栴檀庵、弥勒庵、双泉庵、积善庵、伴山庵、清凉庵、常明庵、海曙庵、杨枝庵、逸云庵、弘隐庵、羼提庵、极乐庵、宝月庵、金沙庵、祥慧庵、古佛洞庵、天竺庵、海澄庵、宝称庵、法喜庵、梵音洞庵、药师殿、大悲殿、清一堂、澄心堂、法喜斋、兴善堂、法如庵、洪筏堂、法华庵、积善堂、宴坐堂、承恩堂、报本堂、锡麟堂、文昌阁、昙华庵、天华堂、百子堂、天福庵、正觉庵、普门庵、净土庵、永福庵、西竺庵、白莲台、紫竹林庵、西方庵、佛首庵、息耒院、白象庵、莲篷庵、三圣堂、磐陀庵、普慧庵、宝莲庵、伏羲庵、观音洞庵、广修庵、荠瓶庵、福泉庵、勺庵、弥陀庵、广福庵、慈云庵、隐秀庵、海岸庵、白华庵、修竹庵、圆通庵、梅岑庵、灵石庵、龙华庵
一百二十八茅棚	普济管辖77座			楞严篷、无量篷、万德篷、文殊洞、罗汉洞、龙树篷、草茅篷、白云洞、福生篷、自在篷、性芳篷、狮子洞、万寿洞、福莲篷、隐雅篷、灵峰篷、龙王宫、大观篷、白莲篷、觉观篷、九莲台、宿禅篷、报恩阁、九莲篷、修水篷、炼石篷、观音篷、如意篷、静修篷、隐贤篷、龙头井、清虚阁、吉祥篷、隐度篷、演说篷、为莲篷、智岩篷、金仙阁、梵林篷、观音阁、宝山篷、瑞莲篷、祇园篷、仙人井、法云篷、密禅篷、药王篷、仙岩篷、洛伽洞、寿春篷、妙音篷、极乐亭、云霞篷、韦驮殿、仁寿篷、东送子洞、妙莲篷、其祥篷、延寿篷、土地堂、三会篷、一心篷、莲华篷、圆音篷、拜经台、多宝塔院、戒定篷、过海篷、化雨篷、慈云篷、学法篷、印月篷、古云篷、西送子洞、祖留篷、丛桂篷、林深篷
	法雨管辖51座			云水洞、智峰篷、慈岩洞、宝珠宫、药师篷、小山洞、东山洞、华严篷、青龙洞、碧峰洞、心莲篷、金福篷、宝塔洞、菩提篷、普贤洞、阿逸篷、香山篷、培荫洞、大乘居、善财洞、欢乐篷、胜观篷、灵山篷、伏虎洞、定慧篷、忏悔篷、莲台洞、新安篷、摩尼篷、大佛头、北岩篷、北金刚洞、隐居篷、梵音篷、降龙篷、观觉篷、竹灵篷、得胜篷、西方篷、麒麟篷、上茅篷、中茅篷、下茅篷、香祖篷、心印篷、演古篷、梅丛篷、妙林篷、妙音洞、水月篷、学成篷

可以看到，普陀山佛寺景观颇具特色，普济寺、法雨寺和慧济寺为全山寺院之核心，其余的庵院、茅棚列布周围，形成"众星拱

月"之势,使三大寺显得极为神圣。三大寺中,普济寺独领风骚,法雨寺次之,慧济寺再次之,这从其拥有的门、殿、堂、楼以及下院的数量可以看出来。普济寺拥有3个门,10座殿、17所堂、12座楼、4座轩、1个方丈室、1座亭、1座寮、5座下院和77座茅棚。法雨寺拥有2个门、7座殿、13座堂、4座阁、10座楼、2座轩、3室、2亭、1居、1厨、1方丈室、1寮、1院和51座茅棚等。其中茅棚数量虽众,僧人却极少,每篷只住1僧,偶住2僧,但只允许1份施物,柴薪皆自行解决。对此,《普陀洛迦新志》指出:"山中以普济、法雨两寺分疆管辖。无论精蓝、茅篷,均受节制。如精蓝中,有施主打上堂斋、如意斋、千僧斋,即挂牌表示,阖山僧均可赶斋。其两寺有香客给施茅篷米粮钱物者,则挂牌,其余精蓝则贴帖。至时,各茅篷僧,持牌去领。一茅篷只许住一僧。偶有二僧共住者,只领一分施物。年道好,或有余;否则不足。薪则自行觅取。苦行之僧不虞乏食。两寺所有田地,只供半年斋粮;不足则募诸施主。舆台之属,香市时,则任抬挑;无事时,则种菜砍柴。因受雇于寺庵,故能受其约束。山中除僧庵外,无居民。市场所列之肆亦遵僧规。无为而治,井井有条。"[1]需要指出的是,三大寺与各大庵院中皆以观音菩萨为其主要供奉的对象,主要有圣观音、毗卢观音、十一面观音、千手观音、海岛观音、水月观音、白衣观音、紫竹观音等。

普陀山大大小小的梵刹分布于全山各处,形成自然景观与人文景观辉映的神圣景观,自然景观因为具有人文内涵愈加神圣,人文景观因为自然的点缀更具神性。二者交相辉映,形成极为独

---

[1]王亨彦:《普陀洛迦新志》卷一一《志余门》,杜洁祥主编:《中国佛寺史志汇刊》第1辑,台北:明文书局,1980年,第10册,第559—560页。

特的神圣景观。

二、蓬勃发展的朝山信仰

民国时期,普陀山佛教进入全盛时期,1924年"全山有3大寺,88庵院,128茅篷,4000余僧侣,仅普济禅寺就有僧众上千"。①随着交通的发展,宁波、上海、温州等地开通了直达普陀山的火轮航线,加之民俗佛教的继续发展,二月十九日、六月十九日、九月十九日香期的普及,前往普陀山朝山的香客信众与日俱增,朝山信仰蓬勃发展。对此,尘空法师指出:

> 普陀山为我国四大名山之一,名山胜景,举世艳称,中外士女,礼佛游览者,四时不绝。出家僧侣,参访朝拜者,亦是三五成群,络绎于道。随时可以赶斋,到处可以化缘,号称罗汉境界,海外家风。相传二月十九日为观世音菩萨圣诞,六月十九日为菩萨入山修道之期,九月十九日(均为农历)为菩萨得道之期。三期中尤以二月大香会期为盛。六月则游山避暑者较多,盖海洋空气流通,气温调匀,暑天中午最高温度不过摄氏八十五六度,早晚必凉,且有海水可浴,宜于消夏。九月则称小香会,香客较少,并无拥挤之苦,秋高气爽,玩赏最宜。每届大小香期,上海、宁波、温州、海门等处,均有轮船直放来山。内地各省均须先到上海搭船,或转宁波,则终年有船直驶沈家门,距山只隔一海峡,帆船顺风时,一小时可到。②

尘空法师指出,上海、宁波、温州、海门等处,均有轮船通往普

---

①方长生主编:《普陀山志》,上海:上海书店出版社,1995年,第2页。
②尘空:《普陀山小志》,武锋点校:《普陀山历代山志》,杭州:浙江古籍出版社,2014年,下册,第1790页。

陀山。从上海抵普陀山，有两条航线，一是从上海十六铺码头登船，可供选择的有北京轮、江天轮、宁绍轮、甬兴轮，行至宁波，从宁波再换乘定海、慈北两小轮前往普陀山，"其中逢周一、周三、周五为北京、宁绍两轮，周二、周四、周六为江天、甬兴两轮，周日停航"。二是在农历正月、二月、六月的香期，因香客众多，上海有大汽船直通普陀山，"每年六月间江天轮亦特开四五趟直达航班，皆以星期五行，周末泊普陀，星期一回沪"。直达航班傍晚登船，次日晌午抵达普陀；若换乘，则需候宁波有无航班，旅程或因此而增加一两天。而浙江到普陀山相对便利，从宁波三北埠登船，无需换乘，朝发午至，远比上海航线便利。若逢香汛，船票还会涨价。"若在农历二月、六月、九月香期赴普陀，则又有殊多不同。因观音诞日、成道日、出家日在二、六、九月，因此满船皆善男信女，无一塌余地。此时官舱需每人三元，而平时由沪至甬，官舱每人只需一元，房舱七角半，上舱三角，下舱二角。再由甬至普陀，官舱人二元，房舱一元五角，上舱七角，下舱五角。"[1] 上山以后，香客们或三步一拜，或焚香祝祈，虔诚朝山，虔心祈愿。因此尘空法师还指出："山上有大寺三，庵堂八十余家，均可招待香客。大都设备完善，宽者能容数百人，一遇香期，山中恒集数万人，食宿俱无虑也。"[2] 香汛时期山中有"数万人"，这说明朝山信仰之兴盛。此外，民国时期还有海外朝山的香客，蒋维乔在《中国名胜第三种：普陀山》弁言中指出："每届观音大士诞日，海内外进山礼拜者麋集，有远自暹罗（泰国）、锡兰（斯里兰卡）来者。而夏日避暑者亦

---

① 黄昊：《普陀山民国文献整理及其旅游推广应用研究》，浙江海洋大学硕士学位论文，2017年，第15—16页。

② 尘空：《普陀山小志》，武锋点校：《普陀山历代山志》，杭州：浙江古籍出版社，2014年，下册，第1790页。

多往焉。"① 可见,蓬勃发展的朝山信仰,也吸引了来自东南亚的泰国、南亚的斯里兰卡的信众,这说明民国时期观音道场普陀山已在海外具有一定影响。

　　民国时期也形成了详细的普陀山朝山线路与行程,尘空法师在《普陀山小志》中规划了详细的三日行程,虽然出发地点不同,但大致路线则相同。第一日,先游前山,"普济寺为全山供奉观音之主刹,开创最早,规模亦大,为朝山者所必到","往年打千僧斋时曾容五六千人,亦不觉拥挤,平时千人亦即告满","出寺向右有积善堂、宴坐堂、报本堂、承恩堂、锡麟堂、息耒院、土地堂";"西上可观天柱峰、达摩峰,或沿石道西行,缘白象庵、修竹庵、圆通庵、梅福庵而至灵石庵,参观磐陀石、说法台、二龟听法石、五十三参石等";"南下经大佛头、金刚洞、观音洞、芥瓶庵而达海边。或由前寺向西平行,经磐陀庵、普慧庵、宝莲庵、清虚阁、伏羲庵而达金刚洞,北上至磐陀石,再回至海边。沿海岸向东行,至福泉庵(天后宫)、弥陀院(今已毁)、西方船,再前行经广福庵、慈云庵而达道头(上山码头)。此时或由妙庄严路经佛顶山下院、海岸庵、白华庵、三圣堂而回前寺。或更东南行,至南天门,转经金沙至佛首庵、观音跳、西方庵,再转紫竹林、潮音洞,再转向西北,经西竺庵、普门庵、正觉庵、天福庵、天华堂、百子堂、多宝塔、莲池庵(文昌阁)而回前寺"。② 其规划路线甚详,几乎囊括了普济寺周围所有道场。第二日,"由前寺出发,向左经普陀街,有药师殿、澄心堂、龙王宫、法喜院、清一堂、大悲殿、兴善庵、法如庵、洪筏房。至此

────────────

① 庄俞、袁希涛、蒋维乔、吕颐寿等编纂:《中国名胜第三种:普陀山》,上海:商务印书馆,1925年。
② 尘空:《普陀山小志》,武锋点校:《普陀山历代山志》,杭州:浙江古籍出版社,2014年,下册,第1790—1791页。

或左上至法华洞、东天门、妙峰庵,南下至金仙阁过后山。或由大道直行至仙人井、金仙阁,翻岭过后山。顺大路经悦岭庵、鹤鸣庵、大乘庵、常乐庵、香林庵、长生庵、光熙亭、新清凉、雨华庵、禅那庵、龙寿庵、旃檀庵、双泉庵、海曙庵、积善庵、伴山庵、定慧庵、上清凉(已塌)、常明庵,转下过弥勒庵、杨枝庵、逸云庵而达后寺(法雨寺)";"出寺由左上山,一路石级铁栏,且行且住,回头东望,海阔天空。经雷祖殿、云扶石而达佛顶山慧济寺";"山后东北面有法喜寺、舍利塔、云水洞、天竺庵,均隐修之佳地也。出寺由山岭向东行,经菩萨顶、光熙峰、狮子洞、古佛洞,过飞沙隩而至梵音洞";"转经飞沙隩沿海边行,过极乐庵、羼提庵,经千步沙,金沙布地,软若兜罗棉。且行且观潮,至朝阳洞,折返仙人井,会归原路回";"此全山之大概也,详略当视游者之精神与兴趣及个别之因缘自择焉"。[1] 第三日,可雇帆船往洛迦山,经莲花洋,"据云有二十四个莲花浪",山上有景,曰"水晶宫"。有茅棚四:曰"妙湛"、曰"圆通"、曰"观觉"、曰"自在"。其下为洛迦门,"东北角上设有灯塔"。[2] 这是以普济寺、法雨寺、慧济寺和洛迦山为中心的朝圣线路,对每一条线路逐次经过的地点都有详细的说明。

尘空法师记载的线路,与徐士诚的《朝礼普陀山指要》记载的线路不谋而合。徐氏指出,普陀山寺庵众多,香客信众很难一一上香礼拜,然主要的三大寺必不可少,即普济寺、法雨寺和慧济寺。他说,如果时间充足,可依如下之顺序朝山:"(一)前山,(二)后山,(三)佛顶山,(四)落伽山。前山需要到者如普济寺、

①尘空:《普陀山小志》,武锋点校:《普陀山历代山志》,杭州:浙江古籍出版社,2014年,下册,第1791—1792页。

②尘空:《普陀山小志》,武锋点校:《普陀山历代山志》,杭州:浙江古籍出版社,2014年,下册,第1792页。

潮音洞、紫竹林、磐陀石、法华洞、观音眺、南天门、息来院、观音洞等处;后山需要到者如法雨寺、梵音洞、潮阳洞、鹤鸣庵等处;佛顶山需要到者如慧济寺、古佛洞。落伽山唯有茅篷四处。"[1]

如何到普陀山,徐士诚的《朝礼普陀山指要》也记载甚详:从上海起身,先到十六浦大达码头,有三种乘法。(甲)每年二、六两月直放普陀轮船,如新江天、宁绍、甬兴、舟山、大华等轮船,晚上五点钟开,明天上午七点钟到山;(乙)乘台州、温州去的轮船到舟山,约早上五点钟换往岱山去的轮船或直接乘普陀去的轮船,到时大约下午三点钟。唯此路乘甚不上算,一因往岱山去的船不是一定天天有的,二除直放普陀小火轮慈航,由宁波开来慈北、定海三轮外,余多非正式之商轮,往往客多则去,客少则半途停下,行旅深苦,故乘此种船,最宜小心,船费由舟山者,每位四角;(丙)乘宁波船到宁波,在早上八点钟码头江桥边就有往普陀去的轮船等在那里,单日定海,双日慈北,八点钟开,下午三点钟到山,每人航费一元,不吃茶小账可以不要。唯身边多备干粮,因船中多是荤菜(有素者亦不洁净)。[2]

1929年六月,宁波宗观学社的释道源曾前往普陀山礼拜,并写有《朝礼普陀记》一文,从中也可以看出民国朝拜普陀山之信息,文章开头即言:

> 仰慕大悲,偕诸同学,诣普陀观自在。时届六月诞期,望

---

[1] 徐士诚:《朝礼普陀山指要》,《佛学半月刊》1931年7月,第20期,黄夏年主编:《民国佛教期刊文献集成》第47卷,北京:全国图书馆文献缩微复制中心,2006年,第185页。

[2] 徐士诚:《朝礼普陀山指要》,《佛学半月刊》1931年7月,第20期,黄夏年主编:《民国佛教期刊文献集成》第47卷,全国图书馆文献缩微复制中心,2006年,第185页。

日先行,乘甬兴之巨轮,越苍茫之大荒……同航千余,志愿一是,而九州殊籍……午后抵普陀,因无码头,买舟登岸,颇形拥挤……身入圣境,妄念全蠲。执持名号,载欣载行,六七里至香林宝院……上单安禅。①

道源十六日参访了法雨寺、慧济寺、古佛洞、梵音洞、普济寺、报本堂、紫竹林,十七日朝礼了洛迦山。朝拜过程中均要上香,其上香过程皆是"具仪燃香三炷"。雇船去洛迦山时"波涛汹涌,危险之至,同舟香客皆呕吐,神色全失……",也难怪洛迦"唯有茅篷四处"了。十八日,他参加了"千僧大斋","僧数逾二千矣,更加香客之繁",足见普陀山香火之盛。

民国朝拜普陀山的佛教团体也非常多,尤其浙江、上海的朝山团数不胜数。1933年世界佛教居士林曾组团朝拜普陀山:

> 上月初旬,由莲社干事郑经纶、熊海鹏二居士发起,赴普陀山朝礼观音大士圣迹道场。并在沿途演讲佛教大意,以冀普遍宣传,使人人认识广大慈悲救苦救难的佛菩萨,俾期各从心地上去恶行善,而能求佛得度,永断苦轮。如彼郑熊二居士者,诚可谓热心弘法者也。共计报名同往朝礼大士有钟伯廉、余岂庸、雷远光、柳景春、林员等二十余人,上月二十二日下午三时登直放普陀之新江天轮船出发,次日到山,在该山各寺院参拜四日,至二十八日旋回上海。②

---

① 释源道:《朝礼普陀记》,《弘法社刊》1929年第12期,黄夏年主编:《民国佛教期刊文献集成补编》第36卷,北京:中国书店,2008年,第508—509页。

② 《世界佛教居士林消息栏第十五号》,《佛学半月刊》1933年8月,第60期,黄夏年主编:《民国佛教期刊文献集成》第48卷,北京:全国图书馆文献缩微复制中心,2006年,第367页。他们此次朝拜将日期选在公历7月(农历六月),上海与普陀山之间有直达的轮船,往返十分方便。

　　该团体有二十余人，从上海出发，二十二日出发，二十八日返回。他们沿途演讲佛教大意，希望人人认识广大慈悲、救苦救难的观音菩萨。可见，普陀山此时已真正成为民众中的观音道场了，真正地深入民众中了。

　　针对蓬勃发展的朝山信仰，也有高僧大德指出朝圣的核心在于身心之修持，认为朝山后当在家供养，不可常来，如印光大师指出："普陀已来过几次，当在家息心念佛，不可常来。来则旷功费日耗财，于己于他，均无利益。未曾来过，一瞻菩萨道场则可，已经来过，便可在家供养恭敬礼拜。岂菩萨唯在普陀，不遍界以应感乎哉？观音菩萨常在一切众生起心动念处，显大神通，演说妙法。无奈众生迷背错过，辜负慈恩。"[1] 他还说："普陀不可常来。即其余名山，纵然朝谒，亦不过看看山景而已。岂若在家修持，不废钱财时日，不劳身心奔驰之为愈也。"[2] 是说朝礼普陀自然功德殊胜，然而佛教也并不提倡频繁礼拜。[3] 他认为真正的观音菩萨"常在一切众生起心动念处"，菩萨往往是在这一念处"显大神通，演说妙法"，人们不应该"迷背错过，辜负慈恩"。印光大师此说，妙契佛教义理，深得菩萨精神，在蓬勃发展的朝山信仰中，具有非常重要的指导意义。

---

[1] 释印光著述，张育英校注：《印光法师文钞》（上），北京：宗教文化出版社，2008年，第70页。

[2] 释印光著述，张育英校注：《印光法师文钞》（上），北京：宗教文化出版社，2008年，第58页。

[3] 何昭旭：《民国时期的观音信仰研究》，山东师范大学硕士学位论文，2013年，第65—67页。

参考文献

一、《大正藏》

［姚秦］鸠摩罗什译：《妙法莲华经》，《大正藏》第9册。

［东晋］佛陀跋陀罗译：《大方广佛华严经》，《大正藏》第9册。

［南朝梁］僧祐：《出三藏记集》，《大正藏》第55册。

［南朝梁］僧祐：《弘明集》，《大正藏》第52册。

［南朝梁］慧皎：《高僧传》，《大正藏》第50册。

［隋］阇那崛多译：《不空罥索咒经》，《大正藏》第20册。

［唐］实叉难陀译：《大方广佛华严经》，《大正藏》第10册。

［唐］般若译：《大方广佛华严经》，《大正藏》第10册。

［唐］菩提流志译：《不空罥索神变真言经》，《大正藏》第20册。

［唐］菩提流志译：《如意轮陀罗尼经》，《大正藏》第20册。

［唐］阿地瞿多译：《佛说陀罗尼集经》，《大正藏》第18册。

［唐］伽梵达摩译：《千手千眼观世音菩萨广大圆满无碍大悲心陀
　　罗尼经》，《大正藏》第20册。

［唐］阿目佉译：《佛说不空罥索陀罗尼仪轨经》，《大正藏》第
　　20册。

［唐］不空译：《摄无碍大悲心大陀罗尼经计一法中出无量义南方
　　满愿补陀落海会五部诸尊等弘誓力方位及威仪形色执持三

摩耶幖帜曼荼罗仪轨》,《大正藏》第20册。

[唐]不空译:《十一面观自在菩萨心密言念诵仪轨经》,《大正藏》第20册。

[宋]施护译:《佛说圣观自在菩萨不空王秘密心陀罗尼经》,《大正藏》第20册。

[宋]施护译:《圣观自在菩萨功德赞》,《大正藏》第20册。

[宋]法贤译:《佛说大乘八大曼拏罗经》,《大正藏》第20册。

[宋]法贤译:《金刚萨埵说频那夜迦天成就仪轨经》,《大正藏》第21册。

[宋]志磐:《佛祖统纪》,《大正藏》第49册。

[宋]希麟集:《续一切经音义》,《大正藏》第54册。

[宋]蕴闻编:《大慧普觉禅师语录》,《大正藏》第47册。

[宋]集成等编:《宏智禅师广录》,《大正藏》第48册。

[元]盛熙明:《补陀洛迦山传》,《大正藏》第51册。

[元]觉岸:《释氏稽古略》,《大正藏》第49册。

[元]念常集:《佛祖历代通载》,《大正藏》第49册。

[明]幻轮编:《释鉴稽古略续集》,《大正藏》第49册。

二、其他藏经资料

[唐]文益:《宗门十规论》,《卍新续藏》第63册。

[宋]道诚注:《释迦如来成道记注》,《卍新续藏》第75册。

[宋]正受编:《嘉泰普灯录》,《卍新续藏》第79册。

[宋]普济集:《五灯会元》,《卍新续藏》第80册。

[宋]德初、义初等编:《真歇清了禅师语录》,《卍新续藏》第71册。

[宋]元恺编:《大川普济禅师语录》,《卍新续藏》第69册。

[高丽]义天集:《圆宗文类》,《卍新续藏》第58册。

［明］明河：《补续高僧传》，《卍新续藏》第77册。

［明］朱时恩：《佛祖纲目》，《卍新续藏》第85册。

［明］憨山德清述，福善日录、通炯编：《憨山老人梦游集》，《卍新续藏》第73册。

［明］吴温录：《山庵杂录》，《卍新续藏》第87册。

［明］文琇集：《增集续传灯录》，《卍新续藏》第83册。

［明］戒显笔记：《现果随录》，《卍新续藏》第88册。

［明］净柱辑：《五灯会元续略》，《卍新续藏》第80册。

《大明仁孝皇后梦感佛说第一希有大功德经》，《卍新续藏》第1册。

［清］弘赞集：《观音慈林集》，《卍新续藏》第88册。

［清］纪荫编纂：《宗统编年》，《卍新续藏》第86册。

［清］周克复集：《观音经持验记》，《卍新续藏》第78册。

［清］守一重编：《宗教律诸宗演派》，《卍新续藏》第88册。

［清］通旭集：《普陀列祖录》，《卍新续藏》第86册。

［清］仪润说义：《百丈清规证义记》，《卍新续藏》第63册。

［清］自融撰，性磊补辑：《南宋元明禅林僧宝传》，《卍新续藏》第79册。

［清］超永编辑：《五灯全书》，《卍新续藏》第82册。

［清］聂先编辑：《续指月录》，《卍新续藏》第84册。

［清］通问编定，施沛汇集：《续灯存稿》，《卍新续藏》第84册。

［清］戒香述：《净土极信录》，《卍新续藏》第62册。

［清］程兆鸾录存：《莲修起信录》，《卍新续藏》第62册。

［明］袾宏辑：《云栖法汇（选录）》，《嘉兴藏》第33册。

［明］智旭：《灵峰蕅益大师宗论》，《嘉兴藏》第36册。

［明］道忞：《布水台集》，《嘉兴藏》第26册。

［清］超见说，彻凡、心月等录：《盘山了宗禅师语录》，《嘉兴藏》第40册。

［唐］慧苑：《新译大方广佛华严经音义》，《赵城金藏》第91册。

［明］屠隆：《佛法金汤》，《大藏经补编》第28册。

［日］圆仁：《入唐求法巡礼行记》，《大藏经补编》第18册。

［日］虎关师炼：《元亨释书》，《大藏经补编》第32册。

三、典籍文献

［汉］司马迁：《史记》，北京：中华书局，1959年。

［汉］班固：《汉书》，北京：中华书局，1962年。

［汉］桓宽撰，王利器校注：《盐铁论校注》，北京：中华书局，1992年。

［汉］刘向：《列仙传》，见《道藏》，文物出版社、上海书店、天津古籍出版社联合出版，1988年，第5册。

［晋］皇甫谧：《高士传》，文渊阁《四库全书》，台北：台湾商务印书馆，1986年，第448册。

［晋］葛洪：《神仙传》，张继禹主编：《中华道藏》第45册，北京：华夏出版社，2004年。

［晋］陈寿著，［南朝宋］裴松之注：《三国志》，北京：中华书局，1982年。

［唐］玄奘、辩机原著，季羡林等校注：《大唐西域记校注》，北京：中华书局，1985年。

［唐］韩愈著，屈守元校注：《韩愈全集校注》，成都：四川大学出版社，1996年。

［唐］李吉甫撰，贺次君点校：《元和郡县图志》，北京：中华书局，1983年。

［后晋］刘昫等：《旧唐书》，北京：中华书局，1975年。

［宋］欧阳修、宋祁：《新唐书》，北京：中华书局，1975年。

［宋］王溥：《唐会要》，北京：中华书局，1955年。

［宋］张邦基撰，孔凡礼点校：《墨庄漫录》，北京：中华书局，
　　2002年。

［宋］李心传：《建炎以来系年要录》，北京：中华书局，1956年。

［宋］薛居正等：《旧五代史》，北京：中华书局，1976年。

［宋］司马光：《资治通鉴》，北京：中华书局，1956年。

［宋］李焘：《续资治通鉴长编》，北京：中华书局，2004年。

［宋］赵彦卫撰，傅根清点校：《云麓漫钞》，北京：中华书局，1996年。

［宋］洪迈撰，何卓点校：《夷坚志》，北京：中华书局，1981年。

［宋］郑思肖著，陈福康校点：《郑思肖集》，上海：上海古籍出版
　　社，1991年。

［宋］史浩撰，俞信芳点校：《史浩集》，杭州：浙江古籍出版社，
　　2016年。

［宋］张津等纂修：（乾道）《四明图经》，《续修四库全书》，上海：上
　　海古籍出版社，2002年，第704册。

［宋］罗濬等：（宝庆）《四明志》，《宋元方志丛刊》，北京：中华书
　　局，1990年，第5册。

［宋］施宿等：《会稽志》，文渊阁《四库全书》，台北：台湾商务印书
　　馆，1986年，第486册。

［宋］徐兢：《宣和奉使高丽图经》，文渊阁《四库全书》，台北：台湾
　　商务印书馆，1986年，第593册。

［宋］李攸：《宋朝事实》，文渊阁《四库全书》，台北：台湾商务印书
　　馆，1986年，第608册。

［宋］陈景沂：《全芳备祖》，文渊阁《四库全书》，台北：台湾商务印

书馆,1986年,第935册。

［宋］陈起:《江湖小集》,文渊阁《四库全书》,台北:台湾商务印书
　　馆,1986年,第1357册。

［宋］牟𪩘:《牟氏陵阳集》,文渊阁《四库全书》,台北:台湾商务印
　　书馆,1986年,第1188册。

［宋］李曾伯:《可斋续稿》,文渊阁《四库全书》,台北:台湾商务印
　　书馆,1986年,第1179册。

［宋］姚勉:《雪坡舍人集》,《宋集珍本丛刊》,北京:线装书局,
　　2004年,第86册。

［宋］沈作喆:《寓简》,文渊阁《四库全书》,台北:台湾商务印书
　　馆,1986年,第864册。

［宋］杨万里:《诚斋集》,文渊阁《四库全书》,台北:台湾商务印书
　　馆,1986年,第1160册。

［宋］郭象:《睽车志》,文渊阁《四库全书》,台北:台湾商务印书
　　馆,1986年,第1047册。

［宋］黄庭坚:《山谷别集》,文渊阁《四库全书》,台北:台湾商务印
　　书馆,1986年,第1113册。

［宋］黄庭坚:《豫章黄先生文集》,上海:商务印书馆,1929年。

［宋］杨智远:《梅仙观记》,见《道藏》,文物出版社、上海书店、天
　　津古籍出版社,1988年,第11册。

北京大学古文献研究所编:《全宋诗》,北京:北京大学出版社,
　　1998年,第3册。

［元］脱脱等:《宋史》,北京:中华书局,1977年。

［元］陶宗仪:《书史会要》,上海:上海书店,1984年。

［元］盛熙明:《补陀洛迦山传》,武锋点校:《普陀山历代山志》,杭
　　州:浙江古籍出版社,2014年,上册。

［元］冯福京等编：《昌国州图志》，文渊阁《四库全书》，台北：台湾
　　商务印书馆，1986年，第491册。

［元］冯福京等编：（大德）《昌国州图志》，清咸丰四年（1854）刊
　　本，《中国方志丛书》华中地方·第580号，台北：成文出版
　　社，1983年。

［元］袁桷：（延祐）《四明志》，文渊阁《四库全书》，台北：台湾商务
　　印书馆，1986年，第491册。

［元］袁桷：（延祐）《四明志》，《宋元方志丛刊》，北京：中华书局，
　　1990年，第6册。

［元］盛熙明：《法书考》，文渊阁《四库全书》，台北：台湾商务印书
　　馆，1986年，第814册。

［元］刘仁本：《羽庭集》，文渊阁《四库全书》，台北：台湾商务印书
　　馆，1986年，第1216册。

［元］俞希鲁纂修：（至顺）《镇江志》，《续修四库全书》，上海：上海
　　古籍出版社，2002年，第698册。

［元］沈梦麟撰，［明］沈清编：《花溪集》，文渊阁《四库全书》，台
　　北：台湾商务印书馆，1986年，第1221册。

［元］虞集：《道园学古录》，文渊阁《四库全书》，台北：台湾商务印
　　书馆，1986年，第1207册。

［元］欧阳玄：《圭斋文集》，文渊阁《四库全书》，台北：台湾商务印
　　书馆，1986年，第1210册。

［元］吴莱撰，［明］宋濂编：《渊颖集》，文渊阁《四库全书》，台北：
　　台湾商务印书馆，1986年，第1209册。

［元］乔吉撰，［明］李开先辑：《乔梦符小令》，《续修四库全书》，
　　上海：上海古籍出版社，2002年，第1738册。

李修生主编：《全元文》，南京：凤凰出版社，2004年。

［明］宋濂等：《元史》，北京：中华书局，1976年。

［明］谢肇淛：《五杂组》，上海：上海书店出版社，2009年。

［明］屠隆：《补陀洛伽山志》，武锋点校：《普陀山历代山志》，杭州：浙江古籍出版社，2014年，上册。

［明］屠隆著，汪超宏主编：《屠隆集》，杭州：浙江古籍出版社，2012年。

［明］周应宾：《重修普陀山志》，武锋点校：《普陀山历代山志》，杭州：浙江古籍出版社，2014年，上册。

［明］周应宾：《重修普陀山志》，杜洁祥主编：《中国佛寺史志汇刊》第1辑，台北：明文书局，1980年，第9册。

［明］释广宾著，曹中孚标点：《杭州上天竺讲寺志》，杭州：杭州出版社，2007年。

［明］葛寅亮撰，何孝荣点校：《金陵梵刹志》，天津：天津人民出版社，2007年。

［明］张岱撰，云告点校：《琅嬛文集》，长沙：岳麓书社，1985年。

［明］田汝成：《西湖游览志余》，杭州：浙江人民出版社，1980年。

［明］王士性著，吕景琳点校：《广志绎》，北京：中华书局，1981年。

［明］张岱撰，马兴荣点校：《陶庵梦忆·西湖梦寻》，上海：上海古籍出版社，1982年。

［明］张岱：《石匮书后集》，北京：中华书局，1959年。

［明］凌濛初编著：《初刻拍案惊奇》，北京：中华书局，2009年。

［明］憨山德清：《憨山老人梦游集》，北京：北京图书馆出版社，2005年。

［明］焦竑编：《国朝献征录》，上海：上海书店出版社，1987年。

［明］吴承恩：《西游记》，北京：人民文学出版社，1980年。

［明］潘之淙：《书法离钩》，文渊阁《四库全书》，台北：台湾商务印

书馆,1986年,第816册。

[明]杨尔曾:《海内奇观》,《续修四库全书》,上海:上海古籍出版社,2002年,第721册。

[明]郭子章:《明州阿育王山志》,杜洁祥主编:《中国佛寺史志汇刊》第1辑,台北:明文书局,1980年,第12册。

[明]郎瑛:《七修类稿》,《续修四库全书》,上海:上海古籍出版社,2002年,第1123册。

[明]陈威、喻时修,顾清纂:(正德)《松江府志》,明正德七年刻本,《天一阁藏明代方志选刊续编》,上海:上海书店出版社,1990年,第6册。

[明]宋濂:《宋学士文集》,《四部丛刊》初编本,上海:商务印书馆,1926年。

[明]王世贞:《弇州续稿》,文渊阁《四库全书》,台北:台湾商务印书馆,1986年,第1282册。

[明]何汝宾辑,邵辅忠校正:《舟山志》,景抄明天启六年何氏刊本,《中国方志丛书》华中地方·第499号,台北:成文出版社,1983年。

[明]郑若曾:《筹海图编》,台北:台湾商务印书馆,1983年。

[明]陈龙正:《几亭外书》,《续修四库全书》,上海:上海古籍出版社,2002年,第1133册,

[明]鲍应鳌:《瑞芝山房集》,《四库禁毁书丛刊》集部,北京:北京出版社,2000年,第141册。

[明]顾元镜:《九华志》,《四库全书存目丛书·史部》,济南:齐鲁书社,1996年,第234册。

[明]胡应麟:《少室山房集》,文渊阁《四库全书》,台北:台湾商务印书馆,1986年,第1290册。

［明］朱国祯：《涌幢小品》，《续修四库全书》，上海：上海古籍出版
　　社，2002年，第1173册。

［明］吴之鲸：《武林梵志》，文渊阁《四库全书》，台北：台湾商务印
　　书馆，1986年，第588册。

［明］姚涞：《明山先生存集》，《北京图书馆古籍珍本丛刊》，北京：
　　书目文献出版社据明嘉靖三十六年姚稽刻本影印，1988年。

［明］沈德符：《万历野获编》，北京：中华书局，1959年。

［明］朱元璋：《明太祖集》，合肥：黄山书社，1991年。

［明］林希元：《林次崖先生文集》，《四库全书存目丛书·集部·别
　　集类》，济南：齐鲁书社，1997年，第75册。

［明］王琛修，吴宗器纂，杨鹄重修：《莘县志》，正德十年原刻，嘉
　　靖二十七年增刻，上海：上海古籍书店据天一阁藏本影印，
　　1965年。

［明］李思悦修，洪一鳌纂；李世芳续修，易文续纂：《重修寿昌县
　　志》，万历十四年刻、顺治七年补刻，国家图书馆地方志和家
　　谱文献中心编：《明代孤本方志选》，北京：中华全国图书馆文
　　献缩微复制中心，2000年。

［明］佚名：《四美记》，郑振铎主编：《古本戏曲丛刊二集》，上海：
　　商务印书馆，1955年。

［明］韩霖：《守圉全书》，《四库禁毁书丛刊补编》，北京：北京出版
　　社，2005年，第32册。

［明］达仓宗巴·班觉桑布著，陈庆英译：《汉藏史集》，拉萨：西藏
　　人民出版社，1986年。

［明］程嘉燧辑：《虞山兴福寺志》，1919年常熟开文社铅印本。

［明］申时行等修：《明会典》，北京：中华书局，1989年。

《明太祖实录》《明英宗实录》《明宪宗实录》《明熹宗实录》《明神宗

实录》，台北："中央研究院"历史语言研究所，1962年。

李国祥、狄昶主编：《明实录类纂·浙江上海卷》，武汉：武汉出版社，1995年。

［清］龙文彬纂：《明会要》，北京：中华书局，1956年。

［清］张廷玉等：《明史》，北京：中华书局，1974年。

［清］裘琏：《南海普陀山志》，武锋点校：《普陀山历代山志》，杭州：浙江古籍出版社，2014年，上册。

［清］朱谨、陈璿：《南海普陀山志》，武锋点校：《普陀山历代山志》，杭州：浙江古籍出版社，2014年，中册。

［清］许琰：《重修南海普陀山志》，武锋点校：《普陀山历代山志》，杭州：浙江古籍出版社，2014年，中册。

［清］秦耀曾：《重修南海普陀山志》，武锋点校：《普陀山历代山志》，杭州：浙江古籍出版社，2014年，下册。

［清］曹雪芹、高鹗：《红楼梦》，上海：上海古籍出版社，2005年。

［清］西周生辑著：《醒世姻缘传》，济南：齐鲁书社，1980年。

［清］王先谦、朱寿朋：《东华录·东华续录》，上海：上海古籍出版社，2008年。

［清］随缘下士编辑，丁植元校点：《林兰香》，沈阳：春风文艺出版社，1985年。

［清］顾禄撰，来新夏校点：《清嘉录》，上海：上海古籍出版社，1986年。

［清］史致驯、黄以周等编纂，柳和勇、詹亚园校点：《定海厅志》，上海：上海古籍出版社，2011年。

［清］纪昀总纂：《四库全书总目提要》，石家庄：河北人民出版社，2000年。

［清］翁方纲等：《四库提要分纂稿》，上海：上海书店出版社，

2006年。

[清]永瑢等:《四库全书总目》,北京:中华书局,1965年。

[清]胡文学:《甬上耆旧诗》,宁波:宁波出版社,2002年。

清世宗编:《圣祖仁皇帝庭训格言》,文渊阁《四库全书》,台北:台
　　湾商务印书馆,1986年,第717册。

《清实录》,北京:中华书局,1986年。

清圣祖颁谕,清世宗绎释:《圣谕广训》,文渊阁《四库全书》,台北:
　　台湾商务印书馆,1986年,第717册。

[清]卞永誉:《式古堂书画汇考》,义渊阁《四库全书》,台北:台湾
　　商务印书馆,1986年,第827册。

[清]黄宗羲:《四明山志》,《续修四库全书》,上海:上海古籍出版
　　社,2002年,第723册。

[清]裘琏:《南海普陀山志》,《四库全书存目丛书·史部》,济南:
　　齐鲁书社,1996年,第239册。

[清]裘姚崇:《慈溪裘蔗村太史年谱》,北京图书馆编:《北京图书
　　馆藏珍本年谱丛刊》,北京:北京图书馆出版社,1999年,第
　　86册。

[清]许琰:《重修南海普陀山志》,《续修四库全书》,上海:上海古
　　籍出版社,2002年,第723册。

[清]顾祖禹著,贺次君、施和金点校:《读史方舆纪要》,北京:中
　　华书局,2005年。

[清]杜濬:《湄湖吟》,《四库未收书辑刊》第7辑,北京:北京出版
　　社,2000年,第22册。

[清]嵇曾筠等监修,沈翼机等编纂:(雍正)《浙江通志》,文渊
　　阁《四库全书》,台北:台湾商务印书馆,1986年,第519—
　　526册。

［清］邓显鹤辑:《沅湘耆旧集》,《续修四库全书》,上海:上海古籍出版社,2002年,第1691册。

［清］徐松辑:《宋会要辑稿》,北京:中华书局,1957年。

［清］章腾龙撰,陈勰增辑:《贞丰拟乘》,《中国地方志集成》,南京:江苏古籍出版社,1992年。

［清］陈梦雷编纂:《古今图书集成》第19册《方舆汇编·山川典》第118卷《普陀山部》,北京:中华书局,1985年。

［清］顾炎武撰,黄坤等校点:《天下郡国利病书》,上海:上海古籍出版社,2012年。

［清］郑光祖:《一斑录》,北京:中国书店,1990年。

［清］常琬修:(乾隆)《金山县志》,台北:成文出版社,1983年。

［清］钱维乔、钱大昕修纂:(乾隆)《鄞县志》,杭州:浙江古籍出版社,2015年。

中央研究院历史语言研究所编:《明清史料》戊编第一本《彭湖平夷功次残稿》,北京:商务印书馆,1936年。

浙江省地方志编纂委员会编:《清雍正朝浙江通志》,北京:中华书局,2001年。

中国第一历史档案馆整理:《康熙起居注》,北京:中华书局,1984年。

中国第一历史档案馆整理:《雍正起居注》,北京:中华书局,1984年。

［清］蒋学镛:《鄞志稿》,四明丛书约园刊本。

［清］郭善邻:《春山先生文集》,乾隆五十六年刻本。

［清］(光绪)《川沙厅志》,光绪五年刊本。

希都日古编译:《清内秘书院蒙古文档案汇编汉译》,北京:社会科学文献出版社,2015年。

中国第一历史档案馆、中国社会科学院历史研究所译注：《满文老
　　档》，北京：中华书局，1990年。

中国第一历史档案馆编：《乾隆朝上谕档》，北京：档案出版社，
　　1991年。

刘锦藻：《清朝续文献通考》，杭州：浙江古籍出版社，2000年。

周叔迦编撰，苏晋仁、程恭让整理：《清代佛教史料辑稿》，台北：新
　　文丰出版公司，2000年。

王亨彦：《普陀洛迦新志》，武锋点校：《普陀山历代山志》，杭州：浙
　　江古籍出版社，2014年，下册。

尘空：《普陀山小志》，武锋点校：《普陀山历代山志》，杭州：浙江古
　　籍出版社，2014年，下册。

王亨彦：《普陀洛迦新志》，杜洁祥主编：《中国佛寺史志汇刊》第1
　　辑，台北：明文书局，1980年，第10册。

释印光：《清凉山志》，杜洁祥主编：《中国佛寺史志汇刊》第2辑，
　　台北：明文书局，1980年，第29册。

陈寥士：《七塔寺志》，杜洁祥主编：《中国佛寺史志汇刊》第1辑，
　　台北：明文书局，1980年，第15册。

蒋维乔编：《普陀山》，上海：商务印书馆，1914年刻本。

盛叔型：《普陀山游览指南》，上海：乐天诗文社，1918年。

庄俞、袁希涛、蒋维乔、吕颐寿等编纂：《中国名胜第三种：普陀山》，
　　上海：商务印书馆，1925年。

胡去非编：《普陀山指南》，上海：商务印书馆，1926年。

赖云章：《普陀名胜指南》，象山鸣社，1926年刻本。

裘珠如编纂：《普陀名胜集》，兢业社，1927年。

周醒余：《普陀游览指南》，上海：大东书局，1930年刻本。

释尘空：《普陀山小志》，普陀山佛教会，1948年刻本。

黄夏年编:《民国佛教期刊文献集成》,北京:全国图书馆文献缩微
　　复制中心,2006年。

黄夏年编:《民国佛教期刊文献集成补编》,北京:中国书店,2008年。

《周佩箴先生全集》,沈云龙主编:《近代中国史料丛刊续编》第62
　　辑,台北:文海出版社,1974年。

武锋点校:《普陀山历代山志》,杭州:浙江古籍出版社,2014年。

释印光著述,张育英校注:《印光法师文钞》,北京:宗教文化出版
　　社,2008年。

印光:《印光法师文钞三编》,苏州:灵岩山寺弘化社,2010年。

印光:《增广印光法师文钞》,苏州:灵岩山寺弘化社,2010年。

曾景忠编注:《蒋介石家书日记文墨选录》,北京:团结出版社,
　　2010年。

丁福保编纂:《佛学大辞典》,北京:中国书店,2011年。

丁福保辑:《历代诗话续编》,北京:中华书局,1983年。

中国第二历史档案馆编:《中华民国史档案资料汇编》,南京:江苏
　　古籍出版社,1991年。

中国第二历史档案馆编:《蒋介石年谱初稿》,北京:档案出版社,
　　1992年。

《普陀县志》编纂委员会编:《普陀县志》,杭州:浙江人民出版社,
　　1991年。

释广定编:《印光大师全集》,台北:佛教书局,1991年。

《明实录闽海关系史料》,孔昭明主编:《台湾文献史料丛刊》(第三
　　辑),台北:台湾大通书局,1984年,第50册。

王东全主编:《三晋石刻大全·临汾市蒲县卷》,太原:三晋出版社,
　　2013年。

四、论著

释福征:《憨山大师年谱疏卷上》,上海:国光印书局,1934年。

黄忏华:《中国佛教史》,上海:商务印书馆,1940年。

慈航法师:《菩提心影·释疑篇》,《慈航大师全集》,台北:慈航法师永久纪念会,1955年,下册。

薛允升:《读例存疑重刊本》,台北:文海出版社,1964年。

释东初:《中国佛教近代史》,台北:东初出版社,1974年。

袁冀:《元史研究论集》,台北:台湾商务印书馆,1974年。

张曼涛主编:《现代佛教学术丛刊》之《民国佛教篇》,台北:大乘文化出版社,1978年。

吴宗慈:《中华民国临时约法及其缘起》,台北:正中书局,1978年。

普陀山管理局编:《普陀名胜》,普陀山管理局,1982年。

汤用彤:《隋唐佛教史稿》,北京:中华书局,1982年。

郭朋:《明清佛教》,福州:福建人民出版社,1982年。

余英时:《士与中国文化》,上海:上海人民出版社,1987年。

阿旺贡噶索南著,陈庆英、高禾福、周润年译注:《萨迦世系史》,拉萨:西藏人民出版社,1989年。

黄敏枝:《宋代佛教社会经济史论集》,台北:学生书局,1989年。

吴学昭:《吴宓与陈寅恪》,北京:清华大学出版社,1992年。

《中国海湾志》编纂委员会编:《中国海湾志》,北京:海洋出版社,1992年。

方长生主编:《普陀山志》,上海:上海书店出版社,1995年。

李四龙:《中国佛教与民间社会》,郑州:大象出版社,1997年。

沈去疾:《印光法师年谱》,成都:天地出版社,1998年。

王连胜主编:《普陀洛迦山志》,上海:上海古籍出版社,1999年。

张坚:《普陀山史话》,兰州:甘肃民族出版社,2000年。

赖永海主编:《中国佛教百科全书·经典卷》,上海:上海古籍出版社,2000年。

陈垣:《明季滇黔佛教考》,石家庄:河北教育出版社,2000年。

释圣严:《明末佛教研究》,台北:法鼓文化事业股份有限公司,2000年。

何孝荣:《明代南京寺院研究》,北京:中国社会科学出版社,2000年。

陈荣富:《浙江佛教史》,北京:华夏出版社,2001年。

方立天主编:《中国佛教简史》,北京:宗教文化出版社,2001年。

方立天:《中国佛教哲学要义》,北京:中国人民大学出版社,2002年。

梁启超:《佛学研究十八篇》,上海:上海古籍出版社,2001年。

张之洞:《劝学篇》,上海:上海古籍书店,2002年。

中国第一历史档案馆、内蒙古自治区档案馆、内蒙古大学蒙古学研究中心编,齐木德道尔吉、吴元丰、萨·那日松主编:《清内秘书院蒙古文档案汇编》,呼和浩特:内蒙古人民出版社,2003年。

毛忠贤:《中国曹洞宗通史》,南昌:江西人民出版社,2006年。

仁杰、梁凌:《中国的宗教政策——从古代到当代》,北京:民族出版社,2006年。

柳和勇、方牧主编:《东亚岛屿文化》,北京:作家出版社,2006年。

李利安:《观音信仰的渊源与传播》,北京:宗教文化出版社,2008年。

何劲松:《韩国佛教史》,北京:社会科学文献出版社,2008年。

国家文物局主编:《中国文物地图集(浙江分册)》,北京:文物出版社,2009年。

张如安:《北宋宁波文化史》,北京:海洋出版社,2009年。

楼筱环、张家成:《元代普陀山高僧一山一宁》,北京:宗教文化出版社,2009年。

郭万平:《舟山普陀与东亚海域文化交流》,杭州:浙江大学出版社,2009年。

释印顺:《印顺法师佛学著作全集》,北京:中华书局,2009年。

赖永海主编:《中国佛教通史》,南京:江苏人民出版社,2010年。

张维青、高毅清:《中国文化史》,济南:山东人民出版社,2010年。

《嵊泗列岛海洋文化》专辑编委会:《嵊泗列岛海洋文化专辑(一)》,北京:中国文史出版社,2010年。

石守谦、廖肇亨主编:《东亚文化意象之形塑——第十一至十八世纪间中日韩三地的艺文互动》,台北:允晨文化实业股份有限公司,2011年。

汤用彤:《汉魏两晋南北朝佛教史》,北京:北京大学出版社,2011年。

曹刚华:《明代佛教方志研究》,北京:中国人民大学出版社,2011年。

陈玉女:《明代的佛教与社会》,北京:北京大学出版社,2011年。

黄道炫、陈铁健:《蒋介石:一个力行者的思想资源》,太原:山西人民出版社,2012年。

王连胜主编:《普陀山大辞典》,合肥:黄山书社,2012年。

魏道儒:《中华佛教史:宋元明清佛教史卷》,太原:山西教育出版社,2013年。

释觉多:《赴日元使一山一宁禅师及其禅法》,北京:宗教文化出版社,2013年。

石静编著:《佛教名山:佛教名山的文化流芳》,北京:现代出版社,2014年。

徐一智：《明代观音信仰之研究》，台北：法鼓文化事业有限公司，2016年。

煮云法师：《南海普陀山传奇异闻录》，台北：财团法人佛陀教育基金会，2003年。

煮云著，释会闲点校：《南海普陀山传奇异闻录》，北京：宗教文化出版社，2018年。

沈卫荣：《大元史与新清史——以元代和清代西藏和藏传佛教研究为中心》，上海：上海古籍出版社，2019年。

于君方著，陈怀宇、姚崇新、林佩莹译：《观音——菩萨中国化的演变》，台北：法鼓文化事业有限公司，2009年。

于君方著，陈永革译：《剑桥明代中国史》，北京：中国社会科学出版社，2006年。

［美］韩森著，包伟民译：《变迁之神：南宋时期的民间信仰》，杭州：浙江人民出版社，1999年。

［法］谢和耐著，耿昇译：《中国和基督教：中国和欧洲文化之比较》，上海：上海古籍出版社，1991年。

［法］爱弥尔·涂尔干著，渠东、汲喆译：《宗教生活的基本形式》，上海：上海人民出版社，2006年。

［罗马尼亚］伊利亚德著，王建光译：《神圣与世俗》，北京：华夏出版社，2002年。

［日］真人元开著，汪向荣校注：《唐大和上东征传》，北京：中华书局，1979年。

［日］镰田茂雄著，郑彭年译：《简明中国佛教史》，上海：上海译文出版社，1986年。

［日］松本文三郎著，许洋主译：《佛教杂考》，蓝吉富主编：《世界佛学名著译丛》，台北：华宇出版社，1984年。

［日］圆仁撰，白化文、李鼎霞、许德楠校注：《入唐求法巡礼行记校注》，石家庄：花山文艺出版社，1992年。

［日］平川彰著，显如法师、李凤媚、庄昆木译：《印度佛教史》，贵阳：贵州大学出版社，2013年。

五、论文

毛德传：《元国信使一山一宁东渡述略》，《南开史学》1982年第2期。

王和平、陈金生：《舟山群岛发现新石器时代遗址》，《考古》1983年第1期。

王和平：《浙江定海县蓬莱新村出土战国稻谷》，《农业考古》1984年第2期。

王和平：《东渡未归的和平使者——一山一宁》，《浙江国际海运职业技术学院学报》2017年第3期。

吕以春：《舟山群岛古今地名研究》，《杭州大学学报》（哲学社会科学版）1983年第2期。

吕以春：《普陀山历史沿革考》，《杭州大学学报》（哲学社会科学版）1986年第3期。

毛德传：《元国信使一山一宁东渡初探》，《史学集刊》1983年第4期。

孙国珍：《元代中日文化交流及宋学在日本的传播和研究》，《内蒙古师大学报》（哲学社会科学版）1984年第4期。

洪惠镇：《杭州飞来峰“梵式”造像初探》，《文物》1986年第1期。

晋山：《五台山与普陀山》，《五台山研究》1986年第3期。

安炳浩：《〈鸡林类事〉及其研究》，《北京大学学报》（哲学社会科学版）1986年第6期。

罗绍文:《西域书法理论家盛熙明和他的〈法书考〉》,《新疆社会科学》1990年第5期。

顾伟康:《论中国民俗佛教》,《上海社会科学院学术季刊》1993年第3期。

王雷泉:《对中国近代两次庙产兴学风潮的反思》,《法音》1994年第12期。

文明:《洛山寺观音窟》,《佛教周刊》1994年9月6日。

李四龙:《民俗佛教的形成与特征》,《北京大学学报》(哲学社会科学版)1996年第4期。

李四龙:《现代中国佛教的批判与反批判》,《佛学研究》1999年第00期。

李四龙:《宗风与祖道——略论丛林教育的内涵与使命》,《佛学研究》2018年第2期。

王德明:《普陀山六十年变迁目睹记》,《文化交流》1997年第1期。

《中国宗教》编辑部:《关于"伊存授经"》,《中国宗教》1998年第4期。

张明华:《普陀山佛教兴衰与社会稳定》,《浙江消防》2000年第3期。

郑樑生:《明代倭寇研究之回顾与前瞻——兼言倭寇史料》,《淡江史学》2000年第11期。

许佳君:《元代蒙古族儒士大夫的宦途》,《河海大学学报》(哲学社会科学版)2001年第1期。

包江雁:《"宋地万人杰　本朝一国师"——高僧一山一宁访日事迹考略》,《浙江海洋学院学报》(人文科学版)2001年第2期。

何孝荣:《论明世宗禁佛》,《明史研究》第七辑,2001年。

［日］大隅和雄著,乌恩译:《蒙古入侵的阴影下——元代东渡日本

高僧》,《蒙古学信息》2002年第1期。

李桂红:《普陀山佛教文化》,《四川大学学报》(哲学社会科学版)
　　2002年第4期。

李桂红:《普陀山佛教文化(一)》,《天津市社会主义学院学报》
　　2005年第2期。

李桂红:《普陀山佛教文化(二)》,《天津市社会主义学院学报》
　　2005年第3期。

李桂红:《普陀山佛教文化(三)》,《天津市社会主义学院学报》
　　2005年第4期。

李桂红:《佛教四大名山中的道教文化现象》,《天津市社会主义学
　　院学报》2006年第1期。

赵洪英、徐亮:《普陀山观音信仰的历史、传说及其影响》,《民俗曲
　　艺》(台湾)第138期(2002年12月)。

[韩]朴现圭:《中国佛教圣地普陀山与新罗礁》,《浙江大学学报》
　　(人文社会科学版)2003年第1期。

熊文彬:《从版画看西夏佛教艺术对元代内地藏传佛教艺术的影
　　响》,《中国藏学》2003年第1期。

朱颖、陶和平:《试论一山一宁赴日在中日关系发展史中的作用和
　　意义》,《日本研究》2003年第1期。

刘浦江:《宋代宗教的世俗化与平民化》,《中国史研究》2003年第
　　2期。

贝逸文:《论普陀山南海观音之形成》,《浙江海洋学院学报》(人文
　　科学版)2003年第3期。

王建光:《神圣离世俗有多远——伊利亚德〈神圣与世俗〉译后感
　　言》,《博览群书》2003年第3期。

陈剑锽:《"四大名山志"的修撰过程及其宗教意义》,《普门学报》

2003年第15期。

陈玉女：《明代瑜伽教僧的专职化及其经忏活动》，《新世纪宗教研究》2004年第1期。

郧军涛：《高僧一山一宁东渡日本与元代的中日文化交流》，《陇东学院学报》（社会科学版）2004年第2期。

方牧：《文化普陀山与普陀山文化》，《浙江海洋学院学报》（人文科学版）2004年第2期。

王连胜：《普陀山观音道场之形成与观音文化东传》，《浙江海洋学院学报》（人文科学版）2004年第3期。

王连胜：《普陀山佛教名山形成原因新探》，《浙江国际海运职业技术学院学报》2005年第3期。

王连胜：《一山一宁与"二十四派日本禅"》，《浙江国际海运职业技术学院学报》2006年第3期。

王连胜：《一山一宁与日本"五山文学"》，《浙江国际海运职业技术学院学报》2006年第4期。

王连胜：《一山一宁与定海祖印寺》，《浙江国际海运职业技术学院学报》2007年第1期。

王连胜：《普陀名山溯源》，《佛教文化》2009年第3期。

王连胜：《普陀山寺院通览》，《佛教文化》2009年第3期。

圣莲、王连胜：《普陀山风景名胜》，《佛教文化》2009年第3期。

文梦、王连胜：《普陀山历史人物》，《佛教文化》2009年第3期。

周和星、王连胜：《普陀山宗教传说》，《佛教文化》2009年第3期。

华定谟：《普陀山的宗教生活》，《人权》2004年第6期。

许序雅、庄圆：《从宋元四明六志看宋代明州的佛教》，《佛学研究》2005年第00期。

韩毅：《宋代佛教的转型及其学术史意义》，《青海民族学院学报》

（社会科学版）2005年第2期。

白滨：《元代西夏一行慧觉法师辑汉文〈华严忏仪〉补释》，《西夏学》2006年第1辑。

陈金龙：《从庙产兴学风波看民国时期的政教关系——以1927至1937年为中心的考察》，《广东社会科学》2006年第1期。

路秉杰、杨宇峤：《普陀山多宝塔修缮研究》，《古建园林技术》2006年第3期。

张如安：《元代浙东海洋文学初窥——以宁波、舟山地区为中心》，《浙江海洋学院学报》（人文科学版）2006年第3期。

席建超等：《符号吸引理论与旅游资源发展模式的实证分析——以雍和宫为例》，《资源科学》2006年第3期。

陈舟跃：《普陀山多宝塔考析》，《浙江海洋学院学报》（人文科学版）2007年第3期。

陈舟跃：《普陀山多宝塔》，《四川文物》2007年第6期。

［韩］曹永禄：《再论普陀山潮音洞不肯去观音殿的开基说——以徐兢〈高丽图经〉梅岑条的记录为中心》，金健人主编：《韩国研究》第8辑，辽宁民族出版社，2007年。

［韩］崔显植：《新罗梵日禅师重建洛山寺及其意义——关于梵日禅师在浙东地区求法》，金健人主编：《韩国研究》第8辑，沈阳：辽宁民族出版社，2007年。

胡露、周录祥：《〈四库全书总目〉存目补正十二则》，《图书馆杂志》2007年第8期。

曹刚华：《明代佛教方志文献研究概述》，《中国地方志》2007年第10期。

曹刚华：《融合中的变化：传统史学与中国佛教方志的发展》，《世界宗教研究》2008年第4期。

曹刚华:《明代佛教方志与明代诏敕研究》,《明史研究论丛》第八辑,2010年。

曹刚华:《心灵的转换:明代佛教寺院僧众心中的民间信仰——以明代佛教方志为中心》,《世界宗教研究》2011年第4期。

王文洪:《探讨舟山海洋文化的发展轨迹》,《海洋开发与管理》2008年第8期。

参迦:《洛迦山——南海幽绝观自在》,《佛教文化》2009年第3期。

张总:《普陀山与观音信仰》,《佛教文化》2009年第3期。

妙心:《普陀山高僧大德》,《佛教文化》2009年第3期。

俞晓红:《魏晋隋唐时期民间的佛教信仰论略》,《宿州教育学院学报》2009年第6期。

常建华:《新纪元:康熙帝首次南巡起因泰山巡狩说》,《文史哲》2010年第2期。

徐一智:《明代政局变化与佛教圣地普陀山的发展》,《玄奘佛学研究》2010年第14期。

张伟然:《中国佛教宗派形态的地域差异与地理环境》,明生主编:《禅和之声——2009广东禅宗六祖文化节学术研讨会论文集》,北京:宗教文化出版社,2010年。

陈小法:《观音信仰与东亚文化交流——记普陀山文化论坛暨"东亚的观音信仰"国际学术研讨会》,《国际学术动态》2010年第2期。

陈翀:《慧萼东传〈白氏文集〉及普陀洛迦开山考》,《浙江大学学报》(人文社会科学版)2010年第5期。

陈舟跃:《海天佛国普陀山历史建筑》,《中国文化遗产》2011年第1期。

陈舟跃:《由普陀山石刻遗存看佛教文化演变》,《浙江海洋学院学报》(人文科学版)2012年第1期。

冯定雄:《宋代昌国地区海外关系探析》,《浙江海洋学院学报》(人
　　文科学版)2011年第2期。

葛继勇:《鉴真东渡与舟山列岛》,《扬州大学学报》(人文社会科学
　　版)2011年第2期。

圣凯:《明清佛教"四大名山"信仰的形成》,《宗教学研究》2011年
　　第3期。

李云华:《为有源头活水来——普陀山佛教佛日增辉探源》,《中国
　　宗教》2012年第7期。

吴娱:《〈旧京词林志〉著者及文献价值述略》,《宁波广播电视大学
　　学报》2012年第4期。

武锋:《史浩父子所睹普陀山观音灵异事件探微》,《浙江海洋学院
　　学报》(人文科学版)2013年第5期。

武锋、林陈薇:《〈普陀洛迦新志〉的编纂特色》,《浙江海洋学院学
　　报》(人文科学版)2014年第6期。

武锋、韩荣:《王勃〈观音大士赞〉伪托考》,《赤峰学院学报》(汉文
　　哲学社会科学版)2015年第6期。

方匡水:《一山一宁书学渊源探析》,《大舞台》2012年第7期。

冯国栋:《山寺志文学文献的价值与局限——从山寺志书所载王
　　安石佚诗说起》,《社会科学战线》2012年第8期。

刘深:《孙麟趾的词学活动与"江东词社"唱和》,《名作欣赏》2013
　　年第17期。

黄夏年:《从一山一宁到一国一宁——读〈赴日元使一山一宁禅师
　　及其禅法〉》,《世界宗教研究》2014年第2期。

黄夏年:《普陀别庵性统禅师生平与著述考》,《宗教学研究》2014
　　年第2期。

孟义昭:《清代南京的文化世家》,《寻根》2014年第6期。

张伟:《宋代明州港在东亚贸易圈中的地位》,《中国港口》2014年第9期。

霍耀林:《一山一宁在日本的交游情况——以武家、公家以及其他僧人为中心》,《黑龙江史志》2014年第19期。

乌云高娃:《忽必烈的东亚海外政策及禅宗影响》,《海交史研究》2015年第2期。

张庆松:《印中鸡足山考辨——以是否为迦叶入定之所为中心的研究》,《云南社会科学》2015年第2期。

沈金芬、刘霏霏:《浙江图书馆馆藏舟山地方文献资料(清—民国)初探》,《浙江国际海运职业技术学院学报》2015年第2期。

林上军:《普陀新罗礁:见证中日韩"海上丝路"》,《文化交流》2015年第1期。

汪敏倩:《普陀开山考辨》,《黑龙江史志》2015年第9期。

黄增喜:《历史主义的神圣解构——兼论伊利亚德的历史观》,《云南大学学报》(社会科学版)2015年第5期。

金泽:《如何理解宗教的"神圣性"》,《世界宗教文化》2015年第6期。

黄增喜:《伊利亚德的宗教理念及其现代意义》,《北方民族大学学报》(哲学社会科学版)2016年第1期。

陈晔:《唐代明州"海上丝绸之路"与对外交往》,《宁波广播电视大学学报》2016年第2期。

常建华:《祈福:康熙帝巡游五台山新探》,《历史研究》2016年第2期。

姚文清:《论元代禅僧一山一宁出使日本及其影响》,《福建师大福清分校学报》2016年第4期。

张晓艺、李向平:《信仰认同及其"认同半径"的建构———基于
　　津、闽、粤三地妈祖信仰的比较研究》,《东南学术》2016年第
　　6期。

邹怡:《从道家洞天到观音圣界——中古东亚文化交流背景中的
　　普陀山开基故事》,《史林》2017年第1期。

钟焓:《论清朝君主称谓的排序及其反映的君权意识——兼与"共
　　时性君权"理论商榷》,《民族研究》2017年第4期。

李广志:《"海上丝绸之路"上的日本僧人足迹》,《书屋》2017年第
　　5期。

汪徐莹:《一山一宁的身份认同与日本建构的"中国"》,《日语学习
　　与研究》2017年第4期。

宋金芹:《普陀山志整理、研究与编撰之管见》,《浙江海洋大学学
　　报》(人文科学版)2017年第4期。

胡端:《明代海禁政策与普陀道场的兴废》,《历史档案》2018年第
　　2期。

王开队、宗晓垠:《谁的空间:明代徽州仰山佛教神圣空间的营
　　造》,《徽学》2018年第2期。

纪华传:《民国初期的佛教政策及寺院财产管理》,《世界宗教研
　　究》2018年第6期。

王子涵:《"神圣空间"的理论建构与文化表征》,《文化遗产》2018
　　年第6期。

叶其跃、孙峰:《舟山古代接待寺院考论》,《浙江海洋大学学报》
　　(人文科学版)2018年第6期。

相文、韩震军:《论元代文人与僧人关系的新变》,《山西大同大学
　　学报》(社会科学版)2019年第4期。

李伟:《清初普陀山的易律为禅与谱系书写》,《湖南大学学报》(社

会科学版)2019年第6期。

景天星:《普陀山观音道场信仰研究综述(1982—2018)》,《普陀学刊》2019年第2期。

景天星:《汉传佛教四大菩萨及其应化道场演变考述》,《世界宗教研究》2019年第4期。

张嘉馨:《岩画的空间环境及其神圣性研究》,《民族论坛》2019年第4期。

卢忠帅、杜希英:《明末佛教之世俗化转向及意义》,《学理论》2019年第4期。

张伟然:《明清江南观音香汛的地域系统》,《地理研究》2019年第6期。

李利安、景天星:《论古代印度的补怛洛迦山信仰》,《人文杂志》2019年第9期。

纪华传、李继武:《印光法师与近代净土宗》,《人文杂志》2019年第11期。

唐忠毛、乐晶:《试论佛教中国化的民俗化向度》,《西南民族大学学报》(人文社会科学版)2019年第11期。

安海燕:《作为"转轮王"和"文殊菩萨"的清帝——兼论乾隆帝与藏传佛教的关系》,《清史研究》2020年第2期。

温金玉:《演绎大乘遍南天:从太虚大师到法舫法师》,《宝鸡文理学院学报》(社会科学版)2020年第3期。

孟令法:《"不在场的在场":图像叙事及其对空间神圣性的确定》,《云南师范大学学报》(哲学社会科学版)2020年第3期。

卫江涵:《元僧一山一宁赴日及其影响》,《人文天下》2020年第12期。

张仙武:《朝廷意向与民间社会——以盛清普陀山佛教发展为讨

论中心》,近代中国社会与民间文化——首届中国近代社会史国际学术研讨会论文,青岛,2005年8月。

王连胜:《普陀山的新罗礁、高丽道头在"东亚海上丝绸之路"中的重要地位》,宁波与"海上丝绸之路"国际学术研讨会论文,宁波,2005年12月。

关树东:《元代士大夫反腐倡廉思想述略》,葛志毅主编:《中国古代社会与思想文化研究论集(第2辑)》,哈尔滨:黑龙江人民出版社,2007年。

[韩]曹永禄:《东亚海洋佛教故事与法华信仰》,登州与海上丝绸之路国际学术研讨会,登州,2008年10月。

李桂红:《四大名山佛教文化及其现代意义》,四川大学博士学位论文,2003年。

徐美洁:《屠隆诗编年笺注》,华东师范大学博士学位论文,2011年。

胡孝忠:《明清香山县地方志研究》,山东大学博士学位论文,2011年。

李心苑:《两晋南北朝观音经典感应信仰研究》,中央民族大学博士学位论文,2020年。

林秋燕:《盛清诸帝治蒙宗教政策之研究》,台湾师范大学硕士学位论文,2000年。

黄海涛:《明初统治者对佛教政策的两重性及明代佛教发展的新趋势》,云南师范大学硕士学位论文,2002年。

王永海:《神圣在实在中显现:"宗教人"生存的基本样式》,中央民族大学硕士学位论文,2004年。

胡雪花:《钱氏吴越国崇佛及其影响研究》,杭州师范大学硕士学位论文,2011年。

毋丹:《裘琏研究》,浙江大学硕士学位论文,2012年。

刘思辰:《民国政府佛教管理政策研究(1912—1949)》,四川师范大学硕士学位论文,2013年。

何昭旭:《民国时期的观音信仰研究》,山东师范大学硕士学位论文,2013年。

张陆地:《元代藏传佛教高僧在杭州路的弘法活动》,青海师范大学硕士学位论文,2013年。

王煜:《佛教世俗化对晚明世情小说中僧尼形象的影响》,湖南师范大学硕士学位论文,2014年。

石岩冰:《屠隆戏曲研究》,闽南师范大学硕士学位论文,2014年。

黄昊:《普陀山民国文献整理及其旅游推广应用研究》,浙江海洋大学硕士学位论文,2017年。

高新:《佛教与清代世情小说——以〈醒世姻缘传〉〈野叟曝言〉等为中心》,上海师范大学硕士学位论文,2019年。

刘晓青:《清代金门作家许琰研究》,福建师范大学硕士学位论文,2019年。

慧观:《普陀山开山问题研究》,中国佛学院普陀山学院硕士学位论文,2020年。

卫江涵:《元朝时期中国文化东渐路径研究——以一山派为中心》,安徽大学硕士学位论文,2020年。

六、外文文献

Eliade,M.Shamanism:archaic techniques of ecstasy,Princeton University Press.2004.

R.H.Jackson and R.Henrie,"Perception of Sacred Space," Journal of Cultural Geography3（1983）.

Lewis-Williams, David James, "Three-dimensional puzzles: Southern African and Upper Palaeolithic rock art," Ethnos. 2002. 67 (2).

［日］常盘大定、关野贞：《支那佛教史迹》(5)，东京：佛教史迹研究会，1926年。

［日］惠运：《安祥寺资财帐》，佛书刊行会编：《大日本佛教全书寺志丛书》，东京佛书刊行会，1931年。

［日］常盘大定：《支那佛教史迹踏查记》，东京：龙吟社，1938年

［日］常盘大定、关野贞：《支那佛教史迹》(4)，东京：法藏馆，1939年。

［日］常盘大定、关野贞：《支那佛教史迹评解》(5)，东京：佛教史迹研究会，1927年。

［日］常盘大定、关野贞：《支那佛教史迹解说》(4)，东京：法藏馆，1939年。

［日］藤田元春：《上代日支交通史の研究》，东京：刀江书院，1943年。

［日］安藤更生：《鉴真大和上传之研究》，东京：平凡社，1960年。

［日］小野胜年：《入唐求法巡礼行记之研究》，东京：铃木学术财团中野印刷株式会社，1966年。

［日］石野一晴：《明代万历间における普陀山の复兴——中国巡礼史研究序说》，《东洋史研究》第64卷1号(2005年6月)。

［日］河井恒久友水纂述：《新编镰仓志》，柳枝轩贞享二年(1685)刻本。

［日］藤原基经等：《日本文德天皇实录》，黑板胜美、国史大系编修会编：《新订增补国史大系》第3卷，东京：吉川弘文馆，1966年。

［日］塙保己一编:《续群书类丛》第8辑上《入唐五家传·安祥寺惠运传》,东京:续群书类丛完成会,1957年。

［日］贤宝编:《入唐五家传·头陀亲王入唐略记》,《续群书类丛》第8辑,东京:经济杂志社,1904年。

［日］佐伯有清:《高丘亲王入唐记——废太子と虎害传说の真相》,东京:吉川弘文馆,2002年。

［日］赖山阳编:《春水遗稿》,富士川英郎编:《诗集日本汉诗》,东京:汲古书院,1986年。

［日］木宫泰彦:《日华文化交流史》,东京:富山房,1972年。

［日］竺沙雅章:《中国佛教社会史研究》,京都:同朋舍,1982年。

［日］妹尾匡海:《补陀落思想と"普门品"の问题点》,《印度学佛教学研究》,第35卷第2号(1987年3月)。

［日］布施玉森:《中国佛教四大圣山》,东京:雏忠会馆株式会社出版部,1991年。

［日］田中健夫编:《善邻国宝记·新订续善邻国宝记》,东京:集英社,1995年。

后　记

　　写一部关于普陀山佛教史的著作,是我们多年来的心愿,也是很多关心普陀山的诸位有缘人的期待。这部书直到现在才由我们两人合作写出来,也算是完成了夙愿。现在由中华书局接受并惠允出版,我们对付出大量心血的严谨细致的责任编辑白爱虎老师致以衷心感谢! 对百忙中应邀写序的李利安教授、温金玉教授致以衷心感谢! 对舟山市委统战部、市民宗局、普陀山佛教协会和中国佛学院普陀山学院致以衷心感谢!

　　2016年7月21日至22日,举办普陀山观音文化学术研讨会期间,我们和李利安教授一起畅聊普陀山佛教文化研究。席间谈到"普陀山佛教史",李利安教授建议我们共同撰写一部《普陀山佛教史》。经初步商议,我们认为,这部专题佛教史要追溯普陀山佛教的历史渊源,梳理普陀山佛教的演变轨迹,挖掘普陀山佛教的宗派内涵,阐扬普陀山佛教的宗风道风,并在此基础上深入研究普陀山佛教文化,以使读者对普陀山佛教的基本历史有系统的了解,对普陀山的宗风有独特的认知,对普陀山佛教文化的基本特征和内涵有深入的理解。后来,《普陀山佛教史》被列为中国佛学院普陀山学院的佛学研究课题。

　　在撰写的过程中,我们搜集了大量文献资料,对前人研究成果进行充分研读。在此基础上,以辩证唯物主义和历史唯物主义为基本原则，以历史学研究方法为基础，综合运用文献学、哲学、宗教学、社会学的研究方法，同时，也运用实地调研的方法展开研究。我们力求将普陀山佛教演变放在中国佛教历史的大背景中进行考察，以梳理出相关历史朝代的普陀山佛教演变轨迹及其特点。具体而言，在每一时期的历史发展中，我们侧重从地理、政治、宗风、山志、神圣空间、朝山信仰等几个方面来考察：第一，普陀山能够在佛教圣山中崛起，离不开其重要的地理要素，它孤悬东南海外，与其"源地"——印度的补怛洛迦山神似；它又位居交通要道，是海上丝绸之路的重要枢纽。第二，普陀山的每一次发展，都离不开政府的支持，从明代万历皇帝的支持，到清代康熙、乾隆等皇帝的崇奉，都能看出政治制度与宗教政策在普陀山佛教史中的重要作用。第三，从宋代真歇清了禅师开始，普陀山宗风始兴，此后高僧辈出，宗风丕振，一直传承至今，绵延不绝。第四，从元代盛熙明撰写的第一部志书《补陀洛迦山传》开始，历经明清和民国，每一朝代都有山志问世，愈往后，体例愈完备，内容更充实，事迹更完善，可以看出通过文本来"建构"普陀山佛教历史的过程。第五，整个普陀山佛教历史演变中，自然景观开始神圣化，具有神圣性的人文景观越来越多，普陀山全山也一步步成为"形神合一"的神圣空间，彰显着观音菩萨的慈悲，传承着佛教文化的精髓。第六，随着宋代民俗佛教的推展，普陀山信仰在蓬勃发展的朝山信仰中开始凸显，历经元明清逐渐崛起，并最终形成"一山特起万山朝"的汉地观音道场信仰格局。这六大要素，是普陀山佛教历史演变过程中的"关键词"。

　　普陀山佛教兴起于中晚唐，发展于宋元，鼎盛于明清。作为观音菩萨的根本应化道场，普陀山在菩萨信仰演变史、佛教名山发展史和中国佛教发展史中均具有重要地位。在菩萨信仰演变史中,普陀山是观音菩萨的重要载体,与观音菩萨共同彰显慈悲精神;在佛教名山发展史中,普陀山既是印度观音道场补怛洛迦山信仰中国化的结晶,又在中国佛教名山中成为兼具山岳与海洋特征的圣山;在中国佛教发展史中,普陀山成为宋代以后中国佛教发展的重要载体之一,彰显中国佛教特点,演绎中国佛教历史。因此,我们也可以说,普陀山是佛教中国化的重要代表。

当今的普陀山,仍在继承这一绵延千余年的中国化历史。当前,普陀山佛教协会坚持佛教中国化方向,在社会主义核心价值观的引领下,大力倡导"道风兴教、文化兴教、修持兴教"理念,践行人间佛教,主动服务社会。当今的普陀山,仍在传承这一弘扬千余年的普陀山宗风道风,中国佛学院普陀山学院以"政治上靠得住、宗教上有造诣、品德上能服众、关键时起作用"的标准为目标,积极培养集历史知识学习、教义教理阐释和修学修行体证为一体的符合新时代要求的复合型人才。希望本书的出版,能为坚持普陀山佛教中国化方向提供学理依据,为弘扬普陀山佛教宗风道风提供智慧支持,为推进普陀山佛教名山建设提供学术支撑,为推展普陀山佛教文化奉献绵薄之力。

囿于学识,难免挂一漏万,疏漏在所难免,我们诚心恳请各位读者批评指正!

释会闲、景天星

2021年11月